U0094483

本书由福建黄檗山万福寺资助出版

杨曾文

著

论禅宗与人文

中国大百科全书出版社

图书在版编目（CIP）数据

论禅宗与人文 / 杨曾文著 . -- 北京：中国大百科
全书出版社，2024.1
ISBN 978-7-5202-1438-4

Ⅰ . ①论… Ⅱ . ①杨… Ⅲ . ①禅宗—关系—人文科学
—研究 Ⅳ . ① B946.5 ② C

中国国家版本馆 CIP 数据核字（2023）第 210503 号

出 版 人	刘祚臣
策 划 人	曾　辉
责任编辑	王慕飞　鞠慧卿
责任校对	谷月昕
责任印制	李宝丰
封面设计	今亮后声
出版发行	中国大百科全书出版社
地　　址	北京市西城区阜成门北大街 17 号
邮　　编	100037
网　　址	http://www.ecph.com.cn
电　　话	010-88390969
印　　刷	北京天工印刷有限公司
开　　本	880 毫米 ×1230 毫米　1/32
字　　数	318 千字
印　　张	14.25
版　　次	2024 年 1 月第 1 版
印　　次	2024 年 1 月第 1 次印刷
定　　价	88.00 元

本书如有印装质量问题，可与出版社联系调换。

序

编选本书，实际也是回顾、检视自己多年来学习、思考和研究的过程。知识，对于个人来说是个整体，是个统为一体的知识记忆体系。在确定好主题之后，须根据记忆，对以往相关著作分拣选择，编定成书。

2022 年 9 月初，中国大百科全书出版社社科学术分社社长曾辉先生随能仁法师、孙国柱等朋友造访敝舍，谈话中热情地约我编选一部文集，由他们出版社出版。经过磋商，决定将文集题目定为《论禅宗与人文》。一是鉴于笔者多年从事禅宗研究，二是这个题目涵盖的面能够反映禅宗整体及其与社会文化交融互摄的实际情况。

在此后编选过程中，首先检视以往自己在这方面的有关研究著作情况，然后围绕主题选出相关论文和某些专著的章节、片段，最后加以统稿、调整，详加审定，编成文集。

本书所选内容主要包括：中国佛教与禅宗、禅宗形成及其思想、禅宗的社会文化影响、禅宗与儒者士大夫、禅宗与中日文化交流等等，涉及了中国佛教禅宗史和文化史上许多有代表性的人物、事件和著作，以期符合"禅宗与人文"文集题目的要求。

佛教东渐是古代中外文化交流中影响深远的大事。发源于古印度的佛教传入拥有古老优良传统文化的中国，经过漫长的中国化演变过程，至大一统的隋唐发展为富有鲜明民族特色的"北传佛教"，构成了传统文化儒释道三教鼎立中的一支，深刻影响到宗教、哲学、伦理、文学、风俗、艺术、建筑等多个领域。在这当中，佛教禅宗发挥过重要作用。禅宗拥有体现佛教中国化的创新经典《六祖坛经》和唐宋以后历代编撰的富有中国文史特色的禅宗语录、灯史、编年史、形式多样的诗文等，极大地丰富了灿烂的中华民族文化的宝库。

"人文"，源自《周易·贲卦·彖传》，原意大体等同于"文明"。原文："刚柔交错，天文也；文明以止，人文也。观乎天文，以察时变；观乎人文，以化成天下。""贲"的卦象为"艮上离下"。艮表象山，离表象火。按照卦分阴阳的说法，此卦六爻之间刚柔交错，阴阳相济，展现的是"天文"（实指自然界和对自然界的认识）之象；人伦有序，笃行文明，展现的是"人文"之象。观察天文，可知时节变化；观察人文，有助教化天下。

在运用发展中，"人文"这一概念被用来涵盖以人为本的社会文化形态，即是以维系家庭、社会、国家正常秩序的伦理道德、规范、法制等作为中心，包括哲学、宗教、文学、艺术、教育、历史、法律等多种文化形态。

本书以"禅宗与人文"为题，收编的文章一是扼要而全面地介绍中国佛教禅宗，二是讲述唐宋以来佛教禅宗对社会思想文化所发生的多方面影响，特别注重在中国思想文化发展史上作为三教交流、互鉴和彼此融通问题的考察，选择具有代表性的人物、著作和事件为例证，以期对佛教禅宗如何影响哲学、文学、道德等方面作出可信的说明。

文集选录文章 25 篇，内容皆涉及禅宗，为防止重复，在最后审定中作了不少删节，然而由于各篇行文逻辑的需要，对某些看似重复的内容不得不予以保留，但作概要叙述。

现在，书已结稿出版，写得如何，敬请读者品评，提出指教。

杨曾文

2022 年 12 月 20 日于北京华威西里自宅

目 录

佛教中国化和禅宗

佛教中国化，也称佛教本土化或佛教民族化，是指发源于古印度的佛教传入中国之后逐渐演变为中华民族宗教之一的中国佛教的历史进程。

本文仅就佛教中国化历程和佛教宗派中最富有民族特色的禅宗做概要论述。

一、佛教中国化历程

佛教与基督教、伊斯兰教并称为世界三大宗教，公元前6至公元前5世纪发源于古印度，在公元前后通过丝绸之路传入中国，逐渐向大江南北传播。

"佛教中国化"，就是佛教在传入中国以后，在传播过程中逐渐适应和融入中国社会，实现了与中国的传统文化、民间信仰和生活习俗会通融合，在佛菩萨信奉体系、教理思想、僧团教团组织及其传法方式等方面进行调整、创新与发展，使之易为中国社会和广大民众理解和信仰的漫长历史进程。

回顾佛教在中国的传播历史，从公元前后的两汉之际佛教传入，至实现大一统的隋唐，前后经历了五六百年之久，才初步完成了中国化历程。参照学术界多年的研究著述，佛教在传入中国以后经过了以下几个传播发展阶段。

从公元前后传入至 4 世纪，经过汉魏西晋的初传、东晋十六国时期的普及，佛教从开始的只为一部分上层人士的信仰，到普及大江南北成为社会各阶层民众的宗教信仰。

然后是公元 5 至 6 世纪南北朝的深入研究佛教时期，经各地佛教学者围绕佛教经、论的系统研究，把我们中国人对佛教的认识和创新理解，通过讲经和诠释经典的方法加以表述、传播和推广，相继形成很多学派。经过彼此间广泛交流，将佛教与中国传统文化加以比较会通和融合，借助"判教"[1]形式确立了以大乘佛教作为中国佛教的主体，从而在思想上为隋唐佛教宗派的成立创造了条件。同时，各地佛教僧团按照中国封建社会的生产方式，建立了以土地经营为基础的寺院经济，为隋唐佛教的发展和成立宗派提供物质的条件。

在长期的民族的和历史的"选择"过程中，经过中国历代高僧和广大信众对佛教义理和修行方式的创新发展，在进入 6 至 10 世纪初的隋唐时期以后，相继形成具有鲜明民族特色的八大佛教宗

---

[1] 判教，或作教判。南北朝时期，佛教学者对照佛典所述内容，判断不同佛典的时间先后和义理浅深，予以排比分类。著名判教学说有"南三北七"，即南方三家，北方七家，共同特点是将小乘（三藏教）置于低位，将大乘佛典置于较高地位。详见杨曾文：《隋唐佛教史》第一编第二章第二节之（二），北京：中国社会科学出版社，2014 年。

派，即：天台宗、三论宗、法相宗、律宗、华严宗、净土宗、禅宗、密宗，同时在佛菩萨信奉体系、僧团教团组织等方面也发生了相应的演变发展。这标志着佛教中国化历程的初步完成和中华民族佛教格局的基本奠定。

此后，各个佛教宗派适应中国社会变迁和传法需要又彼此借鉴、会通和深入融合，可谓"持续中国化时期"。在这个过程中，经过 10 世纪初至 14 世纪的五代和宋元二代，禅宗逐渐发展并占据中国佛教主流的地位。在 14 世纪后期的明代，中国佛教逐渐演变为以禅宗为主体、诸宗整合协同传播的融合型佛教。

二、中国禅宗的形成与主要特色

中国禅宗的形成和发展历史大体经历了酝酿期、初创期、南北宗并立期和南宗独盛期。

北魏到隋初，从禅宗所奉初祖菩提达摩（5 世纪后期至 6 世纪前叶），到二祖慧可（或作惠可，487—593）、三祖僧璨（？—606），相当于禅宗的酝酿期；进入唐代，四祖道信（580—651）、五祖弘忍（601—675）在黄梅创立"东山法门"，标志禅宗正式成立；六祖慧能（638—713）从弘忍受法南归，在韶州曹溪创立"顿教"禅法；弘忍弟子神秀（？—706）与其嗣法弟子普寂（651—739）在北方弘传"渐教"禅法，形成南北二宗短期对峙弘法的局面。

在慧能弟子神会（684—758）北上与北宗辩论禅门正统和法门顿渐之后，至唐末（9 世纪后）借助朝廷的裁定，南宗取得正统地位，逐渐形成南宗独盛的局面；至唐末五代，从慧能后裔法系相继形成“禅门五宗”：沩仰宗、临济宗、曹洞宗、云门宗、法眼宗，从而将禅宗推向日益兴盛的局面，以至于在进入宋代以后发展为佛教的主流。

禅门五宗在向社会各阶层民众传法过程中，也吸收了其他诸宗的佛法，如天台宗的中道实相论、三论宗的二谛论和中道的相即不二思想、法相宗的三界唯心思想、律宗的心性戒体论、华严宗的理事圆融论、净土宗的念佛法门等等。

那么，禅宗具有什么特色，为什么能在社会广泛传播和最有影响呢？

（一）禅宗主张“佛在自性”，道在日用，强调自信、自修、自悟

中国禅宗依据并发挥《大般涅槃经》的“一切众生，皆有佛性”思想，主张人人生来具有与佛一样的清净本性，众生与佛没有根本差别，引导信众确立自信，致力自修和自悟。如源自唐代写本的敦煌本《六祖坛经》[1]记述：慧能告诉信众“佛在自性”“佛是自性作，莫向心外求”；借传“无相戒”的方式，引导信众归依自性“三身（法身、报身、化身）佛”，说“自性不归，无所依处”，又说“自悟自修，即名归依”，强调“识心见性，自成佛道”。禅宗还主张“言教”只是引导信众体悟自性的辅助手段，不应迷信和加以执着。

---

[1] 现有敦煌本、敦煌新本及旅顺博物馆藏敦煌本的《六祖坛经》，基本内容一致，请参考杨曾文：《新版敦煌新本六祖坛经》，北京：宗教文化出版社，2014 年；郭富纯、王振芬整理：《旅顺博物馆藏敦煌本六祖坛经》，上海：上海古籍出版社，2011 年。

禅宗同时对作为佛教传统修行重要形式的"禅"做了创新和发展。慧能创立了南宗"顿教"禅法，将禅、坐禅、禅修形式和内容做了前所未有的创新解释。如敦煌本《六祖坛经》所说："慧、定体一不二，即定是慧体，即慧是定用；即慧之时定在慧，即定之时慧在定"；"外离相即禅，内不乱即定"，又提出"无念为宗，无相为体，无住为本"，主张"于念而不念"，说"虽即见闻觉知，不染万境，而常自在"，从而将禅修置于日常生活之中。

历代的诸本《坛经》和禅门五宗高僧，也莫不祖述和发挥慧能创建的所谓"顿教"禅法思想，倡导禅道在日用。唐代慧能下二世马祖道一（709—788）反复强调"即心是佛"，提出"道不用修""平常心是道"；临济宗创始人义玄（？—866）说："佛法无用功处，只是平常无事，屙屎送尿，着衣吃饭，困来即卧"；宋代无准师范（1177—1249）说"道在日用"[1]，皆强调顺应自然自修，在日常生活中体悟自性，达到精神解脱。

（二）现实主义风格和传统——佛法在世间，成佛先修德

禅宗主张佛法在现实人间，修行不离日常生活。敦煌本《六祖坛经》说"法元（原）在世间，于世出世间，勿离世间上，外求出世间"；说"即烦恼是菩提，前念迷即凡，后念悟即佛""迷即佛众生，悟即众生佛"，强调佛与众生之间没有不可逾越的鸿沟。即使对净土信仰所倡导的念佛往生西方净土的说法，也解释说归根到底

---

[1] 分别见《景德传灯录》卷二十八《江西大寂道一禅师示众》《临济录》《佛鉴禅师语录》卷三。

是不离自性的。

敦煌本《六祖坛经》记述慧能说：

> 西方去此不远，心起不净之心，念佛往生难到。除十恶即
> 行十万，无八邪[1]即过八千，但行直心，到如弹指。
>
> 但行十善，何须更愿往生？不断十恶之心，何佛即来迎
> 请？若悟无生顿法，见西方只在刹那。

要求信众修持"十善"，即在行为上做到不杀生、不偷盗、不
邪淫（不淫他人妻女）；在言语中做到不妄言、不绮语、不两舌、
不恶口；在心中做到不悭贪、不瞋恚、不邪见，而不做相反的"十
恶"，正是倡导成佛必先做善人，做好人。宋代以后禅宗虽提倡净
土念佛法门，然而最高理念仍是"唯心净土，自性弥陀"。

（三）重视"修心"，倡导道德修养，"明心见性"

据南宋志磐《佛祖统纪》卷四十七记载，南宋孝宗所著《原道
论》说"以佛修心，以道养生，以儒治世"，道出了他所理解和归
纳的三教特色和主要功能。

佛教最显著的特色就是倡导信众"修心"，从小乘佛教至大乘
佛教，莫不如此。但对于如何修心，有不同的说法。中国佛教自南

1　佛教"八正道"是：正见、正思惟、正语、正业、正命、正精进、正念、正定，与
　此相反是"八邪"。

北朝以后通过"判教"选择以大乘佛教为主体，进入隋唐以后相继成立的八大宗派虽见解和理论有异，然而共同点皆提倡修心。其中尤以禅宗极为突出，并且提出相应的极容易为世人理解和修行的方法。

禅宗所奉初祖菩提达摩提出"理入（悟理）""安心"之后，二祖慧可提出"修道明心"，皆抓住了中国佛教核心的"修心"理念。此后，禅宗四祖道信提出"入道安心"，五祖弘忍提出"守本净心"，直至六祖慧能提出"识心见性，自成佛道"，皆倡导修心。至于此后的禅门五宗，也皆倡导修心、体悟自性。至宋代，禅宗共认以"不立文字，教外别传，直指人心，见性成佛"作为基本宗旨，而中国佛教教理共通的要点就是提倡通过修行达到心性觉悟。

佛教讲的"修心"，本身不仅仅是宗教修行，也兼有中国自古重视的"修身"，即道德情操修养的意蕴。佛教讲的修心、明心，就是要信众体认自性本善，是与佛的本性一样清净无染的，引导信众坚持道德意识和情操修养，广修善行，制止恶念恶行，以"大慈大悲"的菩萨之道济世益民。

实际上，包括禅宗在内的中国佛教在社会的传播和发展过程中，已逐渐将儒家的仁义礼智信"五常"与孝悌忠信、礼义廉耻等道德理念和规范融摄到包括五戒、十善在内的善德善行的范畴之中，说行善必有善报，反之则有恶报，在社会上的影响极为深远。

三、历史上禅宗生命力之所在

禅宗在兴起和发展的历史中，既受到儒者士大夫的欢迎和强有力的支持，也得到普通民众的支持，表现出强大的生命力。

（一）禅宗与儒者士大夫

禅宗在形成与发展过程中，在唐代时得到以儒者为主体的节度使（藩镇）、中央委派的流动性的观察使、州刺史为首的地方军政官员的支持，五代时得到某些割据政权的优遇，还得到富有文才的儒者的欢迎。

他们为什么对禅宗怀有那样的热情？概括地说，禅宗强调的世与出世不二、"即心是佛"和佛在众生之中的思想；说法中贯彻的理事、体用圆融的玄学思维和富有机辩的论禅方式；寄修行于日常生活的简易要求；丛林运营井然有序，崇尚自然的情趣等，都对他们具有极大的吸引力，容易在他们心中引起共鸣。

至于禅宗寺院所具有地方文化中心的功能，很多禅僧具有的较高文化素养，禅僧行脚游方在各地文化交流中所扮演的角色，禅僧在说法中标榜的"无念""无求"和淡泊名利的理念，都可以在具有不同身份和阅历的儒者士大夫中引发兴趣。

在儒者士大夫中，有的人与禅僧密切交游，听他们谈禅说法；有的人礼禅僧为师，亲自参禅问道；甚至也有人干脆放弃仕进道路，不求"选官"而去"选佛"，效仿禅僧出家过丛林生活。

（二）禅宗与普通民众

禅宗以大乘的佛性论作为修行解脱论的重要基础。为使一般人容易接受，禅师在传法中经常将佛性称之为自性、本性、本心、心等，主张一切众生皆有与佛一样的本性，"即心是佛"。这也就意味着包括普通的民众在内的任何人皆可接受最高佛法，最后皆能成佛。在这种思想的深处，蕴含着对一切生命的存在价值、特别是人在宇宙中的崇高地位的重视；是对一切生命的主体性、受教育权和发展权的尊重。这是禅宗得到民众支持，迅速兴起的重要原因之一。

禅宗石头法系、马祖法系的很多禅僧坚持走山林佛教的道路，在所在的山林之处垦荒种植，以此作为寺院生活的重要来源。百丈怀海制定了《禅门规式》，提倡农禅并重，"一日不作，一日不食"。这不仅可以密切禅僧与周围农民的关系，自然也可减轻周围民众的供养负担。

慧能明确表示佛法在人间，并且说："若欲修行，在家亦得，不由在寺。在寺不修，如西方心恶之人。在家若修行，如东方人修善，但愿自家修清净，即是本方。"（敦煌本《六祖坛经》）这些蕴含佛法不离世间、僧俗平等理念在内的思想，很容易得到普通民众的接受，也是禅宗得以迅速传播的重要原因。

禅宗虽不反对造寺、布施、供养等有形的活动，但认为这只是福业，不特别提倡，而强调确立自信，"识心见性，自成佛道"。修行方法简便，不要求特别的时间、场所和程序、方式。对于为一般人容易接受的净土念佛信仰，禅宗并不是绝对反对，在发展中以"唯心净土，己性弥陀"的思想加以融摄。

总之，禅宗正是由于能够与儒者士大夫和普通民众的利益、情趣相适应，得到他们的信奉和支持，才具有在社会上迅速传播和发展的强大的生命力，在唐末五代迅速兴起，相继成立禅门五宗。至宋代及其以后，禅宗成为中国佛教中的主流教派，并且在明代以后形成的融合型的中国佛教中占据主体地位。

禅宗在传播发展中不仅对佛教其他诸宗，而且也对中国其他文化形态也产生很大影响。近代提倡"人间佛教"的太虚大师（1890—1947）[1]在综合考察中国佛教诸宗之后一再表示，"中华佛化之特质在乎禅宗"；"晚唐来禅、讲、律、净中华佛法，实以禅宗为骨子"；"中国自晚唐、五代以来之佛教，可谓完全是禅宗之佛教；禅风之所播，不惟遍及佛教之各宗，且儒家宋明理学、道家之性命双修，亦无不受禅宗之酝酿而成者。故禅宗者，中国唐、宋以来道德文化之根源也"。[2]

这些论述，应当说是大体反映了中国佛教的真实情况的。

四、当代佛教坚持"中国化方向"

中国经历了漫长的封建社会，一百多年的半封建半殖民地社会，然后经过翻天覆地的新民主主义革命伟大胜利和中华人民共和国的成立，进入了社会主义社会。众所周知，从中华人民共和国成立至"文化大革命"结束，中国走过了近三十年的如何建设繁荣富强的社会主义社会的奠基创业和探索、试验的艰难曲折的历程，直到 20 世纪 70 年代末迎来改革开放的新时期，经过总结正反两方面的经验，终于确定走中国特色的社会主义道路。

在新时期新时代，我们党对建设社会主义社会的长期性和复杂

1　太虚生于清光绪十五年十二月十八日，按照公历是 1890 年 1 月 8 日。

2　分别据《告徒众书》，载《太虚大师全书》第九编《制议·救治》；《评宝明君中国佛教之现势》，载《太虚大师全书》第十六编《书评·佛学》；《黄梅在佛教史上之地位及此后地方人士之责任》，载《太虚大师全书》第十八编《讲演》。

性、艰巨性有了更为深刻、更加清醒的认识，对继承和发扬拥有悠久历史的中华民族文化，发展和繁荣当代社会主义新文化有了新的更高认识并作出宏伟的战略部署。同时，党和政府对宗教的认识也日益全面、深化和客观，及时调整了宗教政策和法规。20世纪80年代倡导宗教与社会主义相协调，90年代提出引导宗教与社会主义社会相适应的要求。2016年习近平总书记在全国宗教工作会议上又明确提出"积极引导宗教与社会主义社会相适应，一个重要的任务就是支持我国宗教坚持中国化方向"。这是习近平新时代中国特色社会主义思想体系中创新宗教理论的重要论断之一。

那么，什么是"化"？有什么含义呢？毛泽东主席在《反对党八股》一文中说过："化者，彻头彻尾彻里彻外之谓也。"习近平总书记上述论断是将"坚持中国化方向"作为我国宗教实现与社会主义社会相适应的一项"重要的任务"提出来的，要求更高也更加明确。

中国各个宗教，包括佛教在内，把握时代走向，进一步适应和融入社会，实现"彻头彻尾彻里彻外"的中国化，可谓任重而道远。

中国适应时代和世界潮流，不断向前发展，经济政治和文化、科技在迅猛发展。宗教作为文化形态自然也要随应变化，佛教也要变，要在保持佛教基本特色的情况下变得更加适应于当代中国社会主义的社会，为社会主义现代化建设和当代文化大发展大繁荣作出应有的贡献。

当代中国坚定地走中国特色的社会主义道路。在这种形势下，佛教必须适应新的时代要求，走与社会主义相适应的中国化新历程。怎样适应，怎样进一步完善中国化？其中一个重要任务就是习近平总书记在全国宗教工作会议上所讲的：

> 要用社会主义核心价值观来引领和教育宗教界人士和信教群众，弘扬中华民族优良传统，用团结进步、和平宽容等观念引导广大信教群众，支持各宗教在保持基本信仰、核心教义、礼仪制度的同时，深入挖掘教义教规中有利于社会和谐、时代进步、健康文明的内容，对教规教义作出符合当代中国发展进步要求、符合中华优秀传统文化的阐释。

相信以禅宗为主体、诸宗整合协同传播的中国佛教，完全能够做到这些，而且这也必将增强佛教适应时代发展的生气和活力。

当代中国建设社会主义社会，提倡社会主义核心价值观，就是要以核心价值观作为重要道德理念和行为规范加强全社会的道德修养。中国佛教界应联合学术界将作为国家理政层面的富强、民主、文明、和谐；社会法制层面的自由、平等、公正、法治；公民道德层面的爱国、敬业、诚信、友善等核心价值理念与佛教传统教理、伦理加以会通，使之融入佛教的教义思想之中，纳入佛教的文教建设和道德教化之中。通过讲经说法、佛教院校教育、图书刊物和各种法事活动，向广大信众进行持久地形式多样的宣传和提倡。这必将有利于促进广大信众协同全国人民勠力同心把我们社会主义社会建设好，早日全面建成社会主义现代化国家，迎来中华民族伟大复兴，让中国以更加富庶强大的姿态屹立于世界民族之林。

中华禅文化略论 [1]

在中国传统文化中，儒、佛、道三教曾鼎足三分，在彼此了解、较量和借鉴的过程中，相互影响和吸收，从整体上推动了中华民族文化的丰富和发展。

儒、佛、道三教的社会功能既有共同的一面，又各有侧重。唐代韩愈所著《原道》将佛、道与儒对立起来予以排斥。南宋孝宗在淳熙八年（1181）所制《原道论》不予认可，谓其"文烦而理迂"，提出应"以佛修心，以道养生，以儒治世"的主张。元代刘谧所著《三教平心论》卷一对此引申为"以佛治心，以道治身，以儒治世" [2]。应当说这是有一定道理的。

---

1 原载 2012 年 4 月 27 日《中国社会科学报·人文岭南》第三版《文化》栏目刊登，题目作《惠能与中华禅文化的演变》。笔者对此文做了修补。

2 ［南宋］志磐《佛祖统纪》卷四十七所载南宋孝宗《原道论》谓："以佛修心，以道养生，以儒治世，斯可也。"［元］刘谧《三教平心论》卷一引为："孝宗皇帝制原道辩曰：以佛治心，以道治身，以儒治世。诚知心也、身也、世也，不容有一之不治，则三教岂容有一之不立。"

他们之所说佛教以"治心"或"修心"为特色，是指佛教致力于劝人行善止恶、净化心灵、心性觉悟等的教化。在这一方面，应当说尤以禅宗为代表。

佛教传入中国经过五六百年的传播，至隋唐形成许多带有民族特色的佛教宗派，标志着"佛教中国化"初步完成，"中华佛教"早期发展格局的奠定。在这些具有创新特色的佛教宗派中，天台、华严、禅三宗极具民族特色，皆拥有富有哲学思辨成分的教理体系，对心性与精神解脱问题有精细的论证，对中国思想文化的发展有很大启示和推动作用。

进入宋代以后，禅宗逐渐发展成中国佛教的主流派，至明代甚至成为中国融合型佛教的主体，不仅促成了其他宗派与其会通融合，甚至也影响到中国文化的各个领域。

中国禅宗以"禅"立宗，然而禅宗的"禅"已不完全等同于佛教戒、定、慧"三学"中的"定"或"禅定"（凝心为定、思惟审虑为禅，二者密不可分）。禅宗奉北魏时来华的印度禅师菩提达摩为初祖，以提倡众生皆有"真性"，坐禅净心"舍伪归真"的思想，为禅宗的后续发展奠定了禅法基础。经弟子慧可、再传弟子僧璨，至唐代禅宗四祖道信、五祖弘忍正式在湖北黄梅立宗，称"东山法门"，以主张坐禅守一（真如、佛性）的"修心"禅法将心性思想推向新的阶段。弘忍弟子神秀与弟子普寂在北方传法，世称"北宗"，弘传"观心看净"的"渐教"禅法。弘忍另一弟子慧能是禅宗所奉的六祖，从弘忍受法南归之后，在韶州曹溪传法，形成"南宗"，倡导"识心见性，自成佛道"的"顿教"禅法，引导信众确立自信，致力自修自悟。此后，慧能弟子神会北上与北宗辩论，批评北宗"师承是傍，法门是渐"，扩大了南宗影响，在安史之乱（755—763）之后迅速发展成为禅宗主流派。至9世纪唐末借助朝廷的裁定，南宗获得正统地位，以至形成南宗独盛，北宗衰微消亡的局面。至五代，南宗形成"禅门五宗"，其中的临济宗、曹洞宗一直流传至今。

慧能对传统修行重要形式的"禅"做了创新解释。据记述慧能生平和禅法的《六祖坛经》记载，慧能曾教导弟子："慧、定体一不二，即定是慧体，即慧是定用；即慧之时定在慧，即定之时慧在定"；又说："外离相即禅，内不乱即定"，提出"无念为宗""虽即见闻觉知，不染万境，而常自在"。慧能的再传弟子马祖道一进而提出"道不用修""平常心是道"。"禅门五宗"之一的临济宗的创始人义玄甚至告诉弟子："佛法无用功处，只是平常无事，屙屎送尿，着衣吃饭，困来即卧。"

这样一来，禅宗将佛教原来规定需有特定场所、程序的禅修扩大到一切修行乃至自然而然的日常生活之中，所谓运水及搬柴无非是禅定，无非是"神通妙用"。

于是，五代之初福建雪峰山义存禅师宣称"尽乾坤是个解脱门"。云门宗创始人文偃批评门下执着于参禅者说："见人道着祖师意，便问超佛越祖之谈，便问个出三界。尔把将三界来，有什么见闻觉知隔碍着尔？"显而易见，这些禅宗祖师皆不提倡远离社会和脱离民众的闭门修行，是反对以追求超离现实的解脱为终极目标的。

在禅宗传播和普及的过程中，形成了丰富多彩的中华禅文化，既有与时俱进的以"直指人心，见性成佛"为标榜的禅法体系，又有与禅宗相适应的寺院运营和管理制度（"清规"），并且形成宏富多样的以文史体裁记述的禅文化典籍，包括以下四类。

（一）禅法语录和记述历代祖师传承、禅法的史书"灯史"，著名的有宋代道原《景德传灯录》、李遵勖《天圣广灯录》、惟白《建中靖国续灯录》、悟明《联灯会要》、正受《嘉泰普灯录》，以及普济对五书删繁就简编成的《五灯会元》、颐藏主（僧挺守颐）编撰的《古尊宿语录》等。

（二）颂古与评唱。"颂古"是赞颂前代祖师事迹公案的偈颂，如宋代云门宗雪窦重显所著《颂古百则》、曹洞宗天童正觉所著《颂古百则》；评唱是阐释、评述和提倡颂古的著作，如宋代圆悟克勤评唱重显《颂古百则》的《碧岩录》、金末元初曹洞宗万松行秀评唱正觉《颂古百则》的《从容录》。

（三）禅僧传记，著名的有宋代惠洪《禅林僧宝传》、祖琇《僧宝正续传》、清代自融与性磊《南宋元明禅林僧宝传》。

（四）编年体史书，如元代念常《佛祖历代通载》。

禅宗追求和崇尚自然情趣所构建的寺院、园林，为各地增添了广受民众欢迎的人文景观。

历代富有才艺的禅僧所创作的蕴含"禅机"富有想象空间的诗文、绘画、书法作品等，也在中华人文园地留下了独特的绚丽篇章。

禅宗主张人人秉有佛性，皆可成佛，实际蕴含对人格和人在宇宙崇高地位的尊重；强调净心、修心，谓"识心见性，自成佛道"，丰富了中国重道德意识修养的传统；将自性、心与世界本体等同，称"天地同根，万物一体"，蕴含人与自然统一和相处和谐的意义；

将言教、动作启示和行脚游方结合起来的传法方式，对古代教育产生过积极影响；继承中华文化兼收并蓄的传统，既积极会通诸宗，又吸收儒道文化，从而能够保持适应时代进步的活力。

佛教禅宗既是宗教，又属于社会的文化形态，自古及今，在增进中华民族历史文化的认同和民族凝聚力等方面，具有积极的意义。

我们应当承认，考察研究禅宗历史和禅文化，在不少方面需要适应社会做现代诠释，从而有利于当代社会主义文化的发展和繁荣，建设好中华民族共有的精神家园。

禅宗在中国和世界的传播

一、禅宗在中国的传播和发展

8世纪后期至9世纪中后期的一百多年，是禅宗南宗迅速兴起的时期。在这期间最引人注目的宗教文化现象是慧能之后的两代：南岳怀让—马祖禅系和青原行思—石头希迁禅系，这两系从湘、赣两个流域崛起，迅速传播到各地，并且在各地形成很多传法中心。后世禅宗主流的"禅门五宗"正是从这些传法中心中逐渐产生的。[1]

马祖道一在通贯南北东西的洪州（今江西南昌）传法，以其充满个性的明快而峻烈的禅风，不仅在当时影响相当广泛，而且一直影响到后世禅宗各派。他在说法中强调"即心是佛"，但为防止弟

---

1 本章内容主要取自杨曾文著、中国社会科学出版社1999年出版《唐五代禅宗史》和2006年出版《宋元禅宗史》的有关章节，以下不再注出处。

子对此执着，又提出"不是心，不是佛，不是物"；不着意分辨真心与妄心，提出"平常心是道"，主张"道不用修"，修行解脱不离日常生活。

马祖门下著名弟子有上百人之多，受其法者超过千人。《宋高僧传·太毓传》说："于时天下佛法，极盛无过洪府。"在唐末，马祖的法系最有影响。马祖的弟子大义、怀晖、惟宽先后在唐德宗、宪宗时应请进京，受到皇帝和朝中士大夫的礼敬。百丈怀海（750—814）制定《禅门规式》（为后世《百丈清规》所本），对设立禅宗独立的寺院和禅僧的修行、生活仪规提出具体的规章，并且付诸实行，实行"农禅结合"的"普请"之法，强调"一日不作，一日不食"，影响广泛而深远，成为中国佛教的优良传统之一。其他如智藏、慧海、普愿等也都名高当时。百丈的弟子黄檗希运、普愿的弟子赵州从谂和尚的禅法也别有风格，蜚声后世。

当马祖在洪州盛传南宗禅法，名震大江南北的时候，行思的弟子石头希迁（700—790）在衡州南岳弘传南宗禅法，也声名远扬。希迁在对心性的解释中更侧重心性的空寂无为的方面，而在讲如何达到解脱时，特别引导人们树立自信心。他的禅法受到后秦僧肇《肇论》和华严宗的影响，在所著《参同契》中所表达的理事圆融，物我一体的思想，无论在佛教史还是哲学史上都很有意义。

石头的弟子惟俨与以著《复性书》而名垂青史的李翱的交游，大颠和尚与因向唐宪宗进《谏佛骨表》被贬官潮州的韩愈的对谈，是儒佛二教交流中的有趣的插曲。

石头法系的四传弟子雪峰义存（822—908）在福州象骨山（后名雪峰）传法，得到当地刺史、观察使支持，后来受到五代十国之一的闽国王氏政权的敬信，为他的法系在五代时期的迅速传播打下基础。

宗密（780—841）是唐代著名的华严宗学僧，被华严宗奉为继澄观之后的五祖。然而他同时信奉禅宗，主张以神会的荷泽宗为禅宗正统，自己则以直承神会的法系自许。他既著书发挥自法藏以来的华严宗教理，又撰《中华传心地禅门师资承袭图》（《裴休拾遗问》）、《禅源诸诠集都序》等专门阐述禅宗史论。他的会通禅、教的著作和理论在中国佛教史上占有重要地位。

南宗在马祖、石头法系兴盛之后，迅速发展成为禅宗的主流，到唐末五代时期，从中产生五个流派：属于南岳怀让法系的有义玄创立的临济宗、灵祐（771—853）与慧寂（807—883）创立的沩仰宗；青原行思法系有洞山良价（807—869）与曹山本寂（840—901）创立的曹洞宗、文偃（864—949）创立的云门宗和文益（885—958）创立的法眼宗。从此，中国禅宗进入五宗迭兴，相继盛行的时期。

禅宗在唐末兴起的过程中得到各地军政官员以至藩镇的支持。同样，在禅门五宗的成立和发展过程中也得到他们的支持，进入五代之后成立的云门宗、法眼宗分别得到南汉、南唐的国主和官员的支持。在五宗中，临济宗发源地在现在的河北省正定市；沩仰宗的发源地和传法中心在现在的湖南省宁乡市、江西省宜春市；曹洞宗在今江西省宜黄县、宜丰县；云门宗在今广东省乳源瑶族自治县；法眼宗在今江苏省南京市。只有临济宗发源于江北，其他皆发源于江南。

进入宋代，禅门五宗中，沩仰宗已经消亡，法眼宗也衰微下去，只有云门宗、临济宗兴盛，曹洞宗兴起较晚。

云门宗到云门之下二世、三世时，得到迅速发展，而到云门之下四、五世时（从宋仁宗至宋哲宗朝，1023—1101）是云门宗在北宋最为兴盛的时期。三世的著名代表人物有雪窦重显（980—1052），著有《颂古百则》，是宋代文字禅的代表作之一。四世的代表人物有育王怀琏（1009—1090），奉诏入京净因寺传法，受到仁宗崇信，赐号"大觉禅师"；另有佛日契嵩（1007—1072），进京向仁宗上书并献所著《辅教编》《传法正宗记》等，受赐"明教大师"之号。五世有慧林宗本、法云法秀，皆应诏请入京住入皇家寺院传法。然而在进入南宋以后，云门宗逐渐衰微下去。

北宋临济宗的振兴始于临济下四世首山省念（926—994）及其弟子汾阳善昭等人。善昭（947—1024）在传法过程中很重视语言文字的运用，善于运用代语、别语、诘语等禅语表达形式，还编撰《颂古百则》，推动了宋代文字禅的发展。他培养出石霜楚圆（986—1039）等十几位杰出弟子传法于大江南北。楚圆的弟子黄龙慧南、杨岐方会分别创立临济宗的黄龙派和杨岐派。此后，临济宗迅速向南方传播，进入南宋之后特别繁盛，成为禅宗中最有势力的宗派。杨岐派影响较大，代表人物有圆悟克勤（1063—1135），他对重显的《颂古百则》加以阐释、评唱，编为《碧岩录》，是宋代文字禅的另一代表著作。弟子大慧宗杲（1089—1163）著有《大慧书》《正法眼藏》等，在禅法上提倡"看话头"，影响深远。克勤的弟子虎丘绍隆的法系，历代出了很多著名禅师，其中有不少人东渡日本传法。虎丘下四世出了无准师范。他的法系一直延续到明清，其中著名的禅师有元代的高峰原妙、中峰明本；明代的幻有正传、天童圆悟、费隐通容及汉月法藏等，还有憨山德清等人。

曹洞宗传到宋代的是属于洞山弟子云居道膺的法系，曾长期不振，直到北宋后期洞山下八世芙蓉道楷（1043—1118）时，形势才出现转机，经丹霞子淳，出了天童正觉（1091—1157），提倡"默照禅"，主张通过"静坐默照"使"心尘脱落"。芙蓉的法系一直延续到明清以后，著名的禅师有元代的万松行秀（1166—1246）。万松行秀著有《从容录》，其弟子有林泉从伦，著有《虚堂集》等。明代有无明慧经、永觉元贤等。

禅宗在宋代以后成为中国佛教中的主流派，以至达到无寺不禅的地步。在禅宗形成和发展过程中不仅得到儒者士大夫的理解和支持，而且也受到一般民众的信奉和支持。禅宗强调世与出世不二、"即心是佛"和佛在众生之中的思想；修行方法简便，不要求特别的时间、场所和程序、方式，即使对于为一般人容易接受的净土念佛信仰，也不是绝对反对，而是逐渐以"唯心净土，己性弥陀"的思想加以融摄；说法中贯彻的理事、体用圆融的玄学思维和富有机辩的论禅方式；寄修行于日常生活的简易要求；实行农禅并重，丛林运营井然有条，崇尚自然的情趣等；禅宗寺院所具有的地方文化中心的功能，很多禅僧有较高文化素养；禅僧行脚游方在沟通各地文化交流中所扮演的角色；禅僧在说法中标榜的"无念""无求"和淡泊名利的理念等等，通过多种渠道渗透到社会各个阶层之中，对中国的佛教和社会文化、民众习俗产生了很大的影响。

二、禅宗在朝鲜、日本和越南的传播

佛教在公元4至5世纪传入还处在高句丽、百济和新罗三国分立时代的朝鲜半岛。新罗统一王朝（668—918）时期，与唐朝的佛教文化交流十分频繁，中国各宗陆续传入新罗，佛教在全国发展迅速，其中以华严宗、法相宗最有影响。在这个过程中，禅宗也逐渐传入新罗。

唐朝道信、弘忍在蕲州黄梅（在今湖北省）创立禅宗——"东山法门"。新罗僧法朗入唐跟道信受法，回国后传播道信的禅法。法朗的弟子神行，入唐跟北宗普寂的弟子志空受法而归，传北宗禅法。然他们所传的禅法影响不大，在新罗比较有影响的是从唐朝传入的属于南宗的禅法。

新罗有不少僧人先后入唐投到南宗马祖法系或石头法系的禅师门下学习禅法，回国后在不同地区传法，发展成为若干禅派，在进入高丽王朝（918—1392）以后，共形成九个禅派，史称"禅门九山"。其中除曦阳山派传北宗禅之外，其他八派皆传南宗禅法；而在这八个传承南宗的禅派中，只有须弥山派传石头——曹洞宗禅法，其他七派皆传马祖洪州宗的禅法。它们是：迦智山派、实相山派、桐里山派、凤林山派、圣住山派、阇崛山派、师子山派。唐末，顺之（或作顺支）到中国求法，跟仰山慧寂学沩仰宗禅法，回国后在五冠山传沩仰宗，在传授禅法过程中经常以画圆相或画符号的方式表达某种禅机。

知讷（1158—1210）探究《金刚般若经》和《六祖坛经》、大慧宗杲的《语录》、李通玄《新华严经论》等的思想，将中国禅宗与高丽的国情、自己的体验结合起来，著有《修心诀》《圆顿成佛论》《看活决疑论》《真心直说》等，主张心为觉悟之本，成佛不假外求，顿悟之后还须渐修。他以慧能的传法中心"曹溪"为名，创立"曹溪山修禅社",形成高丽国的富有民族特色的禅派——曹溪宗,此后发展成为高丽佛教中的主流宗派。此后中国的临济宗在高丽的传播过程中,也利用曹溪宗的名义。现在韩国,曹溪宗仍为最有势力的宗派,另有从曹溪宗分离出来的太古宗。[1]

佛教在公元 6 世纪中期传入日本,在佛教相当盛行的镰仓时期(1192—1333)才由中日两国禅僧正式传入禅宗。

日僧荣西(1141—1215)入宋求法,从临济宗黄龙派虚庵怀敞受法,回国传法,被尊为日本临济宗的"大祖"。此后,日本禅僧圆尔辨圆、中国禅僧兰溪道隆(1213—1278)、无学祖元、一山一宁(1247—1317)相继在日本传临济宗杨岐派禅法。因为受到幕府武士政权的支持,临济宗一时成为最显赫的宗派。禅僧在传禅法的同时,还将正在中国兴起的程朱理学传到日本。室町幕府时期(1336—1573),幕府对禅宗寺院实行"五山十刹制",将在京都的南禅寺置于全国禅寺的最高地位,又择取在京都、镰仓的各五寺分为五级,称"五山",此外又有所谓"十刹"(不止十寺)、"诸山"。在这一时期,禅僧除传禅法外,还从事多种文化活动,撰写汉诗汉文章,讲授宋学,促成了对日本民族文化贡献极大的"五山文学"的繁荣。

曹洞宗由日僧道元(1200—1253)传入日本,他入宋从师于在天童寺传法的长翁如净,回国传"默照禅",提倡"只管打坐,身心脱落",并且主张"修证一如",将坐禅既看作是修行方法,也看

1　请参考杜继文主编:《佛教史》第七章、第十章朝鲜佛教部分,北京:中国社会科学出版社,1991 年。这两部分是由本人执笔的。

作是达到觉悟的表现。曹洞宗长期在农村发展，至道元下三世莹山绍瑾（1268—1325）时，适时地吸收日本民间信仰习俗和其他宗派的某些作法，使曹洞宗在城乡取得迅速发展。

日本在进入江户时代（1603—1867）以后，由于幕府加强对佛教的控制，并且有意推行发展文教的政策，临济宗和曹洞宗与其他各宗一样都致力佛教义理的研究和兴办学校，发展教育，成绩很大。在这一时期，中国禅僧隐元隆琦（1592—1673）又从中国传入本属临济宗法系的黄檗宗，同时传入明清文化，为当时的日本佛教和文化注入一股新鲜血液。

禅宗对日本历史文化的影响是多方面的，对宋学在日本的传播和发展，对日本武家体制和武士道的充实，对日本哲学、文学、艺术、建筑等的发展都作出不可磨灭的贡献。[1]

古代越南是中印两国文化的交汇地区。大约在公元前2世纪末，佛教从中国和印度传入越南，到4至5世纪时得到广泛的传播。

此后，中国的佛教宗派，特别是唐朝中后期迅速兴起的禅宗以及在民间广泛传播的净土宗在越南获得较大的发展。从9世纪至13世纪，越南相继出现民族化的佛教宗派——属于禅宗系统的无言通派、草堂派、竹林派。这些派别先后受到李朝（1010—1224）、陈朝（1225—1405）皇室的尊奉，被奉为国教。17世纪以后，竹林禅派逐渐与净土宗融合，形成禅、净合一的莲宗，主张"禅教一致"，念佛与坐禅双修。此后由中国禅僧元绍（？—1712）创立元绍禅派，弘传临济禅法，提倡"禅教一致"，在越南中部、南部一带流

1　详见杨曾文：《日本佛教史》，杭州：浙江人民出版社，1995年。

传。18 世纪初越南了观法师（？—1743）创立了观禅派，对临济禅法进行改革，至今在越南中部比较有影响。[1]

在古代中外文化交流中，佛教曾是联结东亚各国的一条重要的"黄金纽带"。在这当中，中国禅宗也发挥着重要作用。如上所述，以传承慧能顿教禅法为宗旨的禅宗，不仅在中国一直流传至今，而且也传播到东亚各国，成为这些国家佛教文化中的重要组成部分。可以说，禅宗对包括中国在内的整个东亚地区各国的佛教和历史文化都产生了极为深远的积极影响。

1　杨曾文主编:《当代佛教》第一章第三节，北京：东方出版社，1993 年。

禅宗六祖慧能其人其事

一、中国佛教和禅宗六祖慧能

  佛教从印度传入中国以后，经历了一个漫长的民族化演变过程，至隋唐时期形成富有鲜明民族特色的佛教宗派——天台宗、三论宗、法相宗、律宗、华严宗、净土宗、禅宗、密宗，标志着佛教民族化历程的初步完成，从此进入作为中国民族宗教之一的佛教适应中国社会形势持续传播、完善和发展时期。虽然这八个宗派彼此之间互相会通融合而不是互相隔离和排斥，然而从实际影响来看，禅宗从唐末五代以后逐渐在中国佛教中占据了主体的地位。近现代提倡人生佛教或人间佛教的太虚大师（1889—1947）曾经说过："中国自晚唐、五代以来之佛教，可谓完全是禅宗之佛教；禅风之所播，

不惟遍及佛教之各宗，且儒家宋、明理学，道家之性命双修，亦无不受禅宗之酝酿而成者。故禅宗者，中国唐、宋以来道德文化之根源也。"还精辟地指出，"中国佛教特质在禅"；"中国佛法之骨髓，在于禅"。他所说的禅，虽也包括传统的禅学，然而主要是指禅宗。

中国禅宗奉北魏来华的印度僧菩提达摩为初祖，奉慧可、僧璨、道信、弘忍为继他之后的四祖。但从历史考察，真正创立起禅宗的是被后世禅宗奉为四祖的道信、五祖弘忍，他们在湖北黄梅创立的"东山法门"实际是最早的禅宗。自弘忍门下分出北宗的神秀，南宗的慧能。到唐末五代的时候，北宗已经衰微到湮没无闻，而慧能开创的南宗却随应时代一枝独秀，发展为"禅门五宗"——临济宗、沩仰宗、曹洞宗、云门宗、法眼宗。

慧能被禅宗奉为继承弘忍之后的六祖，记载他的生平和传法语录的《六祖坛经》是唯一被奉为"经"的中国人著述佛经，也是体现佛教中国化的创新经典。

在慧能的一生中充满了既曲折又富有戏剧情节的经历，映衬出他的机智、乐观进取、超脱的精神境界，彰显了他的禅法贴近社会人生的现实主义风格。

二、少年贫苦——靠打柴奉养老母

慧能，在宋代以前也写作惠能，唐贞观十二年（638）二月八日生于新州（治所在今广东省新兴）。原籍范阳（治所在今河北涿州市），俗姓卢，属于当时四大姓"崔卢王谢"中的"范阳卢氏"，因父亲被贬官到广州，全家跟着南迁。在慧能幼年时，父亲不幸去世，母亲带着他迁居到新州，把他抚养成人。因家境日益贫困，生计无辈，慧能以打柴和做零工来维持生活，奉养母亲。

有一天，慧能在市上卖柴，有一位顾客前来买柴，让他把柴送到旅店。慧能在拿到钱将要离开旅店时，看见有一位客人在门边低声读《金刚般若经》。他便站在一旁静静地听，一边听一边琢磨，好像懂得经上所说的道理。他便走上前去打听，得知这位客人到过蕲州黄梅县（在今湖北东南）东山的寺院，礼拜在那里传法的弘忍和尚；弘忍和尚经常劝道俗信众好好读诵《金刚般若经》，说读此经能够使人体悟自己的本性，"直了成佛"。慧能听后，很受启发，当即萌发北上拜弘忍和尚为师修学佛法的念头。

慧能在三十三岁的时候，将母亲妥善安置好了之后，便取道韶州（治今广东韶关市），北上求师学习佛法。

三、曹溪结友，白天农耕，晚上听讲《大般涅槃经》

当时从广州北上到黄梅县东山，韶州曲江县曹溪是必经之路。慧能在路过曹溪停留的时候，认识了村民刘至（或作"志"）略，彼此在言谈中感到情投意合，便结为兄弟。刘至略的姑母是位比丘尼，名无尽藏，住在山涧寺修行，每天晚上读《大般涅槃经》。《大般涅槃经》是东晋时由北凉昙无谶翻译的大乘佛经，主要内容是讲"一切众生，皆有佛性（佛的本性，成佛的内在依据）"，人人都有成佛的可能性。慧能在征得刘至略的同意后，白天与刘至略下地干活，晚上和他一起到山涧寺听无尽藏比丘尼读《大般涅槃经》。

慧能自幼没有读过书，不识字，但为人却十分聪明，在听读

《大般涅槃经》的过程中善于思考经文蕴含的道理，有时还向无尽藏比丘尼说自己对经文的见解。无尽藏比丘尼听了感到惊讶：一个不识字的人怎么能对经文作出这样精确的解释呢？据《曹溪大师传》记述，慧能当时回答她说："佛性的道理与文字没有直接的关系。我不识字，对佛性的道理作出解释，也没有什么可奇怪的呀！"。[1]

消息传开，慧能逐渐受到当地佛教信众的敬重。在曹溪有一座建于南朝梁天监五年（506）的寺院，名宝林寺（今韶关市曲江区的南华寺）。慧能在当时还没有出家，便进入这座寺院学修佛法。慧能对于如何修行、如何坐禅十分感兴趣，按照别人的指点，曾到乐昌县（在今广东北部）的一座石窟向"远禅师"学习坐禅，还听惠纪禅师讲《佛为心王菩萨说投陀经》。

慧能在曹溪前后达三年之久，对于佛教的道理了解很多，因为对人人生来就有佛性，都能成佛的思想做过深入的思考，所以对自己以后学佛和修行充满了自信。他听惠纪禅师对他说："我早听说蕲州黄梅山的弘忍禅师教授禅法，你可以前往拜师学习。"这正是慧能当初立志北上求师的初衷。

四、拜谒黄梅东山五祖，妙答佛性之理

在唐咸亨五年（674），慧能三十七岁的时候，离开曹溪北上，越过一座座山，跨过一道道水，经过千里跋涉终于到达黄梅县的东

---

1 这里所引，是据《曹溪大师传》原文译成的现代语，下同。

山，迈入弘忍禅师的门庭。

弘忍禅师（601—674）嗣法于在黄梅县西双峰山幽居寺传法的道信禅师，后来到黄梅县东北的东山（冯茂山）建寺传法。他的禅法上承菩提达摩至道信的法系，被世人称为"东山法门"。慧能前来求法的时候，东山已有徒众七百多人。

慧能是岭南偏远地区的山野樵夫，平时上山打柴常与猎人为伍。当时常有人轻蔑地称这样的人为"獦獠"。弘忍初见慧能时也戏称他为"獦獠"，然而在与慧能交谈之后，立即对他另眼相看。现将敦煌写本《六祖坛经》记载的情况试用现代语加以表述：

弘忍问慧能道："你是什么地方人，来此山礼拜我？你想向我求什么呢？"

慧能回答说："弟子是岭南新州的百姓，今特地远来礼拜和尚，不求别的，只希望您教导我如何修持佛法，如何才能成佛。"

弘忍以责难的口气对慧能说："你是偏远的岭南人，又是獦獠，怎能修持佛法成佛！"

慧能便运用在曹溪反复思考过的佛性的道理，巧妙地回答弘忍说："人确实有南北之分，然而佛性却不分南北。獦獠身虽与和尚不同，但怎能说所秉佛性有差别呢？"

慧能的回答是紧紧抓住了《大般涅槃经》上所说的"一切众生，皆有佛性"的道理，针对弘忍的问话，强调无论是岭南人还是岭北之人，獦獠还是和尚，都有佛性，都能修持佛法成佛。慧能的回答，立即改变了弘忍对他的看法，他想不到一个目不识丁的樵夫竟能说出这样的道理来。

弘忍虽然对慧能表示赏识，但是担心引起寺中他人对他的嫉炉，便暂时打发他到碓房去舂米。慧能二话没说，便高高兴兴地到碓房舂米，一干就是八个月。据有的资料记载，在此期间，弘忍也曾到碓房看他，向他讲过佛法，例如讲过"直了见性"的道理。在弘忍登座向僧众说法之时，慧能也曾前往站在后边稍稍地听讲。

慧能在黄梅东山寺的八个月期间，虽然以尚未正式出家的"行者"身份每天辛苦地舂米，然而身处这样一座学僧聚集，充满浓厚的佛学气氛的寺院，通过目濡耳染及自己的深入观察和思考，对中国佛教寺院常用的佛经、讲述的重要教理，都有所了解。

可以说，慧能在东山寺生活的八个月，为他以后出家弘法，创立禅宗南宗顿教禅法，打下了坚实的基础。

五、口占绝妙偈颂，得传衣法南归

在慧能到东山寺求法时，弘忍已经七十四岁。弘忍感到自己来日已经不多，便考虑选拔东山寺接班人的问题。一天，他召集弟子们到身边，吩咐他们各写一首偈颂把自己学修佛法的心得表达出来呈给他，说如果得到他的中意，将把祖传袈裟传给他，让他继承自己的地位。

当时寺中的僧众都觉得自己不行，不敢动笔写偈，都把希望寄托到上座神秀身上。因为神秀有学问，一直得到寺僧的敬重。神秀看到这种情况，犹豫了很久，趁三更夜深人静的时刻，将自己写的一偈贴于房廊中间的壁上。上面写道：

身是菩提树，心如明镜台。

时时勤拂拭，莫使有尘埃。

意思是说，人身是实有的，是达到觉悟（菩提）的当体，身内所秉的心性如同明镜一般，人们应当勤勉地修行以不断清除情欲妄念，使心性保持明净。偈颂的用意是劝人修善去恶，后人将这个意思概括为"拂尘看净"，是属于渐修渐悟的"渐教"禅法。

弘忍看到神秀的偈，虽不十分中意，然而因为其中有劝人勤苦修行的意思，并没有公开提出批评，而是叫众僧抄写此偈，对他们说如果依照此偈好好修行，将来可以得到好的果报。弘忍在私下找到神秀，对他不客气地说，他的偈表述的见解尚未入门，按照此偈修行虽然可得善报，但是永远达不到最高的觉悟，"要入得门，见自本性"，让他再写一首偈呈给他。神秀思考了几天却做不出来。

慧能每日在碓房忙于舂米，当听说弘忍叫门下的人写偈，神秀写出的偈颂被人抄写传诵时，便叫一个童子带他到廊下看偈，因为不识字，便让人为他读。他听后立即懂得了偈的大意，然而感到没抓住解脱之道的要点。他便口占二偈，请求旁边一位识字的人写到壁上。第一首偈是：

菩提本无树，明镜亦无台。
佛性常清净，何处有尘埃。

第二首偈是：

心是菩提树，身为明镜台。

明镜本清净，何处染尘埃。（敦煌本《六祖坛经》）

慧能这两首偈是针对神秀的偈作的。慧能在偈颂中发挥《般若经》所讲的一切事物和现象皆空幻不实的思想，认为对身、心不能执着为实有，从根本上来说它们是空无所有的，因此说"菩提本无树，明镜亦无台"。众生先天秉有的佛性本来是清净的，怎么可以说有尘埃可染呢？所以说"佛性常清净，何处有尘埃"。在进入宋代以后，第一首偈的第三句被改成"本来无一物"。如果从《般若经》的一切皆空的思想来看，"佛性常清净"与"本来无一物"在含义上是没有根本差别的。为什么呢？因为"心"、"佛性"或"法性"与"诸法实相"（一切事物的真实样相、本来面目）相通，也可以说就是"毕竟空"（本质为空），就是"净"。《大智度论》卷六十三说"诸法实相常净"有各种名字，"或名毕竟空等"；"毕竟空，即是毕竟清净。"

第二首偈虽借用神秀偈的前两句，大概是根据《般若经》中的色空、身心不二的思想，有意地把"心"和"身"的次序颠倒过来；至于后两句，含义与第一首偈的后两句是一样的，是说众生本有的佛性（本心、本性，比喻为明镜）是清净无染的。

弘忍在看到慧能的偈颂之后，心里虽很欣赏，然而在表面上却没有表现出来，只是向众人说"亦未得了"。此后，弘忍在一个夜晚把慧能悄悄地叫到方丈室，向他讲授《金刚般若经》的要点，并且传授禅法。慧能听后，立刻领会了他讲的道理。弘忍告诉慧能马上离开东山寺，回到南方传法，临行时还把自己珍藏的祖传袈裟作为传法的信物赠送给他。

慧能渡江回到南方以后，遵照师嘱，为防止有人追来要回弘忍的祖传袈裟并加害于他，一直未出家传法，三年多的时间流亡在广州的新州、四会和怀集三县之间，经常与山间的樵夫猎人生活在一起，有时向他们讲述一些佛教的道理。

六、精彩的风幡之议

广州有一座传说建于三国时代的古寺，名叫制旨寺（也称制止寺），唐代改名乾明法性寺、大云寺，宋代以后改为光孝寺。在唐上元三年（676）正月十五日，慧能结束流亡生活，来到此寺。住持此寺的是弘忍的弟子、精于律学的印宗和尚（627—712）。当时他正在向僧众讲《大般涅槃经》。时值上元节，寺院悬幡，幡顺着风飘动。印宗和尚让堂中众僧对是风动还是幡动进行议论，以考察他们的智慧。众僧议论纷纷，见解不一。一僧说："幡是无情，因风而动"；另一僧说："风幡俱是无情，如何得动？"第三位僧说："因缘和合故合动。"第四僧说："幡不动，风自动耳。"

慧能站在廊下隔壁听了众僧的各种议论之后，忍不住大声喊道："幡无如余种动，所言动者，仁者心自动耳。"[1]意思是说，他们说得都不正确，如果站在一切皆空的立场来看，风、幡皆属因缘和合的产物，实际是空寂无相的，既不能说风动，幡动，也不能说二者皆不动，所动者只是将他们看作是实物的我们的"心"。这里所说的"心"，是佛教所说的"意""识"（第六识）或"妄心"，是执

1　见《曹溪大师传》。

着万物实有和有取舍、情欲烦恼的世俗之心或意识。慧能的见解是符合大乘佛教中观学说"真俗不二"的观点的。既然诸法性空,风幡哪有动静可言呢? 所见风幡之动,毕竟是世俗认识(妄心)捕捉到虚幻假象,所以称之为"心动"。

　　印宗和尚听到慧能发表的见解,表示赞赏,又听说他曾受衣法于黄梅弘忍门下,对他更加敬重。此后,印宗亲自为慧能剃发,并且按照戒律规定聘请戒师为他举行授具足戒的仪式,还请他向法性寺的僧众说法,然后依照慧能自己的意愿率弟子把他送到曹溪宝林寺。

七、大梵寺登台说法,赞声传扬四方

　　慧能住入曲江县曹溪宝林寺之后,受到当地民众的热烈欢迎,名声迅速传扬四方。曲江县曹溪属韶州管辖,州府所在地就是曲江县城。当时的韶州刺史韦璩信奉佛教,听说慧能来到曹溪宝林寺,十分高兴,特地派人请慧能进城在大梵寺升座说法。韦璩及州府官员、城中的儒者、僧尼道俗信众很多人(《六祖坛经》说的万人)皆前来听他说法。

　　慧能告诉座下僧俗信众,众生本有佛性,皆能自修自悟,说"识心见性,自成佛道";倡导顿教法门,说"一悟即至佛地……若识本心,即是解脱";主张"无念为宗""于念而不念",寄坐禅于自然无为和日常生活之中。

　　当他在回答韦璩刺史的询问中,以生动的比喻和形象的语句告诉僧俗信众:佛与众生的根本区别在能否觉悟自性,如果想成佛,不必一味地向外追求,而应在体悟自性上下功夫;所谓鬼神、地狱、畜生皆是自己的虚妄和"贪瞋痴"三毒所造，修"十善"就意味着进天堂，如果断除种种情欲烦恼、"邪见"，则各种毒害自然消除、地狱消灭；自性清净佛就显现，西方净土立刻出现在人间。韦刺史和在场信众听后十分兴奋，"赞声彻天"。

慧能以曹溪宝林寺为中心向僧俗信众传法近四十年。据现存资料，慧能传法的情况有这样几种：一是对面向僧俗信众共同说的；二是对身边弟子的说法，是适应他们不同的素质、根机有针对性地进行指导、启示。慧能把他自己对佛教的理解和修行实践的经验传授给他们，使曹溪宝林寺成为闻名南北的"南宗"顿教法门的传法中心。

慧能在唐玄宗先天元年（712）回到出生地新州，在原是故宅的国恩寺建造一座塔。国恩寺是当地政府奉唐中宗的诏令修建的。慧能估计在世不久，在向弟子们做了最后的说法和嘱托之后，于第二年（713）八月三日在寺中安详圆寂，世寿七十六岁。慧能生前向弟子郑重宣布，从他开始不再采取以传授袈裟确定嗣法弟子的做法，所有弟子皆是嗣法弟子，说"不得此衣，我法弘盛"[1]。慧能被后世禅宗奉为上承菩提达摩——慧可——僧璨——道信——弘忍之后的六祖。

慧能的弟子很多，著名的有法海、志诚、法达、智常、志彻、志道、法珍、法如、神会以及南岳怀让、青原行思、南阳慧忠等人。南岳怀让、青原行思门下分别出了马祖道一、石头希迁，后世从他们二人的法系形成"禅门五宗"——临济宗、沩仰宗、曹洞宗、云门宗和法眼宗。至今，临济宗和曹洞宗仍广为流传。

---

1 《曹溪大师传》。

慧能的识心见性思想及其创新意义

到唐末五代，奉慧能为六祖的南宗逐渐发展为禅宗的主流。宋代，由于禅宗隆盛局面的形成，中国佛教进入一个新的时期——以禅宗为主体并且融会其他各宗的时期。

慧能在继承从菩提达摩以来的重心性转变的禅法的基础上，形成自己独特的以"识心见性"为中心的禅法理论。这种禅法理论的基础是大乘佛教的佛性论和般若中观学说。

佛性，意为众生成佛的内在的可能性，或可称为成佛的基因，与"如来藏自性清净心"同义，与法性、真如实相等是同等序列的概念。大乘经典《胜鬘经》《楞伽经》以及《大般涅槃经》等对佛性或如来藏问题有比较集中地论述，认为一切众生皆有佛性，皆能成佛。论述般若中观学说的主要经典有各类《般若经》和《中论》以及《维摩经》等，认为世界万有本质为空，但又认为一切事物的本质与现象是互相交会融通的，提出空与色、生与灭等等互相对立的双方相即不二的理论。从菩提达摩的《二入四行论》，到道信的《入道安心要方便法门》、弘忍的《修心要论》等，都对这两种思想有所吸收，当然侧重点和论证角度是不尽相同的。

慧能的识心见性的禅法理论也吸收了这两种思想，但作了十分灵活的，便于一般民众理解的创造性的发挥，特别强调佛法不离世间，一切人皆可以在现实生活日用当中通过自修体悟自性，达到精神解脱。

慧能的禅法理论在佛教史上具有空前创新的意义，为后来的禅门五宗继承和发扬，不仅对佛教内部，而且对儒家学说、道教也产生了深远的影响。

这里依据敦煌本《六祖坛经》和《曹溪大师传》等文献[1]，对慧能的识心见性思想作概要论述。

一、慧能禅法中的"佛性"和"本心""自性"

从慧能北上黄梅从禅宗五祖弘忍受法南归，在广州法性寺（今光孝寺）正式剃度出家、应请登台说法，然后回韶州曹溪宝林寺（今南华寺）居住传法的经历，可以清楚地看到，慧能接触最多、理解最深和说法引证最多的是大乘佛教的涅槃佛性理论与般若空、中观思想，并且他极善于将这两种思想结合起来理解和阐释人生觉悟解脱的问题。

他正是用自己对佛性的理解，博得弘忍法师的好感，收他为门下弟子；他又用贯通空有，表述佛性清净的两首偈颂，争取到弘忍

---

[1] 杨曾文校写：《敦煌新本六祖坛经》载有《曹溪大师传》的校本，上海：上海古籍出版社，1993年。

的传法。

慧能在曹溪一带传法近四十年。现存《六祖坛经》是慧能一生经历和传法的集录[1]。慧能从开始应请在韶州大梵寺说般若法，授无相戒，到根据弟子的不同情况传授禅法，主要用大乘佛教的佛性和般若思想来启发弟子和信众如何认识自己本有佛性，如何自修自悟，即识心见性问题。

慧能在日常传法过程中，为了使一般民众容易理解接受，比较少用"佛性"这个词汇，而是经常使用心、本心、自心和性、本性、自性等用语。例如《六祖坛经》上的"识心""识自本心，是见本性""真如本性""性本清净""性含万法""自在法性""自性常清净""自心自性真佛""得悟自性"等等。很明显，这里的心、本心、性、自性等都是佛性的代名词。慧能通过引导弟子和信徒认识自己具有与佛一样的本性，来树立通过自修达到解脱的信心。

《曹溪大师传》记载，唐仪凤元年（676）慧能在广州制旨寺（当时应名法性寺）听印宗法师讲《涅槃经》，后来因"风幡之议"受到印宗的礼敬，请慧能介绍弘忍传授言教时，慧能讲的就是佛性的道理。他说，弘忍只论"见性"，而不论"禅定解脱"等，因为这些都不是佛性之法，说：

> 佛性是不二之法，《涅槃经》明其佛性不二之法，即此禅也。……佛告高贵德王菩萨：善根有二，一者常，二者无常，佛性非常非无常，是故不断，名之不二；一者善，二者不

1　以下所引《六祖坛经》除注明者外，皆是《敦煌新本六祖坛经》。

善，佛性非善非不善，是故不断，名为不二。又云：蕴之与界，凡夫见二，智者了达其性无二。无二之性即是实性。明与无明，凡夫见二，智者了达其性无二。无二之性即是实性。实性无二。

慧能引述的《涅槃经》大体上是取自其北本卷二十二《高贵德王菩萨品》和卷八《如来性品》的有关部分。这段文字特别强调佛性是"不二"之法，并把它称之为"禅"，反映了慧能禅法的重要特点。

慧能在向信众讲述佛性时，经常从"不二"的角度把人们现实的在日常生活中发挥作用的心（精神）与所谓本具的清净佛性等同起来，把世俗社会与理想的彼岸世界、烦恼与菩提、众生知见与佛的境界等互相沟通，让人们相信，人人能够在现实世界成佛。

唐中宗派中使薛简迎请慧能入京传法，慧能以疾辞谢，但应请为薛简讲授禅法，所讲也是以佛性思想为主旨。薛简听了后感叹地说：

大师，今日始知佛性本自有之，昔日将为大远；今日始知至道不遥，行之即是；今日始知涅槃不远，触目菩提；今日始知佛性不念善恶，无思无念，无知无作无住；今日始知佛性常恒不变，不为诸惑所迁。[1]

---

1 见《曹溪大师传》。

这段话比较集中地概括了慧能的佛性思想的要点：佛性永恒，人人具有；涅槃解脱之道就在现实生活之中；人们应与空、不二的佛性相应，修持无念禅法，断除一切善恶、取舍的观念。

二、佛是自性作，莫向心外求

慧能的禅法以佛性理论为中心，以引导信众认识和觉悟自性为宗旨。那么，慧能是如何通过自己的传法实践引导信众认识自性，自修自悟呢？《六祖坛经》的主体部分是记述慧能应韶州刺史韦璩等人之请在大梵寺说法。慧能在讲述了自己的经历后，先讲自己的无念禅法，接着向信众授无相戒，包括引导信众归依三身佛、发四弘大愿、无相忏悔、归依三宝，最后是说般若波罗蜜法。在整个过程中，慧能始终围绕佛性问题。其中的授无相戒的部分，是用信众熟悉的佛教法会仪式形象地引导他们认识自性，相信佛在自身，可以自修自悟。

无相戒是慧能自己的提法。按照唐代道宣的戒律学说，戒有四科：戒法（泛指一切戒律）、戒体（通过受戒在心中产生的持戒的意志和信念）、戒行（遵循戒律的言行）、戒相（持戒表现，也指五戒、十戒、具足戒等戒条内容）。[1] 慧能所授的无相戒不授任何具体的戒相，只是引导信徒认识自性（可理解为戒体），所以称无相戒。"无相"常用来指心，因为心无形无相，如《六祖坛经》中将神秀

---

[1]　详见杨曾文：《佛教戒律和唐代律宗》，载中国艺术研究院编辑《中国文化》，1990 年第 3 期。

的传法偈称"心偈",又称"无相偈"。"无相戒"的全名应是"无相心地戒"。"心地"即"心",也就是佛性。实际上,慧能的无相戒是借用汉地传授大乘戒时普遍依用的《梵网经》中的思想成分。《梵网经》也称《菩萨戒经》,其中说:佛"为此地上一切众生、凡夫、痴暗之人,说我本卢舍那佛心地中,初发心中常诵一戒:光明金刚宝戒,是一切佛本源,一切菩萨本源,佛性种子。一切众生,皆有佛性。一切意识色心,是情是心,皆入佛性戒中";"是一切众生戒,本源自性清净"。在《六祖坛经》中两次引用的是最后一句的省略句:"戒本源自性清净"。

慧能在引导信众归依三身佛时,让大家一起跟着他连唱三次:

> 于自色身归依清净法身佛,于自色身归依千百亿化身佛,于自色身归依当身圆满报身佛。

用意是叫人们认识:无论是佛的法身、化身还是报身,都在自身本性之中。他解释说,每人都有"自在法性",但因为迷妄而认识不到。其实,人生来所具有的清净法性就是法身,自性的思量善恶的功能就是化身,不断念善将有善报,此为报身。如果能够认识自身具备佛的三身,"自悟自修,即名归依"。

接着,慧能带领信众发四弘誓愿,三唱:

> 众生无边誓愿度,烦恼无边誓愿断,法门无边誓愿学,无上佛道誓愿成。

词语与传统大乘四愿并无不同，但慧能作了新的解释：超度生死苦海，"不是慧能度""各于自身自性自度""迷来正度，愚来智度，恶来善度，烦恼来菩提度"；断除烦恼，是"自心除虚妄"；学无边法门，是"学无上正法"；成无上佛道，是远离迷妄，"自悟佛道成"。

　　慧能带领信众进行的无相忏悔也叫"自性忏"是通过忏悔清除一切污染自性的"愚迷""矫诳""嫉妒"等杂心、恶业，发誓永远不再有恶的行为。

　　最后是授无相三归依戒。本来佛教有归依象征佛教的"三宝"戒，即信徒入教或在重要的法会郑重表示"归依法，归依佛，归依僧"。但慧能在"三归依"之前特别加上"无相"二字，表示心性，即为心性的三归依戒。他在解释中说："归依觉两足尊，归依正离欲尊，归依净众中尊。"其中的"觉"代表佛，用自心的觉悟代替具有理想人格的佛；"正"代表"法"，用自心的正念代替三藏佛法；"净"代表"僧"，用自心的清净代替弘布佛法的僧。这样，外在的三宝变成了"自性三宝"："佛者，觉也；法者，正也；僧者，净也"。要求信众从"自心"归依"自性三宝"，做到少欲知足，离财离色；念念无邪，断除爱著；不生妄念，自性清净。他批评有的人日日受三归依戒，但却不知道应当归依自性的三宝。他说："自性不归，无归依处。"

　　慧能说般若波罗蜜法也与一般人的说法不同。"般若波罗蜜"意为借助智慧的力量从世俗世界的此岸到达觉悟解脱的彼岸。所依基本经典是《般若经》，主要是讲一切皆空和不生不灭的中道。但慧能讲般若之法是侧重讲心性问题。他说，"心量广大，犹如虚空""性含万法是大，万法尽在自性"。这是从心性是世界本源的角度讲的。同时又讲，心性虽不舍万法，不舍一切善恶诸法，但又"不可染著"，做到念念不愚，"常行智慧，即名般若行"。劝人修般若之行，说"一念修行，法身等佛"；"前念迷即凡，后念悟即佛"；人人的本性都有般若之智，应当经常"用智慧观照，于一切法不取不舍，即见性成佛道"。

慧能的结论是，求佛不应当到自身之外去求，而应当认识自性，着眼于觉悟自性。他认为劝人念佛，发愿往生西方净土的做法是不值得提倡的。他说："迷者念佛生彼，悟者自净其心"；"但行十善，何须更愿往生；不断十恶之心，何佛即来迎请？"又说："佛是自性作，莫向心外求。自性迷，佛即是众生；自性悟，众生即是佛。"此是发前人所未发，言前人所未言。他认为自性觉悟清净、慈善，虽是众生，亦可成佛；否则虽是佛，也不异众生。如果自净其心，西方净土就在眼前。

慧能虽强调自悟，但并不反对来自师友（善知识）的指导和帮助。他说当一个人"自迷"不能自悟时，应当找"大善知识示道见性"。上述慧能的说法，可以看作是慧能向一般信众"示道见性"的生动事例。重要的是要从求外在的善知识转变为求内在的善知识，"以智慧观照，内外明彻，识自本心""识心见性，自成佛道"。

三、"无念"禅法和顿悟

如何自修，如何实现识心见性呢？这要在生活日用中实践无念禅法。何谓无念禅法？《六祖坛经》记载，慧能在大梵寺向信众开示佛法之初，就明白宣布：

> 我此法门，以定慧为本。第一勿迷言定慧别。定慧体一不二，即定是慧体，即慧是定用；即慧之时定在慧，即定之时慧在定。善知识，此义即是定慧等。学道之人作意，莫言先定发慧，先慧发定……
>
> 我此法门从上以来，顿渐皆立无念为宗，无相为体，无住为本……

统观慧能的无念禅法，有以下两大特色。

（一）定慧无别，将慧容摄于定

佛教传统的禅法，无论是大乘禅，还是小乘禅，都主张"以禅发慧"，从不讲"定慧等"，皆主张即通过坐禅观想来制服情欲，断除烦恼，引发智慧，目的是最后达到解脱。在这里，定（三昧，或禅定）与慧（智慧）是分开的两种事物，只有在禅定进入一定深度才会产生智慧。

对此，慧能表示反对。他认为，定与慧是一个统一的整体，就好像灯与光的关系那样，两者是不可分的。他说定是慧的"体"，慧是定的"用"。当觉悟自性的时候，慧本身就是定，此时没有慧之外的定；同样，当修定的时候，慧就在定，没有定之外的慧。慧能实际是借批评"定慧各别"来反对口说佛教义理而不认真实践的现象，说"作此见者，法有二相：口说善（按：指慧），心不善（按：指定），慧定不等"。如果做到心口一致，也就做到了"定慧即等"。

神秀的弟子志诚到曹溪，先是试探慧能的禅法主张如何，后来表示诚心归依。他应慧能的要求先介绍神秀平常所教示的"三学"——戒、定、慧，说："诸恶不作名为戒，诸善奉行名为慧，自净其意名为定。"这显然是主张三学不等。对此，慧能表示反对"立戒定慧"，解释说：

> 心地无非自性戒，心地无乱自性定，心地无痴自性慧。……得悟自性，亦不立戒、定、慧。……自性无非，无乱，无痴，念念般若观照，常离法相，有何可立？

其中的心地"无非""无乱""无痴"可以说都是智慧的范畴。有此智慧，也就无需再分别设立戒定慧，它本身已经包容统摄了戒定慧。

（二）通过对无念、无相、无住的诠释，寄禅定于日常生活之中

到底何为"无念""无相""无住"？

大乘佛教的最高实体被称为诸法实相、真如、法性、佛性等，不仅是修行者所追求达到的悟境，也是世界万有的本源和本体。真如佛性就具有无念（无所思虑、意念）、无相（无形无相）、无住（不停滞一处）的特点，大乘修行者也应取法于真如佛性，达到与其相应的境界。这种思维方式与儒家取法于"天"，道家取法于"道"有相似之处。然而慧能在对无念等的解释中是独具特色的。这就是始终贯彻着中道"不二"的精神，简单来说就是无念而不离念，无相而不离相，无住而不离住。

下面让我们看看《六祖坛经》所载慧能的解释。

> 何名为相无相？于相而离相。无念者，于念而不念。无住者，为人本性，念念不住，前念、今念、后念，念念相续，无有断绝，若一念断绝，法身即离色身；念念时中，于一切法上无住；一念若住，念念即住，名系缚；于一切法上念念无住，即无缚也。此是以无住为本。善知识，外离一切相，是无相。但能离相，性体清净，是以无相为体。于一切境上不染，名为无念。于自念上离境，不于法上生念。若百物不思，念尽除却，一念断即死，别处受生。……是以立无念为宗，即缘迷人于境上有念，念上便起邪见，一切尘劳妄念从此而生。……无者离二相诸尘劳；念者念真如本性。真如是念之体，念是真如之用。自性起念，虽即见闻觉知，不染万境，而常自在。
>
> 何名无念？无念法者，见一切法，不著一切法；遍一切处，不著一切处，常净自性，使六贼（按：指眼耳鼻舌身意六识）从六门（按：眼耳鼻舌身意六根）走出，于六尘中不离不染，来去自由，即是般若三昧，自在解脱，名无念行。若百物不思，当令断绝，即是法缚，即名边见。悟无念法者，万法尽通。悟无念法者，见诸佛境界。悟无念顿法者，至佛位地。

可见，在无念、无相、无住当中，无念是个总概念。无念不是要求人们逃离现实生活去闭目塞听，什么也不想，什么也不念，而是照样生活在现实的社会中，但要求对任何事物都不产生贪取或舍弃的念头，没有执意的是非善恶的观念，所谓"即见闻觉知，不染万境"。无念所要否定的是把事物的两个方面看作绝对对立的见解，并不是连真如本性也不念；这种念是以真如本性为体的。如果认为无念就是取消一切思虑，那么，"一念断即死"，此时的"法身"（相当于"神明"，指灵魂）就离开身体。慧能说传授这种禅法是诽谤经法的。无相是不执着于名相（语言概念、形象）；无住是对事物不执取固定的见解和产生特定的心理趋向。实际上，二者为无念所包含。

实际上，慧能所强调的"无念"，不仅是指导坐禅的原则和方法，而且是修行所应达到的最高境界，即所谓"悟无念顿法者，至佛位地"。对此，慧能的弟子神会说得更加明确，在记述他与北宗僧人辩论的《南宗定是非论》中说：

云何不取于相？所谓如如。云何如如？所谓无念。

又说：

起心既灭，觉照自亡，即是无念。是无念者，即无一境界。如有一境界者，即与无念不相应。

这里讲的无念与所谓真如实相等完全是契合的，是一种至高的觉悟境界。

用无念的观点来看禅定，是怎样的呢？慧能认为，禅定无需固定的程序和方式，不管是在家出家，只要直探心源，没有执着、杂念，那么一切时候和场合都是坐禅。他说：

此法门中一切无碍，外于一切境界上，念不起为坐，见本性不乱为禅。何名为禅定？外离相曰禅，内不乱曰定。外如著相，内心即乱；外若离相，心即不乱。本性自净自定，只缘境触，触即乱，离相不乱即定。外离相即禅，内不乱即定。外禅内定，故名禅定。

这样，禅定已经不是原来意义上的禅定了，坐禅也不一定采取坐相。其实，"念不起""见本性不乱"以及"外离相""内不乱"，都是所谓无念的内涵，是特种认识境界。提出这种解释，无非是要求修行者应当坚信佛在自性，即心是佛，而不受周围环境的任何影响。

禅宗四祖道信依据《楞伽经》提倡"修心第一"，又据《文殊说般若经》提倡"一行三昧"。所谓"一行"是连续修持的意思；"三昧"是禅定。"一行三昧"是要求在连续修持禅定中从念佛观佛开始到观"法界一相"。

慧能虽也提倡一行三昧，但在解释中有新的发挥。他依据《维摩经·佛国品》中的"直心是菩萨净土"；《菩萨品》的"直心是道场"的经文，提出，只要"常行直心"，那么在任何时候，进行任何活动，都可以说是在修持一行三昧。他说："一行三昧者，于一切时中行住坐卧，常行直心是"；"于一切法上无有执着，名一行三昧。"什么是"直心"？就是坦诚正直之心，就是对一切无所好恶取舍之心，也就是慧能反复强调的无念。如果能行此"直心"，保持无念，那么在生活日用当中的一切活动，行住坐卧、担水搬柴都是坐禅，也是菩提之道的所在。如此就寄坐禅于日常生活之中了。

正如他的弟子玄觉在《永嘉证道歌》所唱的那样："行亦禅，坐亦禅，语默动静体安然。"

慧能对北宗的静坐观心看净的禅法进行了批评，说他们所看的"心"是"妄心"，本无形象可看，看即是妄；所看之"净"本无形象，却硬立个"净相"去看，反而受缚。结论是："不见自性本净，起心看净，却生净妄。"这样的禅法不仅不能引导人们达到解脱，反而阻碍达到解脱。

慧能称自己的禅法是"顿教法"。那么，顿教的含义何在？北宗神秀、普寂等人的禅法以观心看净为中心，主要是要求修行者专心坐禅，首先观察自心具有"净心"（真如之心）与"染心"（无明）两个方面，前者是成佛的内在依据，但被后者覆盖，使人流转生死，然后通过观心修行，灭除无明污染的方面，使真如之心显现达到解脱（《观心论》《大乘无生方便门》）。这种禅法是以心与身、净与染等名相的对立为前提的，而且在观心过程中也严格按照前后程序进行的[1]。慧能认为这种劝人修持"不动""观心""看净"的禅法"障自本性"，是见解迟钝的人修持的禅法。慧能的禅法的"顿"就顿在中道"不二法门"上。如前面引证过慧能所说的"佛性是不二之法"以及种种关于不二的说法，还有他在死前特别教授弟子的"三科法门""三十六对"的说法方式，都要求人们在事物对立两方的融通联结上看待世界万物，看待修行解脱问题。在这里，身与心，净与染，烦恼与菩提，生死与解脱，众生与佛等等，都是相即

1　参见杨曾文:《神秀所著"观心论"及其禅法思想》，载《隋唐佛教研究论文集》，西安：三秦出版社，1990 年。

不二的。显然，取消差别、次第的观念就是与真如佛性相契合的无念境界。唐代惠昕改编本《六祖坛经》记载，慧能曾表示："无二之性是名实性。于实性上建立一切教门。"如果修行者能认识自己的本性，那么立即就达到觉悟，此为"顿悟"，所谓："顿见真如本性""一悟即至佛地"。

四、慧能识心见性禅法在佛教史上的创新意义

慧能创立的顿教禅法基于人人皆有佛性的思想，宣称"法元（原）在世间，于世出世间，勿离世间上，外求出世间""佛是自性作，莫向身外求。自性迷，佛即是众生；自性悟，众生即是佛"，引导信众确立自信和自修、自悟，反对向身外追求解脱，提出没有固定程式的"无念"禅法，寄坐禅于生活日用之中，认为人们如果能领悟清净的自性，就达到解脱，此即"识心见性，自成佛道"。

此后，迅速兴盛于社会的禅宗进而倡导"即心是佛""直指人心，见性成佛"等思想，这深刻地影响了以中国为中心的北传佛教。

应当指出，中国禅宗源自慧能这种顿教心性思想的提出，是对以往源自古印度的小乘佛教和大乘佛教修行解脱论的巨大突破，是体现佛教中国化的创新思想。

从佛教传播发展历史来看，包括原始佛教、部派佛教在内的"小乘"佛教在修证果位方面皆以阿罗汉为最高果位，而"大乘"佛教则以修证成佛为最高目标。

所谓"阿罗汉"，意为断除一切欲望烦恼，摆脱生死轮回，应受众生供养的觉悟者。然而修证成阿罗汉绝非通过一次禅观或修行即可达到，甚至也不是一生两生可以达到，即使经过三生乃至"或经一劫[1]，或经百劫，或经千劫"也未必能达到解脱[2]。

至于大乘佛教修行成佛论，说菩萨"上求菩提，下化众生"，实践以"大慈大悲"（让众生得乐脱苦）为宗旨的"菩萨道"，通过漫长艰苦的修行，跨越若干阶位，才可体证真如成佛。据称所经的时间非世人可以计算，是用所谓"劫（长时、大时）""阿僧祇劫（无量长时）"作单位的，有的佛经称"其数百劫，乃得等觉"，然后"住寿万劫，化现成佛"，实际皆意味着解脱成佛遥遥无期。

这必然为后世佛教深入民众传播带来问题，然而也为佛教创新发展留下广阔空间。佛教传入中国，在实现中国化过程中形成天台宗、华严宗和禅宗等富有民族特色的宗派。这些宗派皆提出自己的成佛论。其中，禅宗提出如上所说佛法在世间、"佛是自性作""即心是佛"等觉悟成佛思想[3]，向大乘佛教注入鲜明的现实主义精神，从而将大乘佛教推向新的高度，也拓宽了面向社会民众传播和发展的道路。

---

1 劫，佛教认为世界不断毁灭，不断形成，每一次毁灭与形成之间的周期为一劫，可概释为"大时"。

2 详见［唐］玄奘译：《大毗婆沙论》卷七。这里仅作简单介绍，许多宗教术语未涉及。

3 请参见杨曾文：《唐五代禅宗史》第五章第一节及第七章第一节，北京：中国社会科学出版社，1995 年。

慧能劝善止恶的伦理思想

中国禅宗六祖慧能大师以韶州曹溪宝林寺为传法中心创立了中国禅宗南宗，弘传以"识心见性，自成佛道"为宗旨的"顿教"禅法。唐末五代，南宗成为禅宗主流，至两宋禅宗进入鼎盛时期，其对中国佛教和历史文化产生极为深远的影响。

禅宗在社会各阶层民众中传播，除了阐释"识心见性""即心是佛"等禅法思想外，还在各种场合以十分灵活的方式向信众弘传与中国传统伦理融通的佛教伦理思想和道德规范，引导广大信众净化心灵，增进道德情操的修养，以行善止恶，促进家庭、社会的和谐。这是禅宗之所以能够得到社会广泛认可，得到广大信众支持和信奉的重要原因。

现主要根据敦煌新本、元代宗宝本《六祖坛经》，对慧能的伦理思想和道德理念做概要考察和论述。

一、西方净土和自我净心、人间净土

慧能应韶州刺史韦璩之请，在"大梵寺讲堂中，升高座，说摩诃般若波罗蜜法，授无相戒"[1]。

慧能首先向在场的官员、儒士、"僧尼道俗"讲述自己的身世和北上黄梅从五祖弘忍大师求法的经历，启示他们"愚人智人，佛性本亦无差别，只缘迷悟；迷即为愚，悟即成智"；之后借助传授"无相戒"，引导他们体认佛在自性，"识心见性，自成佛道"的思想；最后郑重宣讲"般若波罗蜜法"，将他经过深思熟虑体悟出来的道理讲解授给信众。

慧能把大乘佛教的"般若"之智和佛性、空观和心性之有，加以会通结合，将般若学说所说的"空"与心性等同起来，说人人皆具清净空寂的佛性本心，然而因为受到世俗"妄念"掩覆而不能显现。如果借助般若智慧来观察领悟世界的实相，便可使各种掩蔽自性的烦恼和妄念断灭，从而觉悟本有的清净佛性，达到至高的精神解脱的境界，即"一悟即至佛地"。他同时还将自己的寄坐禅于日常修行和生活的"无念""定慧等"的禅法做了详细的讲述。

在慧能的讲述中，特别强调：凡夫与佛之间没有不可逾越的界限，关键在迷、悟之间，凡夫一念觉悟便可立即成佛，并且说修行不必远离现实生活，即使在充满烦恼的世俗环境也可以达到觉悟。

当时社会上西方阿弥陀佛的极乐净土信仰已经十分盛行。唐

1　杨曾文校写：《敦煌新本六祖坛经》，北京：宗教文化出版社，2014 年。以下引证凡未注明，皆引自此书。

道绰（562—645）撰写《安乐集》，提出依《无量寿经》等经典修净土念佛法门的佛法为"净土门"，与此相对的其他佛法为"圣道门"；说前者易修，后者难修，说念佛不仅能够灭罪，还能使念佛者死后往生西方净土。此后，嗣后善导（613—681）著《观无量寿经疏》等，特别倡导口称念佛，说一切"罪恶凡夫"只要口称"南无阿弥陀佛"，死后皆可往生西方净土。

禅宗兴起之时也正是净土念佛法门盛行的时候。据敦煌新本《六祖坛经》记载，慧能在大梵寺说般若法之后，韶州刺史韦璩站起来向慧能请教说：

> 弟子见僧俗常念阿弥陀佛，愿往生西方，请和尚说得生彼否？望为破疑。

慧能在回答之中，并没有否认净土说教，然而依据他的见解提出新的创新解释。他说，佛经上讲的西方净土离现实不远，但对素质低的人（"下根"）来讲是远的，对于具有"上智"的人来讲就在近处；因为如果能够自净其心，净土便立即显现面前。他说：

> 人有两种，法无两般。迷悟有殊，见有迟疾。迷人念佛生彼，悟者自净其心。所以佛言：随其心净则佛土净。使君，东方人但净心即无罪；西方人心不净亦有愆，迷人愿生东方。两者所在处，并皆一种心地，但无不净。西方去此不远，心起不净之心，念佛往生难到。除十恶即行十万，无八邪即过八千，但行直心，到如弹指。使君，但行十善，何须更愿往生？不断

十恶之心，何佛即来迎请？若悟无生顿法，见西方只在刹那；不悟顿教大乘，念佛往生路远，如何得达？[1]

在这里，他将佛教伦理体系中的"十善"置于重要地位，然后对往生净土进行解释。佛教所说的十善，体现在人的行为、语言、思想三个方面，有不杀、不盗、不邪淫（不淫他人妻女）、不妄语、不两舌（不挑拨离间）、不恶口（不骂人）、不绮语（不花言巧语）、不贪欲、不瞋恚、不邪见；与此相反则称为"十恶"。"八邪"，或是指违背佛教基本"八正道"（正见、正思惟、正语、正业、正命、正精进、正念、正定）的八种"邪见"或行为；或是指违背大乘中观"八不中道"（不生不灭、不常不断、不一不异、不来不去）的八种"邪见"。慧能认为，往生不往生净土，关键在自己的道德修养的境。"心净则佛土净"，如果自己的思想行为能够做到十善，断除八邪的恶思恶行，便可立即往生净土。既然如此，又何必发愿死后往生西方净土呢？他说："若悟无生顿法，见西方只在刹那；不悟顿教大乘，念佛往生路远，如何得达？"意为净化自己的心灵，所在就是西方净土。这里实际蕴含着后世禅宗主张的"唯心净土，自性弥陀"的思想。

慧能此后向信众说，让我移西方净土在诸位面前，请大家看一看。他说：

佛是自性作，莫向身外求。自性迷，佛即是众生；自性

---

1 杨曾文校写：《敦煌新本·六祖坛经》，北京：宗教文化出版社，2011 年，第 43 至 44 页。

悟，众生即是佛。慈悲即是观音，喜舍名为势至，能净是释迦，平直即是弥勒。人我即是须弥，邪心即是海水，烦恼即是波浪，毒心即是恶龙，尘劳即是鱼鳖，虚妄即是鬼神，三毒即是地狱，愚痴即是畜生，十善即是天堂。无人我，须弥自倒；除邪心，海水竭；烦恼无，波浪灭；毒害除，鱼龙绝。自心地上觉性如来，施大智慧光明，照耀六门清净，照破六欲诸天下，照三毒若除，地狱一时消灭。内外明彻，不异西方。不作此修，如何到彼！[1]

在慧能绘声绘影的讲述中，一切外在的须弥山、深海、恶龙、鱼鳖、鬼神、地狱、畜生等，都不过是自身各种情欲烦恼、妄见恶念变现出来的，而修持十善、慈悲、喜舍、净心、正直、则意味着就是人们称羡的天堂，就是菩萨、佛。如果人们能够自我净化心灵，做到灭除情欲烦恼和各种邪见，便可使清净自性显现，实现人间净土，所谓"地狱一时消灭，内外明彻，不异西方"。从这里，我们可以看到在慧能的禅法思想中，已蕴含着人间佛教和人间净土的内容。

二、"若欲修行，在家亦得"——以净心和行善止恶为中心

无论古今，佛教的出家四众（比丘、比丘尼、沙弥、沙弥尼）与在家男女居士相比总是少数，此外还有数量很大的虽未正式归依受戒做居士但却接近乃至信仰佛教的民众。慧能在传法中告诉信

1　杨曾文校写：《敦煌新本·六祖坛经》，北京：宗教文化出版社，2011年，第45至46页。

众，若要修行，未必非要出家在寺不可，在家也是可以的。他说：

> 若欲修行，在家亦得，不由在寺。在家能行，如东方人心善；在寺不修，如西方人心恶。但心清净，即是自性西方。

韶州刺史韦璩立即问："在家如何修行？愿为教授。"慧能随即口诵《无相颂》，说如果照此颂的意思修行，便像与他相处一样，"若不依此修，剃发出家，于道何益！"《无相颂》说：

> 心平何劳持戒？行直何用修禅？
> 恩则孝养父母，义则上下相怜，
> 让则尊卑和睦，忍则众恶无喧！
> 若能钻木出火，淤泥定生红莲。
> 苦口的是良药，逆耳必是忠言，
> 改过必生智慧，护短心内非贤。
> 日用常行饶益，成道非由施钱。
> 菩提只向心觅，何劳向外求玄，
> 听说依此修行，西方只在目前。[1]

其中讲的几乎全是与社会公德一致的佛教道德的理念和行为规范，如心平、孝养父母、上下相怜、尊卑和睦、忍让、听逆耳忠言、勇于改过而不护短等。做到这些，不仅是普通在家民众的道德

---

[1]　元代宗宝本《六祖坛经》。

要求，也是佛教信徒修行必须做到的。当然，作为禅宗信众，还有更高的目标，即觉悟自性而成佛。这就是慧能说的"菩提只向心觅，何劳向外求玄，听说依此修行，西方只在目前"；"见取自性，直成佛道"。

三、慧能伦理思想的现代意义

慧能的禅法思想主要有三点：一是强调众生皆有佛性，可通过自修和"识心见性"达到顿悟，说"佛是自性作，莫向身外求""一悟即至佛地"；二是以"无念为宗"——寄坐禅于自然无为和日常生活之中；三是强调在日常修行和生活中必须遵循五戒、十善等佛教伦理，通过行善止恶，利益群生和克制贪瞋痴来净化心灵，以便将掩蔽自性的"妄念浮云"清除，使清净自性显现。

前两点是为了达到解脱成佛的至高目标，后一点是为了达到道德圆满，成就完善人格。对广大信众来说，后一点是学佛和一切修行的基础；从逻辑上说，只有造就完善的人格，才有可能进而体悟真如实相而解脱成佛。简言之：若要成佛，先要成为好人。

慧能的这种思想，实际上为中国禅宗历代著名禅师继承。他们适应中国以儒家为正统的社会环境，将儒家和广大民众熟悉的道德理念和规范，如仁义礼智信及忠君、孝亲、敬老、济贫等等，与佛教的道德思想相结合，一起纳入道德的善的范畴，从而促进了儒、佛思想的会通，既扩大了佛教道德的内涵，也促进了中华民族传统伦理思想的充实和发展。

慧能的这种思想，体现着中国佛教现实主义的优良传统，蕴含着近现代中国佛教界提倡的"人生佛教"或"人间佛教"的因素。近现代中国高僧太虚主张佛教必须契理契机，适应时代进行革新，最早倡导人生佛教或人间佛教的思想，对中国近现代佛教转型和发展影响极大。他主张佛教必须重视人生、贴近人生，以改善人生和完善自我为基础，然后才是实践更高级的佛法，通过体悟真如实相而达到解脱成佛。1938 年他作偈述怀：

> 仰止唯佛教，完成在人格。
> 人圆佛即成，是名真现实。

此偈表明他是倡导和推广从完成人格到最后成佛的人生佛教的。

当代中国佛教界已经达成致力佛教中国化、实践与社会主义社会相适应的人间佛教的共识，在促进佛教各项事业的建设中，在加强佛教自身信仰、道风、人才、教制、组织五大建设和发展佛教文化和教育事业中，在利益人群，造福社会和促进和谐社会建设中，都作出了卓越的贡献。在这个时候，回过头来仔细阅读《六祖坛经》，可以看出当年慧能大师在创立顿教禅法过程中，始终没有忘记佛教教化的最基本的要求——引导信众通过净心来加强道德修养，从事慈悲善行，制止一切恶行，从中是可以得到很多有益的启示的。

佛教自古相传的《七佛通戒偈》曰：

> 诸恶莫作，诸善奉行，

自净其意，是诸佛教。

弘传任何高深的佛法，皆应倡导"诸恶莫作，诸善奉行，自净其意"的思想，引导人们行善止恶，净化心灵，增进道德修养。

禅宗六祖慧能大师在这方面提供了范例：

1. 引导信众"识心见性，自成佛道"，必须从日常修持佛教伦理、社会公德做起。

2. 只有成就完善的人格，才有可能进而修证成佛。

这正是人间佛教的基础。

唐代马祖道一及其峻烈的禅风

    8 世纪后期至 9 世纪中后期的一百多年，中国社会中最引人注目的宗教文化现象是慧能法系的南岳怀让—马祖禅系和青原行思—石头希迁禅系。此二系从湘、赣两个流域崛起，迅速传播到各地，并且在各地形成很多传法中心。

    马祖道一是中国禅宗史上最有声望的人物之一。马祖道一充满个性的明快而峻烈的禅风，不仅在当时影响相当广泛，而且一直影响到后世禅宗各派。后世的临济宗、沩仰宗就是出自他的法系。

一、马祖的故乡在今四川什邡

    马祖道一，俗姓马，世人称为马祖，汉州什邡（在今四川省中部）人。童年时期到资州（治所在今四川资中北）从"唐和尚"处寂出家，后来到渝州（治所在今重庆）圆律师处受具足戒，还曾受法于成都净众寺"金和尚"无相禅师，住长松山传法。唐景云元年（710）前后，禅宗六祖慧能的弟子怀让到南岳般若寺（观音台）传法，逐渐远近闻名。后来，道一听说怀让、慧能"顿教"禅法，便前往归依受学。[1]

二、南岳怀让禅师"磨砖"和马祖的开悟

怀让在南岳般若寺（观音台）传法时，弟子中著名的有六人：常浩、智达、坦然、神照、道峻、道一，其中马祖道一名气最大。

怀让传授禅法时重视启发弟子自悟。有一个有趣的故事，很能说明问题。马祖在般若寺的传法院住，每天严格地修持坐禅。这引起了怀让的注意。《祖堂集》卷三《怀让传》记载：

> 让和尚将砖去面前石上磨。马师问：作什么？
>
> 师曰：磨砖作镜。
>
> 马师曰：磨砖岂得成镜？
>
> 师曰：磨砖尚不成镜，坐禅岂得成佛也？
>
> 马师曰：如何即是？
>
> 师曰：如人驾车，车若不行，打车即是，打牛即是？
>
> 师又曰：汝为学坐禅？为学坐佛？若学坐禅，禅非坐卧；若学坐佛，佛非定相，于法无住，不可取舍，何为之乎？汝若坐佛，却是杀佛。若执坐相，非解脱理也。
>
> 马师闻师所说，从座而起，礼拜问曰：如何用心，即合禅

1　参见《祖堂集》卷十四《马祖录》、《宋高僧传》卷十《马祖录》、《景德传灯录》卷六《马祖录》、《四家语录》卷一《马祖录》。

定无相三昧？

师曰：汝学心地法门，犹如下种。我说法要，譬彼天泽。汝缘合故，当见于道。

又问：和尚见道，当见何道？道非色故，云何能观？

师曰：心地法眼，能见于道。无相三昧，亦复然矣。

马师曰：可有成坏不？

师曰：若契于道，无始无终，不成不坏，不聚不散，不长不短，不静不乱，不急不缓。若如是解，当名为道。汝受我教，听我偈曰：

心地含诸种，遇泽悉皆萌，三昧花无相，何坏复何成。

以上所引有这样几层意思：

1. 怀让继承慧能的顿教禅法，不认为通过坐禅可以引发智慧，达到解脱，他借磨砖不能成镜来比喻坐禅不能使人解脱成佛。

2. 他不是完全否定禅定，而是如慧能一样对坐禅有新的解释，实际把坐禅扩展到生活日用之中，即所谓"禅非坐卧"。

3. 既然佛也不一定表现为入定的形象（从上下文看，也可以解释为特定形象），对一切事物没有任何执着和取舍，那么修行者又何必要通过坐禅去追求做佛呢？

4. 如要达到解脱，要学习"心地法门"，即学习识心见性的禅法，认识自己本有的清净佛性，这好像是为解脱"下种"，而外在师傅的教导仅仅是辅助条件（"天泽"）；在这样的内外配合下，才有可能体悟佛性（见道），达到解脱。

5. 佛性或"道"，虽不是属于"色"，但它是可以通过自己的

"心地法眼"（修持无念禅法达到的智慧）来体认到它；而所谓"无相三昧"，当即与佛性相应的无特定程序的"无念"禅法。

6. 佛性或"道"无形无象，并且是不受时间空间的局限，是世界的本体、本源，无所不在，也是人人生来秉有的清净本性（"心地含诸种"），是达到觉悟的内在依据。

据载，马祖由此大悟，从此专心修持"心地法门"，注重自心觉悟。

三、传法于闽赣，闻名于天下丛林

马祖在怀让处学法达十年之久，大约在唐玄宗开元十年（722）前后离开南岳，又经过约二十年，在开元、天宝之际，先到建阳（在今福建省）佛迹岭聚徒传法，接着到抚州临川（在今江西）的西里山（又名犀牛山）传法。先后有不少人投到他门下跟他学法。此后他到虔州（治所在今江西赣县）南康的龚公山（今名宝华山）传法。此山经常有野兽出没，人迹罕至。马祖与弟子在此辟地建寺，逐渐成为一个远近知名的传法中心。马祖在虔州传法期间，唐朝经历了安史之乱（755—763），在社会各个方面都留下深刻的印记。

虔州在唐朝属于江南西道。开元二十一年（733），朝廷在全国设立十五道，江南西道是其中之一，简称"江西"，所领范围包括现在的江西、湖南大部和安徽部分地区，设都督府于洪州（也曾称豫章），治所在钟陵（今南昌）。洪州的行政长官原称采访使，至德（756—757）之后因中原常用兵，地方长官皆掌军权，有防御使、团练使等名，在重要地区设置节度使。江南西道军政长官称"都团练观察使"，后来只称"观察使"，一般兼洪州刺史。

在路嗣恭、鲍防和李兼先后担任江西观察使、洪州刺史期间，对马祖在洪州传法给予很大的支持。路嗣恭在任期间（771 或 772—778），特迎请马祖从虔州到洪州的官寺开元寺。鲍防在任期间（780—782）曾赶上唐朝廷下令：各地僧人必须回到原籍所隶属的寺院，但鲍防予以保护，没有将他遣返，而是仍让马祖与其弟子继续留在开元寺传法。

马祖是在李兼的任期内（785—791）去世的，在李兼的支援下马祖的葬礼得以隆重地举行。

马祖在钟陵开元寺期间声名大振，前来参学者日多，如《宋高僧传》卷十一《太毓传》所说："于时天下佛法，极盛无过洪府，座下贤圣比肩，得道者其数颇众。"

马祖的开元寺与在南岳衡山石头希迁的石台寺，成为当时倾慕南宗的僧俗信徒往来参学的两大禅学中心。唐宪宗时国子博士刘轲在应请为希迁写的碑铭中说："江西主大寂（按：马祖），湖南主石头，往来憧憧，不见二大士为无知矣。"[1]

据《祖堂集》卷十四《马祖传》说马祖"亲承弟子总八十八人出现于世，及隐道者莫知其数"；"说法住世四十余年，玄徒千有余众"。按照这种说法，马祖正式聚徒传法的时间应在天宝（742—755）年间。《景德传灯录》卷六《马祖传》说马祖的"入室弟子一百三十九人，各为一方宗主，转化无穷"。

---

1 现碑铭已不存，此引自《景德传灯录》卷六《马祖传》之注。

马祖在贞元四年（788）二月去世，年八十。生前选择建昌西南的石门山（后称宝峰山，在今江西靖安县）作为自己的葬地。在洪州刺史李兼的支援下，由弟子和信徒将马祖遗体送到此地火化，建塔。此地后建泐潭寺。国子祭酒包佶撰写碑文，太常博士权德舆（759—818）撰塔铭。唐宪宗元和（806—820）年间追谥马祖以"大寂禅师"之号，赐塔额曰"大庄严"。

马祖的禅系称洪州宗。著名弟子有怀海、智藏、普愿、慧海、镐英、志贤、怀晖、大义、惟宽、道通、隐峰、齐峰等。他们到各地传法，后来从怀海法系形成沩仰宗、临济宗，与从青原行思法系形成的曹洞宗、云门宗和法眼宗，统称为"禅门五宗"。

四、马祖的禅法思想

马祖的禅法虽延续慧能以来的"识心见性，自成佛道"的宗旨，但确实具有自己鲜明的特性。马祖的禅法语录篇幅不大，主要围绕着人达到觉悟解脱的心性依据和应当如何对待修行的问题。下面仅简要介绍两点。

（一）从"即心是佛"到"非心非佛"和所谓"不是心，不是佛，不是物"

引导人们觉悟自性达到解脱，是南宗的共同特色。所谓"即心是佛"的说法虽不是马祖的发明，然而他在对这句话的阐述中增加了不少新意，以致于当时一些人以为马祖的禅法要旨就是"即心是佛"。

《景德传灯录·马祖传》载，一日，马祖上堂对众僧说：

> 汝等诸人各信自心是佛，此心即是佛心。达摩大师从南天
> 竺国来，躬至中华，传上乘一心之法，令汝等开悟，又引《楞
> 伽经》文，以印众生心地，恐汝颠倒不自信此心之法，各各有
> 之。故《楞伽经》云：佛语心为宗，无门为法门。又云：夫求
> 法者，应无所求。心外无别佛，佛外无别心。……故三界唯心，
> 森罗万象，一法之所印。凡所见色，皆是见心，心不自心，因
> 色故有。

其中所引两种经，一是当年菩提达摩提倡的《楞伽经》，所引
经文是取其大义，而非原文，原经以"一切佛语心"为品名，经偈
中有："大乘诸度门，诸佛心第一"，另有很多论述"一切法空，无
生，无自性"的文字；二是《维摩经·不思议品》中的文字："若
求法者，于一切法应无所求。"其他则是马祖自己的见解。大意是
说，每个人应相信自心是佛，离开自心没有别的佛；世界上的万事
万物，都是心之显现，离开物质的世界，也就没有自心。这样，便
把自心与佛等同，又说自心、佛与世界万有是相互融通的，皆是
"一法（心）之所印"。对于"三界唯心"，据《景德传灯录》卷二
十八《江西大寂道一禅师示众》，他对此有进一步的发挥：

> 一切法皆是心法，一切名皆是心名。万法皆从心生，心为
> 万法之根本。经云：识心达本，故号沙门。名等义等，一切诸
> 法皆等，纯一无杂。若于教门中，得随时自在：建立法界，尽

是法界；若立真如，尽是真如；若立理，一切法尽是理；若立事，一切法尽是事。举一千从，理事无别，尽是妙用，更无别理，皆由心之回转。……种种成立，皆由一心也。……

这是讲既然一切事物和现象皆由"心"生，皆是"心法"，那么它们在所有方面都是等同的，没有根本差别的。因此，为了适应不同场合传法的必要，既可以将一切说成是千差万别的法界、事，也可以说皆是真如、理的显现，或一切皆是自心的作用。心（理、真、佛）是万有万物（事、处）之源和本体，如同月现万川，水性普现江河那样，从来没有离开万有万物，因此可以说到处有佛，佛又不离自心。在这里，不用说如同一些佛经、僧人一样，是有意无意地将"心"这个词语所表达的不同概念——思维的功能和思维活动、大乘佛教所说的精神性的本源和本体（真如、实相、法性、佛性）、佛教信仰的最高的人格化的理念（法身佛）混为一体，然后得出一切是心是佛的结论。对于此心到底是什么心，马祖实际着眼的是现实社会普通人的意识，或当时人们理解的精神主宰——灵魂。有人曾向马祖的弟子怀晖问此心到底是否"真如心，妄想心，非真非妄心"？他不正面回答，让问者联想"虚空"自己领会。

问题是这样讲的目的何在？不外是说：佛在自心，不必外求；佛法在现实社会和日常生活的一切方面，随时随地都可以接触佛，都能够体悟佛法，不必超越现实去追求解脱成佛。为了适应不同信众的身份、素质，可以采取灵活的方式和语言来向他们讲述佛法，启示他们认识自性，自修自悟。

然而如果认定"即心是佛"，由此规定相应的修行方法，马祖认为也是错的。所以他又从反面对"即心是佛"做出说明。《景德传灯录》卷六《马祖传》有这样一段记载：

> 僧问：和尚为什么说即心即佛？师云：为止小儿啼。僧云：啼止时如何？师云：非心非佛。僧云：除此二种人来如何指示？师云：向伊道不是物。僧问：忽遇其中人来时如何？师云：且教伊体会大道。

禅僧常把应机说法比喻为"止小儿啼"。佛经记载，当年佛陀常把应机宣说佛法比喻为哄小孩攥着空拳说里面有东西，或手拿一枚黄叶说它是黄金，作为让小孩止哭的权宜做法。禅僧常用这样的比喻来说明一切说教并非是终极真理。马祖认为，既然众生不知道自己生来具有与佛一样的本性，到处求法求道，在此情况下不妨告诉他们说"即心是佛"或"自心是佛"，引导他们产生自信，进而自修自悟。一旦达到这个目的，就应当告诉他们"非心非佛"。因为佛是不可局限于方位、场所的，否则，会出现认心为佛，或如同马祖弟子普愿所批评的"唤心作佛"[1]那样的现象。

马祖的弟子自在禅师，一日为马祖送信给南阳慧忠，慧忠问马祖对门徒教示什么？他回答："即心是佛。"对此，慧忠不表示认可，又问还教什么？他说："非心非佛，或云不是心，不是佛，不是物。"慧忠说："犹较些子。"意为还差不多。马祖另一个弟子法常（752—839），离开马祖后到明州大梅山修行传法，有僧问他马

---

1 《古尊宿语录》卷十二《南泉普愿语录》。

祖如何教示，他答："即心是佛"，此僧告诉他马祖近日又讲"非心非佛"。他对此不以为然，说："这老汉惑乱人，未有了日。任汝非心非佛，我只管即心即佛。"此僧将此事告诉马祖，马祖说了一句双关语："梅子熟也。"意为对法常已经成熟和不随波逐流的表现表示赞许。既然语句只是表达真理的权宜工具，就不必人云亦云。

可见，所谓"即心是佛——非心非佛——不是心，不是佛，不是物"，把"即心是佛"与"三界唯心"一切皆是心法结合起来讲众生达到觉悟的依据，是洪州宗禅法的一个重要特色。

（二）"道不用修"和"平常心是道"

既然人人都有佛性，佛在自心，就不应当向身外求佛求道。那么，是否否定一切修行了呢？如果还需要修行，应如何修行呢？据《景德传灯录》卷二十八所载《江西大寂道一禅师示众》，他是这样说的：

> 道不用修，但莫污染。何为污染？但有生死心造作趣向，皆是污染。若欲直会其道，平常心是道。谓平常心无造作，无是非，无取舍，无断常，无凡无圣。经云：非凡夫行，非贤圣行，是菩萨行。只如今，行住坐卧，应机接物尽是道。道即是法界，乃至河沙妙用，不出法界。若不然者，云何言心地法门？

这里的"道"是指佛道、觉悟解脱之道，是指大乘佛教所奉的最高真理，而从它的最高意义（第一义谛）来说，是超言绝象的真如、法性、佛性，也就是禅宗所说的"自性""心"。马祖通常是指"心"来说的。对于自性、本心，不必有意地从事修行、对治，只要不使它受到"污染"就行了。什么叫"污染"呢？"污染"也就是"造作"，马祖有自己的定义，即凡是有既定目标的追求或舍弃，如认为善的便去追求，认为恶的便予以舍弃，为此从事禅定观空取净，以及其他作为，都属于对真如之心的污染。那么，怎样能够体悟解脱之道呢？马祖告诉人们，应在保持"平常心"的状态下自然地体悟自性，达到解脱。所谓"平常心"是在心中取消一切造作、是非、取舍、断常、凡圣等观念，取消所谓"妄想"，做到"无念"，也就是般若学说的"无所得"的心境。

在这里，不难看出，所谓"道不用修"和"平常心是道"是有其特定含义的。不修，不是绝对不修，更不是如同"凡夫"那样的不修，而是在体认自性前提下的放弃取舍意向的自然而然地生活和修行；平常心，就是在这一过程中保持的"无造作""无所得"的自然心态。

马祖教导弟子，如果能够做到"了心"，即体认"即心是佛"，并且认识在在处处、一切事物无非是心的显现，懂得"平常心是道"，那么，也就在生活、修行等一切方面达到真正的自由。《景德传灯录·马祖传》记载，他曾说：

若了此心，乃可随时著衣吃饭，任运过时，更有何事！

洪州刺史（从马祖称他为"御史中丞"来看，当是杜亚）问："弟子吃酒肉即是，不吃即是？"按照佛教戒律规定，在家居士应遵守五戒，其中一戒是"不饮酒"，另外，不仅应"不杀生"，而且不提倡吃荤。马祖对此问没有明确答复，只是说："若吃是中丞禄，不吃是中丞福。"[1] 在这种场合，"禄"与"福"同义，禄也就是福，而不是"俸禄"的"禄"。马祖的意思是吃酒肉是他有福的表现，不吃酒肉也是一种福德，意为信奉佛法并不要求改变人们日常的生活。这是马祖对士大夫灵活传法的一个例子。

五、灵活的传法方式

禅宗，特别是南宗，在传播过程中形成一套独特的传法方式。从整体上看，南宗从慧能到他的弟子神会、怀让、行思、慧忠等二代，主要是用正面的说法和引导来传授禅法。到马祖、石头等第三代之后，采取暗示、反诘语句、动作乃至棒喝的方式传授禅法和接引弟子的现象逐渐增多。

马祖除有上堂示众的普说之外，对众多弟子采取灵活多样的教诲引导方法：

暗示。庞蕴居士"参问马祖：不与万法为侣者是什么人？祖云：待汝一口吸尽西江水，即向汝道。居士言下顿领玄要。"[2] 暗示"佛"是不能用语言正面表述的。

隐喻。"百丈问：如何是佛法旨趣？师云：正是汝放身命处。"借用安身立命之处比喻佛法深旨，启示怀海自己体会。

---

1 《景德传灯录》卷六《马祖传》。
2 《景德传灯录》卷八《庞居士传》。

反诘语。"僧问：如何是西来意？师云：即今是什么意？"[1]"西来意"即达摩祖师来华的用意（目的）。这是禅僧参问常用的话题。马祖用反诘语表示对此无法用语言确切回答，让他自己省悟。

动作。庞居士"问祖曰：不昧本来人，请师高着眼。祖直下觑。士曰：一等没弦琴，惟师弹得妙。祖直上觑。士礼拜，祖归方丈。士随后曰：适来弄巧成拙。"[2]大概马祖对庞居士自认为已悟本来面目没表认可，未"高着眼"；而对于说自己善弹无弦之琴表示默许，故将眼上视。水老和尚初参问马祖："如何是西来之意？"被马祖一脚"当胸踏倒"。当下"大悟，起来抚掌，呵呵大笑。云：大奇，百千三昧，无量妙义，只向一毛头上，便识得根原去"[3]。

此外，打手势，走动，礼拜，竖起或放下拂子，画图形，摆弄物件等，都可以用来传递信息，表示禅旨、悟境。

喝，即大声喊叫。百丈怀海"谓众曰：佛法不是小事，老僧昔再蒙马大师一喝，直得三日耳聋眼黑。"[4]

打。"僧问：如何是西来意？师便打，乃云：我若不打汝，诸方笑我也。"[5]打人有时用木棒。赵州从谂是普愿弟子，一日问："道非物外，物外非道，如何是物外道？"普愿拿棒便打，"赵州捉住棒云：已后莫错打人去。"[6]棒打与喝合称为"棒喝"。

---

1 《景德传灯录》卷六《马祖传》。

2 ［唐］于頔：《庞居士语录》卷上。

3 《景德传灯录》卷八《水老和尚传》。

4 《景德传灯录》卷六《怀海传》。

5 《景德传灯录》卷六《马祖传》。

6 《景德传灯录》卷八《普愿传》。

上述方法本来是取自现实的日常生活，禅宗将这些做法用到师徒之间传授禅法，传递某种信息，彼此交流参禅心得和悟境，充实了以正面言教为主的传统佛教的传授模式和交流方式，从而使禅宗丛林生活带有一种吸引世人注意的粗犷气息和朝气。

　　然而，后来由于一些禅僧离开禅宗的本来宗旨，片面强调不用语言文字，盛行模仿乃至效颦的形式主义，动辄棒喝交驰，拳脚相加，致使参禅中出现庸俗和粗鲁的现象。

"玄学之儒流"庞蕴居士及其禅诗

马祖道一是中国禅宗史上最有声望的人物之一。他充满个性的明快而峻烈的禅风，不仅在当时影响相当广泛，而且一直影响到后世禅宗各派。《祖堂集》卷十四《马祖传》说马祖"亲承弟子总八十八人出现于世，及隐道者莫知其数"；《景德传灯录》卷六《马祖传》说马祖的"入室弟子一百三十九人，各为一方宗主，转化无穷"。著名弟子有怀海、智藏、普愿、慧海等人；在居士中以出身儒士的庞蕴最有名。

庞蕴从马祖受法后，过着清贫的自食其力的生活，经常云游各地参禅问道，并将自己的参究心得写成诗偈，在世时已经名闻遐迩，被人们称为人间的"维摩诘居士"、在世的"菩萨"，甚至被看作是传奇式的人物，成为某些民间传说和绘画的题材。他的语录和禅诗在唐宋及以后的禅宗丛林被频繁引用。

一、庞蕴居士的生平

庞蕴（？—807 或 808），字道玄，在佛教史书中一般称之为庞居士。

据最早的禅宗史书五代南唐静、筠二禅师所编《祖堂集》卷十五《庞居士传》记载，庞居士出生在衡阳县（在今湖南省）。此后在北宋道原编著《景德传灯录》卷八《庞居士》章所载事迹稍详，说他的家世代以儒为业，然而他自幼感悟世间苦恼，遂产生求取人生真谛的意愿。南宋时某些禅宗史书不知根据什么资料，记载庞居士原有巨资家业，后将家资投入江湖（湘江或洞庭湖）之中，从此才过清贫生活。例如南宋淳熙二年（1175）法应编的《禅宗颂古联珠通集》卷十四记载：

> 居士以家业尽投湘水，女子灵照将笊篱鬻于市中。

后面载有三位禅师的偈颂，其中临济宗禅僧无际了派（1208—1224）的偈曰：

> 爷将活计沉江水，累汝沿街卖笊篱，
> 不是家贫连子苦，此心能有几人知。

可见这一说法流传范围是相当广的。

南宋本觉于咸淳六年（1270）编纂成书的《释氏通鉴》卷九则载曰：

居士庞蕴，字道玄，世习儒业，父为衡阳刺史，卒于任，遂家焉。居士自幼敏悟，节概高洁，每混俗和光，尝以船载家珍数万，沉于洞庭之渊。人问居士何不布施，不造寺？士曰：自无始来，由为因果相率，不得解脱。自是生涯淡如也。有男名耕获，女名灵照，日鬻笊篱于市以自活。

是说庞居士的父亲曾任衡阳刺史，死于任内，庞居士因此家居衡阳，后来感悟佛教的因果报应之说，将家藏珍宝数万投入洞庭湖，自此生活贫困，有子名耕获，女名灵照，靠编卖竹笊篱维持生计。

明代瞿汝稷所集《指月录》卷九《庞蕴居士》章是在《景德传灯录·庞居士》章的基础上并择取其他有关章节的记载编写的，但其中记述庞居士是在悟道后沉财于湘江的，说："士悟后，以舟尽载珍橐数万，沉之湘流，举室修行。"

那么，上述说法是否可信呢？从庞居士曾与丹霞天然（739—824）结伴进京赶考，修学禅法后能够写出大量文字优美典雅的禅诗来看，说他出身于世代以儒为业的家庭是可信的，然而说其父曾任衡阳刺史，拥有万贯家财，在悟道后将这些财产全部投入江湖之中的说法，却难以使人凭信，最主要的理由是这种说法出世很晚。这里仅顺便将这种说法进行介绍，不拟详论。

关于庞居士信奉禅宗并成为马祖弟子，《祖堂集》卷四《丹霞天然传》记载：庞居士与天然结伴进京参加科举考试，途经汉南一个旅店，碰到一位过路僧问他们到何处去，他们答："求选官去。"这位僧人告诉他们"选官"不如"选佛"，说："江西马祖今现住世说法，悟者不可胜记，彼是真选佛之处。"二人听说，便立即放弃入京赶考的念头，转而到江西参谒马祖。

但据唐于頔编《庞居士语录》卷上《庞居士传》的记载，庞居士在贞元初（785）先到南岳参谒石头希迁问："不与万法为侣者是什么人？"希迁没有回答，而用手掩其口作暗示，庞居士当即领悟。那么，世界上有什么不与万物为侣？按大乘佛教的教义只有法身佛（真如、法性）才超越于万物之上，又不离开万物。然而，禅宗认为，对于佛、真如等是不能用言语文字加以表述的。希迁用手捂庞居士的嘴，就是向他暗示这点。某日，希迁问他每天做什么事。他用偈回答：

> 日用事无别，唯吾自偶谐。头头非取舍，处处没张乖。
> 朱紫谁为号，丘山绝点埃。神通并妙用，运水与搬柴。

是说自己每日只求和谐地生活，对一切都不作取舍、造作，既然自然界本来无需外加任何成分，那么佛教所说的神通、妙用也就体现在担水、搬柴等日常活动之中。对此，石头希迁表示认可，问他是想出家呢，还是愿作在家居士。庞居士一向敬慕《维摩诘经》中所描述的那位通晓大乘高深佛法，善于辩论，并且神通广大的维摩诘居士。他便回答说："愿从所慕。"于是便效仿维摩诘菩萨做在家的居士。

庞蕴在石头门下成为居士后又到江西南昌参谒马祖。他同样问："不与万法为侣者是什么人？"马祖回答："待汝一口吸尽西江水，即向汝道。"在这里，马祖也没有正面回答，而是说等他喝完西江水再向他说。据载，他"于言下顿领玄旨"。

庞居士在马祖门下修学两年，大概正是马祖圆寂（788）前的两三年之内。他对马祖门下僧人的生活，曾写偈加以描述，说：

> 十方同一会，各自学无为。此是选佛处，心空及第归。
>
> 有男不肯婚，有女不肯嫁。父子自团栾，共说无生话。[1]

是说马祖的门下有男有女，有僧有俗，都在参禅领悟无为、无生（空、不生不灭）的道理，如果体悟这些道理，那么，就像科举"及第"那样，便可入选佛门。

早期禅宗史书只说庞居士有妻子（庞婆），有女儿灵照，没说他有儿子，因家无恒产，以编制笊篱卖钱维持生计。生活地点不固定，为参禅访道经常周游各地。元和年间（806—820），庞居士北上襄州，先居住在襄阳（在今湖北襄樊）的东岩，后迁郭东的小舍，受到山南东道节度使、襄州刺史于頔（？—818）的赏识。庞居士临死前让女儿灵照报告时间，灵照说已到中午，并有日食，他刚出来看，灵照便入室登父座"合掌坐亡"。于頔前来探望，庞居士对他讲："但愿空诸所有，慎勿实诸所无。"实际是劝他舍施己财以行善，知足戒贪。庞居士说完后竟死在于頔的膝上。

于頔，《旧唐书》卷一百五十六有传，是唐后期藩镇当中特别强梁专横者之一，历任湖州、苏州刺史，从贞元十四年至元和三年（798—808）任山南东道节度使、襄州刺史，后入朝拜司空、同平

1　[唐]于頔：《庞居士语录》卷下。

章事，后因罪遭贬，以太子宾客致仕。在庞居士死后，他曾向马祖的弟子道通禅师问法[1]。

《祖堂集》卷十五《庞居士传》对庞居士做了如此描述：

> 不变儒形，心游象外，旷情而形符真趣；浑迹而卓越人间，实玄学之儒流，乃在家之菩萨。

是说庞居士虽保持儒者的身份和装束，然而却具有超越尘世的心境，性情旷达而言行表现却符合于佛法真谛，是通晓深奥佛法的儒者，是在家的菩萨。

《庞居士语录》卷上记载："居士所至之处，老宿多往复酬问，皆随机应响，非格量轨辙之可拘也。"是说庞居士在游方参禅过程中与各地禅师经常互相问答，表述形式多种多样，不为常规所拘。庞居士生前常把自己的学佛参禅的心得写成诗偈，共达三百首，在僧俗信徒中广为传诵。

现存《庞居士语录》署名"节度使于頔编集"，三卷。上卷记载庞居士的简单生平及他到处访友参禅的情景；中卷、下卷收录的是庞居士的五言、七言和杂句诗偈一百九十多首。《祖堂集》卷十五、《景德传灯录》卷八《庞居士传》及其他传记有关庞居士的语录、偈颂多取自此书。[2]

1　《景德传灯录》卷六《道通传》。

2　笔者所用本是日本江户时期承应二年（1653）据明崇祯丁丑（崇祯十年，1637年）泉州刻本的覆刊本，在蓝吉富主编《禅宗全书》第39册中收有此书的复印本。

二、游历各地，访师参禅

据现存资料可知，庞居士在周游各地访师参禅过程中，与石头法系的澧州药山惟俨、邓州丹霞天然、潭州长髭、大同普济等禅师；马祖法系的毗陵芙蓉山太毓、明州大梅山法常以及处所不详的松山和尚、石林和尚、本溪和尚、齐峰和尚、则川和尚、百灵和尚等都有交往，互相参问禅法。活动的范围主要在现在的江西、湖南一带，并到过现在的湖北、江苏、浙江、河南的某些地区。

现将庞居士到各地参禅的情景和语录内容略做介绍。

马祖及其门徒除用语言直接传授禅法、觉悟的道理之外，常常借助手势动作乃至棒喝来喻示"禅机"——禅法要旨或所谓"心要"，即达到觉悟的奥妙要领或意旨。庞居士在与石头、马祖门下的交往中，经常使用所答非所问或反诘语、重复问者的话，以至用手势动作来表达自己的修禅心得、主张。

现举几个例子。

（一）对大乘解脱之道、佛性及修行道理等回避作正面表述

居士到药山禅师。山问曰：一乘（按：佛乘）中还着得这个事么？士曰：某甲只管日求升合（按：意为只求粮米糊口），不知还着得么。……因辞药山，山命十禅客相送。至门首，士乃指空中雪曰：好雪片片，不落别处。有全禅客曰：落在甚处？士遂与一掌。全曰：也不得草草。士曰：恁么称禅客，阎罗老子未放你在。全曰：居士作么生？士又掌曰：眼见如盲，

口说如哑。[1]

以上的引述，药山与庞居士的语言和动作，到底蕴含什么意义，恐怕别人是难以确切地说清楚的。药山禅师是石头弟子惟俨（751—834）。庞居士访问他时，他的问话也许是说：对于尊奉和修持的最高佛法"一乘"——佛乘，还需要把他当作一件事，天天读诵、思虑和向人讲说吗？庞居士回避正面回答，说自己每天只顾得上寻求点食粮充饥，哪里还知道如何对待修持一乘的事？结合下面庞居士与禅客之间的对话，也许是表示：对于一乘佛法既不能执意思索，也不能用语言加以表述，对于修行也不应当执着特有的目标，采取特有的修行方式，正如雪片落在自己该落的地方而不能预料那样，只应当任运自然。

马祖弟子法常，离开马祖后到明州大梅山修行传法，有僧问他马祖如何教示，他答："即心是佛"，此僧告诉他马祖近日又讲"非心非佛"。他对此不以为然，说："这老汉惑乱人，未有了日。任汝非心非佛，我只管即心即佛。"此僧将此事告诉马祖，马祖说了一句双关语："梅子熟也。"[2] 意为对法常已经成熟和不随波逐流的表现表示赞许。

庞居士参访法常，见面便问："久向大梅，未审梅子熟也未？"这是承前述马祖的话语而问的，但回避提佛性的事。对此，法常说："熟也。你向什么处下口？"庞居士答："百杂碎（按：彻底

---

1 ［唐］于頔：《庞居士语录》卷上。

2 《景德传灯录》卷七。

粉碎）。"意为全都咬碎，谈什么下口处。法常伸手说："还我核子来！"庞居士便离去[1]。在这里看不出参禅的味道，实际是蕴含庞居士对法常敢于坚持己见独立传法的赞赏。

（二）以哑谜、动作并辅之以含糊语句表示禅悟境界的高低

丹霞天然有一天登门拜访庞居士，才到门口，见到庞居士的女儿灵照拎一菜篮。天然问她庞居士在否？灵照不作回答，只是放下菜篮垂手而立。天然又问了一声，灵照不仅不回答，而且提起篮子就走。一会，庞居士回来，灵照把刚才天然来访的事情告诉他。庞居士问天然走了没有？灵照告诉他已经走了。庞居士说了句："赤土涂牛奶。"正在此时，天然突然进来。庞居士见到天然既不起坐，也不言语。天然便礼貌地竖起拂子，庞居士相应地竖身边的槌子。天然便问："只恁么更别有？"意思是说你做出这种动作是什么意思。庞居士说："这回见师不似于前。"认为天然比以往大有变化。天然马上回答："不妨减人价。"意为虽然如此也不免受到人家的冷落（是指灵照与庞居士对他造访的态度）。庞居士说："比来折你一下。"似乎对此表示承认。天然立即表示："恁么则哑却天然口也。"是说如此只好哑口无言。庞居士则说："你哑由本分，累我亦哑。"认为此是由天然引起的。天然扔下拂子便走，庞居士虽在后边叫他名字，他也不理会。庞居士说了句："不惟患哑，更兼患聋。"

庞居士与马祖弟子百灵和尚也常有交往。据载：

---

1 ［唐］于頔：《庞居士语录》卷上。

百灵和尚一日在方丈内坐，士入来，灵把住曰：今人道，古人道，居士作么生道？士打灵一掌。灵曰：不得不道！士曰：道即有过。灵曰：还我一掌来。士近前曰：试下手看。灵便珍重。居士一日问百灵曰：是这个眼目免得人口么？灵曰：作么免得？士曰：情知情知。灵曰：棒不打无事人。士转身曰：打！打！灵方拈棒起，士把住曰：与我免看。灵无对。[1]

这大概是说，个人的禅悟心境是难以用语言进行表达的，"道即有过"，即使使用动作，也应当慎重进行选择，否则就会被对手抓住把柄，陷于被动。

（三）主张自己体悟佛教义理，不提倡对人讲经

一日，庞居士去听某和尚讲《金刚般若经》，到讲到"无我，无人"（原经有："无我相、人相"）时，他起来提问："座主，既无我无人，是谁讲谁听？"这位和尚没能回答，反过来请他解释。他当场以偈作答：

无我复无人，作么有疏亲。劝君休历座，不似直求金。金刚般若性，外绝一纤尘。我闻并信受，总是假名陈。[2]

是说《金刚经》所讲的佛法深义本来是超离语言文字的（"绝

1　［唐］于頔：《庞居士语录》卷上。
2　同上。

尘"），对于般若空义，是不应反复向人讲述（"休历座"）的，应当亲自去体悟它的妙义（"直求金"）。

三、庞居士禅诗内容略析

虽然禅宗标榜"不立文字，教外别传"，然而实际上禅宗的语录、法语、偈诗等文字著述比任何宗派都多。庞居士过着清贫惨淡的生活，然而在到处参禅问道之余，还著有大量阐述佛法道理、参禅意境的五言、七言和杂句诗偈，现存有一百九十多首。这些诗偈语言通俗易懂，形式活泼，注重表达佛教道理，按内容来看，有阐述参悟般若空义的，有论佛与众生是一体不异的，有劝导世人不要贪恋名利安乐而应少欲知足的，有劝人读经解义注重实践的，等等。

下面选择一部分诗偈略加介绍。

（一）一个普通人如何摆脱苦恼而达到解脱成佛？

这是佛教信奉者十分关心的问题。禅宗主张领悟自性（或称自心，亦即佛性），如敦煌本《六祖坛经》所说"见性""识心见性"，便可"自成佛道"。然而实际的修行方法和过程，却是因人而异的。庞居士是马祖的弟子，自然十分了解马祖一再强调的"即心是佛"和"平常心是道"等的道理。然而，从庞居士的诗偈来看，他特别强调通过体悟一切皆空的道理，认清尘世间一切事物皆空寂无常，从而清除各种追求名誉财利的欲望和由此引起的种种烦恼，以达到与佛相同的精神境界。他说：

楞伽宝山高，四面无行路。惟有达道人，乘空到彼处。罗汉若悟空，掷锡腾空去；缘觉若悟空，醒见三生事；菩萨若悟空，十方同一处；诸佛若悟空，妙理空中住。空理真法身，法身即常住。佛身只这是，迷人自不悟。一切若不空，苦厄从何度？[1]

佛教经典中说，楞伽山难入难攀登，以有楞伽宝而得名，佛曾在此说《楞伽经》。庞居士诗说只有晓悟空理的修道人才能到达此山。他列举出罗汉（声闻）、缘觉、菩萨的修道者，说他们如果领悟空的道理，就会提高自己的神通和精神的境界；而如果诸佛（大乘佛教认为佛有过去、现在、未来无数的佛）体悟空理，便与空理冥合，回归无形无相的法身。实际是说，空理即法身（"空理真法身"）、真如实相、法性。他在其诗中也称之为"空王"。他说世人不了解空理也就是"佛身"。结论是：如果不能领悟一切皆空的道理，舍弃自己所有的一切，如何才能摆脱生死苦恼呢！

他在诗中说：

出家舍烦恼，烦恼还同住。痴心觅福田，呆意承救度。十二因缘管，无由免来去。依智不依识，依义不依语。佛心一子地，蠢动皆男女。平等如虚空，善恶俱无取。既不造天堂，谁受三途苦？有法尽无余，乘空能自度。神作如来身，智作如来库，涌出波罗蜜，流通正道路。浑身总是佛，迷人自不悟。

---

1 ［唐］于頔：《庞居士语录》卷中。

有的人虽为舍弃烦恼而出家，然而烦恼并不是因此而消失，自以为通过读经、拜佛、礼忏等修持功德可以求福得救，然而正如"十二因缘"所揭示的由"无明"根本烦恼牵引整个生死链条的循环那样，是没有办法摆脱生死（来去）的烦恼的；应当相信佛教的智慧、义理，而不要轻信自己的感觉经验和传闻、语言文字；佛将一切众生看作自己之子，平等看待，并引导他们认识一切皆空的道理，世上没有什么善恶可以执着，又有什么天堂和地狱？只有体悟空理才能得到救度；在体悟空理之后，你的精神、智慧将发挥无限功能，自己便与佛无别。

庞居士还现身说法，述说家内"空空"无钱财，自己体悟空理的切身境况。他说：

> 无有报庞大（按：庞居士），空空无处坐，家内空空空，空空无有货。日在空里行，日没空里卧。空坐空吟诗，诗空空相和。莫怪纯用空，空是诸佛座。世人不别宝，空即是真货。若嫌无有空，自是诸佛过。

自己的房屋徒有四壁，空空荡荡，行住坐卧离不一个"空"字，吟诵的诗也是表述自己体悟的诸法性空的道理，奉劝世人不要嫌弃空，只有空诸一切，体悟空理，才能解脱成佛，因为"空是诸佛座"。如果嫌弃空，那就会错过解脱成佛的机缘。

在庞居士有的诗中称体悟空理是"见空王"，说由此可以胜过"身命施""坐天堂""五台供"（巡礼五台山供养文殊菩萨），"亦胜求西方"；有的诗说"佛是无相体，何须有相待"；有的诗称"欲得真成佛，无心于万物，心如境亦如，真智从如出""报汝学道人，只么便成佛"。

（二）发挥从慧能至马祖以来强调的一切众生皆有佛性，"即心是佛"的道理，反复宣传佛与普通的人（凡夫）没有本质的差别，众生与佛"一体不异"，人人皆可通过体悟空理成佛

他在诗中说：

> 凡夫共佛同，一体无有异。若论心与境，悬隔不相似。凡夫惟妄想，攀缘遍天地，常怀三毒心，损他将自利。佛心常慈悲，善恶无有二，蠢动诸众生，心同一子地。六识空无生，六尘将布施，意根成妙觉，七识平等智。

凡夫与佛一体无异，然而心境有差别：众生存在妄想、贪瞋痴三毒之心，做损人利己的事；佛则以慈悲为怀，平等地看待一切众生，心识契合"空无生"之理，可将自己的一切布施给众生，转识成智，达到最高圆满的"妙觉"境地。

又有诗说：

> 如来大慈悲，广演波罗蜜，了知三界苦，殷勤劝君出。得之不肯修，实是顽皮物。他是已成佛，汝是当成佛。当成自不成，是谁之过失。已后累劫苦，莫尤过去佛。

是说佛教道理明白，劝人超脱生死苦恼，然而人们对此不予理会。佛与众生只有过去佛、未来当成佛的差别，然而如果自己不想修行成佛，以后累世受苦就怪不得佛了。

在有的诗中，他说众生是佛之子，父与子同宅而住，众生自己却全然不知。他说：

> 自恨己身痴，有事人不知，横展两脚睡，至晓不寻思：诸佛为我爷，我是世尊儿。儿今已长大，替父为导师。父子同宅住，寸步不相离。法身无相貌，世人那得知。

庞居士也以诗讲述即心是佛的思想，说：

> 佛亦不离心，心亦不离佛。心寂即菩提，心然即有物。物即变成魔，无即为（按：原误作"无"字）诸佛，若是如是用，十八（按：十八界，指人身及其环境）从何出？

意为心与佛相即不二，心境空寂便是菩提，便是佛；否则便面临充满生死苦恼的"魔"境。

在他有的诗中还说"凡夫事有为，佛智超生死，作佛作凡夫，一切自由你"；有的诗说"诸佛与众生，原来同一家"[1]；有的诗说"迷时爱欲心如火，心开悟理火成灰，灰火本来同一体，当知妄尽即如来"。[2]

1　［唐］于頔：《庞居士语录》卷中。

2　［唐］于頔：《庞居士语录》卷下。

总之，佛与众生之间没有不可逾越的鸿沟。此与敦煌本《六祖坛经》所载慧能所说："前念迷即凡，后念悟即佛""自性迷，佛即是众生；自性悟，众生即是佛""迷即佛众生，悟即众生佛"；马祖所说"汝等诸人各信自心是佛，此心即是佛心……心外无别佛，佛外无别心"[1] 是完全一致的，也可以说是对他们禅法的发挥。

（三）庞居士经常与社会上各个阶层的民众接触，他以一个通晓佛教义理的居士身份奉劝世人不要贪恋名利、钱财，应当少欲知足，行善修行，追求解脱

诗谓：

> 世上蠢蠢者，相见只论钱。张三五百贯，李四有几千。赵大折却本，王六大迍邅。口常谈三业，心中欲火然。痴狼咬肚热，贪鬼撮头牵。有脚复有足，开眼常睡眠。罗刹同心腹，何日见青天，青天不可见，地狱结因缘。[2]

述说世人每天为了养家糊口，或为了广求财利，终日谈钱论财，有的人发财，有的人倒运折本。有些人虽也知道个人身、语、意三业的善恶会给人带来不同的报应，然而却始终难以断除贪取财利的欲望，于是便受到如同魔鬼（"罗刹"）一样的情欲烦恼的折磨，难得解脱，与地狱结下不解的因缘（意为死后将下地狱）。

---

1 《景德传灯录》卷六《马祖章》。
2 ［唐］于頔：《庞居士语录》卷中。

庞居士还批评世上有的人只顾贪著眼前名利，不听劝告，不信佛教的诸行无常、诸法空寂的道理，说这样的人何时才能超脱生死轮回。《庞居士语录》卷下所载诗谓：

> 凡夫贪著事，不免三界轮，与说无生理，闭耳佯不知。如斯之等类，何日出嚣尘。

然而庞居士也借佛教的善恶业力（可解为行为所具有的潜在影响作用）和报应说来劝那些为富不仁的人不要过于贪婪，欺压穷人。有一首说：

> 佛教本无妄，句句须论实。克己饶益他，俗所谓阴骘（按：阴德）。遮莫是天王，饶君宰相侹，世间有贵贱，业力还同一。语汝富贵人，贫儿莫欺屈，习重业力成，翻覆难得出。[1]

是说佛教经典所讲述的话，句句是真实的。如果有人行善救济别人，便是积累阴德，将得到善的报应；即使是天王、宰相的亲属那样的富贵人家，与贫穷人一样也具有同样的业力，同样有善恶报应，奉劝富贵人不要欺压穷人，否则难逃下地狱的报应。

庞居士经常结合自己的境况劝告世人摆脱对名利的贪著，以少欲知足的态度来对待生活。他说：

---

1 ［唐］于頔：《庞居士语录》卷中。

睡来展脚睡，悟理起提诗，诗中无别意，唯劝破贪痴。贪瞋痴若尽，便是世尊儿。无烦问师匠，心王应自知。

世人重名利，余心总不然。束薪货升米，清水铁铛煎。觉热捻铛下，将身近畔边。时时抛入口，腹饱肚无言。[1]

在这里，庞居士直接向世人讲明自己写诗的主要目的是奉劝人们破除贪瞋痴，说如果做到这点就是佛之子，对此无须对外求师；又表示，自己不同世人那样看重和贪求名利，而满足于卖柴换米聊以维持温饱的清贫生活。

"少欲知足"是佛教对僧俗信徒的基本要求。敦煌本《六祖坛经》记载当年六祖慧能曾说："少欲知足，能离财色，名两足尊（按：指佛、世尊）"。庞居士经常在诗中劝世人少欲知足，说这样才能减少烦恼，使心静神安，并且避免因追逐财利而造恶业，招致来世恶的报应。他在一首诗中描述自己是如何淡泊名利，如何安贫乐道的：

世人重珍宝，我则不如然，名闻即知足，富贵心不缘，唯乐箪瓢饮，无求藻镜铨，饥食西山稻，渴饮本源泉，寒披无相服，热来松下眠，知身无究竟，任运了残年。

第五句中的"藻镜"原作"澡镜""藻镜铨"是指考试或选官中的评定审核，以定人才的叙用升迁。诗称自己不求名利富贵，

1　[唐]于頔：《庞居士语录》卷下。

乐意在瓢饮山泉，饥食山稻，穿素衣，松下眠的清贫生活中度过余生。

此外，他在不少诗中劝人知足，说"少欲有涅槃，知足非凡夫，当来无地狱，现在出三涂（按：畜生、饿鬼、地狱）"；"无贪胜布施，无痴胜坐禅，无瞋胜持戒，无念胜求缘"[1]；"无求胜礼佛，知足胜持斋"；"若道菩提难，菩提亦不难，少欲知足毛头宽，远离财色神自安"[2]。

庞居士还劝人应当首先修持五戒、十善[3]，说：

> 先须修五戒，方始得人身，有财将布施，身即不穷贫。若行十善业，闻道得天人。天人生灭福，来去如车轮。有为接梵世，不及一毫真。更欲谈玄妙，虑恐法王瞋。[4]

他说修持五戒可以在死后轮回生为人身，修持十善可以生到天界，然而这都没有摆脱有生有灭的"有为"境界，仍不免轮回，谈不上进入更高的解脱层次。言外之意是，应进一步体悟空寂无为的玄妙之理，才能达到真正解脱的境界。

1　〔唐〕于頔：《庞居士语录》卷中。

2　〔唐〕于頔：《庞居士语录》卷下。

3　五戒是：不杀生、不偷盗、不邪淫、不妄语、不饮酒；十善是：不杀生、不偷盗、不邪淫、不妄语、不两舌、不恶口、不绮语、不贪、不瞋、不痴。

4　〔唐〕于頔：《庞居士语录》卷中。

（四）慧能曾以"无念无宗"来概括自己顿教禅法的基本宗旨，马祖提出"平常心是道"的说法，都在禅宗丛林产生极大影响

这里的"无念"，不是什么也不想，什么也不念，而是如敦煌本《六祖坛经》所说"自性起念，虽即见闻觉知，不染万境，而常自在"，是照常生活在现实的社会环境之中，照常从事各种活动，只是要求对任何事物、任何对象都不产生贪取或舍弃的念头，没有执意的好恶、美丑的观念。这也就是马祖的"平常心"的基本含义。庞居士也遵循这一禅法要旨，在用诗偈向人们宣传般若性空思想的同时也大力宣传"无念"思想，以普通民众容易理解的语言，表示在"无念""无心""无贪""无求"的自然无为的状态能够解脱成佛。他说：

> 大乘一等义，本自无遮闭。凡夫着相求，心生有执滞。无心为真宗，空寂为本体，无问亦无说，常照勿使废。佛子行道已，更莫愁来去。

意为大乘佛法面向一切众生，然而一般人总是带着特定的目的和意向看待它、追求它（例如为求涅槃、解脱而求佛、求法等），必然在心中造成执着，所谓"难复难，持心离欲贪涅槃，一向他方求净土，若论实行不相关"[1]；佛法真正的妙义是"无心"，这种无心是以空寂为依据为本体，虽从不有意地寻问、言说，却无时不在发

---

1 ［唐］于頔：《庞居士语录》卷下。

生作用，体察事物空寂的本质；如此修道，能够自然达到解脱，不愁再有生死轮回。

他另一首诗说：

> 无念清凉寺，蕴空真五台。对境心无垢，当情心死灰。妙理于中现，优昙空里开。无求真法眼，离相见如来。若能如是学，不动出三灾。[1]

诗中"优昙"是一种无花果系的花，在佛教经典中被认为是稀有祥瑞之花，喻高妙佛法；末句的"三灾"当指饥馑、疾疫、刀兵三灾。五台山是中国佛教四大道场之一，相传是文殊菩萨显化说法的道场，有清凉寺。庞居士在诗中推崇无念、五蕴（色受想行识，可概指身体）空寂的道理，比之为五台山和清凉寺；认为在认识空理并做到无念之后，虽不离现实却可使心情清净，领悟佛法妙理；虽没有执意求佛，却见佛在面前，从而避免遭遇人世间的饥馑、疾疫、战争三灾。

他还说："若悟无生理，三界自消亡，蕴空妙德现，无念是清凉，此即阿弥陀，何处觅四方"；"一日复一日，百年渐渐毕，急急除妄想，无念成真佛"；"无求乃法眼，有念却成魔，无求复无念，即是阿弥陀"；"清净无为无识尘，不舍肉身妙法身"。[2]引导人们体认空、无生的道理，认为如果做到无念、无求、清净无为，也就达

1　［唐］于頔：《庞居士语录》卷中。
2　［唐］于頔：《庞居士语录》卷下。

到了佛的精神境界。

（五）庞居士作为一个儒者信徒，虽然重视读诵佛经，然而他又一再提醒世人更要注重理解佛经的义理，并且应当注重修行，实践菩萨之道

他说：

> 读经须解义，解义始修行，若能依义学，即入涅槃城。读经不解义，多见不如盲，缘文广占地，心中不肯耕，田田总是草，稻从何处生？[1]

然而他更重视大乘菩萨之道的实践，领悟般若空义，做到无念。他说：

> 贪瞋不肯舍，徒劳读释经，看方不服药，病从何处轻？

说如果连贪瞋都不肯舍弃，那就白白读经了，好像有病只看方不吃药那样，如何治病？

又说：

> 不用苦多闻，看他彼上人。百亿及日月，元在一毛尘。心

---

1 ［唐］于頔：《庞居士语录》卷中。

但寂无相，即出无明津。若能如是学，几许省精神。[1]

意为不必效仿有的高僧那样广读多闻，既然心为万有之源，那么只要注重心性的修行就行了，如果契悟诸法空寂无相之理，就可以从无明烦恼之中解脱出来，达到解脱。

自南北朝以来，《维摩诘经》中的维摩诘居士的形象成为一些士大夫信徒崇拜的偶像。据称维摩诘居士虽有家室妻小，但通晓大乘深法，神通广大，连佛的十大弟子都甘拜下风。庞居士作为信奉佛教的儒者，不愿出家，而效仿维摩诘菩萨做在家的居士。在他去世后，人们把他看作是维摩诘菩萨的化身。

庞居士只是马祖禅师的在家居士之一，应当说是其中最有名的居士。8 至 9 世纪随着禅宗南宗在社会上的广泛传播，在儒者士大夫当中拥有相当多的信徒。庞居士求法参禅的事迹是其中一个突出的并且具有传奇性的事例。从他的诗偈既可以看到一部分信奉禅宗的儒者是如何理解并在民间传播南宗禅法的，也有助于加深对慧能—南岳怀让—马祖法系禅法的了解。

1　［唐］于頔：《庞居士语录》卷下。

禅宗北宗及其"观心"禅法

　　现在所说的禅宗，一般是指由慧能开创而在唐末以后成为禅宗主流的"南宗"禅。

　　然而从禅宗发展历史考察，在唐末以前曾有过南、北二宗并行传播的时期，而且至少在弘忍去世（674）到安史之乱结束之前，北宗曾在以长安和洛阳东西两京为中心的广大北方地区十分盛行，在朝野和社会各阶层产生过很大影响。

　　唐玄宗开元二十年（732），慧能的弟子神会在靠近洛阳的滑台（在今河南滑县东）与北宗僧人辩论，宣称南宗慧能曾从弘忍受祖传袈裟，是禅门正统，禅法主"顿"；北宗没有祖传袈裟，"师承是傍，法门是渐"[1]，竭力为南宗在北方传播开辟地盘。由于神会的努力，南宗禅曾在洛阳一带兴盛过较短的时期。但毕竟北宗势力过于强大，神会受到北宗势力的诬陷被流放外地。直到安史之乱之后，由于神会曾主持戒坛度僧敛钱（"香水钱"）支援军需有功，受到朝

1　［唐］宗密：《中华传心地禅门师资承袭图》（实为《裴休拾遗问》）。

廷的破格支持，南宗的正统地位得到朝廷的确认。此后南宗才发展成为禅宗的主流派，北宗逐渐衰微。

在 20 世纪从敦煌文书中发现大量早期禅宗文献之前，人们对北宗的历史和禅法所知甚少。在发现敦煌禅籍后的六七十年以来，由于国内外学者的相继研究，丰富了早期禅宗的历史，为人们了解北宗以及南北二宗的分歧和争论提供了比较可靠的文献资料。

一、"两京法主，三帝门师"神秀及其弟子普寂

在弘忍的弟子中，以神秀、法如、慧安和慧能最为有名。其中作为北宗代表人物的是神秀及其弟子普寂、义福。他们由于受到朝廷的崇信，使北宗禅在相当长的时期内盛行于以东西两京为中心的广大北方地区。

由于他们在佛教界拥有显赫的地位，去世后都有当时的著名儒者为他们撰写碑文传记：黄门侍郎张说（玄宗时任中书令）为神秀撰写《唐玉泉寺大通禅师碑铭》（载《全唐文》卷二三一），曾任户部员外郎和括州、淄州、滑州三州刺史的李邕为普寂撰写《大照禅师塔铭》（载《全唐文》卷二六二），先后任尚书左丞和洛州刺史的严挺之为义福撰写《大智禅师碑铭》（载《全唐文》卷二八零）。此外，在敦煌禅籍《传法宝纪》之中载有神秀的传，在《楞伽师资记》和《旧唐书》卷一九一的《方伎传》中载有他们三人的传。《宋

高僧传》的卷八和卷九分别载有神秀和普寂、义福的传[1]。

（一）神秀和"东山法门"

神秀，俗姓李，陈留尉氏县（在今河南省）人。童年出家，对老庄、《尚书》《周易》以及其他经史和佛教的大小乘经论、戒律都有深入的研究。二十岁受具足戒，从此"锐志律仪，渐修守慧"[2]。

在神秀四十八岁时，听说弘忍禅师在蕲州东山传授达摩禅法，乃前往投师。见弘忍"以坐禅为务，乃叹伏曰：此真吾师也"[3]。此后，一边从事寺中的砍柴担水等杂务，一边从弘忍求道受法。如此度过六年。神秀因为在理解禅法要义和修行方面表现突出，受到弘忍的称赞，据神秀的同门玄赜所著《楞伽人法志》记载，弘忍曾对玄赜表示，在他去世后能够传授他的禅法者只有十人，其中神秀最为优秀，说："我与神秀论《楞伽经》，玄理通快，必多利益。"是说神秀对于《楞伽经》是有深入的理解的。《宋高僧传》的《神秀传》载，弘忍曾对神秀赞誉说："吾度人多矣，至于悬解圆照，无先汝者。""悬解"意为从迷惑烦恼中摆脱出来，实指对禅理的深入领会；"圆照"是指通过禅观体悟真如自性的修行。张说《大通禅师碑铭》载，弘忍曾赞叹："东山之法尽在秀矣。"道信、弘忍的东

1　《传法宝纪》，据杨曾文校写：《敦煌新本六祖坛经》附编一所载本，上海：上海古
　　籍出版社，1993 年；《楞伽师资记》，据柳田圣山《初期的禅史 Ⅰ》的校本，日本
　　筑摩书房 1983 第三次印刷。神秀的传，载《宋高僧传》卷八；普寂、义福二人的
　　传，载《宋高僧传》卷九。

2　《传法宝纪》。

3　《宋高僧传》卷八《神秀传》。

山禅法是继承达摩以来重视《楞伽经》的传统，把通过禅观修行达到心识的转变作为对修行者的基本要求。因为神秀在这方面有卓越的表现，故受到弘忍的赞许是可以理解的。

《传法宝纪》记载，神秀曾一度还俗（原文："后随迁适，潜为白衣"），在荆州（在今湖北）的天居寺隐居十年，不为世人所知。唐高宗仪凤年间（676—679）经由荆楚高僧数十人举荐，神秀正式得到朝廷允许受度出家，被派到当阳（在今湖北）的玉泉寺担任住持。玉泉寺是隋天台宗创始人智顗所开创的寺院，曾在此宣讲《法华玄义》《摩诃止观》等著作。与神秀生活在同一个时代的弘景（634–712，因避宋太祖之父赵弘殷之讳，一般写为恒景）在唐初曾跟道宣的弟子文纲学习戒律，后到此寺修持天台止观[1]。可以认为，玉泉寺是有讲习天台宗教义传统的寺院。神秀在此也可能习学天台宗的教义，但他向弟子传授的主要是"东山法门"。神秀的名声日著，前来从他受法的人很多。《传法宝纪》记载，在弘忍的另一位弟子法如去世之后，"学徒不远万里，归我法坛，遂开善诱，随机弘济，天下志学，莫不望会"。

武则天在光宅元年（684）临朝执政，六年后改国号为周，称"神圣皇帝"，后称"天册金轮大圣皇帝"。她在篡唐为周的过程中曾利用佛教。《大云经》《宝雨经》中的"女身"菩萨为王的记载，成为支撑她登基当皇帝的重要依据。一些御用和尚迎合她的意向撰写《大云经疏》，宣称她是弥勒佛"下生"，当代唐为国主。武则天在称帝后，特别尊崇佛教，改变以往把道教置于佛教之前的政策，

1　详见《宋高僧传》卷五《恒景传》。

"令释教在道法之上，僧尼处道士女冠之前"[1]。她下令在各地建造大云寺，在洛阳城北造大佛像，召请各地名僧进京讲经说法。当时受到她崇信的高僧有翻译八十卷本《华严经》的于阗僧实叉难陀、有从印度求法而归的义净、有翻译《宝雨经》的印度僧达摩流支，还有华严宗的正式创始人法藏、禅宗僧神秀、慧安等人。

久视元年（700）武则天派使者迎请神秀入东都洛阳。尚方监丞、左奉宸内供奉宋之问为隆重迎接神秀，特写《为洛下诸僧请法事迎秀禅师表》上奏，赞美神秀"契无生至理，传东山妙法，开室岩居，年过九十，形彩日茂，宏益愈深"；说两京和各地的很多信众都曾受到神秀的教示，在信徒中拥有很高的声望；建议以"法事"迎神秀入城，"焚香以遵法王，散花而入道场"[2]。神秀被迎进洛阳之后，立即受到武后的崇高礼遇，张说《大通禅师碑铭》载：

> 跌坐觐君，肩舆上殿，屈万乘而稽首，洒九重而宴居。传圣道者不北面，有盛德者无臣礼，遂推为两京法主，三帝国师。仰佛日之再中，庆优昙（按：优昙是一种花名，据说盛世方开）之一现。混处都邑，婉其秘旨。每帝王分坐，后妃临席，鹓鹭（按：比喻排列有序的百官）四匝，龙象（按：喻称高僧大德）三绕……

是说神秀见到武后时不必起立致礼，可以乘轿舆上殿，接受皇

1 《旧唐书》卷六《则天皇后本纪》。
2 《全唐文》卷二百四十。

帝的礼拜，被安置在皇宫内部（内道场）居住。

神秀被奉为东西两京的"法主"，是武则天以及唐中宗、睿宗三位皇帝的"国师"。他德高望重，佛法高妙，在朝廷受到的优遇无以复加，每当传禅说法之际，帝王与之并坐，后妃临席，周围有大臣、高僧围绕。武则天下诏在神秀曾住过的当阳玉泉寺建成度门寺，在他的故乡尉氏县故宅修建报恩寺。

张说以擅长文辞著称，虽位居高官，但对神秀执弟子之礼。上引碑文难免有夸张之处，但基本是属实的。这在其他史书也可得到证明。例如《传法宝纪》说：神秀受到皇帝的礼敬供养，"授戒宫女，四会归仰，有如父母焉。王公已下，歙然归向"；《宋高僧传·神秀传》记述：则天太后召神秀入京，"肩舆上殿，亲加跪礼。内道场丰其供施，时时问道……王公以下、京邑士庶，竟至礼谒，望尘跪拜，日有万计"。王臣贵族和一般平民百姓之所以对佛教，对被皇帝召请到京城的神秀等高僧表现出如此炽热的崇拜感情，不仅是因为当时佛教信仰十分兴盛，更重要的是由于则天武后和皇室对佛教的特殊崇信，造成了一种强大的能够左右人们精神和舆论的社会氛围。

在《楞伽师资记》的《神秀传》中有一段记载对了解东山法门和神秀的禅法很有参考价值。曰：

> 大足元年（按：701 年），召入东都，随驾往来，两京教授，躬为帝师。则天大圣皇后问神秀禅师曰：所传之法，谁家宗旨？答曰：禀蕲州东山法门。问：依何典诰？答曰：依《文殊说般若经》一行三昧。则天曰：若论修道，更不过东山法

门。以秀是忍门人，便成口实也。

说明神秀是继承道信和弘忍的禅法的。道信在其《入道安心要方便法门》中明确地表示他的禅法一是依据《楞伽经》重视心性的法门，一是依据《文殊说般若经》的"一行三昧"的禅法。

何谓一行三昧？南朝梁曼陀罗仙翻译的《文殊说般若经》对这种禅法做了解释，说修这种禅法是叫人在禅观中从观想一佛开始，到观察法界的真如实相，最后达到对世界空寂和一切平等无有差别的认识。道信提倡的"守一""观心"禅法，弘忍提倡的"守心"禅法都贯彻着这种思想。后面将要介绍的神秀的"观心"禅法就是这种禅法——"东山法门"的发展。

唐中宗即位后，对神秀继续崇信，神秀几次提出回归玉泉寺，都得不到允准。神秀于神龙二年（706）二月二十八日在洛阳的天宫寺去世。

因为神秀从不讲自己的年岁，故死时岁数不详。《大通禅师碑铭》《传法宝纪》都估计神秀寿过百岁。然而《传法宝纪》讲神秀十三岁时因为"王世充扰乱"，河南、山东发生饥疫，便到荥阳义仓请粮。如果把此时仅限定在王世充称帝之年，即唐武德二年（619），那么，神秀当生于隋大业二年（606）。前面所引宋之问《迎秀禅师表》说神秀"年过九十"应诏赴洛阳，此年是久视元年（700）。据此计算，神秀当生于隋大业七年（611）之前。这样，我们可以推算神秀的生年或在公元607年，或至迟不会晚于611年。神秀死后，皇帝派人吊唁，赐谥"大通禅师"之号。歧王李范、凤阁舍人张说、徵士卢鸿各撰碑铭。敕宣太子洗马卢正权护送神秀遗体归当阳玉泉寺，在度门寺置塔安葬。在送葬过程中，沿途士庶送葬者很多。此后，唐睿宗又赐钱三十万对安葬神秀的寺塔进行扩建。

神秀的弟子当中著名的有普寂、义福、景贤等人。据《景德传灯录》卷四，神秀的弟子还有五台山巨方、河中府中条山智封、兖州降魔藏、寿州道树、淮南都梁山全植等十六位禅师。

据《楞伽师资记》记载，神秀从弘忍"受得禅法，传灯默照，言语道断，心行处灭，不出文记"。明确地说神秀没有著作。可是，就在此书和《大通禅师碑铭》当中都对神秀所传的禅法作了详略不同的记述，说明在当时重视文史的社会环境中确实有人把他传授的禅法作了一些记录。现存的《观心论》被认为就是由神秀的弟子或信徒对神秀的禅法所做的记述。

（二）普寂和北宗

据有关史料考察，虽然南北二宗的主要代表人物分别是神秀和慧能，但他们在世的时候，尽管在禅法主张上有分歧，却没有发生公开的激烈争论。慧能在离开弘忍以后，直到上元三年（676）才正式出家受戒，此后到曹溪传法，在先天二年（713）去世[1]。现存《六祖坛经》中有慧能批评北宗禅法的话，但还不足于证明两方已经发生公开论争。《旧唐书》卷一九一和《宋高僧传》的《神秀传》所载神秀曾向武则天上奏请召慧能入京，并亲自作书邀请，也许是有根据的。因为当时应诏入京的还有资州德纯寺的智诜、安州寿山

1　详见杨曾文校写：《敦煌新本六祖坛经》附编二《"坛经"敦博本的学术价值和关于"坛经"诸本演变、禅法思想的探讨》三之（一）。

寺的玄赜、随州大云寺的玄约、洛州嵩山会善寺的慧安等禅僧。他们都是弘忍的弟子。在慧能婉言推辞而未赴京的情况下，神秀再次奏请则天武后召慧能入京是可能的。

南北二宗发生分开的激烈论战是在神秀、慧能二人先后去世之后。慧能的弟子神会北上，与北宗僧人进行争论，最后受到北宗的迫害。当时正是北宗的首领普寂以禅门七祖自任，受到朝廷尊崇，声势显赫的时候。因此可以把普寂和神会二人看作是南北二宗公开争论时两方的代表人物。

普寂，俗姓冯，远祖居住长乐信都（在今河北冀州市），后世移居蒲州河东（在今山西蒲州镇）。普寂年轻时曾习儒学，到大梁（今河南开封）、许昌一带求学，博习《书经》《周易》等经典和史籍，然而对此不满足，决定出家探究佛教。后从大梁的壁上人学《法华经》《唯识论》《大乘起信论》等，又从东都端和尚受具足戒，跟南泉的景和尚学习戒律。后来前往嵩山少林寺寻访法如禅师，但尚未到达，听说法如已死。接着便改往当阳玉泉寺投奔神秀为师。他在神秀门下学习和修行七年，按神秀的吩咐读过宣讲般若空理的《思益梵天所问经》和宣述如来藏自性清净心的《楞伽经》。神秀对他说：

> 此两部经，禅学所宗要者。且道尚秘密，不应眩曜。[1]

由此可以看出北宗是把这两部经的思想作为自己禅法的重要理论依据的。

1　李邕：《大照禅师塔铭》，载《全唐文》卷二百六十二。

神秀在久视元年（700）应诏入东都，推荐普寂正式受度为僧。长安年间（701—704）普寂被派往嵩山南麓的嵩岳寺，在此修行和传法，逐渐出名。神龙二年（706）神秀去世之后，唐中宗派考功员外郎武平一到嵩岳寺宣诏，在对神秀的德行作了称赞之后，命普寂继承神秀"统领徒众"。其中有曰："其弟子僧普寂，夙参梵侣，早箴法筵，得彼髻珠，获兹心宝。但释迦流通之分，终寄于阿难；禅师开示之门，爰资于普寂。宜令统领徒众，宣扬教迹，俾夫聋俗咸悟法音。"[1] 在《宋高僧传》的《普寂传》中说：中宗"特下制，令普寂代本师统其法众。"对于这里所说的命普寂"统领徒众""代本师统其法众"，只能理解为是继承神秀统辖属于神秀法系的僧众，也就是北宗僧团。唐玄宗开元十三年（725），普寂应诏住入洛阳的敬爱寺。开元十五年（727）唐玄宗西上长安，诏义福随驾，而特命普寂"留都兴唐寺安置"。自此，他以兴唐寺为中心向僧俗信众传授禅法，引导学人通过"摄心"坐禅，"总明佛体""了清净因"，摆脱烦恼达到觉悟。于是：

> 闻者斯来，得者斯止。自南自北，若天若人，或宿将重臣，或贤王爱主，或地连金屋，或家蓄铜山，皆毂击肩摩，陆聚水咽，花盖拂日，玉帛盈庭……[2]

通过以上所述，普寂在当时地位之高，名声之大，财势之雄厚

1　《大照禅师塔铭》。
2　《大照禅师碑铭》。

是可以想见的。

开元二十七年（739）七月普寂对弟子明确诲示：

> 吾受托先师，传兹密印，远自达摩菩萨导于可，可进于璨，璨钟于信，信传于忍，忍授于大通，大通贻于吾，今七叶矣。尸波罗蜜（按：即戒）是汝之师，奢摩他（按：即止、禅定）门是汝依处。当真说实行，自证潜通。不染为解脱之因，无取为涅槃之会。[1]

是向弟子宣述自达摩以来的传法世系，自认为是继菩提达摩—慧可—僧璨—道信—弘忍—神秀之后的第七世，以他为首的北宗当然是继承达摩禅法的正统法系。又说应当重视持戒和修习禅定，做到断除烦恼的"不染"和舍弃取舍意向的"无取"就能达到解脱。由此可以看到北宗禅法的一些特色。

禅宗重视传法世系，而最早提出禅法祖统说的正是北宗。此前，在法如（638—689）去世后有人写的《中岳沙门释法如禅师行状》已经提出从菩提达摩至弘忍—法如的传法世系，然而是以法如作为继承达摩禅法的第七世。普寂是神秀的嗣法弟子，自然要出来修改北宗内部已有的这种说法，把神秀作为直承弘忍的第六世，而自许为第七世传人。由于普寂在当时所处的显赫地位和在佛教界的巨大影响，这种说法在北方十分盛行。李邕《嵩岳寺碑》[2]和下面将

1　《大照禅师碑铭》。

2　《全唐文》卷二六三。

要介绍的北宗史书《楞伽师资记》都是以神秀继承弘忍，以普寂继承神秀的。但是，以法如为第六世传人的说法仍有影响，例如在比《楞伽师资记》稍后的北宗史书《传法宝纪》中就是以法如为第七代祖的。

此年八月二十四日，普寂在兴唐寺去世，享年八十九岁。河南尹裴宽是普寂的在家弟子，表奏上闻，诏谥普寂"大照禅师"之号，令归葬嵩岳寺。普寂的弟子有惠空、胜缘等，其侄坚意曾任嵩岳寺寺主。唐代密宗高僧、著名天文历法学家一行（683—727）也曾从普寂受传禅法。

洛阳大福先寺僧道璇（702—760）曾从定宾学律，从普寂学禅法和华严宗教义，在开元二十三年（735）应日僧普照、荣睿之请在鉴真赴日之前东渡日本传律学、华严宗和北宗禅法[1]。独孤及（725—777）《舒州山谷寺觉寂塔隋故镜智禅师碑铭》[2]说普寂有门徒万人，"升堂者六十有三"，有弟子宏正，门人很多，"或化嵩洛，或之荆吴"，影响很大[3]。

神秀的弟子还有义福（658—736）和景贤（660—723）、惠福（即《景德传灯录》卷四所载的"京兆小福禅师"）。

以上普寂、义福、景贤、惠福是神秀弟子中最有名的四人。《楞伽师资记》在十分简单地介绍了他们的事迹后，曰："天下坐禅人

1　〔日〕虎关师炼：《元亨释书》卷十六《道璇传》。

2　《全唐文》卷三九〇。

3　《景德传灯录》卷四谓普寂有弟子24人，其中第一位惟政禅师的生卒年是公元755—841年，不可能是普寂弟子（普寂卒于739年），故不可信。日本宇井伯寿《禅宗史研究》第六章考证普寂有弟子23人，可以参考，日本岩波书店，1939年。

叹四个法师曰：法山净，法海清，法镜朗，法灯明。宴坐名山，澄神邃谷，德冥性海，行茂禅林。清净无为，萧然独步。禅灯默照，学者皆证心也。"这是称颂他们四人所传的禅法如同山海那样高深，那样清净，如同镜、灯那样明亮；他们在名山深谷安心修行，通过禅观领悟自性，达到清净无为境地；远近学者从他们受法，致力自悟心性以达到解脱。

二、北宗"观心""看净"的禅法

以神秀、普寂为代表的北宗，继承从达摩以来的强调通过坐禅达到心识转变的禅法，特别直接继承和发展道信的"守一""看心"禅法以及弘忍的"守心"的禅法，提出比较系统的以"观心""看净"为主旨的禅法。

在20世纪二三十年代从敦煌遗书中发现大量早期禅宗文献以前，流传于社会上的禅宗典籍对北宗禅法仅有个别的零散的介绍。随着国内外学者对敦煌禅籍的深入调查和研究，从中发现不少属于北宗的史书和传授禅法的语录。其中的《观心论》《大乘五方便》等文献，被认为是记述北宗禅法的著作。

（一）神秀、普寂和北宗禅法

从菩提达摩到弘忍都根据大乘佛教佛性论的观点，认为人生来就具有与佛一样的本性，称之为佛性或自性、本心等，它本来是纯洁清净的，只是由于受到情欲恶念的染污才失去它本来的光泽，如果通过专心坐禅修行在内心彻底断除情欲杂念，就可使清净本性显现，达到觉悟解脱。神秀及其弟子普寂等人仍然是按照这种思维模式提出自己的禅法主张的。

关于神秀、普寂的禅法，在《观心论》《大乘五方便》以外的禅宗文献中也有概要的记载。《楞伽师资记·神秀传》记载，神秀生前把自己的禅法归结为"体、用"二字，称之为"重玄门""转法轮"；引证《涅槃经》中的"善解一字，名曰律师"[1]，说"文出经中，证在心内"；问："此心有心不，心是何心？"又云："见色有色不，色是何色？"这里的"体"可解释为"心""真如""实相""佛性""用"则是心的作用，也指真如佛性显现的万象，教人借观想"体用""心色"等来体悟心、佛性是万有之本、之源。张说《大通禅师碑铭》说：

> 其开法大略，则慧念以息想，极力以摄心。其入也，品均凡圣，其到也，行无前后。趣定之前，万缘尽闭；发慧之后，一切皆如。持奉《楞伽》，近为心要。过此以往，未之或知。[2]

是说神秀以《楞伽经》的思想作为禅法的要旨，主张通过坐禅"息想""摄心"，摒弃一切情欲和对世界万象所持的生灭、有无、凡圣、前后等差别观念，达到与"实相"或"真如"相契合的精神境界。敦煌本（唐本）《六祖坛经》所载神秀呈给弘忍的表述自己

1　出自南本《大涅槃经》卷十二《金刚身品》。原文为："如是能知佛法所作，善能解说，是名律师；善解一字，善持契经，亦复如是。"

2　［唐］张说：《大通禅师碑铭》，载《全唐文》卷二三一。

禅法见解的偈颂是：

> 身是菩提树，心如明镜台。
>
> 时时勤拂拭，莫使有尘埃。[1]

意为众生皆有达到觉悟（菩提）的素质，先天所秉有的佛性之心如同明镜一般洁净，应当勤加修行，不要使它受到情欲烦恼的污染。张说所写《大通禅师碑铭》最后的铭文中也用"心镜外尘，匪磨莫照"的句子来称颂神秀的禅法。

普寂在禅法上继承神秀。在他最初到玉泉寺投师神秀时，神秀让他阅读《思益梵天所问经》（后秦鸠摩罗什译）和《楞伽经》，说："此两部经，禅学所宗要者。"[2]《思益经》着重讲般若的空和中道的思想，《楞伽经》讲清净心性和心识的转变的问题。普寂长期在洛阳的兴唐寺向僧俗弟子传授禅法，据《大照禅师碑铭》的记载，其禅法要旨是：

> 其始也，摄心一处，息虑万缘。或刹那便通，或岁月渐证。总明佛体，曾是闻传，直指法身，自然获念。滴水满器，履霜坚冰。故能开方便门，示直宝相；入深固藏，了清净因。耳目无根，声色亡境，三空圆启，二深洞明。

1　杨曾文校写：《敦煌新本六祖坛经》。

2　[唐]李邕：《大照禅师碑铭》。

大意是说，通过集中精神坐禅，断绝对世界万有的思念，或在极短时间，或用很长时间，便可进入觉悟的境。修行者首先要对作为自身觉悟的内在依据的佛性及所追求的最高目标——佛身有所了解，然后向着成佛的目标努力修行，便可自然而然地使愿望得到实现。如同滴水不断可使器满，履霜过后隆冬将至那样，这是个渐进的过程。修习禅定，引发智慧，此为"开方便门"；由此体悟自身本具佛性（或称如来藏），是觉悟之因；认识诸法性空，心、色（包括耳目、声色等）俱空，从而达到空、无相、无愿（断绝欲望意念）的三解脱门境界，洞达人、法"二无我"之深理。

慧能离开弘忍后到南方传法，开创南宗。他的弟子神会为扩大南宗的影响，到河洛一带地方传法，批评北宗所传禅法是引导人们渐悟的"渐教"，说北宗神秀、普寂的禅法要领是："凝心入定，住心看净，起心外照，摄心内证。"[1]

华严宗五祖宗密对华严、禅并重，以上承神会自许，在他的禅学著作中对以神秀为代表的北宗禅也有不少的介绍。其《圆觉经大疏抄》卷三之下把北宗禅法的特点概括为"拂尘看净"。在《中华传心地禅门师资承袭图》（全本应为《裴休拾遗问》）卷二说：

> 北宗意者，众生本有觉性，如镜有明性，烦恼覆之不见，如镜有尘暗。若依师言教，息灭妄念，念尽则心性觉悟，无所不知，如磨拂昏尘，尘尽则镜体明净，无所不照。

---

1 ［唐］独孤沛：《菩提达摩南宗定是非论》。载杨曾文校编：《神会和尚禅话录》，北京：中华书局，1996 年。

他在《禅源诸铨集都序》中则把北宗归到所谓"息妄修心宗"之内，说此宗主张的禅法是：

> 须依师言教，背境观心，息灭妄念。念尽即觉悟，无所不知。如镜昏尘，须勤拂拭，尘尽明现，即无所不照。又须明解，趣入禅境方便，远离愦闹，住闲静处，调身调息，跏趺宴然，舌拄上颚，心住一境。

据以上所述，神秀、普寂一系的北宗禅法的基本要点是：

1. 重视坐禅，在禅定中"观心""摄心""住心看净"；

2. 观心、看净是一个心性修行的过程，通过观空和"息想""息灭妄念"（拂尘）等，深入认识自己本具清净的佛性，并循序渐进地灭除一切情欲和世俗观念，达到与空寂无为的真如佛性相应的觉悟境界。

敦煌本《观心论》和《大乘五方便北宗》等早期禅宗文献的发现，使我们能够对上述北宗禅法有更集中更系统的了解。

（二）《观心论》的禅法思想

在敦煌本《观心论》发现以前，朝鲜和日本存在此论的不同本子。1570 年朝鲜安心寺所刊印本题为《达摩大师观心论》，1908年梵鱼寺将此收入所刊《禅门撮要》之中，改题《观心论》，后署"初祖达摩大师说"。日本的金泽文库收藏有抄于 13 世纪镰仓时代的本子，题为《达磨和尚观心破相论》。日本《少室六门集》所收的此论称《破相论》。在 20 世纪二三十年代从敦煌遗书中陆续发现此论的不少写本，1930 年矢吹庆辉在其《鸣沙余韵》中介绍了 S2595 号写本，后来此校本被收入《大正藏》第 85 卷之中。此外还有 S646、S5532、P2460、P2657、P4646 以及由龙谷大学收藏的敦煌写本（与《修心要论》在同一个抄本）。1932 年日本学者神尾壹春在《宗教研究》新九卷五号发表《观心论私考》，据所发现的异本和唐慧琳《一切经音义》卷一百所载："《观心论》，大通神秀作"，论证此论是神秀著。此说逐渐得到日本佛教学术界越来越多的人的承认。铃木大拙从 1935 年到 1936 年对上述敦煌写本 S2595 号本、龙谷大学所藏敦煌本、金泽文库本、朝鲜刊本、《少室六门》所收本，作了五本对校，并在《大谷学报》（15 卷 4 号、16 卷 2 号）以及《校刊少室逸书及解说》（安宅佛教文库 1936 年出版）的附录《达摩的禅法和思想及其他》论文后面发表，后来被收在《铃木大拙全集》（别卷 1）当中。但铃木反对作者是神秀的说法，认为此论也是达摩口述，由弟子记录的[1]。

　　《楞伽师资记》明载神秀生前"不出文记"，那么《观心论》有可能是他的作品吗？正如史书说弘忍生前"不出文记"而有《修心要论》传世一样，神秀也许自己不从事写作，但并不意味着他的弟子没有机会把他传授的禅法记载下来并整理成文书。通过后边的论述不难看出，《观心论》的思想与现存其他禅宗史书中所零散记载的神秀的禅法主张是一致的。可以认为，《观心论》是神秀的弟子对神秀传授的禅法所做的记录整理而成的，说《观心论》是神秀述

1　详见杨曾文：《日本学者对中国禅宗文献的研究和整理》，载《世界宗教研究》，1987 年第 1 期。

是可信的。

下面主要依据铃木大拙的《观心论》五本对校本（以其中的朝鲜本为主），并参照有关神秀的史料对此论的思想进行介绍。

1. 认为"心者万法之根本"，唯有"观心"才是达到觉悟的捷径

《观心论》开头载：

> 问曰：若有人志求佛道，当修何法，最为省要？师答曰：唯观心一法，总摄诸行，最为省要。[1]

所谓"观心"，就是以心作为观想内容的禅定。神秀认为"观心"可以统括一切修行，是达到解脱的最简便易行的方法。

那么，观心为什么这样重要呢？《观心论》解释说：

> 心者，万法之根本也。一切诸法，唯心所生，若能了心，万行俱备。

认为心既然是世界万物的本源和依据，那么在禅定中观想心，了悟心也可以达到一切修行的目的。如同树根是枝条花果所依附的那样，心也是人的一切行为的根本，"一切善恶，皆由于心"，甚至说"心是众圣之源，心为万恶之主。涅槃常乐，由自心生，三界轮

1　朝鲜本在"问曰"之前有"惠可"二字，在"答曰"之前有"师"字。其他各本皆无，今从之。

回，亦从心起。心为出世之门户，心是解脱之关津。"是说人的善恶行为是由自己的心决定的，那么最后是在三界的生死苦海中轮回，还是达到觉悟成佛，也完全是由自己的心决定。因此修行者应当着重内在的心识方面的修行，认为通过坐禅观心，可以思索并了悟心对善恶、迷悟的决定作用，运用佛教的思想智慧，在心中断恶修善，促成心识的转变，最后达到解脱。

大乘佛教是从小乘佛教发展而来的，并且它本身也在不断发展着。小乘比较重视人生问题，禅观内容主要是以"四谛"（苦、集、灭、道）为中心，探求如何从生死苦恼中解脱出来的问题。大乘初期的般若类经典进而重视宇宙本体问题，以"诸法性空""诸法实相"为重要禅观内容，论证在精神上超离"空幻"的现实世界而进入"真际"（真如、法身、第一义谛）彼岸境界的问题，但又通过对"中道""不二"的论述，宣说出世与入世是相即不二的，菩萨和佛具有在现实世界普度众生的职责（所谓菩萨道、菩萨行）。稍后的大乘经典《华严经》《大涅槃经》以及《胜鬘经》《楞伽经》等经典，开始重视心性问题，提倡在禅观中以"心"（佛性、真如、如来藏、阿梨耶识、自性等）作为观想的对境，探究心在宇宙、人生以及解脱中的地位和作用。南北朝末期编译的《大乘起信论》（或认为是伪书）综合大乘佛教思想，着重论证心性问题，认为"心"统摄"一切世间、出世间法"。此"心"有两个方面，称其净、不动的方面是"心真如门"，其染（污染，指情欲、烦恼、日常生活中的思维）的方面为"心生灭门"，二者又"非一非异"，而通过断妄修真的止观修行，断除一切欲望"妄念"，做到"无念""得见心性"，就能达到觉悟。早期禅宗在接受大乘般若、中观思想的同时，在论证觉悟解脱的场合尤其重视心性问题。这在《观心论》中有突出的反映。

《观心论》以不同的论证方式反复告诉人们，如果通过坐禅观心而达到"了心"，即了悟心对人的行为的主宰作用和在解脱中的决定地位，就能使人正确修行，以迅速地达到解脱。作者在回答"云何观心，称之为了"时，讲了如下一段话：

> 菩萨摩诃萨行深般若波罗蜜多时，了四大（按：地水火风）、五蕴（按：色受想行识）本空，无我；了见自心起用有二种差别。云何为二？一者净心，二者染心。其净心者，即是无漏（按：断除烦恼的）真如之心；其染心者，即是有漏（按：有烦恼的）无明之心。此二种心，自然本来俱有。虽假缘和合，互不相生。净心恒乐善因，染心常思恶业。若真如自觉，不受所染，则称之为圣，遂能远离诸苦，证涅槃乐。若随染造恶，受其缠覆，则名之为凡，于是沉沦三界，受种种苦。何以故？由彼染心，障真如体故。

开始讲四大、五蕴本空的一段的大意是取自《般若心经》，后面讲净心、染心的部分主要是发挥《大乘起信论》中的关于"心真如门""心生灭门"的思想。是说如果按照菩萨那样运用智慧深入思考时，就会认识世界万物的空幻本质，并能对人的主观精神和觉悟问题有所认识，即：人的精神有净、染两个方面，"净心"就是没被生死烦恼污染的"真如之心""染心"就是所谓被生死烦恼缠裹的"无明之心"，两者并存，但互不相生。前者是引发人们修善，使人成菩萨或成佛，超脱生死烦恼的内在原因；后者把人先天具有的"真如之心"遮盖，是使人受世俗情欲牵引造"恶"，轮回生死世界受种种苦的内因。在此后面还引用《十地经》《大涅槃经》中讲众生皆有佛性，但被"五阴""无明"掩覆的一段话，说如果能"离其所覆"，即断除无明之心，就能达到觉悟解脱。接着说："故知一切诸善，以觉（按：此指真如佛性）为根，因其觉根，遂能显现诸功德树，涅槃之果，由此而成。如是观心，可名为了。"可见，观心的首要目的是"了心"，通过"了心"而引导修行者进行断恶修善，达到觉悟解脱。

2. 通过"观心"从内心灭除一切情欲和世俗观念——"除三毒"和"净六根"

作为宗教学说，《观心论》离开现实的社会经济、政治结构和环境考察人生和内心世界问题，认为人们精神中有一种先天的道德意识或觉悟基因，此即"真如之心"，亦即佛性，它是人们之所以能够信奉佛教，能够达到觉悟成佛的内在根据。同时又把人的生理本能和自然情欲称为"无明之心"，认为是导致人生一切苦恼和罪恶的本源。又认为，净、染二心虽然与生俱有，但前者是永恒存在的，只是被后者覆盖着，而后者是可以通过修行而被灭除的。"观心"这种禅定不仅是达到"了心"的认识过程，使人能够思悟心的净染、善恶、迷悟，而且也是一个断恶修善，断灭"无明"，使真如本性显现，达到觉悟的"修心"过程。可以说，"修心"是属于直观内省的宗教道德的修养方式之一。

《观心论》认为，"无明之心"虽然包括无限数量的"烦恼情欲"和所谓"众恶"，但皆以贪、瞋、痴"三毒"为本源，而贪瞋痴又通过作为人的感觉与思维功能的眼、耳、鼻、舌、身、意的"六根"表现出来。因为"六根"与外境接触而产生"六识"，即形成感觉和认识，使人对外界有所贪恋追求，发生所谓"恶"的行为，形成种种烦恼，所以把"六根"乃至"六识"都称为"六贼"。它说：

> 一切众生，由此三毒及以六贼，惑乱身心，沉沦生死，轮回六趣，受诸苦恼。犹如江河，因小泉源，涓流不绝，乃能弥漫，波涛万里。若复有人，断其根源，则众流皆息。求解脱者，能转三毒为三聚净戒，能转六贼为六波罗蜜，自然永断一切诸苦。

按照佛教一般的说法，人生来就具有恶的本能，这就是贪、瞋、痴。所谓"贪"既包括普通的生理本能和欲望，也包括贪恋人生和追求物质享受与精神享受的心理趋向；"瞋"是指由于处在逆境和失利、所求落空的情况下产生的不满或愤怒感情，由此会发生各种争斗，犯下罪恶；"痴"也就是"无明"，指不明"因果"事理，实际特指不接受或违背佛教教义，称贪、瞋皆因它而发。佛教认为众生由此三个方面而导致不断造恶，轮回生死，不能解脱，故把它们称为"三毒"。又认为人的行为不外乎身、语、意三个方面，它们以人具有感觉和思维——六根与六识为前提，故把它们称为"六贼"，谓它们能引导人们造罪，妨碍达到觉悟。《观心论》所说的观心过程便是以退治、断除"三毒"和净化六根、六识为主要内容。

引文所说的"三聚（类）净戒"是大乘的戒律，包括："摄律仪戒"，指遵守各种戒律规定以防止发生恶的行为；"摄善法戒"，修善做功德；"摄众生戒"，济度众生。所谓"六度"即"六波罗蜜"，包括布施、持戒、忍辱、精进、禅定、智慧（般若），是大乘佛教修行的主要内容，也被认为是从生死此岸到达涅槃彼岸的方法或途径。应当指出的是，"三聚净戒"和"六度"的原义不仅仅包括内在心理上的修行，也包括外在的传教、行善和修行活动。但是，《观心论》为强调"观心"的重要，把它们一律解释为制服情欲和世俗认识的心理活动。说：

> 三聚净戒者，则制三毒心也。制一毒，成无量善聚。聚者，会也。以能制三毒，即有三无量善普会于心，名三聚净戒。六波罗蜜者，即净六根，胡名波罗蜜，汉言达彼岸。以六根清净，不染世尘，即是出烦恼，便至彼岸也，故名六波罗蜜。

对于这样一种不同于原义的解释，有人提出质询：三聚净戒应是"誓断一切恶，誓修一切善，誓度一切众生"，而现在只说是"制三毒心"，岂不是曲解文义吗？《观心论》对此强加解释，说修戒是针对"贪毒"的，此即为"誓断一切恶"；修定是针对"瞋毒"的，此为"誓修一切善"；修慧是针对"痴毒"的，此为"誓度一切众生"。这样一来，便把佛教的戒、定、慧三学说成是直接对治贪瞋痴"三毒之心"的修心方法，又把它们等同于含义本来不同的大乘三聚净戒了。根据这种解释，在观心过程中进行断除"三毒"的心理活动也就等同于修持三聚净戒和六度。《观心论》又说：

> 以能制三毒，即诸恶消灭，故名之为断；以能持三聚净戒，即诸善具足，故名之为修；以能断恶修善，则万行成就，自他俱利，普济群生，故名之为度。故知所修戒行，不离于心。若自心清净，一切众生皆悉清净。故经云：心垢即众生垢，心净即众生净。又云：欲净佛土，先净其心，随其心净，则佛土净。若能制得三种毒心，三聚净戒自能成就。

这里所引的佛经是《维摩诘经》的《弟子品》和《佛国品》，强调修心净心的重要性。这段文字是说，持戒修行都是不脱离内心的精神活动，而如果通过观心、净心达到"自心清净"，就会使众生清净，以至使修行者理想中的"佛国"也清净。从这里可见神秀北宗对观心的重视程度。

佛教所说的"解脱"，一般是指从流转"三界"生死轮回中解脱，成阿罗汉或成菩萨成佛。"三界"包括欲界、色界和无色界，除欲界的人、畜生之外，都是在现实的世界不存在的。"轮回"则是说根据众生生前的善恶行为死后在所谓天、人、阿修罗、畜生、饿鬼、地狱这六道（或称六趣，六种轮回趋向）中转生。对此，《观心论》从心性修养的角度进行解释，说"三界"不在心之外，它们正是贪、瞋、痴"三毒之心"，由此三毒之心，而使人造恶，轮回六趣。因此说：

三界业报，唯心所生。若能了心，于三界中则出三界。

恶业由自心生，但能摄心，离诸邪恶，三界六趣轮回之苦，自然消灭。能尽诸苦，则名解脱。

但能摄心内照，觉观常明，绝三毒心，永使消亡；闭六贼门，不令侵扰，自然恒沙功德、种种庄严、无量法门，一一成就。超凡证圣，目击非遥。悟在须臾，何烦皓首？

在这里明确表示，通过"观心""了心""摄心"就能在现世达到解脱。"悟在须臾，何烦皓首"，也就是即身成佛。缩短从现世到彼岸的距离，是禅宗内部普遍孕育着的一种新的倾向，然而这种倾向在神秀及其弟子那里没有得到发展，而在弘忍的另一个弟子慧能及其继承者所主张的顿悟禅风上得到体现。

为了强调"观心"对解脱的决定意义，在《观心论》的不少段落把营造伽蓝（寺），铸造或绘制佛像，烧香散花，燃长明灯，绕塔行道，持斋礼拜等等，统统牵强地解释为内心的修行活动。例如说："言伽蓝者，梵音，此言清净处也。若永除三毒，常净六根，身心湛然，内外清净，是则伽蓝也"；"塔者，身心也。常令觉慧巡绕身心，念念不停，名为绕塔"……这就是说，以往佛教所提倡的修寺造像，烧香礼拜等等功德事业是不必要的，《观心论》斥之为"立相为功，广费财宝，多伤水陆，妄营塔像……见有为则勤勤爱著，说无相即兀兀如迷，且贪世上之小乐，不觉当来之大苦。此之修学，徒自疲劳，背正归邪，诳言获福。"劝修行者不要执着这种"有为"的外在的功德事业，唯有坐下来"摄心内照""观心"才有可能达到解脱。

（三）《大乘五方便》的禅法思想

《大乘五方便》，也称《大乘无生方便门》，是唐代相当流行的北宗禅法著作，从敦煌遗书中发现很多写本。主要卷子有：中国国家图书馆藏生24，伦敦大英博物馆藏 S735、S1002、S7961、S2503、S7961，巴黎国立图书馆藏 P2058、P2270、P2836。在有的卷子上不止一个写本，但各种写本的内容存在很大差异，很难合校成一个完整的本子。其中的 S2503 上的写本三、写本二在 1932 年经日本学者校勘收入《大正藏》卷八十五，分别题为《大乘无生方便门》和《赞禅门诗》。日本久野芳隆 1937 年在《富于流动性的唐代禅宗典籍——敦煌出土的禅宗北宗的代表作品》和 1940 年在《北宗禅——由敦煌本的发现而明了的神秀的思想》论文[1] 中对 P2058、P2270 上的几个写本做了介绍。此后，宇井伯寿对这三个卷子上的写本重加校刊，分别用《大乘北宗论》《大乘无生方便门》《大乘五方便北宗》和《无题》的标题发表在他的《禅宗史研究》[2] 所附的《北宗残简》中。铃木大拙对上述各本加以校订，做成四本校刊本，发表在其《禅思想史研究第三》[3]。整理这四个本子所依据的写本分别是：第一号本——S2503 上的写本二，第二号本——S2503 上的写本三，第三号本——P2058、P2270 上的几个残本，第四号本——S2503 上的写本一。这为研究北宗禅法提供了很大的方便。

1　分别载日本《宗教研究》新 14—1；《大正大学学报》30、31 合辑。

2　〔日〕宇井伯寿：《禅宗史研究》，岩波书店，1939 年。

3　〔日〕铃木大拙：《铃木大拙全集》卷三，岩波书店，1968 年。

1. 所谓"方便通经"

宗密在其《圆觉经大疏抄》卷三之下把北宗神秀、普寂一系的禅法归纳为"拂尘看净，方便通经"。

从现存的几个写本来看，《大乘五方便》的完本应当包括五个部分，在结构上与宗密在《圆觉经大疏抄》上的介绍是一致的。让我们首先从整体上对《大乘五方便》的内容略做介绍。何谓"方便通经"？意为借助智慧巧妙地解释经典，主要是通过对《大乘起信论》《法华经》《维摩经》《思益经》《华严经》五种佛经思想的解释来论述北宗对觉悟解脱和禅法的主张。

第一是"总彰佛体"，依据《大乘起信论》，主要用所谓"离心离色""无念"的思想论证何为佛、觉，何为解脱的问题，引导修行者超脱来自物质世界（色）和精神世界（心），来自个人身心的一切执着束缚，体认心色俱空，舍弃所有的世俗观念，取消一切好恶、取舍的意念，就能达到与空寂无为的真如相契合的境界，此即觉悟解脱。例如佛有三个含义，一是觉悟，二是使他人觉悟，三功德圆满。此文则用"离心""离念"做解释，说"离心名自觉，离色名觉他，心色俱离名觉满"；"离心心如，离色色如，心色俱如，即是如来平等法身"（一号本之1）。

第二是"开智慧门"，依据《法华经》，主要是用"身心不动"和"从定发慧"等的思想论释开发智慧，解释《法华经》中的开、示、悟、入"佛知见"[1]的问题。从实际内容看，是从另一个角度对前一部分思想的发挥。认为通过坐禅入定，使自己的感觉意识脱离对外境的接触（六根不动），即"身心不动"，就可达到身心"离念"。说这样在遭遇任何顺逆、苦乐的条件时都不会产生是非、爱憎、取舍的感情和意向。例如说"心不动是定，是智，是理；耳根不动，是色，是事，是慧。此不动是从定发慧方便，开智慧门"（二号本之2）；"不动为开，闻是示，领解是悟，无间修行是入，开示属佛，悟入属修道人"（三号本之2）。

第三是"显不思议解脱"，依据《维摩经》，主张对一切事物，包括修行本身，不应当加以推测和带有任何目的性，不要有意地追求什么和舍弃什么，亦即是"无念"。例如说："以心不思，口不议，通一切法，从诸解脱，至入不二法门"（一号本之3）；"瞥起心是缚，不起心是解"（《圆觉经大疏抄》卷三之下）。

第四是"明诸法正性"，引证《思益梵天所问经》的"诸法离自性，离欲际，是名正性"，说修行者摆脱主观意识和情欲就可达到解脱，得到"诸法正性"。例如说："心不思，心如；口不议，身如；身心如如，即是不思议如如解脱，解脱即是诸法正性"。据称达摩和尚曾说："心不起是离自性，识不生是离欲际，心识俱不起是诸法正性……如是意识灭，种种识不生。"（四号本之4）

第五是"了无异自然无碍解脱"（或简称"了无异门"），依据

---

1 《法华经·方便品》谓："诸佛世尊唯以一大事因缘故，出现于世。诸佛世尊欲令众生开佛知见，使得清净故，出现于世；欲示众生佛之知见故，出现于世；欲令众生悟佛知见故，出现于世；欲令众生入佛知见道故，出现于世。"这里的"知见"，相当于智慧、佛性。

《华严经》，论证世界万物相融无间的道理，人的感觉思惟功能（六根）与外界的一切（六境或六尘）相即不二，清净与污染也相融无异。宣称从六根入"正受"（禅定），于六境中起"三昧"（亦即禅定），意为根尘不二。又说："眼是无障碍道，唯有知见独存，光明遍照，无尘来染，是解脱道"；"一切法无异，成佛不成佛无异……永无染著，是无碍解脱道。"（三号本之5）

如同《观心论》一样，书中不少地方对佛经词句的解释是不完全符合原义的，如用离心离念来解释佛乃至三身佛，用心色不动解释智慧和"开佛知见"，以及说"智慧是大乘经"，《法华经》《华严经》《金刚经》等都是"智慧经"，等等。这些解释都是发挥佛经词义的一部分的含义，目的是为了强调看净观空、身心离念禅法对觉悟解脱的决定意义。

所谓"佛教中国化"，其中一个方面就是中国僧人为了适应社会环境和信众心理诉求、理解程度对佛经原义做"方便"灵活的解释，并提出新的主张。在这方面，禅宗僧人的表现尤为突出。

2. 从看净观空到"心色俱离""身心不动"

在《大乘五方便》中始终贯彻着离色离心和身心不动的思想。何谓离色离心？就是通过坐禅封闭自己的感官和意识，脱离对物质、精神两方面一切事物和现象的追求、执着，断除心灵深处的各种是非、美丑、爱憎、取舍等观念。何谓身心不动？坐禅入定是"不动"；自己的感官和意识（六根、六识）虽接触外界（六尘），但不发生感觉，不进行思惟（"不起"），不做分别判断（"离念"），是身心"不动"。书中说，如能达到这样的境界就得到最高的智慧，就达到觉悟解脱。

那么，如何坐禅，如何达到这种境界呢？

在《大乘五方便》的开头部分有一段记述引导修行者进入坐禅程序的文字，大意是：禅堂的和尚（简称"和"，当是后来被称为"方丈"或"堂头和尚"者）命修行禅僧首先下跪合掌，发"四弘誓愿"，然后请十方三世诸佛菩萨，教受三归依、问答五项能与不能（当即授三聚净戒），各自忏悔。然后这位和尚对禅僧说：

> 汝等忏悔竟，三业清净如净琉璃，内外明彻，堪受净戒。
> 菩萨戒，是持心戒，以佛性为戒性。心瞥起，即违佛性，是破菩萨戒；护持心不起，即顺佛性，是持菩萨戒。（原文有注："三说"）

接着，他命禅僧各自"结跏趺坐"，即坐禅。

所谓"菩萨戒"就是大乘戒。在大乘戒中汉地最流行的是《梵网经》，规定有十重戒和四十八轻戒，其卷下的经文上讲大乘梵网戒源于卢舍那（报身佛）之心，与所谓佛性等同，是佛菩萨的本源；众生的身心皆有佛性，也先天秉有此戒，即"佛性戒"；既然十重戒等源自佛身，又与佛性无别，当然是"本源自性清净"。北宗主持坐禅的和尚在引导禅僧举行三自归依、受三聚净戒、忏悔之后，向众僧说他们已经"三业清净"，可以受"净戒"了。净戒即"菩萨戒"（即大乘戒），说它是"佛性戒""以佛性为戒性"。"戒性"，即相当道宣所说的"戒体"，指的戒律的本体依据，实际是特指受戒人通过受戒仪式在心中形成的对戒法的忆念、信心和持戒的意志。和尚告诉禅僧，要明白大乘戒是以佛性为戒体的，如果在修行中不能控制自己的心识活动（"心瞥起"），就是与空寂的佛性相违背，也就是违犯菩萨戒；相反，如果做到"心不起"，也就是"持菩萨戒"。这样，便把坐禅观心看净与持戒结合在一起了。

《大乘五方便》在记述主持和尚命禅僧结跏趺坐之后，又用问答体记载这位和尚是如何指导禅僧坐禅观心看净的。从中可以看到：

（1）在大和尚主持之下，先要举行发心，发四弘誓愿，礼佛，表示三归依和摄受三聚净戒，忏悔的仪式，然后由大和尚引导众僧坐禅。

（2）禅僧入定观空看净，在想象中向四方上下仔细观看，看到"虚空无一物"，体认一切皆为"虚妄"。

（3）禅僧应在持续不间断的坐禅看净的过程中"净心地"，使心识做到"湛然不动"，最后身心（六根）清净，达到与真如（'如'）相契的解脱境界，此即"一念净心，顿超佛地"。

因为真如佛性的本体为空，是本来清净无染的，故观空看净也就是观想体认真如佛性的过程，是显现清净自性的过程。在《大乘五方便》（四号本）的结尾部分说成佛的根据是"净心体"，此"净心体"即是"觉性"（佛性），它犹如"明镜""虽现万象，不曾染著"。要体悟此"净心体"而解脱，就应学习坐禅（"使心方便"），"透看十方界，乃至无染，即是菩提路"。

禅宗所谓的"顿教""渐教"的重要差别是在于能否灵活运用大乘中观学说的"相即不二"和《华严经》的世界万有圆融无碍的理论上。就是说，对于空与有，身与心，内与外，染与净，觉与悟，烦恼与菩提，众生与佛等等相互对立的方面，能否顺应时机巧妙地用相即不二的理论来将二者等同或会通，构成了顿教和渐教的主要区别。神秀、普寂的北宗禅法把身与心，外与内，染与净等对立的两方加以严格的区别，并以此作为前提，然后把心、内、净等置于主导地位，提出观心看净的禅法，通过严格的不间断的禅观修行，断除"三毒心"，净"六根"，最后才达到解脱。这样自然带有"渐次"特色，即修行是按照前后、浅深程序进行的。后来南宗批评北宗的禅法"主渐"，是"渐教"，主要是根据这点。

最后应当指出，北宗禅法倡导的观心、修心净心的思想在中国思想史上是占有重要地位的；《大乘五方便》中提出的带有顿教色彩的思想，预示了禅宗的发展趋向。

临济义玄禅法的现实主义性格

在唐末五代先后成立的禅门五宗当中，临济义玄创立的临济宗成立最早，并且是唯一创立于北方的宗派。进入宋代以后，临济宗最为兴盛，并且一直流传至今，影响也大。义玄的生平事迹和禅法，主要载于唐代慧然集、宋代宗演重编《临济录》和五代南唐静、筠二禅僧编《祖堂集》卷十九《临济和尚传》以及《景德传灯录》卷十二《义玄传》等史传中。

一、义玄和临济宗

义玄（？—866），曹州南华县（在今山东荷泽）人，俗姓邢，出家受具足戒之后，先学佛教戒律和经论，后来认为这些戒律与经论不能断除世人烦恼，便改而游方参禅，到洪州高安县的黄檗山寺院，在禅宗南宗马祖下二世黄檗希运（？—855）门下参禅三年。

据载，义玄先后三次上堂向黄檗禅师问"如何是佛法的大意"，然而三次遭到黄檗的棒打。此后，他遵照黄檗的指示到同是马祖二世的高安大愚（嗣庐山归宗智常弟子）和尚处参禅，经大愚巧妙指点而得到开悟，认识到佛法并不深奥神秘，任何人不是天生就会佛法，必须经过一番"体究练磨"功夫才能把握。

　　大约在唐武宗会昌五年（845）禁断佛教前后，义玄到达河北的镇州（属成德镇，今河北正定），曾长期在真定城东南滹沱河北岸的临济院传法。到他去世为止，统治成德镇的节度使先后是王元逵（834—854 年在位）和王绍鼎（854—857 年在位）、王绍懿（857—866 年在位）兄弟，而以拥有"检校右散骑常侍"头衔的王绍懿统治时间最长，前后十年，这段时期正是义玄名闻遐迩的时候。《临济录》中一再提到的"王常侍"就是他。义玄在河北传法得到他的理解和大力支持。

　　义玄上承南宗慧能——南岳怀让——马祖道一——黄檗希运的禅法，在传法过程中又有新的发展。

二、具有现实主义性格的临济禅法

　　临济义玄的禅法具有鲜明的现实主义风格，具体表现为：要求弟子和信徒必须建立对佛与众生、佛法、解脱和修行的"真正见解"；确立"自信"，相信自己"本心"与佛、祖无别，无须向外求佛求祖，寻求解脱成佛；主张修行不离日常生活，说"只是平常无事""平常心是道""随处作主，立处皆真"。从这一立场出发，他对于传统佛教对佛、菩萨以及佛法、特定修行程式所抱有的盲目信仰与执着态度，提出尖锐的批评。

（一）要求学佛法者必须建立"真正见解"

临济义玄接引学人虽以"喝"（大声吆喝）著称，但也十分重视正面向门下说法。义玄在说法中常称弟子和前来参禅者为"道流""参学道流"，有时也称之为"大德"。

《临济录》内容的主体部分就是临济"示众"说法的语录。据载，义玄教诲徒众时一再要求他们建立"真正见解"[1]。

> 今时学佛法者，且要求真正见解。若得真正见解，生死不染，去住自由，不要求殊胜，殊胜自至。
>
> 道流，切要求取真正见解，向天下横行，免被这一般精魅惑乱。
>
> 夫出家者，须辨得平常真正见解，辨佛辨魔，辨真辨伪，辨凡辨圣。若如是辨得，名真出家。
>
> 大德，莫错。我且不取你解经论，我亦不取你国王大臣，我亦不取你聪明智慧，唯要你真正见解。

所谓"真正见解"，自然是在整体上对佛法具有正确的理解和认识。其内容不外乎是对世间与出世间，烦恼与菩提，修行与解脱，众生与佛、菩萨，空与有，色与心等问题的见解。义玄要求门下在这些方面的见解应当与禅宗宗旨达成一致。当然，义玄所表达的是他自己的禅法见解。义玄不要求弟子懂得多少经论，也不问他

---

1 《临济录》，以下凡引此录，不再注明出处。

们的出身地位如何，也不看他们是否聪明……而只要求他们具有真正见解。他强调说，只有具备真正的见解，才能确立对达到解脱的信心，明确行为的准则，即使处于世俗的环境也不受其制约和影响，才能"去住自由"，不受别人、别的学说的吸引和迷惑。

义玄所谓的真正见解主要有两点：

一是发挥大乘佛教的佛性学说，宣述佛在现实人间，佛在每个人的自身自心之中，修行者不必向身外求佛求法，甚至形象地称自身所具有的佛（佛性、本心）是能够自由出入身心的"无位真人"；

二是依据般若"空"的思想，认为世界一切事物和现象皆空无自性，不仅不应执着外在事物（色法），连自己的自性及一切感性认识（心法）也不应执着。

他要求依据此两点，确立自己修行、传法和处世的原则。

（二）独特的佛在自身论——心中三身佛、"无位真人"和"无依道人"

大乘佛教的佛性论是禅宗的重要理论基础之一。这一理论主张人人具有先天的成佛的内在依据，人人可以成佛。但禅师在说法中，对于佛性道理的表述是各种各样的。他们尽力回避用规范的明确的语言概念来表述自己的思想。因此，我们阅读他们的语录时，只能从他们表述的意向、大意来捕捉他们的真实想法和主张。

从《临济录》来看，义玄在向门下说法中极少使用"佛性"这个词，更多的是在不同角度用"心"表示这个概念，甚至形象地称之为"无位真人""无依道人"等。

《六祖坛经》记载，当年慧能在向信徒授"无相戒"的过程中就提出求佛不必外求，只要领悟自性，就能"自作自成佛道"。义玄在"示众"说法中讲述了与此相似的思想。他说：

> 你要与祖佛不别，但莫外求。你一念心上清净光，是你屋里法身佛；你一念心上无分别光，是你屋里报身佛；你一念心上无差别光，是你屋里化身佛。此三种身，是你即今目前听法底人。只为不向外驰求，有此功用。

"屋里"是指自身、体内。所谓"一念心上清净光""无分别光""无差别光"，可以看作是对佛性特征的形象比喻。在大乘佛教中，佛性被看作是自心的本体、本质的方面，具有无生无灭，清净无为和超言绝象的性质。义玄用自心三光来说明人人具有佛的三身，本来与佛没有差别。因此，为达到觉悟解脱，不应向外追求，而应内探心源，领悟自性。由此便可认识佛的三身就是在你的自身。所称"目前听法底（的）人"（下面还要解释）是指听法僧众的精神（灵魂），或精神的自我。

义玄还说过：

> 佛者，心清净光明，透彻法界，得名为佛。

又说：

> 佛者，心清净是；法者，心光明是；道者，处处无碍光是。

虽说法有异，但同样表达了人人心中有佛这种基本主张；同时也表示，佛、法、道三者没有根本差别，它们皆属心法，皆空寂无相，所以说："真佛无形，真道无体，真法无相。三者混融，和合一处。"认为一般的人对此是不能分辨，不能认识的。

禅宗历代祖师都讲佛性，但说法五花八门。义玄对此有更加形象的说法。他把自心所具有的佛（即佛性）称之为"无位真人"，无形无相的"目前听法底人""无依道人"等。

1. 所谓"无位真人"

《临济录》有这样一段记载：

> 上堂云：赤肉团上有一位无位真人，常从汝等诸人面门出入，未证据者看看。
> 时有僧出问：如何是无位真人？
> 师下禅床把住云：道，道！

"赤肉团"，《祖堂集·临济传》作"五阴身田"；宋版《景德传灯录·义玄传》作"肉团心"，是指人的肉体，也可能是指人的心脏。义玄是说，每人自身之内都有一个能够自由出入的"无位真人"。当时有僧站出来询问什么是无位真人时，义玄却回避回答，用"无位真人是什么干屎橛"的反诘语搪塞过去。

那么，人的身体内有什么东西被认为是依附于肉体或心（实际是大脑及躯体的神经系统），并且可以自由出入身体呢？古人认为人的意识、精神寄托于肉体，依附于心脏（肉团心），便把意识、精神也称之为"心"。义玄所说的"无位真人"也就是人的精神，包括人的意识、感觉和一切精神作用。他说："心法无形，通贯十方，在眼曰见，在耳曰闻，在鼻嗅香，在口谈论，在手执捉，在足运奔。本是一精明，分为六和合。"这也就是马祖道一禅师所说的"平常心"。义玄本人也确实引用过"平常心是道"。看来他也反对严格地把"心"分为"真心"和"妄心"，而是侧重从"不二"的角度来谈"心"，"心"即佛性。此"心"虽也包括意识和一切精神作用，但它们作为一个整体——"精明"，是生命的主宰和体现，与人的肉体密不可分。

古人所称的"神明"，是"心灵""灵魂"的不同说法。应当指出，义玄是用形象的比喻向人表示，这位"无位真人"就是人人生来具有的，并且与现实日常生活是密不可分的自性，也就是佛性。既然对佛性不能用语言文字加以表述，那么，他对于僧人质询就只能避而不答了。

2. "无形无相"的"听法底人"和"无依道人"

义玄在说法中常向徒众说，在你们每人面前那位无形无相的能够理解佛法的"听法底（的）人"，就是佛，就是祖（达摩祖师）。那么，这位"听法底人"是什么呢？稍加分析就会发现，这不过是"无位真人"（亦即佛性、自性）的另一种说法。义玄讲过这样一段话：

> 大德，你但识取弄光影底人是诸佛之本源，一切处是道流归舍处。是你四大色身，不解说法听法；脾胃肝胆，不解说法

听法；虚空，不解说法听法。是什么解说法听法？是你目前历历底勿一个形段孤明，是这个解说法听法。

所谓诸佛本源是"弄光影底人"，自然是大乘佛教所说的人人生来具有的清净本性——佛性。它与无所不在的法身一体不二，是一切修行者所追求的最后归宿——成佛，回归法身的依据。人的肉体及脾胃肝胆等内脏，是由地水火风"四大"组成，既不会说法，也不理解所听的法。只有寄托于身体，没有具体形象的"听法者"，这个"弄光影底人"，独自清清楚楚地懂得说法听法。显然，义玄把人的思维功能与精神作用，说成是"弄光影底人"和"孤明"的听法者了。

关于"勿一个形段孤明"听法者的称法，《临济录》中多次提到。这里不一一全文引证，仅综合大意略做介绍：

（1）所谓"今目前孤明历历地听法者""现今目前听法无依道人历历地分明""无一个形段，历历分明""你目前昭昭灵灵鉴觉闻知照烛底""听法底人，无形无相，无根无本，无住处，活泼泼地"，都是指与门下僧众同时相俱听法，而他们自己感觉不到和看不见的"听法底人"。这到底是什么呢？只能理解是与他们肉体同在的精神（心灵、灵魂）——精神的自我、主宰。据义玄的描绘，它无形无相（也作"勿一个形段"），但却独自对一切事物"历历地分明"。

（2）这一听法者可以自由地出入十方、三界任何地方，可以适应不同情况向包括佛、祖、罗汉和饿鬼在内的一切众生说法，实施教化；水火不能害，也不受轮回于地狱、饿鬼、畜生的报应。义玄在这里又赋予"听法者"以"法身"佛的特性。按照大乘佛教的说法，法身佛可以应机显化，以各种身份、形象向一切众生说法。

（3）"目前听法者"虽非"四大"肉体之身，没有形象，没有固定处所，但却能随时驱使肉体之身。这是从精神支配人的行为的朴素的认识推论出来的。

（4）"目前听法者"在性质上属于"无嫌底（的）法"。"无嫌"，无嫌弃，无厌恶，这里也包括其反面的无贪爱。"无嫌底法"，大概相当于佛教所说的"无为法""无漏法"，是与"有为法""有漏法"相对的没有爱憎，没有取舍和生灭的事物。这里是将"听法者"作为与真如、法身等同的事物看待的。

义玄也把"目前听法底人"称之为"无依道人"，或连称"目前听法无依道人"。"无依"，是无所依属，无所制约，好像唐代马祖弟子庞蕴居士所说的"不与万法为侣者"[1]，是指"真如""法身"一类属于真谛范畴的东西。义玄在"目前听法底人"时常加上"孤明"二字，其中"孤"字也就是"无依"的意思，好像道家称"道"为"一"那样，强调它的超越万有的至上地位。义玄说：

> 唯有无依道人是诸佛之母，所以佛从无依生。

又说：

> 却见乘境底人，是诸佛之玄旨。佛境不能自称我是佛境，还是这个无依道人乘境出来。

---

1 《景德传灯录》卷八《庞居士传》。

据第一段话，既然"无依道人"是"诸佛之母"，它就是真如、佛性或是法身的人格化。据第二段话，无依道人虽是"诸佛之玄旨"，但可以乘境出来为"佛境"规定名称，好像前面他讲过的"且名句不自名句，还是你目前昭昭灵灵鉴觉闻知照烛底，安一切名句"，又是指人的意识、精神。因为人们是可以通过精神的思虑功能，支配身体的有关器官为事物起名，并可借助语言文字对事物加以表述的。

应当指出，"真人"和"道人"本来是道家、道教用来称呼得道者的词语，例如《庄子》《大宗师》《天下》诸篇中有"真人""道人"的称谓；东汉时期道教经典《太平经》说："第一神人，第二真人，第三仙人，第四道人，皆象天得真道意。"义玄为了便于听众理解，而用"无位真人""无依道人"形象地称呼佛性、法身。尽管义玄在说法中用语不规范，前后有不一致的地方，但在表达人人与"佛祖不别"这一点上是十分明确的。

这就是义玄独具特色的佛在自身论，用意自然是为了凸现佛就在现实人间，佛就在人们的日常生活之中，佛是不离人人自身自心的，似乎比马祖的"即心是佛"的说法更加形象生动。

（三）临济禅法中的"空"的思想和所谓"毁佛毁祖"

源自大小品《般若经》中的"空"的思想是禅宗的另一个重要理论基础。

义玄在向门下传授禅法过程中也反复讲"空"，引导徒众以"空"的思想来破除对社会、人生和修行生活中的一切执着，断除心中的好恶、取舍等观念或意向，以达到精神自由的境界。概要说来有两点：

一是教导徒众，要使"心"达到清净，必须体悟一切皆空的道理，"歇得念念驰求心"，断除烦恼，而所谓佛性、法身和"无位真人""无依道人"从本质上说都是与心的空、清净方面相应的，而如果"爱圣憎凡""心疑"，有种种欲望追求，将被业果相牵在"生死海里浮沉"；

二是依据大乘佛教的心是万有的本源的思想，例如《大乘起信论》所说："心生种种法生，心灭种种法灭"，来论证一切物质的精神的事物，皆是空寂无实的，"但有空名，名字亦空"，连一切佛、菩萨及所谓佛国、净土、各种佛法、教说，也是空的，是不应当执着的。他的结论是："心外无法，内亦不可得，求什么物？""向外无法，内亦不可得"。

按照义玄的逻辑，如果不体认世界万有本空，就会产生对外物的贪爱、追求、喜怒、是非等世俗欲望和分辨认识的活动，招致烦恼丛生，不得解脱。为此，义玄提出所谓"四无相境"的说法，用以说明"四大"本空的道理。

问：如何是四种无相境？

师云：你一念心疑，被地来碍；你一念心爱，被水来溺；你一念心瞋，被火来烧；你一念心喜，被风来飘。若能如是辨得，不被境转，处处用境。东涌西没，南涌北没，中涌边没，边涌中没，履水如地，履地如水。缘何如此？为达四大如梦如幻故。

这只是个比方。按照佛教的说法，地水火风"四大"及其所造是"色"。山河大地，周围环境，乃至人的身体，皆为"四大"构成。义玄是说，如果不认识"四大"皆空，周围一切环境、现象是空幻无实的，产生种种执着，有疑惑，有贪爱，有瞋恚，有喜乐等世俗感情和意向，就会被"四大"外物摆布，不得解脱。相反，如果认识"四大如梦如幻"，断除种种情欲和追求等，就"不被境惑，处处用境"，在精神上达到绝对自由，实际是达到佛的境界。

义玄所说的"无位真人"无形无相的"听法者""无依道人"，是真如佛性人格化的一种说法。他要求门下弟子取法于它们的空寂的本性而确立自己对"空"的"真正见解"。他说："你若欲得生死去住脱著自由，即今识取听法底人，无形无相，无根无本，无住处，活泼泼地"；"你只今听法者，不是你四大，能用你四大。若能如是见得，便乃去住自由。"既然你面前的佛、祖——你自己的精神、心灵、所谓"听法者"（"无依道人"）是空寂无相的，不受"四大"外境外物制约的，你就应当取法于它而自觉地确立"空"观，断除执着烦恼，达到"自由"境地。义玄这里所说的"自由"是解脱的另一种说法。

以空扫相，便认为"四大"空，"六尘"空，心法色法皆空，一切形诸语言文字的佛法也空，最后必然扫到佛、菩萨的头上，得出佛、菩萨也空的结论。禅宗的呵佛骂祖，正是以般若"空"论为理论基础的。义玄在呵佛骂祖方面也是有名的。他曾自称：

大善知识始敢毁佛毁祖，是非天下，排斥三藏教，骂辱诸小儿，向逆顺中觅人。

义玄呵佛骂祖经常是与批评小乘、传统佛教结合在一起的。归纳起来，他呵佛骂祖有两种情况：

第一种情况是发挥般若"空"的思想，论述一切世间、出世间的事物皆空幻无实，既无自性，也无生性，只有空寂之名，连名字也不可执着；一切现象，一切教法，包括各种名称概念，例如菩提、涅槃、解脱等等，皆是依托环境或其他事物而产生的，是相对的存在——"依变之境"，所谓佛、菩萨等也是如此。在这种意义上，他宣称："等、妙二觉（按：最高修行阶位当中的二种佛位），担枷锁汉。罗汉、辟支，犹如厕秽。菩提、涅槃，犹如系驴橛"；"莫将佛为究竟，我见犹如厕孔。菩萨、罗汉尽是枷锁，缚人底物"；"三乘十二分教（按：概指传统佛教的一切教法）皆是拭不净故纸。佛是幻化身，祖是老比丘"。如果认为佛、菩萨和佛法是永恒的绝对的实有的东西，产生执着，追求不已，势必带来种种烦恼，而影响达到解脱的境界。他说："只为道流不达三空，所以有此障碍……古人云：若欲作业求佛，佛是生死大兆"；"你若求佛，即被佛魔摄；你若求祖，即被祖魔摄。"

第二种情况是使用诸如"杀佛""杀祖"等骇人听闻的语言打比方，讲述一切皆空的思想，以求产生振聋发聩的效应。例如他说："道流，你欲得如法见解，但莫受人惑。向里向外，逢著便杀：逢佛杀佛，逢祖杀祖，逢罗汉杀罗汉，逢父母杀父母，逢亲眷杀亲眷，始得解脱，不与物拘，透脱自在。"显然，这里所说的"杀"不是真杀，只是一种比方，是指断除执着。大意是说，为了得到"如法见解"，不受别人迷惑，应当弃舍、断除一切束缚自己的、来自任何方面的执着、观念，才有可能达到真正的解脱。此外，他还说过"造五间业，方得解脱"的话。佛教将杀父、害母、伤害佛的身体（"出佛身血"）、破坏僧团（"破和合僧"）、焚烧佛经佛像等行为称为"五逆"罪，认为是招致死后沦于无间（无间断地受苦）地狱的罪业，也称"五无间业"。难道义玄是号召弟子去犯罪吗？显然不是。《楞伽经》卷三曾将断除贪爱、无明，转变"觉境识"（妄识、妄心），除灭烦恼，使五阴不再集聚（意为达到解脱），比喻为"行五间业"，说有此五种行为不下地狱。义玄对此稍加改变，将造五间业比喻为从五个方面体认空的思想："无明是父"，一念不起，"随处无事"，是杀父；"贪爱为母"，领悟"诸法空相"，断除贪爱是害母；对"清净法界""无一念心生解"，是出佛身血；一念之心认识一切烦恼"如空无所依"，是破和合僧；领悟因缘空、心空、法空，是焚烧经像。义玄借此形象生动的比喻来引导弟子断除烦恼和执着，说："如是达得，免被他凡圣名碍。"

（四）无修无证，"佛法无用功处"，批评追求"出离三界"

义玄主张，心灵之我即是佛，佛在自身而非在外；又说内外一切皆空，同时以"不二"法门将这二种思想沟通。与此相应，在修行方面便反对向身外求法求解脱，主张无修无证，说"佛法无用功处"。他说：

> 道流，是你目前用底与祖佛不别。只么不信，便向外求。莫错。向外无法，内亦不可得。你取山僧口里语，不如休歇无事去。已起者莫续，未起者不要放起，便胜你十年行脚。约山僧见处，无如许多般，只是平常著衣吃饭，无事过时。你诸方

来者皆是有心，求佛求法，求解脱，求出离三界。痴人，你要出三界，什么处去？佛祖是赏系底名句。你欲识三界么？不离你今听法底心地。你一念心贪，是欲界；你一念心瞋，是色界；你一念心痴，是无色界，是你屋里家具子。

大德，四大色身是无常，乃至脾胃肝胆、发毛瓜齿，唯见诸法空相。你一念心歇得处，唤作菩提树；你一念不能歇得处，唤作无明树。无明无住处，无明无始终。你若念念心歇不得，便上他无明树，便入六道四生，披毛戴角。你若歇得，便是清净身界。你一念不生，便是上菩提树，三界神通变化，意生化身，法喜禅悦，身光自照。思衣，罗绮千重；思食，百味具足，更无横病。

引文中"目前用底（的）"，是指正在发挥作用的心、心法。以上所引主要是说，佛在自身，不必外求；内外皆空，无法可修，"不如休歇无事"，过每日穿衣吃饭的正常生活；三界即在自心，自心若有贪、瞋、痴诸种烦恼，三界便在你心中：心贪是欲界，心瞋是色界，心痴是无色界，使你在"六道四生"中轮回。佛界也在你自心，歇心无念，便可达到觉悟解脱，进入逍遥自在的佛国净土，得到广大神通，福乐无尽。这种佛国净土并没有离开现实世界，仍在人间，属于"唯心净土"，是在清净的意念之中的。他严厉批评那些"求佛求法，求解脱，求出离三界"人，质问他们："痴人，你要出三界，什么处去？"

然而必须指出，从引文实际内容来说，义玄这样说并非教人完全无所作为，难道断除以贪瞋痴为首的情欲烦恼，不是意味着要人在修心，改变心识上下功夫吗？

基于以上思想，义玄又明确地向门下的徒众讲述生活日用即为佛道的观点。他说：

> 佛法无用功处，只是平常无事，屙屎送尿，著衣吃饭，困来即卧。愚人笑我，智乃知焉。古人云：向外作功夫，总是痴顽汉。你且随处作主，立处皆真。境来回换不得。纵有从来习气、五无间业，自为解脱大海。

认为佛法不离现实生活，人们若能自由自在地生活就是修佛道。"随处作主，立处皆真"在《临济录》中引用两次，其中"立处皆真"是取自后秦僧肇《肇论》《不真空论》的"不动真际而为诸法立处，非离真而立处，立处即真也"。原意是不动的真如（"真际""实际"，这里侧重表示空、真空）是万有的本体，真如与万有相即融通，真如不离万有，万有即是真如，任何事物都是真如的显现。义玄所说的"随处作主，立处皆真"也大致包含了这个意思，要求修行者时时处处相信自己是佛（主人），菩提成佛之道就在日常生活之中。与此相应，所谓修行就是休歇身心，无所追求。他说："你若能歇得念念驰求心，便与佛祖不别"；"无事是贵人，但莫造作，只是平常"；"但莫外求"。如果有所追求，"有求皆苦"，甚至说："若人求佛，是人失佛；若人求道，是人失道；若人求祖，是人失祖。"好像南辕北辙一样，离预想目标越来越远。

义玄在创立自己的禅法过程中，不免要对传统佛教和禅宗界某些现象提出批评。他对前者的批评主要有两点：

一是将佛看作是绝对的永恒的"究竟""极则"的存在，而根据佛经指出既然释迦牟尼佛在八十岁已在印度"拘尸罗城双树间侧卧而死去"，就不能说佛是"究竟""明知与我生死不别"。并且用般若"空"论论证所谓佛的三身、佛国净土等也是相对的有所依托的存在，也是空幻不实的。

二是传统佛教的"有修有证"及执着经论的做法，认为照此修行皆是"造业"，是招致轮回的业因。

然而义玄批评最严厉的竟是禅宗内部某些现象。《临济录》中有不少带有谩骂、嘲讽意味的称谓用语，几乎全是针对禅宗内部的禅师的，例如"不识好恶秃奴""瞎秃子""依草附叶竹木精灵""野狐精魅""瞎屡生"（屡生，大概是轮回不已，永不超脱的意思）等。他对禅宗内部的批评主要有三点：

一是批评门下弟子和参禅者不相信佛在自心，而是执意向外求佛求法，到处参禅问道，所谓"旁家波波地（按：一家挨一家地参访奔波），认名认句，求佛求祖，求善知识意度""念念驰求，舍头觅头，自不能歇"。

二是批评"坐禅观行"是外道之法，并且批评抄写语录奉为至宝的现象。北宗曾提倡"凝心入定，住心看净，起心外照，摄心内证"（参独孤沛编录神会语录《菩提达摩南宗定是非论》）的坐禅方法，以为通过坐禅看净观空，可以达到净心见性的目的。慧能及其弟子神会都对此作过批评。但这种源于传统佛教的坐禅方法，直到义玄的时候在禅宗界仍很流行。义玄认为按这种方法"坐禅观行，把捉念漏，不令放起，厌喧求静，是外道法……皆是造作"，说自己的心性——"你如今与么听法底人"是不属于可修，可证，可庄严的东西。他也不主张修持传统的"舌拄上腭，湛然不动"的坐禅，说这是"认他无明为郎主"，忘记自性是佛。他批评抄录、阅读语录好像狗啃枯骨一样，说"你向枯骨上觅什么汁！"[1]

三是批评当时禅宗界有些禅师不懂装懂，"指东划西，好晴好雨"，乱点迷津，惑乱学人，骂他们是"野狐精魅魍魉"。

我们通过考察义玄对传统佛教、禅宗内部的批评，对他所谓的"真正见解"，他的禅法主张会有更清楚的了解。

三、生动活泼的临济门风

临济义玄在日常说法中，在教导弟子和接引前来参禅的学人中，十分重视因材施教，并且经常通过比喻、动作乃至棒喝等方式进行启示，形成十分生动活泼的传禅做法和风格，丛林称之为"临济门庭""临济施设"。

《临济录》中所记载的的"三句""三玄三要""四料简""四宾主"等[2]，不外是义玄在传授禅法和参禅过程中适应不同对象、问题进行说法和教诲的方式方法。其中，有的是教导弟子对待和运用语言应注意的问题，有的是总结自己因人教化的经验，也有的是讲参禅主客双方如何保持主动避免被动的情况。应当说，它们在临济禅法体系中并非占据主体地位。

1　《神会语录》，见杨曾文编校：《神会和尚禅话录》，北京：中华书局，1996 年。

2　关于"临济门庭"，本文不详做解释，有兴趣者可查阅杨曾文：《唐五代禅宗史》第八章第一节，北京：中国社会科学出版社，1999 年。

然而自从宋代临济宗的风穴延沼、首山省念和汾阳善昭在传法中对"三玄三要""四料简"等所谓"临济门庭"大力举扬，并且用笼统的语言进行发挥以后，丛林中一些禅僧几乎将这些当成了临济禅法的主要内容了，而对前述临济主要禅法思想反而缺乏必要的重视和诠释。

盛唐诗人王维与神会及
《六祖能禅师碑铭》

　　中国禅宗奉曹溪慧能大师为六祖，所创立的南宗在唐的后期发展成为禅宗的主流。慧能以后，按照他的嘱托，衣（祖传袈裟）、法不再单传，代代师徒之间传承南宗禅法，将南宗广泛传播到大江南北，至唐末五代相继成立了"禅门五宗"，在进入宋代以后成为中国佛教的主流派。

　　在慧能晚年，由于南宗得到迅速传播，他的名声四方远扬，以至远在京城的皇帝也派使者到曹溪迎请他入京传法。然而慧能以"年迈风疾"婉绝，使者便当面向他请教南宗顿教禅法的要旨，然后将抄录的文字带回京城复命[1]。随着慧能法系的禅师到京城和北方传法的增多，慧能和南宗的影响也不断扩大，在慧能逝世以后一百

---

[1] 《曹溪大师传》载唐中宗神龙元年派中使薛简到曹溪请慧能，慧能以老病辞不赴请，载杨曾文校写：《敦煌新本六祖坛经》，北京：宗教文化出版社，2014 年，第 124—125 页。

多年间，唐代竟相继有三位著名文学家、朝廷高官（王维、柳宗元、刘禹锡）为慧能写碑，开创了中国佛教史上少见的事例。

然而长期以来，人们对柳宗元、刘禹锡二人撰写的碑比较熟悉，对王维撰写的碑知道的人很少。

一、盛唐诗人王维

王维（701—761），字摩诘，太原祁县（在今山西省晋中市）人，父王处廉任汾州司马，全家迁徙蒲州（治所在河东县，在今山西永济县西），自此称为河东人。王维自幼以聪明、博学多艺著称，在唐玄宗开元九年（721）考中进士，历任右拾遗、监察御史、左补阙、库部郎中，在居母丧之后，出任吏部郎中，天宝（742—756）末年升至给事中。

在震惊中外的安史之乱爆发后，叛将安禄山攻陷两京，唐玄宗仓皇逃到四川，有的官员未及逃跑，被安禄山胁迫出任他在洛阳建立的伪燕政权的官员。这当中就有王维，他被授给事中之职。安禄山在洛阳凝碧宫宴请伪朝官员，让原在朝廷任乐工的梨园弟子奏乐，王维听乐伤情，私下写《凝碧诗》曰："万户伤心生野烟，百官何日再朝天？秋槐花落空宫里，凝碧池头奏管弦。"[1] 至唐军将两京收复（当为公元757年），朝廷对降叛敌的官员皆定罪，但因王维曾写《凝碧诗》，其弟王缙又奏请削己官以赎兄罪，从而得到唐肃宗的宽宥，授以太子中允之职，后经太子中庶子、中书舍人、给事

---

1 《旧唐书》卷一百九十下《王维传》。

中，迁官尚书右丞。

王维是盛唐中期著名的诗人，尤其擅长写描绘山水田园幽静景色的五言诗，又善书画，通晓音律，名声很大。《旧唐书》卷一百九十下《王维传》载："凡诸王、驸马、豪右、贵势之门，无不拂席迎之，宁王、薛王待之如师友。"王维晚年得初唐诗人宋之问（656—712）在蓝田辋川的别墅，环境幽静秀丽，有华子冈、欹湖、竹里馆、柳浪、茱萸畔、辛夷坞等景观，与好友裴迪在此周游，弹琴赋诗，啸咏终日，后将这些山水田园诗结集为《辋川集》。王维与孟浩然被称为盛唐山水田园诗派的两大代表人物。他画技高妙精奇，所绘《辋川图》，可谓造微入妙，还撰写画论，有《画学秘诀》《石刻》传世。宋代苏轼曾评论王维的诗画说："味摩诘之诗，诗中有画；观摩诘之画，画中有诗。"[1]

王维的母亲崔夫人是位虔诚的佛教徒。王维在《请施庄为寺表》中说："臣亡母故博陵县君崔氏，师事大照禅师三十余岁，褐衣蔬食，持戒安禅，乐住山林，志求寂静。"[2]其中所说的大照禅师，就是禅宗北宗首领普寂禅师的谥号。普寂是北宗创立者神秀禅师的弟子，受到唐皇室的崇敬，继神秀之后统领北宗僧团，长期在嵩山南麓的嵩岳寺、洛阳的敬爱寺和长安兴唐寺传法，在以两京为中心的北方地区影响很大。王维与弟王缙自幼受到母亲的影响，虽是儒者，然而皆虔信佛教，平日吃素，不茹荤血，进入晚年以后不穿华丽衣服，过着每日一食的"长斋"修持的生活。在王维的斋室中没

---

1 《书摩诘蓝田烟雨图》，载《苏轼文集》卷七十《题跋》，北京：中华书局，1986年。
2 王维《王右丞集》卷十七。

有豪华的摆设，"唯茶铛、药臼、经案、绳床而已"。妻亡后没有再娶，三十年孤居一室，很少与外界接触。经常在退朝之后，居室焚香独坐，以坐禅、诵经为乐。[1]

王维还奏请朝廷，将母亲崔夫人在蓝田用以休养和坐禅修行的草堂精舍、竹林果园舍出改作寺院，安置僧众"精勤禅诵，斋戒住持，上报圣恩，下酬慈爱"[2]。

王维在京城期间，经常施食供养十几位名僧，以彼此玄谈为乐。在与他交往的僧人中，就有长安大荐福寺的道光、慧能的弟子神会。据他为道光写的《大荐福寺大德道光禅师塔铭》可知，道光曾从五台山宝鉴禅师受"顿教"，看来属于禅宗南宗的禅师。王维从他受教十年。至于慧能弟子神会，是在南阳认识的。他的《六祖能禅师碑》就是受神会的委托撰写的。

王维在唐肃宗上元二年（761）去世，年六十一岁。去世前致书友朋，多是勉励"奉佛修心之旨"。（《旧唐书·王维传》）弟王缙受唐代宗之命，将王维生前的诗文汇集进上，有四百余篇。宋代有《王右丞文集》十卷行世。清代赵殿成所著《王右丞集笺注》是迄今最好的注本。

王维撰写的直接反映佛教题材诗有《过香积寺》[3]，文章有《为舜阇黎谢御题大通大照和尚塔额表》《为僧等请上佛殿梁表》《请施

---

1 ［后晋］刘昫等：《旧唐书》卷一百九十下、［宋］欧阳修、宋祁等：《新唐书》卷二百二《王维传》。

2 上引《请施庄为寺表》。

3 《过香积寺》："不知香积寺，数里入云峰。古木无人径，深山何处钟？泉声咽危石，日色冷青松。薄暮空潭曲，安禅制毒龙。"

庄为寺表》《赞佛文》《绣如意轮像赞》《大唐大安国寺故大德净觉师碑铭》《大荐福寺大德道光禅师塔铭》《六祖能禅师碑铭》等。

二、神会禅师与王维

神会禅师（684—758），俗姓高，襄阳（治所在今湖北襄阳市）人。出家后曾在荆州当阳玉泉寺师事神秀禅师三年。在武周久视元年（700）神秀被武后使者迎请到东都洛阳之时，神会南下曹溪，投到慧能的门下，成为慧能十大弟子之一。慧能去世（713）以后，年仅三十岁的神会先是出外参访名胜古迹，在唐玄宗开元八年（720）奉敕住持南阳龙兴寺。

南阳在今河南省南阳市，原为宛县，唐初属邓州（治所在今河南邓州市）。神会自住持南阳龙兴寺后，被人尊称为"南阳和尚"。南阳离洛阳不远，在洛阳的正南方。当时以普寂禅师为首的北宗在南阳比较盛行。神会住持龙兴寺以后，便以此寺为中心，在僧俗之间积极开展弘传南宗的活动，并且逐渐地取得不少信奉佛教的儒者士大夫的信任，与他们建立起了密切的关系。在这当中有不少是在朝廷担任要职的高官，如给事中房琯、张燕公（张说）、侍御史王维、侍郎苗晋卿、户部尚书王赵公（王琚）、崔齐公（崔日用或其子崔宗之）、吏部侍郎苏晋、嗣道王（李炼）以及在地方担任长官的润州刺史李峻、润州司马王幼琳、苏州长史唐法通、扬州长史王怡、相州别驾马择、常州司户元思直等人。此外，神会还广泛地与当地僧人进行交往，向他们宣传南宗禅法，甚至有时与他们就很多佛教问题展开讨论乃至辩论。

由于神会在朝廷士大夫和僧人之间积极传法，逐渐远近闻名。在他住持南阳龙兴寺二十五年之后，天宝四年（745）应兵部侍郎宋鼎之请入洛阳住持荷泽寺。此后，神会便以荷泽寺为传法中心，积极向在洛阳的朝廷官员和民众弘传南宗，扩大南宗的影响。从此，南宗在北方得到迅速传播。

在神会入住洛阳荷泽寺之前，在开元二十年（732）曾在洛阳西北方滑州的治所滑台（白马）大云寺，与以北宗代表自任的崇远法师展开激烈辩论。神会郑重宣告，自己之所以出面辩论，是"为天下学道者辨其是非，为天下学道者定其宗旨"。神会在辩论中竭力论证两大论旨：（一）北宗神秀、普寂没得到祖传袈裟传授，不是禅门的正统，禅宗六祖是慧能而不是神秀；（二）北宗禅法主张渐悟，南宗主张顿悟，顿门是优于渐门的最上乘禅法。神会弟子独孤沛以这次辩论的记录为基础，并选取其他语录，编为《菩提达摩南宗定是非论》（简称《南宗定是非论》）。[1]

神会在南阳、洛阳积极弘传南宗禅法，并且经常对北宗进行批评，必然激化南北二宗的矛盾。《宋高僧传》卷八《神会传》记载："敕配住南阳龙兴寺，续于洛阳大行禅法，声彩发挥。先是两京之间皆宗神秀，若不洺之鱼鲔附沼龙也。从见会明心六祖之风，荡其渐修之道矣。南北二宗，时始判焉。致普寂之门，盈而后虚。"当神会通过传法活动将普寂的弟子、信众吸引到自己门下的时候，自然要遭到来自北宗僧团及信众的忌恨和打击报复。天宝十二年（753），由于普寂的在家弟子、御史中丞卢弈向朝廷奏神会聚众阴

<hr />

1 载杨曾文编校：《神会和尚禅话录》，北京：中华书局，1996 年，第 15 页。

谋作乱，神会被判放逐外地，辗转被遣送到荆州（治所在今湖北江陵）的开元寺。

在唐军平定安史之乱过程中，神会应朝廷的旨意出来主持戒坛度僧，以卖度牒敛钱充军饷之不足，在收复两京（757）之后受到唐肃宗的嘉奖。乾元元年（758）神会于荆州开元寺逝世，年七十五岁，赐谥真宗大师。唐德宗贞元十二年（796）诏"立荷泽大师为第七祖"。这样，慧能的六祖地位在朝廷直接支持下得以确立。

那么，神会与王维是何时认识并得到王维的赏识呢？正是神会在南阳龙兴寺积极展开传法的时候。

如前所述，王维在安史之乱之前历任右拾遗、监察御史等，累迁给事中。在《南阳和尚问答杂征义》中称"侍御史王维"，说明王维在南阳见到神会时任侍御史。据《旧唐书·职官志》，御史台有监察御史（正八品上）、侍御史（从六品下），王维当是从监察御史升任侍御史的，时当开元中期（727年前后），从时间上看，应在他任左补阙、库部郎中之前。

《南阳和尚问答杂征义》记载，王维通过神会弟子刘相倩邀请神会及同寺的慧澄禅师到南阳郡的临湍驿，谈论佛法达数日之久。王维问神会，怎样修道才能达到解脱呢？神会回答：

> 众生本自心净，若更欲起心有修，即是妄心，不可得解脱。

神会所讲的正是南宗的顿教"无念"禅法，认为众生心性本净，不假外修，执意（"起心"）求取什么，舍弃什么，执意修证觉悟，皆属于"妄心"所为，不能达到解脱。实际是寄坐禅、修道于自然无为和生活日用之中。神会反对固守传统坐禅程序，反对把定、慧分离，认为能达到识心见性的目的，一切皆可称之为"定"，此时的"定"即是"慧"。神会对王维解释说："正共侍御语时，即是定慧等"，意为在谈笑中也有定、慧，未必非要打坐不可。与此相对，传统禅法和北宗禅法主张通过坐禅入定引发智慧，即先定而后慧。与神会同见王维的慧澄禅师就持这种见解，主张"先修定以后，定后发慧"。

王维听了神会对禅法的解答很惊奇，向在座的寇太守、张别驾、袁司马等人称赞说："南阳郡有好大德，有佛法甚不可思议！"此后，王维与神会建立了密切关系，并受神会之托撰《六祖能禅师碑铭》。

三、王维《六祖能禅师碑铭》内容略析

王维撰写的《六祖能禅师碑铭》在《王右丞集》卷二十五、《唐文粹》卷六十三、《全唐文》卷三二七等皆有载。

《六祖能禅师碑铭》主要内容包括介绍慧能的出身、求法经历、慧能禅法特色、慧能名闻遐迩、弟子众多和受到朝廷优遇、慧能圆寂，最后对神会有简单介绍，有些内容可补佛教史传记述之阙。

以下选录《唐文粹》本的重要段落语句（用楷体字标出），略

加介绍。[1]

（一）慧能出身

> 禅师俗姓卢氏，某郡某县人也。名是虚假，不生族姓
> 之家；法无中边，不居华夏之地。善习表于儿戏，利根发于
> 童心。不私其身，臭味于耕桑之侣；苟适其道，膻行于蛮貊
> 之乡。

慧能俗姓卢，出生在边远地区的一个平民家庭，自幼聪明，曾
与从事耕桑的农民为伍，与打猎采樵的山民一起生活。这与《六祖
坛经》《曹溪大师传》和佛教史传五代南唐静、筠二禅僧《祖堂集》
宋赞宁《宋高僧传》宋道原《景德传灯录》等的记载是一致的，只
是文句更加精炼、典雅而已。

（二）求法经历

> 年若干，事黄梅忍大师。愿竭其力，即安于井臼。素刳
> 其心，获悟于稊稗。每大师登座，学众盈庭。中有三乘之根，
> 共听一音之法。禅师默然受教，曾不起予。退省其私，迥超

1　原碑引用很多典故，［清］赵殿成《王右丞集笺注》后面有详注，另〔日〕柳田圣
　山著，法藏馆 1967 年出版《初期禅宗史书的研究》附录《六祖能禅师碑铭》的后
　面也有详注，本文仅概述碑文大意，不再加注解释。

无我。其有犹怀渴鹿之想，尚求飞鸟之迹，香饭未消，弊衣仍覆。皆曰："升堂入室，测海窥天，谓得黄帝之珠，堪受法王之印"。大师心知独得，谦而不鸣。……临终，遂密授以祖师袈裟，而谓之曰："物忌独贤，人恶出己。吾且死矣，汝其行乎！"

慧能北上到蕲州黄梅东山礼弘忍禅师为师，表示愿为求法奉献自己的力量，便接受弘忍大师指派的劳务，到碓房舂米。他在无意无为之中，从日常细小事务中得到启悟。每当弘忍大师登座说法之时，学众满堂。他们虽佛法根基有声闻、缘觉和菩萨三乘之别，但皆同在座下听大师讲授禅法。在这个时候，慧能也离开碓房稍稍地前往听法，虽没有机会提出询问，然而却能通过自己思考而达到无我境界。慧能当时也有不切实际的幻想，然而未能得到大师当面的垂示教诲，便又穿上弊衣干活。有识者认为他智慧深不可测，有资格成为弘忍的嗣法弟子。弘忍也心有此意却未公开表示，在临终之前，将祖传袈裟秘密传授给慧能，告诫他说："世人往往忌疾过己超群的贤才，我即将辞世，你快些离开此地回南方吧！"

这些内容与佛教史书记述的内容是一致的，然而其中"每大师登座……，禅师默然受教，曾不起予。退省其私，迥超无我"的记述，却是这些史书没有提到的内容。如果按照《六祖坛经》及其他史书的记述，慧能只是在碓房舂米八个月，没能听弘忍说法，却能比到黄梅以前提高佛法修养，那是不可想象的。另外，有人认为他可"升堂入室……，堪受法王之印"的记述，也是其他史料未提到的。

（三）南归和正式剃度出家

> 禅师遂怀宝迷邦，销声异域。众生为净土，杂居止于编人；世事是度门，混农商于劳侣。如此积十六载。南海有印宗法师，讲《涅槃经》。禅师听于座下，因问大义，质以真乘。既不能酬，翻从请益，乃叹曰："化身菩萨在此，色身肉眼凡夫，愿开慧眼。"遂领徒属，尽诣禅居。奉为挂衣，亲自削发。于是大兴法雨，普洒客尘。"

这是讲慧能在黄梅东山从弘忍受法南归，曾有多年（碑文讲是十六年，据现存敦煌本《六祖坛经》记载应是三年）生活在普通民众之中，然后到广州（南海）法性寺（宋代改为光孝寺），听印宗法师讲《大涅槃经》，然后向他提出质询。印宗回答不了，反而向慧能请教。印宗听慧能讲完，十分赞赏，称他是"化身菩萨"，并领弟子到他住的禅室参谒，亲自担任戒师为他剃发，度他出家。从此，慧能从一个行者转变为正式的僧人。慧能还应印宗之请登座向大众说法。这就是佛教史书上讲的慧能在广州法性寺与印宗、众僧之间发生的风幡之议和剃度因缘。

（四）曹溪顿教禅法

> 乃教人以"忍"曰："忍者无生，方得无我，始成于初发心，以为教首。"至于定无所入，慧无所依；大身过于十方，

本觉超于三世；根尘不灭，非色灭空；行愿无成，即凡成圣；举足下足，长在道场；是心是情，同归性海；商人告倦，自息化城；穷子无疑，直开宝藏。其有不植德本，难入顿门。妄系空花之狂，曾非慧日之咎。常叹曰："七宝布施，等恒河沙；亿劫修行，尽大地墨，不如无为之运，无碍之慈，宏济四生，大庇三有。"

用这种语句阐释慧能的顿教禅法，在诸本《六祖坛经》中是看不到的。

按照这种表述，慧能是将"忍"的思想作为他的禅法的重要内容。大乘佛教倡导的"六度"（六波罗蜜）中将"忍"置于第三位。"忍"不仅包括忍辱，除能安然忍受病痛、外来伤害和自然灾害等苦之外，尚能如实观察世界一切事物体性虚幻，无生无灭，能坚信真如实相之理。至于慧能禅法中的"忍"，是"忍者无生，方得无我"。应当说与传统佛教所说的"忍"没有根本差别，大致是说，修行者应当达到"忍"的精神境界。到此境界者体悟诸法性空之理，认识一切事物本性空寂，无生无灭，便断除物、我之别，在精神达到"无我"的境界，如《金刚般若经》所说："无我相、人相、众生相、寿者相。"这实际是来自般若空的思想，应当说与《六祖坛经》中的"无念为宗，无相为体，无住为本"是一致的。

至于"始成于初发心"，则相当于《华严经》上所说"初发心时便成正觉"，意为修行者最初发菩提心时便已达到解脱；"以为教首"则是以宣述这种思想作为传法的首要内容。在记述神会语录的《南阳和尚顿教解脱直了性坛语》和《菩提达摩南宗定是非论》中，皆引用过《大涅槃经》卷三十八《迦叶菩萨品》上的一段偈颂："发心毕竟二不别……。初发已为人天师，胜出声闻及缘觉。如是发心过三界，是故得名最无上。"[1]意为初发菩提心（誓求觉悟解脱）者与最后（毕竟）成佛解脱是相即不二的，因此初发菩提心者已经超越于声闻及缘觉，到达佛的至高的精神境界。神会的这种思想当是源自慧能的教诲，或是对慧能顿教禅法的发挥。

碑文"定无所入，慧无所依"是对慧能"定慧不二""定慧等"的表述。敦煌本《六祖坛经》中有："我此法门，以定慧为本。第一勿迷言定慧别。定慧体不一不二。即定是慧体，即慧是定用；即慧之时定在慧，即定之时慧在定。善知识，此义即是定慧等。"

"大身过于十方，本觉超于三世，根尘不灭，非色灭空"，是讲佛的法身和众生秉有的佛性（本觉），普现于三世（过去、现在和未来）十方；世界万象和众生身体虽则虚幻无实，却又宛然显现于世界，所谓"色即是空，空即是色"。

"行愿无成，即凡成圣；举足下足，长在道场；是心是情，同归性海"。是说众生皆有佛性，从根本上讲是凡圣一如的，无须待修行结束、愿望实现才达到解脱。修行未必限定在寺院或其他固定场所，处处皆是达到解脱的修行道场。无论是清净自性还是情欲烦恼，皆是佛性的显现，所谓"即烦恼是菩提"。

"商人告倦，自息化城；穷子无疑，直开宝藏"，意为禅师接引学人，可以从《法华经》的《化城品》中的"导师"化现幻城引导

---

1 原偈是："发心毕竟二不别，如是二心先心难。初发已为人天师，胜出声闻及缘觉。如是发心过三界，是故得名最无上。"

商人分段通过艰险长途、《信解品》中父亲巧妙引导外出多年的贫儿继承自家宝藏的方法那样，借助形象的方便施设、方法，以引导信众确立自信，通过自修达到觉悟。

所谓"其有不植德本，难入顿门"，强调自性是达到觉悟的内在依据，如果不植根于自性，是不可能接受顿教禅法，达到觉悟解脱的。

（五）声闻遐迩，信众遍于南北

> 既而道德遍覆，名声普闻。泉馆卉服之人，去圣历劫；涂身空耳之国，航海穷年，皆愿拭目于龙象之姿，忘身于鲸鲵之口。骈立于户外，跌坐于床前。林是栴檀，更无杂树。花惟薝葡，不嗅余香。皆以实归，多离妄执。

碑文描述慧能传法成名以后，远近各民族的信众皆来礼敬求法，有居水上生活者，有住在边远地区身穿异服的民众，也有来自外国文身戴耳环的民族。他们通过水路陆路不远万里到曹溪礼敬慧能，听闻禅法，皆断除妄念和烦恼，成为佛教龙象之才，可谓"虚往而实归"。慧能从唐咸亨五年（674）从弘忍受法南归，至先天二年（713）圆寂，首尾四十年。弟子很多，宋惠昕本《坛经》记载有一千多人，其中著名的有法海、志诚、法达、智常、志彻直至神会等十大弟子。碑文的记述形象而生动，与史书的记载是一致的。

（六）朝廷的招请和优遇

> 九重延想，万里驰诚，思布发以奉迎，愿叉手而作礼。则天太后、孝和皇帝并敕书劝谕，征赴京城……，竟不奉诏。遂送百衲袈裟及钱帛等供养。天王厚礼，献玉衣于幻人；女后宿因，施金钱于化佛。

慧能名声逐渐远扬，并为远在长安、洛阳两京的朝廷所闻。碑文是说武则天、唐中宗"并敕书劝谕，徵赴京城"，但慧能辞不奉诏。《曹溪大师传》记载，唐中宗神龙元年（705）遣中使薛简到曹溪迎请慧能入京，慧能以病辞。薛简回京城以前，向慧能请教修行解脱问题，然后将他的记录带回京城上报皇帝并转告"京城学道者"。此后，唐中宗赐慧能百衲袈裟一领及绢五百匹等物品。可以认为，王维碑文是证实在它之后成文的《曹溪大师传》记述真实性的一个有力的佐证。

（七）慧能圆寂

> 至某载月日，忽谓门人曰："吾将行矣！"俄而异香满室，白虹属地。饭食讫而敷坐，沐浴毕而更衣。弹指不留，水流灯焰。金身永谢，薪尽火灭。山崩川竭，鸟哭猿啼。诸人唱言："人无眼目。"列郡恸哭，世且空虚。某月日，迁神于曹溪，安座于某所。择吉祥之地，不待青乌；变功德之林，皆成白鹤。

唐中宗下诏在慧能故乡新州将其故宅改建为国恩寺。慧能即于唐玄宗先天元年（712）回新州主持在国恩寺造塔，翌年（713）在此去世，弟子将他的遗体迁送曹溪安葬。王维碑文所载慧能圆寂前的出现祥瑞、圆寂后弟子、信众的悲痛等，与诸本《六祖坛经》及《曹溪大师传》等史书的记述也是一致的。

（八）王维受神会所托撰写慧能碑文

> 弟子曰神会，遇师于晚景，闻道于中年，广量出于凡心，利智逾于宿学，虽末后供，乐最上乘。先师所明，有类献珠之顾。世人未识，犹多抱玉之悲。谓余知道，以颂见托。

神会原师事神秀，在武则天久视元年（700）应诏入洛阳宫中传法时，前往曹溪师事慧能，是慧能十大著名弟子中最年轻的一位，直到慧能圆寂，除有一段时间到长安受具足戒外，一直在慧能身边学法和修行。神会初见慧能时，慧能年六十三岁，可谓"见师于晚景"；然而神会年仅十七岁，不能说是"闻道于中年"；慧能圆寂时，神会才三十岁，也不好说是"闻道于中年"。也许现存碑文中的"闻道"是"开道"之误，原文应是"开道于中年"。神会开元八年（720）奉敕到南阳住持龙兴寺，年三十七岁，可以说是"开法于中年"。碑文说神会慈悲超群，智慧出众，虽师事慧能稍后，然而得到最上乘妙法。慧能传授的禅法，引导信众顿悟，如同《法华经·提婆达多品》中龙女献花后立即转变女身成佛那样迅速，然而很多世人对此不赏识，如同《韩非子·和氏》记述楚王误将价值连城的和氏玉看成是普通石头那样可悲。

碑文"谓余知道,以颂见托"中的"余"是王维,表明神会认为王维懂得佛教禅宗,所以托他为慧能撰写碑铭。

此后,唐宪宗元和十一年(816)追赐慧能"大鉴禅师"谥号,柳宗元乃撰写《曹溪第六祖赐谥大鉴禅师大师碑并序》;三年后(819),刘禹锡又应曹溪僧道琳之请撰写《曹溪六祖大鉴禅师第二碑并序》及《佛衣铭》。

王维、柳宗元、刘禹锡撰写的三碑,具有十分重要的历史价值,表明禅宗社会影响的扩大和慧能在中国佛教史上地位的提高。

白居易与禅僧的交游及其《传法堂碑》

　　白居易（772—846），字乐天，下邽（今陕西渭南东北）人。唐德宗贞元十四年（798）进士，宪宗元和二年（807）任翰林学士，翌年为左拾遗，元和五年（810）任太子左赞善大夫，元和十年（815）因请捕刺杀宰相武元衡的凶手，受到当政者排斥，贬为江州司马，后改任忠州刺史。穆宗时（821—824）先后任主客郎中、中书舍人、杭州刺史、以太子左庶子分司东都、苏州刺史刑部侍郎等。文宗时（827—840）任秘书监、刑部侍郎，封晋阳县男。武宗会昌（841—846）时以刑部侍郎致仕，归居洛阳[1]。

　　白居易是唐代著名的现实主义诗人，与李绅、张籍、元稹共同倡导"新乐府"运动，有诗三百余首。诗歌反映现实，揭露朝政腐败，民生疾苦，著有诗文集《白氏长庆集》，长期传诵于世的诗歌有《长恨歌》《琵琶行》及《卖炭翁》《观刈麦》等。

1　《旧唐书》卷一六六《白居易传》。

一、白居易奉佛事迹

白居易虽是儒者士大夫，然而对佛教从亲近到虔诚信仰，对正在兴起的禅宗尤抱有浓厚兴趣。元和元年（806）为应策试制举，白居易撰写策文七十五则，称为《策林》，其六十七则是《议释教》，认为佛教虽可以"诱掖人心，辅助王化"，但不可施教治国，必须统一奉行儒家道德和刑罚礼乐[1]，反映了一个儒者的立场。

白居易在贬任外职期间，以及进入老年之后，对佛教信仰日深。他曾从洛阳圣善寺的凝禅师处受"观、觉、定、慧、明、通、济、舍"的八字"渐门"禅法，为此他作《八渐偈》[2]。在任太子左赞善大夫时，曾四次到长安大兴善寺"传法堂"参谒禅宗马祖道一弟子兴善惟宽禅师问法。在出外任江州司马时，曾在庐山香炉峰与遗爱寺之间立草堂，与马祖弟子兴果寺神凑禅师、归宗寺智常禅师[3]以及东林寺智满及朗、晦等禅师为"人外之交"，追怀东晋名僧东林寺慧永、西林寺慧远和儒者居士宗炳、雷次宗的立社奉佛往事，相携观赏山水，著诗文吟咏[4]。

白居易在任杭州刺史期间，与杭州灵隐寺律僧道标、钱塘永福

1　《全唐文》卷六七一。

2　《全唐文》卷六七七。

3　分别见《宋高僧传》卷十六《神凑传》及《全唐文》卷六七八载《唐江州兴果寺律大德凑公塔碣铭》；《宋高僧传》卷十七《智常传》。

4　《旧唐书·白居易传》及其《游大林寺序》、《草堂记》（分别载《全唐文》卷六七五、六七六）。

寺律僧慧琳[1]友善。一天，他慕名前往秦望山参谒"国一大师"牛头宗法钦（或作道钦，714—792）的嗣法弟子鸟窠道林禅师，问："如何是佛法大意？"道林答以"诸恶莫作，诸善奉行"。白居易不以为然，说："三岁孩儿也解恁么道。"道林答："三岁孩儿虽道得，八十老人行不得。"[2]

道林所说"诸恶莫作，诸善奉行"是佛教广为传诵的"七佛通戒"，后面尚有两句是"自净其意，是诸佛教"，主旨是劝人行善止恶。白居易说"三岁孩儿也解恁么道"，意为这样浅近的语句小孩也会说，感到有点失望。道林立即点示，小孩虽会说，但八十老人也未必做到。白居易当即改容施礼。

白居易在分司东都之职及晚年归洛阳后，常与马祖的弟子香山寺如满[3]、清间、圣善寺钵塔院智如及其弟子振法师等密切交往，共结"香火社"，自称"香山居士"。他在开成四年（839）写的《苏州南禅院白氏文集记》自述：

> 乐天佛弟子也，备闻圣教，深信因果，惧结来业，悟知前非，故其集，家藏之外，别录三本：一本置于东都圣善寺钵塔院律库中；一本置于庐山东林寺经藏中；一本置于苏州南禅院千佛堂内。

---

1 《宋高僧传》卷十五、十六有传。

2 《景德传灯录》卷四《道林传》。

3 白居易《佛光如满和尚真赞》（载《全唐文》卷六七七），如满和尚直到会昌壬戌岁（842 年）还在，年九十一。

参照其他集记，他在太和九年置于东林寺二千九百六十四首，编为六十卷；开成元年置于圣善寺三千二百五十五首，编为六十五卷；开成四年置于苏州南禅院三千四百八十七首，编为六十七卷，皆题为《白氏文集》[1]。在唐文宗太和元年（827），白居易曾奉敕代表儒者在麟德殿与僧人、道士就"三教对论"。

白居易生前为自己撰过墓志铭，曰：

> 予栖心释梵，浪迹老、庄，因疾观身，果有所得。何则？外形骸而内忘忧患，先禅观而后顺医治[2]。

白居易还奉弥陀净土信仰、弥勒信仰，请人绘制阿弥陀佛和西方净土像、弥勒兜率天宫图[3]。应当说，白居易如同多数信仰佛教的儒者士大夫一样，是在尊奉儒家名教的前提下对佛教诸种教义采取复合信仰的。

二、白居易与善惟宽禅师及其《西京兴善寺传法堂碑铭》

白居易与马祖的弟子兴善惟宽禅师有深交，曾为他撰《西京兴善寺传法堂碑铭》，下简称《传法堂碑》。

---

1 《旧唐书·白居易传》及其《东都十律大德长圣善寺塔院主智如和尚荼毗幢记》（载《全唐文》卷六七六）；《东林寺白氏文集记》《圣善寺白氏文集记》《苏州南禅院白氏文集记》（载《白氏长庆集》卷七十）。

2 《旧唐书·白居易传》。

3 《画西方帧记》《迎弥勒上生帧记》等，载《全唐文》卷六九六。

兴善惟宽（754—817），俗姓祝，衢州信安（今浙江衢县）人。白居易在《传法堂碑》[1]中介绍说，惟宽童年从僧昙出家，从僧崇受戒，跟僧如学戒律，又研习天台宗止观学说，此后到洪州师事马祖道一禅师，从受南宗禅法。从贞元六年（790）开始到闽越一带传法，受其教者日众。此后游历会稽、鄱阳山，贞元十三年（797）到达嵩山少林寺，从贞元二十一年（八月改元永贞，805）以后曾参加在卫国寺、天宫寺举办的法会。据清徐松撰、张穆校补《唐两京城坊考》，卫国寺、天宫寺皆在洛阳。

唐宪宗元和四年（809）于长安安国寺召见惟宽禅师，翌年问法于麟德殿。此后，惟宽住在长安大兴善寺并在其传法堂传法，慕名前来参问者很多，白居易也来参谒问法。

白居易在《传法堂碑》中记载了他四次参谒惟宽四次问法的内容。

"第一问云：既曰禅师，何故说法？师曰：无上菩提者，被于身为律，说于口为法，行于心为禅，应用有三，其实一也……律即是法，法不离禅。云何于中，妄起分别？"谓无上菩提——佛可以表现为律、法、禅三者，三者等同无二，不可分别。

"第二问云：既无分别，何以修心？师曰：心本无损伤，云何要修理？无论垢与净，一切勿起念。"是在运用马祖的"道不用修"的观点，教人不要分别垢净，去垢修净。

"第三问云：垢即不可念，净可念乎？师曰：如人眼睛上，一物不可住。金屑虽珍宝，在眼亦为病。"

---

1 《白氏长庆集》卷二四、《全唐文》卷六七八。

"第四问云：无修无念，亦何异于凡夫耶？师曰：凡夫无明，二乘（按：小乘声闻、缘觉二乘）执着，离此二病，是名真修。真修者，不得勤（按：或作'动'字），不得忘；勤即近执着，忘即落无明。"讲的不外是无念禅法，即不分辨净垢，对任何事物不取不舍，不执意修行，也不完全放任自流。

从中可以了解，白居易确实是"备闻圣教"，对佛教禅宗有比较深入系统的了解。

惟宽于元和十二年（817）去世，年六十三。弟子有义崇、圆镜、法智、无表等。

禅宗重视传法世系。唐代韦处厚为马祖弟子鹅湖大义（746—818）所撰《大义禅师碑铭》权德舆为马祖弟子章敬怀晖（756—816）所撰《章敬寺百岩大师碑铭》和白居易所撰《传法堂碑》，都提到了禅宗南宗的传法世系，虽有详有略，但重要内容相同，都以南宗为正统。在三碑中，韦处厚《大义禅师碑铭》和白居易《传法堂碑》两碑极具特色，在中国禅宗史上拥有重要地位。

韦处厚《大义禅师碑铭》讲自六祖慧能之后，禅宗：

> 脉散丝分，或遁秦，或居洛，或之吴，或在楚。秦者曰秀，以方便显，普寂其允也。洛者曰会，得总持之印，独曜莹珠，习徒迷真，橘枳变体，竟成檀经传宗，优劣详矣。吴者曰融，以牛头闻，径山其裔也。楚者曰道一，以大乘摄，大师其党也。

是说以长安为中心的秦地，有神秀，提倡"方便"（所谓《大乘五方便》）禅法，由普寂继后；在洛阳一带有神会，传授最上乘圆满的禅法，但到其弟子辈时已经失去生气，仅靠形式地传承《坛经》来维持法脉；在江东吴地，牛头法融名声远扬，径山法钦是他的法嗣；楚地洪州有马祖传授大乘禅法，大义是其弟子。韦处厚在行文间对神会法系的衰变表示惋惜。他虽对慧能之后盛行的"是非迭兴""正南而邪北，有北而空南"（认为北宗为邪，主张有；南宗为正，主张空）表示不满，但既然以慧能为继承弘忍之后的六祖，已经表示是以南宗为正统了。

白居易《传法堂碑》说从西土迦叶至达摩经二十五代，再经东土六祖，"能传南岳让，让传洪州道一"，此后有惟宽，

> 由四祖以降，虽嗣正法，有冢嫡，而支派者犹有大宗小宗焉。以世族譬之，即师与西堂藏、甘泉贤、勒潭海、百岩晖，俱父事大寂，若兄弟然；章敬澄，若从父兄弟；径山钦，若从祖兄弟；鹤林素、华严寂，若伯叔然；当山忠、东京会，若伯叔祖；嵩山秀、牛头融，若曾祖伯叔，推而序之，其道属可知矣。

这是借用中国传统的宗法制度来说明禅宗内部的传承关系，是说慧能—怀让—马祖及其法系为禅门的"冢嫡"和"大宗"（相当于嫡系长子及其传承法系，正出），而其他的人及其传承相当于嫡长子以下诸子及其传承法系"小宗"（旁出），说兴善惟宽与智藏、志贤、怀海、怀晖皆师事马祖，属于嫡传，他们之间的关系如同兄弟，而其他提到的人有章敬寺惟澄、径山法钦、鹤林寺玄素、"华严尊者"普寂、当山慧忠、东京神会、嵩山神秀、牛头法融，皆可

仿照世俗的辈分排序。

实际上，唐代及以后中国佛教宗派，不仅禅宗，其他一些派别也仿照世俗的宗法世系排列历代祖师、师徒、师伯叔及同辈、左右、上下的关系的，反映了佛教在组织上的进一步中国化。

以上碑文奉慧能为禅宗六祖是很明确的，至于谁是七祖，很明确是以怀让为七祖了。南宗虽自许慧能法系是嫡系（正出），但对谁是"冢嫡"（长子），见解不可能一样。神会弟子可奉神会为七祖，怀让—马祖法系的人也可奉怀让为七祖，行思—希迁法系的人也可奉行思为七祖。贾𫗧为神会弟子云坦撰的《扬州华林寺大悲禅师碑铭》说："故第六祖曹溪慧能始与荆州神秀分南北之号。曹溪既没，其嗣法者神会、怀让又析为二宗。"[1]

士大夫为僧人作碑文，一般都要参照其弟子提供的死者生前的"行状"或"行录"，故碑文中的佛教内容反映的是死者所属法系的观点。怀让—马祖法系的兴起，与南宗内部中最有势力的神会法系发生矛盾是势所必然，前引碑文中对神会法系的批评和以怀让—马祖法系为嫡系的观点，应当说是9世纪前期禅宗发展形势的一种反映。唐华严宗兼奉禅宗的宗密在《禅源诸诠集都序》卷一中也说："南能、北秀，水火之嫌；荷泽、洪州，参商之隙。"

实际上，在历史发展中，不仅南宗取代了北宗，而且在南宗内部洪州宗发展成为唐末最有势力的禅派。

---

1 《全唐文》卷七三一。

唐代"升平相国"裴休与佛教禅宗

在唐代像裴休那样官至相位而虔诚信奉佛教禅宗、了解佛法并且与高僧友好交往的士大夫没有第二个人。

裴休在京城兼奉华严宗和禅宗的高僧宗密为师，为其多种著作写序；出任地方官期间先后亲近和支持禅宗马祖下二世黄檗希运、沩仰宗创始人灵祐传法，并且对佛教禅宗有较深研究，写有多种著作。

一、裴休生平

裴休（791—864），字公美，河内济源（在今河南省济源市）人，出身家世奉佛的官宦之家，自幼精读儒家经史，后对佛教义理也感兴趣并有比较深入研究。

裴休在唐穆宗长庆（821—824）年间，从乡赋登进士第，接着应贤良方正，升至甲科，在唐文宗太和（827—836）年间官至监察御史、右补阙、史馆撰修、中书舍人等职，期间敬信既传华严宗又传禅宗的宗密，从其受法，为他的多种著述作序。

唐武宗会昌元年（841），裴休出任洪州（治今江西南昌）刺史、江西观察使，亲近并师从在洪州传法的上承禅宗六祖慧能——南岳怀让——马祖道一——百丈怀海法系的黄檗希运禅师。

会昌三年以后，裴休改任潭州（治今湖南长沙）刺史、湖南观察使，对在潭州大沩山（在今湖南宁乡西北）传法的上承慧能——南岳怀让——马祖道一法系的灵祐禅师予以保护和支持；唐宣宗大中二年（848）迁宣州（治今安徽宣城）刺史、宣歙观察使，迎请希运至宣城。

唐宪宗大中四年（850），裴休回京，历任礼部尚书、户部侍郎，转任兵部侍郎领诸道盐铁转运使，致力改革漕运弊端，兴利除害。大中六年（852）为守中书侍郎兼户部尚书同中书门下平章事（宰相），在相位五年。从大中十一年（857）以后，裴休历任检校户部尚书、汴州刺史、御史大夫，充宣武军节度使，守太子少保，分司东都，又任昭义、河东、凤翔、荆南四节度使等职，回京城后，在唐懿宗咸通五年（864）去世，年七十四岁，赠太尉。[1]

《旧唐书》载：

1　裴休，《旧唐书》卷一七七、《新唐书》卷一二八有传。另参见《旧唐书》的武宗、宣宗二纪。日本吉川忠夫《裴休传》（载日本京都大学人文科学研究所1992年《东方学报》第64册），可以参考。关于裴休卒年，据吴廷燮（1865—1947）著，中华书局1980年出版《唐方镇年表》卷五"荆南"引卢肇《宣州新兴寺碑》记载：裴休"降由辛未，归以甲申"，指裴休在大中五年（辛未，851）自户部侍郎任盐铁转运使，翌年为相，至咸通五年（甲申，864）逝世。

休性宽惠，为官不尚曒察，而吏民畏服。善为文，长于书翰，自成笔法。家世奉佛，休尤深于释典。太原、凤翔近名山，多僧寺。视事之隙，游践山林，与义学僧讲求佛理。中年后，不食荤血，常斋戒，屏嗜欲。香炉贝典，不离斋中；咏歌赞呗，以为法乐。

《新唐书》卷一百八十二《裴休传》载：

能文章，书楷遒，媚有体法。为人愿藉，进止雍闲。宣宗尝曰：休真儒者。然嗜浮屠法，居常不御酒肉，讲求其说，演绎附著数万言，习歌呗以为乐，与纥干臮素善。至为桑门号以相字，当世嘲薄之，而所好不衰。

大意是说，裴休为官宽厚而在吏民中很有威信，擅长撰文，书法自成一家，甚至被宣宗赞为"真儒者"。因家世奉佛，他奉佛虔诚，对佛典深有研究，在河东、凤翔为官期间，经常参访名山寺院，与学僧交往，一起研讨佛教义理，撰有著作几万字。进入中年之后，过着吃斋、戒酒、诵经、吟唱呗偈的生活，与也奉佛的纥干臮素友善，甚至被世人戏称"沙门宰相"。他不认为这是嘲讽，仍热衷于奉佛。

二、裴休尊奉华严宗、禅宗学僧宗密

（一）宗密——华严宗、禅宗学僧

宗密，因长期住长安圭峰草堂寺，世人称为草堂和尚。俗姓何，果州西充（在今四川）人。幼年学儒学经书，至青年时期开始接触佛教经论，年二十三岁在遂州（治今四川遂宁）义学院专攻儒学，然而在两年后从经过此地的道圆禅师出家。

道圆，先后在遂州大云寺和成都圣寿寺传法，上承禅宗六祖慧能——荷泽神会——磁州法观寺智如——成都圣寿寺唯忠（俗姓张，世称"荆南张""南印"）的传法世系。宗密见到道圆，感到机缘相契，便拜他为师出家。[1]

宗密尚为沙弥之时，在随众到府吏任灌家赴斋时，得赠唐罽宾沙门佛陀多罗译的《圆觉经》（全称《大方广圆觉修多罗了义经》），读后很受启悟，决心深入钻研并弘扬此经。他在受具足戒后，辞别道圆，到益州（今成都）拜谒道圆之师南印（惟忠）禅师。南印说他宜于传教，示意他到国都。宗密到了东都洛阳，会见南印另一位

1　宗密《圆觉经大疏钞》卷一之下，载宗密从学出家经历："即七岁乃至十六为儒学，十八九、二十一二之间，素服庄居，听习经论，二十三又却全功，专于儒学，乃至二十五岁，过禅门，方出家矣。"又："宗密家贯果州，因遂州有义学院，大阐儒宗，遂投诣进业，经二年后，和尚从西川游化至此州，遂得相遇，问法契心，如针芥相投也。"对于道圆的禅法，称是："和尚所传，是岭南曹溪能和尚宗旨也。"裴休《圭峰禅师碑铭》曰："大师本豪家，少通儒书，欲于世以活生灵，偶遇遂州，遂州未与语，退游徒中。见其俨然若思而无念，朗然若照而无觉，欣然慕之，遂削染受教。"

弟子神照禅师，神照赞誉他是"菩萨人也"。[1]

此后，宗密在襄汉（当为今湖北襄阳）恢觉寺遇到华严宗四祖澄观（738—839）弟子灵峰和尚，从他得赠澄观《华严经疏》《华严经随疏演义钞》，自此潜心阅读澄观的华严经章疏，深受启悟，便遥尊澄观为师。在唐宪宗元和六年（811），宗密离开襄阳重到洛阳，住永穆寺讲经，将自己对华严义理的理解写信报告在长安的澄观，并遥叙门人之礼。[2]宗密此后到了长安，在澄观身边师事数年，深究华严宗教理。

在元和十一年（816），宗密住终南山智炬寺，元和十四年（819）先后住长安兴福、保寿等寺。他从长庆元年至长庆三年（821—823），退居地处圭峰之下的草堂寺（在今陕西省西安市鄠邑区），有时住终南山丰德寺，先后撰《圆觉经大疏》十二卷、《圆觉经大疏钞》二十六卷（现存已不全）、《圆觉经略疏》、《圆觉经略疏钞》四卷、《圆觉经道场修证仪》十八卷等。此外还撰有《华严经行愿品别行疏钞》六卷、《华严原人论》《注华严法界观门》等注疏。

唐文宗太和二年（828）庆成节（文宗生日，十月十日），宗密奉诏入京城内殿说法，受赐紫袈裟，敕号"大德"。前后住京城三年，太和四年（830）底回到草堂寺。宗密在京期间，与朝臣中的御史中丞萧俛、检校右散骑常侍温造、刑部侍郎白居易、礼部郎中

1　据宗密《裴休拾遗问》（《中华传心地禅门师资承袭图》）、《圆觉经略疏钞》卷四、《祖堂集》卷六《草堂和尚传》及裴休《圭峰禅师碑铭》（载《全唐文》卷七四三）。请详见杨曾文《唐五代禅宗史》第七章第五节，北京：中国社会科学出版社，1999年。

2　宗密的信和澄观的回信见《圆觉经略疏》卷下之二《圭峰定慧禅师遥禀清凉国师书》。

刘禹锡、监察御史并兼史馆撰修等职的裴休等人有密切交往。[1]

宗密在唐武宗会昌元年（841）正月于长安兴福寺去世，年六十二。宣宗大中七年（853）追谥其"定慧禅师"之号，赐塔额"青莲"。裴休时任户部尚书同中书门下平章事（宰相），为宗密撰《圭峰禅师碑铭并序》（或作《圭峰定慧禅师传法碑》）。

（二）裴休与宗密

宗密在京期间及回到草堂寺之后，裴休当面或通过书信向宗密请教关于禅宗南、北宗宗旨及南宗中主要流派荷泽宗、洪州宗及牛头宗的情况，请"具言其浅深、顿渐、得失之要，便为终身龟鉴也"。宗密应请陆续写出《裴休拾遗问》（学术界曾称其残本为《中华传心地禅门师资承袭图》）。大约在太和七年（833）以后，宗密集编《禅源诸诠集》，撰《禅源诸诠集都序》，请裴休写序。

裴休当时尚未任国相，《裴休拾遗问》中所标"裴休相国问"，自然是后人改加的。裴休在会昌元年至三年（841—843）任洪州刺史、江西观察使，期间为《禅源诸诠集都序》写序，宗密已去世，书中称宗密为"吾师"。

裴休在此期间及出任宣歙观察使时，正式礼黄檗希运为师。希运是嗣法于马祖的百丈怀海的弟子，而在裴休任湖南观察使时又向怀海的另一弟子沩山灵祐咨问禅法。这样他在南宗内部便取得与宗密为同一辈分的身份，即：宗密是继慧能—荷泽神会—智如

1　主要据裴休《圭峰禅师碑铭并序》，载《全唐文》卷七三四与《金石萃编》卷一○四，及《宋高僧传》卷六、《景德传灯录》卷十三本传、清续法《法界宗五祖略记》。

（或作法如）—惟忠—道圆之后的第六代，而裴休是继慧能—怀让—马祖—怀海—希运之后的第六代。因此在裴休于大中七年（853）担任国相时写的《圭峰禅师碑铭》中说：

> 休与大师（按：宗密）于法为昆仲，于义为交友，于恩为善知识，于教为内外护。

裴休在碑中谈到南宗传法祖统说：自佛以下的迦叶至达摩的西天二十八祖、从达摩至慧能的中土六祖有比较完整的介绍；四祖道信传法融为牛头宗；弘忍传神秀为北宗；慧能传神会为荷泽宗，"荷泽于宗为七祖"；慧能传怀让，怀让传马祖为江西宗（洪州宗）。对于荷泽至宗密的一支，则说："荷泽传磁州如，如传荆南张，张传遂州圆，又传东京照，圆传大师。大师于荷泽为五世，于达摩为十一世，于迦叶为三十八世。"

裴休自认为已经上承马祖—怀海—希运法系，在法系上与宗密为昆仲（兄弟）。虽洪州宗与荷泽宗互相敌视（《禅源诸诠集都序》谓："荷泽、洪州，参商之隙。"），但他对于荷泽法系的以神会为"七祖"，以荷泽为正统的说法并未提出异议，也未回避。这表明，他对禅宗内部的法统之争并未认真介入。

（三）《裴休拾遗问》及为宗密《禅源诸诠集》等著作写序

裴休在离京出任地方官之前，在佛教界尊宗密为师，请教佛法，还为宗密的著作写序，对宗密的著作流传社会和后世自然起到促进作用。

1.《裴休拾遗问》

长期以来《裴休拾遗问》因为卷帙残缺被称为《中华传心地禅门师资承袭图》。元脱脱等撰《宋史》卷二〇五《艺文志》载有《裴休拾遗问》一卷。原书于国内久佚。日本学者 1979 年于名古屋真福寺发现 13 世纪据宋刊本的写本，题目下右侧有小字附题："释萧相公见解、答史山人十问、答温造尚书（所问——按，此二字原本缺）。"在"答山南温尚书所问"之后，有尾题：《裴休十遗问》。在史山人的第十问之后，题曰："长庆四年五月日，史制诚谨问"。可见，"史山人"名史制诚，是在唐穆宗长庆四年（824）向宗密询问禅法的。在释答裴休、萧俛、史山人、温造四人的询问中，以答裴休所问的篇幅最长。[1] 宋慧洪《林间录》卷上称此书为《圭峰答裴相国宗趣状》或《草堂禅师签要》。在真福寺写本发现之前，近代从日本日莲宗大本山妙显寺发现一本，仅有答裴休所问部分，校订后收在《续藏经》第一辑第二编第一五函。据新发现的《裴休拾遗问》写本，可知《中华传心地禅门师资承袭图》实是借用原书之中的从达摩至荷泽宗法系历代祖师传承图谱的名称。朝鲜禅僧知讷在1209 年曾抄录此书所述诸宗禅法及论证诸宗禅法浅深部分，又引述其他著作，并加入自己的见解，撰成《法集别行录节要并入私记》[2]。

---

1 〔日〕石井修道：《真福寺文库所藏〈六祖坛经〉的介绍》，载 1979 年 11 月《驹泽大学佛教学部论集》第 10 号；《真福寺所藏〈裴休拾遗问〉的翻刻》，载 1981 年10 月《花园大学禅学研究》第 60 号；石井修道编译，中央公论社 1992 年出版《大乘佛典——中国、日本篇 12〈禅语录〉》内所收《裴休拾遗问》及译注、解题。

2 〔日〕柳田圣山主编，日本中文出版社 1974 年出版《禅学丛书》之二收有此书的影印本。

《续藏经》中所载《中华传心地禅门师资承袭图》即用此校补原残本后面所缺部分。

宗密答释裴休所问，共有三个部分，依次记述牛头宗、北宗、南宗、荷泽宗、洪州宗的诸禅宗传承世系的"旁""正"及它们禅法的浅深，最后论证唯有荷泽神会是继承达摩——慧能以来禅门的正统，禅法最高。真福寺本后面的其他三部分，在《景德传灯录》的《宗密传》中几乎全部载录，而在《祖堂集》的《草堂和尚传》则载有答史山人的十问。

2.《禅源诸诠集都序叙》

现存宗密《禅源诸诠集都序》，也简称《禅源诸诠》，二卷或作四卷。《宋史》卷二〇五《艺文志》载：僧宗密《禅源诸诠》二卷。从《都序》有关内容来看，此当为宗密对所纂集的《禅源诸诠集》（亦名《禅那理行诸诠集》，裴休《禅源诸诠集都序叙》称之为《禅藏》）所做的总序。[1]

据宗密《禅源诸诠集都序》所说：

> 先录达摩一宗，次编诸家杂述，后写印一宗圣教。圣教居者，如世上官司文案，曹判为先，尊官判后也（唯写文克的者十余卷也）。就当宗之中，以尊卑昭穆展转纶绪而为次第，其中顿渐相间，理行相参，递相解缚，自然心无住（……）。悟修之道既备，解行于是圆通。次旁览诸家，以广闻见。然后捧

1　原文："圭峰禅师集禅源诸诠为《禅藏》，而都序之。"

读圣教，以印始终。

据此，他的《禅源诸诠集》编录结构和内应是：一、达摩宗，即禅宗，从传说的迦叶……到菩提达摩……慧能以来的历代祖师及他们的嗣法弟子，按照传承正、旁和前后辈数，既有略传，也收录他们的禅法语录、偈颂，内容或主顿，或主渐，或讲禅理，或讲修行，大概重点是北宗、南宗、荷泽宗、洪州宗、牛头宗等；二、诸家杂述，收录求那跋陀罗、慧稠（僧稠）、卧轮、志公（宝志）、傅大士（傅翕）、王梵志、庐山慧远等的禅理著述；三、圣教，指佛教经论，仅选能与禅法密切印证者，十余卷。宋欧阳修撰《新唐书》卷五十九《艺文志》载宗密《禅源诸诠集》一百零一卷，恐不可信。据裴休《圭峰禅师碑铭》所说，宗密著《圆觉经》等佛教经论的"疏钞"及"法义类例……纂略""又集诸宗禅言为《禅藏》，总而叙之，并酬答书偈议论等，凡九十余卷"，全部著述才有九十多卷。因此，《禅藏》或《禅源诸诠集》估计篇幅不会很大。[1]

裴休原为宗密《禅源诸诠集》（《禅藏》）写序，称《释宗密禅源诸诠叙》（其中"叙"或作"序"），可能后因宗密《禅源诸诠集》佚失而仅存其《都序》，故裴休的序改称为《禅源诸诠集都序叙》。

裴休在序中说：

　　未曾有也。自如来现世，随机立教，菩萨间生，据病指药。故一代时教，开深浅之三门。一真净心，演性相之别法。

1　杨曾文：《唐五代禅宗史》第七章第五节，北京：中国社会科学出版社，1999年。

马、龙二士，皆宏调御之说，而空性异宗；能、秀二师，俱传达摩之心，而顿渐殊禀。荷泽直指知见，江西一切皆真，天台专依三观，牛头无有一法。其他空有相破，真妄相攻，反夺顺取，密指显说。故天竺中夏，其宗实繁。……诸宗门下，通少局多。故数十年来，师法益坏。以承禀为户牖，各自开张；以经论为干戈，互相攻击。情随函矢而迁变，法逐人我以高低。是非纷挐，莫能辨析。

他承宗密以禅门三宗对应教门三教之说，即以息妄修心宗、泯绝无寄宗、直显心性宗对应依性说相教、破相显性教、真心即性教，表示认可，说佛法虽皆源自"一真净心"，但传于世间之法有异，印度马鸣、龙树或讲心性、或讲性空；中国的慧能、神秀，虽皆传达摩之心法，然而顿渐有殊；荷泽神会主张"直指知见"，江西马祖主张"一切皆真"，至于天台宗讲空假中"三观"，牛头宗主张"虚无一法"，等等，各立门户，互相攻击，使得世人难辨是非。

裴休接着说，在这种情况下，宗密打破沉默，挺身而出，

以如来三种教义，印禅宗三种法门。融瓶盘钗钏为一金，搅酥酪醍醐为一味。振纲领而举者皆顺，据会要而来者同趋。尚恐学者之难明也。又复直示宗源之本末，真妄之和合，空性之隐显，法义之差殊，顿渐之异同，遮表之回互，权实之深浅，通局之是非，莫不提耳而告之，指掌而示之，謷呻以吼之，爱软以诱之。乳而药之，忧佛种之夭伤也；腹而拥之，念水火之漂焚也；挈而导之，惧邪小之迷陷也；挥而散之，悲斗争之牢

固也。

说宗密以三教对三禅，加以会通融合，又结合历史从各个方面进行比较诠释，旨在防止因相争斗而损伤佛法，彼此受到伤害，引导执迷者知返，化解纠纷。他称赞宗密的"会教"之举，说：

> 若吾师者，捧佛日而委曲回照，疑暗尽除；顺佛心而横亘大悲，穷劫蒙益。则世尊为阐教之主，吾师为会教之人。

裴休希望禅教二众彼此和谐，互相放弃情执己见，"当取信于佛，无取信于人。当取证于本法，无取证于末习"。

3.《注华严法界观门序》

宗密撰有《注华严法界观门》，是对唐杜顺（557—640）所著《华严法界观门》[1]所做的注释。杜顺提出法界缘起有三重法门，故观法有三：真空观，即观理法界；理事无碍观，观理事无碍法界；周遍含容观，观事事无碍法界。此后，澄观在《华严经随俗演义钞》卷十、《华严法界玄镜》当中都对此三观做了解释，将三观分为四

1　宗密原文对《华严法界观门》介绍说：京终南山释杜顺集。姓杜，名法顺，唐初时行化，神异极多，传中有证，验知是文殊菩萨应现身也。是华严新旧二疏初之祖师，俨尊为二祖，康藏国师为三祖。此是创制，理应云作。今云集者，以祖师约自智见华严中一切诸佛，一切众生，若身心，若国土，一一是此法界体用，如是义境，无量无边，遂于此无量境界，集其义类，束为三重，直书于纸，生人观智，不同制述文字，故但云集。此则集义，非集文也。

门，观四种法界：一、事法界；二、理法界；三、理事无碍法界；四、事事无碍法界。宗密在对杜顺《华严法界观门》注释中首先引证澄观在《新华严经疏》中对"法界"所做的论断：

> 统唯一真法界，谓总该万有，即是一心。然心融万有，便成四种法界：一事法界，界是分义，一一差别，有分齐故；二理法界，界是性义，无尽事法，同一性故；三理事无碍法界，具性、分义，性、分无碍故；四事事无碍法界，一切分齐事法，一一如性融通，重重无尽故。

然后对杜顺提出的三观分别做了系统详细的解释。

裴休在《注华严法界观门序》中基本引述和发挥宗密的观点，对华严宗的法界观及理事关系等进行阐释，赞扬宗密对《华严法界观门》的注释是："直以精义注于观文之下，使人寻注而见门，得门而入观，由观以通经，因经以证性，朗然如秉炬火而照重关矣"。然后以"吾闻诸圭山（按：即圭峰宗密）云"，对法界缘起深义、理事圆融关系等做了说明，从中可以看到他对华严宗教理的理解。

何谓法界？他说："法界者，一切众生身心之本体也"；"法界，万象之真体，万行之本源，万德之果海"；介绍《华严法界观门》的内容有："门有三重：一曰真空门，简情妄以显理；二曰理事无碍门，融理事以显用；三曰周遍含容门，摄事事以显玄，使其融万象之色相，全一真之明性，然后可以入华严之法界矣。"这些，对后世人们理解华严宗独特的法界观、真如缘起思想也是有参考价值的。

4.《大方广圆觉修多罗了义经疏序》[1]

这是裴休为宗密所撰《圆觉经大疏》十二卷写的序，署名"唐江西道观察使洪州刺史兼御史大夫裴休述"。宗密于唐武宗会昌元年（841）正月逝世。裴休在此年出任江西南道观察使，推测此序写于宗密生前，然而置入书前时是在宗密去世之后。现存宗密撰的四卷《大方广圆觉修多罗了义经略疏注》的前面也有此序，题目作《大方广圆觉修多罗了义经略疏序》，署名"金紫光禄大夫守中书侍郎尚书门下平章事充集贤殿大学士裴休撰"，不用说也在宗密之后，因裴休是在宗密去世十一年后才升任相位（尚书门下平章事）的。

何谓《圆觉经》中的"圆觉"？实指佛性。《圆觉经》中说："无上法王有大陀罗尼门，名为圆觉。流出一切清净真如、菩提、涅槃及波罗密。教授菩萨。一切如来。本起因地。皆依圆照清净觉相。永断无明。方成佛道。""陀罗尼"意为总持，有持善法不丢失，抑制恶法不起作用的功能，常用来指密咒。这里用"大陀罗尼门"比喻具有无限功能的佛性，称之为圆觉，意为圆满清净的灵觉之性，与佛性、真如同义，能导致智慧、觉悟（菩提）、涅槃。宗密在《圆觉经大疏》卷上之一解释说：

> 圆觉自性本无伪妄变异，即是真如；无法不知，本无烦恼，无法不寂，本无生死，即是菩提；涅槃无悭贪、毁禁、瞋恚、懈怠、动乱、愚痴，即是六波罗蜜。

1　也作《大方广圆觉修多罗了义经略疏序》。

宗密在《圆觉经略疏注》中说："一心者，名如来藏……。圆觉妙心、涅槃、即名佛性。"在其《圆觉经序》中说："万法虚伪，缘会而生。生法本无，一切惟识。识如幻梦，但是一心，心寂而知，目之圆觉，弥满清净，中不容他。"

对于这些说法，裴休皆表示同意并且全盘接受。他在《圆觉经疏序》说：

  夫血气之属必有知，凡有知者必同体，所谓真净明妙，虚彻灵通，卓然而独存者也。是众生之本源，故曰心地；是诸佛之所得，故曰菩提；交彻融摄，故曰法界；寂静常乐，故曰涅槃；不浊不漏，故曰清净；不妄不变，故曰真如；离过绝非，故曰佛性；护善遮恶，故曰总持；隐覆含摄，故曰如来藏；超越玄闭，故曰密严国；统众德而大备，烁群昏而独照，故曰圆觉，其实皆一心也。

是说，一切众生皆有认知功能的本体——"真净明妙，虚彻灵通"之心，是众生生存之根本。也可称之为心地、菩提、法界、涅槃、清净、真如、佛性、总持、如来藏、密严国（佛国净土）、圆觉，"其实皆一心"。宗密经常在解释佛经中发挥华严宗的思想，在对《圆觉经》的解释中也是这样。将真如、佛性直接等同于"法界"，是华严宗特色之一。

从上可见，裴休在京城期间经常接触的是宗密，从他既接受华严宗思想，也接受部分禅宗思想，并且赞同和支持宗密会通禅教二门的思想，调和他们之间纷争的主张。裴休坦承："休常游禅师之阃域，受禅师之显诀，无以自效，辄直赞其法，而普告大众耳。"

三、裴休与黄檗希运禅师

黄檗希运（？—855）[1]，福州（在今福建）人，幼年出家于黄檗山（在今福清县内），出外游方，到过天台山等地，在京都因曾受法于南阳慧忠禅师的女居士启发，前往洪州参访马祖道一的弟子百丈怀海，从受"大机大用"禅法。嗣后，希运到洪州高安县黄檗山（或称灵鹫峰，在今江西宜丰县）寺（当即大安寺）传法，门下禅众常达四五百人，逐渐远近闻名。[2]

裴休与希运相识交往是在他离京先后于洪州、宣州任职期间。

唐武宗会昌二年（842），裴休听闻希运的名望，迎请他到洪州治所钟陵（今江西南昌）龙兴寺，"旦夕问道"，正式拜他为师。裴休曾撰诗表示对希运的敬仰之情：

> 自从大士传心印，额有圆珠七尺身。
>
> 挂锡十年栖蜀水，浮杯今日渡章滨。
>
> 一千龙象随高步，万里香华结胜因。

1　史书对希运去世时间记载不一致，《宋高僧传》卷二十、《景德传灯录》卷九《希运传》皆说他于大中（847—860）年间去世，《佛祖统纪》卷四二说死于大中九年（855），今从之。

2　据《宋高僧传》卷二十、《祖堂集》卷十六、《景德传灯录》卷九《黄檗传》及裴休《传心法要》《宛陵录》。《景德传灯录》所载洪州大安寺当即《传心法要》序中"洪州高安县黄檗山鹫峰下"之寺。

拟欲事师为弟子，不知将法付何人。[1]

　　"大士"是尊希运为菩萨，"传心印"是传禅法；《祖堂集·黄檗和尚传》说他"身长七尺，额有肉珠"；"蜀水"指高安县，汉代为建成县，《汉书·地理志》说建成县有蜀水；"浮杯"是船渡，"章滨"中的"章"是章水，据《水经注》卷三九，章水即豫章水、赣水，"章滨"即指钟陵（南昌）；"一千龙象"比喻希运有众多高足弟子。此诗既表达对希运的景仰，又寓意诚邀他离开隐栖十年之久的黄檗山，渡过章水到钟陵传法，希望拜他为师，从受心法。

　　唐武宗会昌五年（845）降诏禁断佛教（灭佛），希运一度逃隐山林。宣宗即位恢复佛教，他又出来传法。裴休在大中二年至四年（848—850）任宣州刺史、宣歙观察使，特地迎请希运到宣州治所宣城（汉称宛陵，在今安徽），安置他在府治之北陵阳山开元寺传法。参考明清地方志的有关记载，裴休在宣城北边的敬亭山还建有广教寺，并将泾县西南水西山原建于南朝的天宫水西寺（宋初改称崇宁寺）加以重建，皆请希运担任住持。[2] 可以想象，在裴休奉命返

1　《景德传灯录》卷九《希运传》。

2　详见尹文汉《泾县水西佛教史考》、王荣国《黄檗希运与唐代宣州佛教——以水西山、陵阳山和敬亭山寺院为探讨对象》，载黄夏年主编《水西佛教——首届水西佛教文化研讨会论文集》，北京：宗教文化出版社，2017年。论文主要依据的是［明］嘉靖《宁国府志》的"寺观"；［明］嘉靖和［清］嘉庆《泾县志》、道光《泾县续志》的"寺观"及"金石"部分；［清］嘉庆《大清一统志》《江南通志》的"寺观"等部分。唐时在泾县水西山曾有三寺，即崇宁寺、白云院、五松院，至宋代五松院经改建称宝胜禅院，并在徽宗大观二年（1103）建圣寿崇宁塔。此后历经沧桑变迁和改建，现仅有尚存崇宁塔的宝胜禅院。现宝胜禅院旨在继承三寺传统，对寺院进行扩建，可以看作是黄檗希运禅师晚年传法的道场、黄檗法系的祖庭之一。

京任官之后，希运便离开属于官寺的开元寺，而在这两所寺院居住和传法。

裴休原从宗密学过华严宗，对理事圆融思想有较深刻的理解，此时又从希运虚心学习和修持强调"即心是佛"的禅宗。他将希运前后传授的禅法作了笔录，又集中整理，据称"十得一二"，于唐宣宗大中十一年（857）题为《黄檗山断际禅师传心法要》《黄檗断际禅师宛陵录》，并写上序，授于希运的门人大舟、法建，嘱咐他们带回"旧山之广唐寺"，请希运门下长老弟子审阅，看看"与往日常所亲闻，同异如何？"[1]

现存《传心法要》《宛陵录》有源于宋本、明本的不同版本。诸本《传心法要》中除《景德传灯录》本的篇幅较短外，各本大致相同，而《宛陵录》差别较多，朝鲜刊印的《禅门撮要》所收《宛陵录》后面只有一段希运"上堂"说法语录，比较简洁，大概是保持裴休编录的早期原型，而其他本子后面所载希运上堂说法部分有增加，并且收录一些希运行录，很可能是在裴休原稿的基础上增补而成。

《传心法要》记载，希运告诉裴休说：

> 自达摩大师到中国，唯说一心，唯传一法。以佛传佛，不说余佛；以法传法，不说余法。法即不可说之法，佛即不可取之佛，乃是本源清净心也。

1　裴休《传心法要》序及《景德传灯录·希运传》。"旧山之广唐寺"，也许是高安灵鹫峰下大安寺改名。

祖师西来，直指人心，见性成佛，不在言说。[1]

祖师西来，直指一切人全体是佛。[2]

希运在这里强调禅宗宗旨是"直指人心，见性成佛"，与传统佛教及其他宗派的主要差别，用以引导裴休着眼于体悟自性，致力自修自悟。

黄檗希运的嗣法弟子在《景德传灯录》卷十二载有十二人，有传录者六人，著名的有镇州临济义玄、睦州龙兴寺陈尊宿（道明）、杭州千顷山楚南、福州乌石山灵观、杭州罗汉宗彻，还将裴休列入其内。其中，临济义玄禅师是禅门五宗中临济宗的创始人，有《临济录》传世。

四、裴休与沩仰宗创始人沩山灵祐

禅门五宗中的沩仰宗由灵祐、慧寂师徒二人创立，在唐后期曾在现在的湖南、江西和广东的部分地区传播。灵祐（771—853）在潭州（治所在今长沙）的沩山（在今湖南宁乡西北）传法。

裴休从武宗会昌三年（843）从洪州刺史、江西观察使改任潭州刺史、湖南观察使，来到潭州，对沩山灵祐也很敬信，多方给予支持。武宗会昌五年（845）降诏禁毁佛教（灭佛）。据唐武宗《加

---

1 《传心法要》。

2 《古尊宿语录》卷二《黄檗禅师》。

尊号后郊天赦文》[1]记述，潭州和两浙、宣、鄂、洪、福诸州以及三川等地对此消极应付，对清整令僧尼还俗（沙汰僧尼）等事"姑务宽容"。在此之前，沩山的僧人已达500多人。[2]毁佛期间，灵祐与大安等弟子用布裹头，藏匿民间。

宣宗即位之后，下令恢复佛教。据《旧唐书·宣宗纪》记载，大中元年（847）闰三月下诏："其灵山胜境，天下州府，应会昌五年四月所废寺宇，有宿旧名僧，复能修创，一任住持，所司不得禁止。"于是，裴休便用自己的车舆迎请灵祐出来，并"亲为其徒列"，请他再剃发为僧，主持沩山寺院。[3]

大约从大中元年至八年（847—854）之间，李景让担任山南东道节度使、检校户部尚书、襄州刺史。[4]此时潭州归他管辖。《宋高僧传》卷十一《灵祐传》说："时襄阳连率李景让统摄湘潭，愿预良缘，乃奏请山门号同庆寺。"自此沩山寺院名同庆寺。现在沩山之阴的密印寺，据传是裴休为灵祐建造的。

灵祐在宣宗恢复佛教之后，受到先后任湖南观察使的裴休、崔

---

1 载《全唐文》卷七十八。

2 《祖堂集》卷十七《福州西院和尚传》载："后随祐禅师同创沩山，则十数年间，僧众犹小。师乃头头耕耨，处处劳形，日夜忘疲，未尝辄暇……不久之间，僧众果至五百。"如果按灵祐在元和最后一年（十五年，820）到沩山，至会昌五年（845）毁佛是25年。大安、慧寂等弟子是在这期间陆续到沩山的。参考允明《唐福州延寿禅院故延寿大德塔内真身记》，在"武宗朝沙汰僧尼"之前，"渐见徒，拥半千"。延寿大德，即大安，以所居禅院为号。参〔日〕石井修道《沩仰宗的盛衰（六）》（载1993年10月《驹泽大学佛教学部论集》第24号）所刊载的全文。但《临济录》《行录》所载为1500人，不宜轻信。

3 〔唐〕郑愚：《潭州大沩山同庆寺大圆禅师碑铭并序》，载《全唐文》卷八二〇。

4 参《旧唐书》卷十八下《宣宗纪下》及卷一八七下《李景让传》。

慎由以及山南东道节度使李景让的敬信和支持，有力地促进了沩山教团发展，其人数最多时达 1600 人。

综上所述，裴休确实是自唐以来热心支持并深入研究佛法的罕见身居高位的士大夫。他对兼奉华严宗和禅宗的宗密、禅宗希运、灵祐的尊崇和支持，自然对华严宗和禅宗传播有极大促进作用；他的著作，至今对了解当时佛教历史和思想都有参考价值。

唐至宋初的菩提达摩传记

在中国汗牛充栋的佛教文献中，被提到次数最多的人是谁呢？不是别人，正是被禅宗奉为初祖的菩提达摩。菩提达摩，唐以后多写为菩提达磨，简称达摩或达磨。在历代留下的卷帙浩繁的禅宗灯史和语录中，所谓"祖师西来意""祖师意""祖师正令""祖师心印"等语句中的"祖师"，指的是菩提达摩。

按照中国禅宗所奉祖师的传承世系，有"西土"（古印度）和"东土"（中国）两大系统。西土有从佛陀的弟子大迦叶、阿难以来前后传承的二十八代祖师，菩提达摩是第二十八代祖师。同时，菩提达摩又是东土的初祖，经慧可、僧璨、道信、弘忍四代，至慧能为六代祖师。自慧能以后，师徒之间传法虽不再限定一人嗣法（所谓"单传""正传""嫡传"），然而一些著名禅师、禅派的后继世系仍可大体分辨出代数。

菩提达摩虽在佛教史书文献中被反复提到，然而记述他真实事迹的资料并不是很多。现存最有影响的达摩传记有唐中期至宋初陆续编撰的七种，加上《宝林传》卷八的《达摩行教游汉土章》则共八种。至于宋代云门宗僧契嵩所撰《传法正宗记》及此后陆续出世的多种禅宗灯史中的菩提达摩传，因为多属改编而未能提供新的内容。

下面对唐至宋初出世的七种达摩传记进行考察和介绍。

一、自禅宗成立至宋初最有影响的七种达摩传记

中国禅宗奉北魏时来华的印度僧菩提达摩为初祖，经慧可、僧璨二代相承，到道信、弘忍二代时在蕲州黄梅（在今湖北省）正式创立禅宗，被称作"东山法门"。在弘忍去世之后，以弘忍的弟子神秀、普寂为代表的"北宗禅"曾长期流行在以长安、洛阳两京为中心的北方广大地区，而以弘忍的另一弟子慧能为代表的"南宗禅"则流行于南方一带，逐渐成为中国禅宗的主流派，唐末五代初形成"禅门五宗"。

在这个过程中，菩提达摩的名声越来越大。不仅北宗奉达摩为初祖，南宗也奉达摩为初祖。各地丛林的禅师在日常传法中经常提到达摩的名字、事迹和禅法。这种情况自然也反映在相继出现的佛教史书中，从唐中期至宋初相继形成的佛教史书中，对达摩事迹的介绍越来越多，并且增添不少神话的色彩。

自唐中期至宋初相继形成的菩提达摩的传记有如下七种：

传名	书名及卷数	编撰者	成书年代
菩提达磨传	续高僧传，卷十六	唐 道宣	初编645年，续编665年

传名	书名及卷数	编撰者	成书年代
魏朝三藏法师菩提达摩传	楞伽师资记	唐 东都沙门释净觉	712—716年之间
东魏嵩山少林寺释菩提达摩传	传法宝纪	唐 京兆杜朏	716—732年之间
菩提达摩传	南阳和上问答杂征义（刘澄集）	唐 神会	约732年
梁朝第一祖菩提达摩多罗禅师传	历代法宝记		774年之后
第二十八祖菩提达摩和尚传	祖堂集，卷二	南唐招庆寺静、筠二禅僧	952年
第二十八祖菩提达磨传	景德传灯录，卷三	宋 道原	1004年

现将载录这七种达摩传记的史书略做介绍。

（一）唐道宣《续高僧传》

道宣（596—667）是唐代著名律僧和佛教史学者，继南朝梁慧皎《高僧传》之后编撰此僧传体史书，分为译经、义解、习禅、明律等十科。初稿是从南朝梁代初叶开始，到唐贞观十九年（645）为止，此后二十年间陆续有所增补，达四十卷，共有正传四百九十八人，附见二百二十九人。菩提达摩传载于第十六卷《习禅初》之中。

（二）唐净觉《楞伽师资记》

净觉（683—？ ）先后师事弘忍弟子神秀和玄赜，在玄赜所著

《楞伽人法志》的基础上编撰此书，是对《楞伽经》的译者南朝宋求那跋陀罗和提倡以《楞伽经》心性思想指导坐禅修行的菩提达摩及其后继弟子慧可、僧璨、道信、弘忍、神秀等人的简历和禅法的集录。此书久佚，从20世纪20年代中日学者开始从敦煌文献中陆续发现它的多种残本，经过多人相继研究，逐渐拼凑成一个基本完整的本子。

　　现主要有以下校本：（1）金久经据敦煌文献S2054、S4272、P3436所校勘的《校刊唐写本楞伽师资记》，1831年由北京待曙堂出版，收入他的《姜园丛书》之内；（2）日本矢吹庆辉据敦煌文献S2054，参金久经校本重加校勘，载于《大正藏》第85卷之中；（3）篠原寿雄《楞伽师资记校注》，载于1954年出版《内野台岭先生追悼论文集》；（4）柳田圣山利用以往成果并参照P4564抄本，重校《楞伽师资记》，收入他编撰的《初期的禅史Ⅰ》之中，1971年由日筑摩书房出版。

（三）唐杜朏《传法宝纪》

　　《传法宝纪》当撰于开元四年（716）至开元二十年（732）之间，流传不久就在社会上湮没无闻，直到20世纪30年代才从敦煌文献中发现。

　　现主要有以下校本：（1）日本矢吹庆辉据敦煌文献P2634号校写，内容仅存序和《达摩》章的一部分，1932年被收编于《大正藏》卷八十五之中；（2）神田喜一郎据敦煌文献P3559写本校，内容完整，1943年收在白石虎月编的《续禅宗编年史》的附录中发表；（3）柳田圣山据敦煌文献P3559本重校，收入1967年由法藏馆出版的《初期禅宗史书的研究》后边的《资料的校注》之中，1971年对全文重新校订注释并译成日文，收在由筑摩书房出版的《初期的禅史Ⅰ》之中。（4）杨曾文校本是以柳田校本为底本，用敦煌文书P2634号、P3559重新校订，收载于上海古籍出版社1993年出版《敦煌新本六祖坛经》（2001年宗教文化出版社出版《新版敦煌新本·六祖坛经》）附编之中。

（四）刘澄集《南阳和上问答杂征义》

六祖慧能弟子神会（684—758）开元二十年（732）在滑台大云寺与北宗僧人崇远进行辩论，说是要"为天下学道者辨其是非，为天下学道者定其宗旨"，批评北宗"师承是傍，法门是渐"。独孤沛撰《菩提达摩南宗定是非论》及刘澄集《南阳和上问答杂征义》，皆记述了这次辩论。[1]《南阳和上问答杂征义》记载："远法师问曰：'禅师口称达摩宗旨，未审禅门有相传付嘱，以为是说？'答曰：'从上以来，具有相传付嘱。'又问曰：'复经今几代？'答曰：'经今六代。请为说六代大德是谁，并叙传授所由。'"接着记述禅宗所奉六代祖师——菩提达摩、慧可、僧璨、道信、弘忍、慧能的传记。独孤沛在《菩提达摩南宗定是非论》的序中记述编撰此论的缘由，其中说："后有《师资血脉传》一卷，亦在世流行。"可以认为，这六代祖师的传记就是所谓《师资血脉传》，作者应是神会。

1　杨曾文编校：《神会和尚禅话录》，北京：中华书局，1996年。其中载有据敦煌文献校勘的《菩提达摩南宗定是非论》和《南阳和上问答杂征义》。

（五）历代法宝记

从全书内容和后面所附门人儒者孙寰所写的《大唐保唐寺和上传顿悟大乘禅门门人写真赞文并序》来推测，此书当在成都保唐寺无住（714—774）于大历九年（774）去世后不久由其弟子编撰的。

书中所称的"梁朝第一祖菩提达摩多罗禅师"就是菩提达摩。菩提达摩与达摩多罗本是两个人。达摩多罗是 4 至 5 世纪印度西北说一切有部的禅师，东晋时佛陀跋陀罗在庐山译的《达摩多罗禅经》介绍的就是他与佛大先的禅法。此经上卷记载从佛——迦叶——阿难……僧伽罗叉——达摩多罗——不若蜜多罗的禅法传承世系。撰写于 7 世纪末的《法如禅师行状》8 世纪前期的北宗史书《传法宝纪》皆提到此经，然而皆以菩提达摩代替达摩多罗。《历代法宝记》又进一步，把此二人的名字合并称之为"菩提达摩多罗"或"达摩多罗"，这一提法一直影响到后世的禅宗史书。

《历代法宝记》在敦煌文献中有首尾完整的写本。日本《大正藏》第五十一卷所收的此书是以敦煌写本 S516 为底本，用 P2125 写本校对的本子。此后矢吹庆辉的《鸣沙余韵》（1930 年，岩波书店）和《鸣沙余韵解说》（1933 年，同上）分别收有敦煌写本的影印本及介绍文章。1935 年朝鲜学者金久经又据《大正藏》本并参照前述两种写本加以校订，收入在沈阳出版的《姜园丛书》之中。日本石井光雄藏有此书的一个写本（《石井积翠轩文库善本书目》，现下落不明），另外还有五种写本（P3717、P3727、S1611、S1776、S5916，见商务印书馆 1962 年《敦煌遗书目录》）。柳田圣山以错漏较少的 P2125 为底本，参校其他各本重加校订，并译为日文，编为

《禅的语录 3·初期的禅史 II—历代法宝记》出版（1976 年筑摩书房初版，1984 年有第三次印本）。

（六）南唐招庆寺静、筠二禅僧《祖堂集》

《祖堂集》是现存最早的禅宗南宗记言体史书，在中国久佚，20 世纪 20 年代于韩国发现。全书二十卷，五代南唐保大十年（952）由泉州招庆寺的静、筠二位禅僧编撰，继承编于唐贞元十七年（801）的史书《宝林传》的祖统世系，从过去七佛，至禅宗所奉初祖大迦叶……第二十八祖菩提达摩……第三十二祖弘忍——第三十三祖慧能，以及从慧能弟子青原行思至第八代属于雪峰义存法系的禅师；从慧能另一弟子南岳怀让至第七代属于临济义玄法系的禅师或居士二百四十六人的传记。在日本有中文出版社 1975 年的影印本。近年中国出版的校勘本有：吴福祥、顾之川点校本，岳麓书社1996 年出版；张华点校的简体字本，中州古籍出版社 2001 年出版。

（七）宋道原《景德传灯录》

《景德传灯录》原称《佛祖同参集》，法眼宗禅僧道原编撰。"景德"是取自宋真宗的年号，一般以景德元年（1004）作为《景德传灯录》的编撰年代，然而实际上以后又有修补。道原按照禅宗派系编录传法语句，记述过去七佛、西土二十八祖、东土六祖、曹溪慧能下一世南岳与青原、怀让下七世和青原下十一世（法眼文益下三世），共五十二世 1701 人的传录，上奉朝廷。真宗诏翰林学士左司谏知制诰杨亿等人加以雠定，勒成三十卷，大中祥符四年（1011）诏编入藏。

在这其中，除道宣《续高僧传》之外，皆属于禅宗史书或语录，而《楞伽师资记》和《传法宝纪》则属于北宗史书。

二、对编撰达摩传记最有影响的两种文献

从现存文献资料考察，至少有如下两种著作曾对上述达摩传记的编撰产生了较大的影响。一是有昙林撰序的《菩提达摩四行论》，二是《宝林传·达摩行教游汉土章》。当然，这些达摩传记出世的时间不同、背景不同，从而所受到的影响也有所不同，反映出它们各自的特色。同时也应指出，在禅宗兴起过程中逐渐增多的达摩传说对达摩传记的编撰也有相当大的影响。

这里先介绍这两种著作，并顺便介绍禅宗成立后社会上流传的关于达摩的传说。

（一）《菩提达摩四行论》

唐代禅宗北宗史书《楞伽师资记》在《菩提达摩传》的部分全文载录《略辨大乘入道四行·弟子昙林序》，实际上不仅有昙林之序，尚有称作"达摩禅师亲说"的"二入四行"的部分。宋代道原所编的《景德传灯录》卷三十也收有此文，然而题为《菩提达磨略辨大乘入道四行》，前面也有"弟子昙林序"（《大正藏》本"林"作"琳"）。据唐智升《开元释教录》卷六《北魏录》，昙林是位僧人，曾先后参加过佛陀扇多、般若流支、毗目智仙的译场，担任"笔受"。

所谓"二入"是"理入"和"行入"。"理入"，是教修行者深

信自性（真性）与佛无别，然而因被情欲烦恼（客尘）污染而不得显现；如果凝心坐禅观想，断除情欲烦恼和自他、凡圣等差别观念，并不再执着于文字，便可使自心与清净的真如之理契合，达到解脱。

"行入"包括四项，称"四行"：一是"报怨行"，着重对治贪瞋痴三种根本烦恼中的瞋，劝导修行者认识人生苦恼是自己前生恶业造成的，应"甘心忍受，都无怨诉"；二是"随缘行"，是对治痴（无明）的，教人领悟因缘果报之理，做到"得失从缘，心无增减，喜风不动，冥顺于道"；三是"无所求行"，引导修行者断除贪求之心，做到"安心无为"；四是"称法行"，劝人遵照大乘菩萨之道——六度（布施、持戒、忍辱、精进、禅定、般若）来修行和生活。

在现存《二入四行论》的各种本子中，上述两种《四行论》属于简本，此外尚有广本。敦煌本、日本天理大学图书馆所收藏的朝鲜在天顺八年（1464）刊印的《二入四行论》（简称天顺本）属于广本，篇幅较大，内容完整。这两种《二入四行论》不仅具有前述"二入四行"的内容，还收录慧可的语录，后面尚有缘法师、志法师、楞禅师、显禅师、暄禅师、渊法师、藏法师、贤法师、安禅师、怜禅师、洪禅师、觉禅师的语录。可以认为，他们是菩提达摩以及慧可的仰慕者、追随者，并且是达摩禅法的奉行者。

最早发现敦煌本《二入四行论》的是日本学者铃木大拙（1870—1966）。他在1934年到北平图书馆查阅敦煌文献，发现了《二入四行论》（北宿99），翌年把其影印本收在《敦煌出土少室逸书》出版。此后又出版了《校刊少室逸书及解说》二卷（安宅佛教文库 1936 年版），对前书所收的文献做了校编铅印，并加以解说。后来铃木大拙又据伦敦大英博物馆所藏 S2715 号敦煌文书对前者进行对校，收载于其《禅思想史研究第一》之中。敦煌文书 S3375、P3018、P4634 之中也有此文的断片。

日本天理大学图书馆收藏的朝鲜天顺本《菩提达摩二入四行论》，在 20 世纪末由日本驹泽大学椎名宏雄发现并做了研究和校勘，以《天顺本〈菩提达摩四行论〉》（内附天顺本《二入四行论》）为题发表在 1996 年第 54 号《驹泽大学佛教学部研究纪要》之上，后又撰写《天顺本〈菩提达摩四行论〉的资料价值》，发表在 1996 年驹泽大学第三十八号《宗学研究》之上。据此可知，天顺本《二入四行论》是一个最完整的本子，前面虽没有昙林的序，然而却有敦煌本所缺的首题、尾题及其他残缺部分，并有后人所作"四十四门"的分段且各加有标题，最后所载多人的语录是被当作"流通分"部分。椎名宏雄的这两篇论文已由程正翻译成中文，发表在2003 年吴言生主编，中华书局出版的《中国禅学》第二卷，为中国学者阅读和利用天顺本《二入四行论》提供很大方便。此外，1908年朝鲜梵鱼寺刊印《禅门撮要》所收的《四行论》缺卷首昙林之序及后面诸禅师问答的部分，具有与天顺本相同的四十四门分段，除第四十二门标题稍异外，其他标题皆同。

柳田圣山《禅的语录 Ⅰ·达摩的语录——二入四行论》（筑摩书房 1969 年版）认为，这是达摩周围的弟子根据记忆编写成的最早的语录，记载了达摩及其弟子的思想和实践。柳田将此文重新分段，共分为七十四段，皆加上标题、注释，并全部译成日文。

《二入四行论》实际是达摩与其弟子和他们的后继者关于禅法

修行言论的集录，论述了达摩禅法的基本主张。至于编写者，从情理推断，昙林除了写序之外还编录了菩提达摩的"二入四行"和他的其他言行部分。

（二）《宝林传·达摩行教游汉土章》（简称《宝林传·达磨章》）

《宝林传》，全称是《大唐韶州双峰山曹侯溪宝林传》，是唐德宗贞元十七年（801）由南岳衡山的沙门惠炬在慧能当年居住传法的韶州曹溪宝林寺编撰的，所依据的资料有所谓"诸祖传法偈谶"、历代传法宗师的"机缘"（事迹语录）；书前有会稽沙门灵彻撰写的序。原书十卷，然而久已佚失。20世纪30年代在日本京都青莲院发现第六卷；此后中国山西赵城广胜寺发现《金版大藏经》，其中有《宝林传》第一卷至第五卷和第八卷。这残存的七卷，在1935年上海影印出版的《宋藏遗珍》中有载，在台湾蓝吉富主编的《禅宗全书》第一册也载有影印本。

华山僧玄伟在9世纪末在继承《宝林传》的基础上增加唐德宗贞元（785—805）年间禅宗名僧事迹，编为《玄门圣胄集》，对后世禅宗史书也有影响，可惜此书久佚。

《宝林传》残本陆续发现以后，中日学者都进行过很多研究。日本驹泽大学的学者在20世纪七八十年代组织研究班对现存七卷进行校勘、注释和翻译成日文，2003年田中良昭汇总研究成果编为《宝林传译注》，由内山书店出版，为参考利用《宝林传》带来方便。

从历史角度来看，《宝林传》所记载内容中充斥着很多不可信的成分。主要问题有二：一是伪造佛祖传承世系和情节，所载年代自然错乱；二是资料伪滥，不可靠地方甚多。尽管如此，因为此书是属于南宗马祖法系——洪州宗的人编撰的，对于了解南宗特别是洪州宗的禅法思想，以及后世禅宗灯史所载西天二十八祖传承世系、"佛祖传法偈"及"谶偈"等内容还是有参考价值的。[1]

记述菩提达摩来华事迹的《达摩章》在《宝林传》第八卷，也称《东流小传》。然而作为达摩的传记是不完整的，只有达摩传记的后部，记述达摩到中国后见梁武帝、入魏至少林寺、传法于慧可、圆寂及梁昭明太子祭文、梁武帝所撰碑文等内容。按照此书体例，第七卷应记载达摩来华以前在印度的经历，然而第七卷现已不存。第八卷还载有慧可传记及唐法琳所撰碑文、僧璨传记和唐房琯所撰碑文等。

实际上，从现在一些资料考察，《宝林传·达摩章》中的内容并非完全是作者编造的，有些内容是在禅宗成立以后南宗兴起以前已经存在。例如说达摩从印度泛海至广州，然后被迎请到金陵觐见梁武帝，对梁武帝所问："朕造寺写经及度僧尼，有何功德？"答曰："无功德。"这一情节在神会语录《菩提达摩南宗定是非论》中已经提到；达摩圆寂后，魏使宋云在葱岭见到达摩西归的情节，在北宗史书《传法宝纪》中也有记载；达摩"一脚著履，一脚跣足"的情节在《神会和尚问答杂证义》后面的达摩传中也有记述，并说"梁武帝造碑文，见在少林寺"；在比《宝林传》稍前出世的《历代法宝记》中这几个情节皆有记载。

1　杨曾文：《唐五代禅宗史》第九章第一节，北京：中国社会科学出版社，1999 年。

至于所谓梁武帝撰达摩碑，现存多种：达摩葬地河南省三门峡市陕县熊耳山的达摩碑文（题为梁刻）、河北省邯郸市成安县二祖山的达摩碑文（唐刻）、河南登封市少林寺的达摩碑文（元刻）及《宝林传·达摩章》所收达摩碑文，彼此虽有个别语句差异，然而在内容上并无大的不同。应当说原碑文早在神会北上与北宗辩论以前已经存在，当是具有东山法门或北宗背景的人撰写的。[1]

　　可以认为，《宝林传》中的达摩传记是在吸收以往达摩诸种传说的基础上编撰的，所谓梁昭明太子的祭文也许是新编造的，然而梁武帝的达摩碑当是继承了以往的碑文。

　　《宝林传》是以记述禅宗东土、西土的祖师世系为主旨的史书，达摩的传记又比较完整，因而对后代影响也较大。

三、《四行论》《宝林传·达摩章》对达摩传记的影响

　　如果对前述七种达摩传记的内容对照《菩提达摩四行论》《宝林传·达摩章》加以考察，就会发现它们所受后者的影响是不一样的：有的主要受《四行论》的影响，有的主要受《宝林传·达摩章》的影响。当然，它们同时也受别的资料或传说影响，甚至也有创新。

1　关于梁武帝菩提达摩碑，请参考〔日〕小岛岱山《菩提达摩石碑碑文并参考资料》，载 2001 年第 1 期《世界宗教研究》；纪华传：《菩提达摩碑文考释》，载 2002 年第 4 期《世界宗教研究》。

（一）《四行论》对《续高僧传》《楞伽师资记》和《传法宝纪》中《达摩传》的影响

稍加比较就可发现，唐道宣的《续高僧传·菩提达摩传》是直接因袭昙林作序的简本《二入四行论》编撰的，只在内容上稍加删节，特别是对"四行"中的"称法行"删略得最多，只说："四名称法行，即性净之理也。"

然而同时在首尾又增加新的内容：一是明确达摩来华的时间，说："初达宋境南越，末又北度至魏。随其所止，诲以禅教。"据此可以断定菩提达摩是在南朝宋时从广州登岸入境的，然后才渡江到北魏的。按照这个说法，菩提达摩不是如后来其他史书所说达摩是在梁武帝时来到中国的。这一点很重要，可借以确定达摩在中国传法的时间，也有助于考察他的弟子们的身世和经历。

二是说"摩以此法，开化魏土。识真之士，从奉归悟，录其言诰，卷流于世。自言年一百五十余岁。游化为务，不测于终。"告诉人们菩提达摩确实在魏（北魏及东魏）弘传"二入四行"禅法，有门下弟子将他的传授记录下来，流传于世。这自然是指《二入四行论》。并且明确说达摩曾自称一百五十岁，去世的地点不明。

然而在《续高僧传》中与菩提达摩同卷有《慧可传》，其中说慧可从达摩"从学六载，精究一乘；理事兼融，苦乐无滞"；慧可是"遭贼砍臂，以法御心不觉痛苦，火烧砍处，血断帛裹，乞食如故"；达摩以四卷《楞伽经》授予慧可，说："我观汉地惟有此经，仁者依行，自得度世。"又说达摩"达摩灭化洛滨"。这些内容中，有的可能是道宣晚年根据搜集的资料补充的，对理解简短的达摩传很有帮助。《慧可传》中所载录的向居士致慧可的偈颂在广本《四行论》中有载，也许直接取自此论。

道宣是唐代著名律师和佛教史学家，应当认为在《续高僧传》所介绍达摩的事迹是比较可信的。

达摩《四行论》对北宗史书《楞伽师资记》的《菩提达摩》章影响也很大。开头说："魏朝三藏法师菩提达摩，承求那跋陀罗三藏后"，是将菩提达摩看作是南朝宋求那跋陀罗的嗣法弟子。接着记述："其达摩禅师，志阐大乘，泛海吴越，游洛至邺，沙门道育、惠可奉事五年，方诲四行。谓可曰：有《楞伽经》四卷，仁者依行，自然度脱。余广如《续高僧传》所明。"这段内容几乎全部取自《续高僧传》。至于为什么说达摩承求那跋陀罗之后，没有作具体说明，也许只是因为他提倡求那跋陀罗翻译《楞伽经》的缘故。

此后是"《略辨大乘入道四行》，弟子昙林序"，全文引述简本《四行论》。在将要结尾的地方，提到有几种《达摩论》。说：

> 此四行，是达摩禅师亲说。余则弟子昙林记师言行，集成一卷，名曰《达摩论》也。菩提师又为坐禅众释《楞伽》要义一卷，有十二三纸，亦名《达摩论》也。此两本论文，文理圆净，天下流通。自外更有人伪造《达摩论》三卷，文繁理散，不堪行用。

据此，昙林不仅为《四行论》写序，而且还撰写了其他部分。到底昙林写的仅是达摩讲述的"二入四行"部分，还是有其他部分，是不得而知的。至于其他两种《达摩论》，早已无所从考。

杜胐《传法宝纪》受《四行论》影响较小，然而所讲达摩出身婆罗门种姓，是南天竺国王第三子等内容，显然是源自《四行论》的昙林序。作者对此《四行论》也十分清楚，所谓"余传有言壁观及四行者，盖是当时权化"，认为所传达摩坐禅壁观的做法及《四行论》禅法，只是临机的说法。作者更赞赏的是带有顿教意味的"密以方便开发，顿令其心直入法界"的禅法，他自注曰："其方便开发，皆师资密用，故无所形言。"意为师徒间不借助语言的秘密传授。

　　此传除继承道宣《续高僧传·达摩传》所说达摩活了一百五十岁等说法外，还吸收当时已经流传的达摩的一些传说，如说慧可断臂、达摩遭到别人毒害，达摩去世后，魏使宋云在葱岭见到他西归等情节。

（二）《南阳和上问答杂征义》和《历代法宝记》中的《达摩传》

　　唐刘澄《南阳和上问答杂征义》中所收录的神会《达摩传》，可以看出受《四行论》的影响较少。传中所说达摩向慧可传授《金刚般若经》"说如来知见""授语以为法契，便传袈裟以为法信"，皆是神会的观点。其中提到的慧可为求达摩传法而立雪断臂、达摩去世后只履西归、梁武帝造达摩之碑等，可以推测皆属于当时北方已经广为流传的达摩传说。

　　记述唐代四川净众、保唐禅派事迹的《历代法宝记》中的菩提达摩被称作菩提达摩多罗或达摩多罗，是有意将菩提达摩与《达摩多罗禅经》中的达摩多罗看作是一个人。这种做法可能源自《法如行状》（法如是弘忍弟子，载《金石萃编》卷六）及《传法宝纪》。

尽管在这两种文献中没有明讲菩提达摩即达摩多罗，然而它们都引用过东晋慧远的《禅经序》。所谓《禅经》是东晋时佛陀跋陀罗在庐山应慧远之请译出的《达摩多罗禅经》，是介绍达摩多罗、佛大先的禅法的，上卷介绍自佛以后禅法的传承世系是：迦叶——阿难——末田地——舍那婆斯——优婆崛——婆须蜜——僧伽罗叉——达摩多罗——不若蜜多罗。慧远据此在撰写的序中只提到，在佛以后阿难传末田地——舍那婆斯……优婆崛，达摩多罗是属于这个传承世系的人。这两种文献皆把达摩多罗当成菩提达摩。

神会在与北宗僧人辩论中同样也引用《禅经序》而将达摩多罗当作是菩提达摩。《历代法宝记》受神会影响较大，不仅直接将菩提达摩改成达摩多罗，而且还进而编造在庐山翻译《禅门经》(《达摩多罗禅经》)的佛陀（佛陀跋陀罗）和耶舍（《宝林传》称是那连提耶舍）皆说成是菩提达摩的弟子。此外关于达摩见梁武帝、"第六代传法者命如悬丝"达摩只履西归等，也可能源自神会的说法。至于记述达摩所说"唐国有三人得我法，一人得我髓，一人得我骨，一人得我肉……"等，可能是取自于当时流行的传说。

（三）《宝林传·达摩章》对《祖堂集》《景德传灯录》中《达摩传》的影响

《宝林传》出世以后，曾经广泛流传。后世禅宗史书中的达摩传记几乎都受到它的影响。五代南唐静、筠二禅僧编撰的《祖堂集》和宋道原编撰的《景德传灯录》中的天竺二十八祖的名称皆取自《宝林传》，内容的很大部分也取自《宝林传》。

尽管现存残本《宝林传》已经没有第七卷，无从知道达摩在来华之前的经历和师事般若多罗的事迹，然而从二书彼此不相知，《达摩传》主要内容却基本一样来看，说明二者皆取自《宝林传》。主要有如下几点：

1. 达摩听从其师般若多罗的训示，决定到震旦（中国）传法、般若多罗向他说含有玄机的谶偈（带有预言性质的偈颂）"路行跨水复逢羊………"之类。

2. 梁普通八年（527）达摩从广州登陆（按：从史实上考察不可信），受到广州刺史萧昂迎接，梁武帝遣使迎请到金陵。

3. 达摩见梁武帝，对梁武帝问说造寺、写经、度僧有无功德所作"无功德"的回答等情节。

4. 达摩过江到北魏少林寺传法，收慧可为弟子；慧可为求法而雪中断臂；达摩让弟子讲修行所得，谓慧可得其髓，向慧可传法与袈裟、付法偈"吾本来兹土，传法救迷情"；提倡四卷《楞伽经》……

5. 回答所谓"期城太守"杨衒之所问"西国五天，师承为祖"的回答，说"亦不睹恶而生嫌，亦不观善而勤措"的偈颂。

6. 达摩被人毒害而死，葬熊耳山，然而魏使宋云从印度回国在葱岭遇见达摩只履西归。

二书《达摩传》中的这些内容，皆是取自《宝林传》，文字大部分一样。当然，《宝林传·达摩章》已吸收了以往流传的关于达摩的传说。

然而《祖堂集》《景德传灯录》中的《达摩传》也存在差异。主要有：

其一，《祖堂集·达摩传》中收有般若多罗另三首（每首四句）

谶偈、所谓佛陀跋陀罗的弟子那连提耶舍应万天懿之问所说的十三首谶偈，而在《景德传灯录》中没有。

其二、《景德传灯录·达摩传》中有达摩出国前通过辩论降伏六宗（有相宗、无相宗、定慧宗、戒行宗、无得宗、寂静宗），由此"声驰五印"以及教化轻毁佛教的"异见王"的情节，而在《祖堂集》里没有。从内容考察，《景德传灯录》中的这部分内容，未必取自《宝林传》。

我们从禅宗成立以来直到宋初各种达摩传记内容的增补和变化，可以看出这样一个事实：随着禅宗的迅速传播和发展，菩提达摩在禅宗信众心目中的地位越来越高，他们对原来《四行论》及直接受到《四行论》影响的《续高僧传》中所描述的历史上真实的朴素的菩提达摩形象和事迹已经感到不满足了，出于信仰和崇敬心理的需要，不断增进一些新的内容乃至富有浓厚的神异色彩的情节，形成种种广为流传的达摩传说。《宝林传》作为系统讲述禅宗祖师传承世系的史书，不仅吸收了这些传说并且又有所发展，对后世的禅宗史书《祖堂集》《景德传灯录》及大量灯史产生了极大影响。

北宋"一代之文豪"杨亿和禅宗

    北宋承唐、五代之后,以皇帝为首的中央集权空前强大,虽经常受到来自北方的辽、西北的西夏的武装威胁和进犯,然而以京城开封为政治中心的北方中原地区和广大江南地区却是长期处于比较稳定的局面,农业和手工业取得长足的进步,以运河为通贯南北重要动脉的社会经济相当繁荣。在此基础上,社会文化也有很大发展,无论在教育、哲学、文学、艺术等方面都有新的成果。占据正统地位的儒家在吸收佛教、道教思想的基础上形成以研究、阐释天道性命为中心的道学,将儒学推向新的阶段。在宗教方面,佛教、道教十分盛行,并且适应时代取得新的发展。

    北宋虽承五代后周实行限制削弱佛教政策之后,然而从宋太祖开始,几乎历朝都是保护和支持佛教传播的。朝廷对佛教的发展影响较大的举措有两个:一是宋太宗下诏建立译经院(后改传法院)组织来自印度的学僧和中国的学僧翻译佛经,相继任命大臣乃至宰相担任润文官和译经使,从而有力地提高了佛教的社会地位,并且扩大了佛教在儒者士大夫中的影响;二是鼓励和扶持禅宗在京城和全国传播，对禅宗迅速发展成为宋代佛教的主流派起到了极大推动作用。

在这当中，北宋儒者士大夫中有很多人表现十分突出。文学家杨亿是其中影响较大的人物之一。杨亿是北宋初期诗坛上"西昆体"的主要代表人物，在中国文学史上占有重要地位。杨亿与佛教有着较深的关系，先是作为翰林学士奉诏参与修订著名的禅宗灯史《景德传灯录》，又为新译佛经润文，后来正式信奉禅宗，经常参加参禅活动，并且与很多禅僧保持密切的往来。鉴于以往学术界对杨亿与佛教关系的专题没有进行系统深入的研究，本文对此试作较全面的考察和论述。

一、"一代之文豪"杨亿

杨亿（974—1021），字大年，建州浦城县（在今福建省）人，据传，杨亿数岁不能言。有一天，他的家人抱他下楼不小心把他的头碰了下。他忽然会说话了，家人问他，既然会说话了，能背诗吗？他便吟出："危楼高百尺，手可摘星辰。不敢高声语，恐惊天上人。"[1]诗句，令家人非常惊异。

雍熙初（984），杨亿十一岁，宋太宗闻其名，诏江南转运使张去华面见杨亿测试诗文，所作诗中有"愿秉清忠节，终身立圣朝"[2]

---

1 ［宋］江少虞《宋朝事实类苑》卷三十四，上海：上海古籍出版社，1981年，第430页。

2 《宋朝事实类苑》卷三十四，第430页。

的句子。他被送到京城，受到宋太宗召见，试诗赋五篇，下笔立成。太宗十分赏识，命内侍送杨亿到中书拜谒宰相，他当即赋诗一首，宰相也深为赞赏。据《宋史》卷二百一十《宰辅表》，当时的宰相是宋琪和李昉。宋琪以处理对辽事务见长，而李昉以史学、文学知名，《太平御览》《太平广记》和《文苑英华》是他奉敕领衔编修的。在宰相见过杨亿的第二天，太宗下制称赞他"文字生知"，并对他深有期待，说"越景绝尘，一日千里，予有望于汝也"。授之以秘书省正字（官名，掌订正典籍讹误），特赐袍笏。不久杨亿父亲亡故，服除后往依知许州的从祖杨徽之。他勤于学习，常昼夜不息。

淳化年间（990—994），杨亿进京献文，授任太常奉礼郎，后献《二京赋》，命试翰林，赐进士第，迁光禄寺丞。此后经常被太宗召至身边赋诗著文，先后命为直集贤院、著作佐郎。当时公卿的表疏多请杨亿撰写。宋真宗即位前，征他为府中幕僚之首，真宗即位拜为左正言，参预编《太宗实录》，真宗称其史学之才。不久判史馆，与王钦若辑编《册府元龟》。景德三年（1006）十一月七日召为翰林学士[1]。大中祥符（1008）初加兵部员外郎、户部郎中。杨亿身体羸弱，大中祥符五年（1012）有病，真宗派太医前往诊治。后因病请解官，授太常少卿，分司西京，许就居所医疗。大中祥符七年（1014）杨亿病愈，八月以秘书监知汝州（治今河南汝州市）。翌年应召回京，知礼仪院，判秘阁、太常寺，官至工部侍郎。

天禧四年（1020），宋真宗患中风，久居宫中不能正常视事，

1　李一飞：《杨亿年谱》，上海：上海古籍出版社，2002年。

枢密使丁谓勾结刘皇后（死后谥"章献明肃"）擅权，宰相寇准与杨亿密议奏请皇太子监国，并让杨亿代草密诏，但因谋泄，寇准被罢相，由丁谓、曹利用代为宰相。据说因丁谓爱杨亿之才，没有降罪于他。然而杨亿就在此年十二月（已进入公元1021年）病逝，年仅四十七岁，仁宗即位后赐谥曰文。

杨亿在朝廷以善文史，"文格雄健，才思敏捷"著称，并且娴习典章制度，喜奖掖后进，重交游，尚名节，在朝野文士中声誉很高。北宋中期政治家、诗文革新运动的领袖欧阳修（1007—1072）所著《归田录》卷一称杨亿"有知人之鉴"，说官至兵部员外郎、天章阁待制的仲简，官至兵部员外郎的谢希深（名绛），最初皆得益于杨亿的赏识与提携。[1]杨亿性耿直，在编书中唯与李维、路振、刁衎、陈越、刘筠友善。当时文士以得到他的褒奖为荣，而遭到他贬议者则多怨谤。他还"留心释典禅观之学"，曾奉诏为新译佛经润文，并且后来信奉禅宗，喜与禅僧交游。[2]

著作很多，现存者有：

（一）《武夷新集》二十卷。据杨亿序，景德三年（1006）十一月为翰林学士，翌年将十年来的诗文编为此集，其中诗（格律体）五卷，杂文（颂、记、序、碑、墓志、行状、策问、表状等）十五卷。

---

1 ［宋］欧阳修：《归田录》卷一，北京：中华书局，1981年，第3页。原载《欧阳文忠集》卷一二六。另可参考《宋史》卷三百四《仲简传》，卷二九五《谢绛传》。

2 以上除注明出处外，皆据《宋史》卷三百五《杨亿传》，并参考《宋史》卷二百八十一《寇准传》及卷二百四十二《章献明肃刘皇后传》、苏辙《龙川别志》卷上等。

（二）《西昆酬唱集》二卷。杨亿在序中说，他在"景德中"（此当指从景德三年任翰林学士之后），"忝佐修书之作"（奉诏编修《册府元龟》和国史），闲暇经常与钱希圣（钱惟演）、刘子仪（刘筠）等人以诗交游，"更迭唱和，互相切劘"。他将参与唱和的十五人（集中署名者实为十七人）的二百五十首诗（实二百四十八首）编为一集，取"玉山策府之名"（西昆仑）[1]，称之为《西昆酬唱集》。其中收录最多的是杨亿、刘筠、钱惟演的诗，此外有李宗谔、陈越、李维、晁迥等人，乃至丁谓的诗。

（三）《谈苑》，杨亿口述，由杨亿门下黄鉴笔录，宋庠整理，改称《杨文公谈苑》，分为二十一门，明清之际散佚，现有李裕民据群书的辑校本。涉及内容包罗万象，上起唐、五代，下迄宋初，以人事、诗文居多，旁及科学技术、宗教、艺术、典章制度等等。[2]

另有《括苍集》《颍阴集》《韩城集》《退居集》《汝阳集》《蓬山集》《寇鳌集》《刀笔集》《别集》《銮坡遗札》等，皆已不存。[3]

杨亿在北宋早期文坛上占有重要地位。杨亿作诗虽宗学唐李商隐，然而却在形式上过于追求辞藻华丽，对仗工稳，音律谐婉，并且多用典故，缺乏反映现实生活的感受和内容，带有相当程度的浮靡色彩。因他编有诗集《西昆酬唱集》，这种诗体被称之为"西昆体"。刘筠（971—1031），《宋史》卷三百五有传，以文学知名，

1　玉山是《山海经》卷二《西山经》中所载西王母所居之山；策府为《穆天子传》卷二中所说藏书之"群玉之山"，皆指昆仑山。

2　《宋元笔记丛书·杨文公谈苑》，上海：上海古籍出版社，1993年。

3　台湾商务印书馆影印《四库全书》本《武夷新集》前的《提要》。

曾得到杨亿的识拔，深受杨亿诗文风格的影响。钱惟演（962—1034），《宋史》卷三百一十七有传，是五代吴越王钱俶之子，博学善文，文辞清丽，参与编《册府元龟》，奉诏与杨亿分为之序。他们二人是以诗与杨亿唱和最多的人。西昆体在北宋文坛曾风靡三四十年。

欧阳修提倡古文，对韩愈的诗文倍加赞赏，所著《六一诗话》称赞他的笔力"无施不可""叙人物，状物态，一寓于诗，而曲尽其妙"。在提到杨亿、刘筠代表的西昆体时做了如下介绍：

> 自杨、刘唱和，《西昆集》行，后进学者争效之，风雅一变，谓西昆体，由是唐贤诸诗集几废而不行。
> 杨大年与钱、刘诸公唱和，自《西昆集》出，时人争效之，诗体一变。而先生老辈患其多用故事，至于语僻难晓，殊不知自是学者之弊。

可见以杨亿为代表的西昆体在北宋初期诗坛上影响之大。然而欧阳修并不反对作诗用典，认为用典不用典不是造成诗句难懂的原因所在，问题出在作者本人身上。他还特地引述刘筠（子仪）用典与不用典的诗句加以说明，称其"雄文博学，笔力有余，故无施而不可"。[1] 欧阳修对杨亿、刘筠主要表现于诗歌方面的文风并没有加以完全否定，甚至说："先朝杨、刘风彩，耸动天下，至今使人倾

---

1 ［清］何文焕辑：《历代诗话·六一诗话》，北京：中华书局，1981年，第266、270页。原载《欧阳文忠集》卷一二八。

想。"[1]对杨亿才思敏捷，挥笔成文的表现十分赞赏，称他是"一代之
文豪"。[2]

唐宋"八大家"之一的苏辙（1039—1112）在《汝州杨文公诗
石记》中对杨亿也提出很高的评价：

> 公以文学鉴裁，独步咸平、祥符间，事业比唐燕、许无
> 愧，所与交皆贤公相，一时名士多出其门。[3]

将杨亿看成是主持自宋真宗咸平（998—1003）至大中祥符
（1008—1016）之间约二十多年北宋文坛的领袖人物，认为可以与
唐代文坛的"大手笔"燕国公张说、许国公苏颋相比，在朝野公卿
文士中享有盛誉。

然而以杨亿、刘筠等人代表的具有形式主义倾向和浮艳色彩
的西昆体文风，受到提倡"道统"，重视经义和实务的儒者的批评。
在儒学史上被称为"宋初三先生"之一的石介（1005—1045），鼓
吹韩愈《原道》提出的自尧、舜、禹、汤、文、武、周公至孔、孟
的道统和仁义之道，特别反对佛教、道教，同时还激烈批判杨亿的
文风，提倡"文以载道"的古文。所著《怪说》将杨亿的文风与文
武周公孔孟之道、儒家五经对立起来，说："今杨亿穷研极态，缀
风月，弄花草，淫巧侈丽，浮华纂组，刓锼圣人之经，破碎圣人之

---

1 《欧阳文忠集·补遗·书简》《与蔡君谟帖五》。
2 《归田录》卷一，第 16 页。
3 《栾城后集》卷二十二。

言，离析圣人之意，蠹伤圣人之道，使天下不为《书》之典、谟、《禹贡》《洪范》，《诗》之雅、颂，《春秋》之经，《易》之繇、十翼"，表示誓死反对。[1]

然而这种批评失之于偏颇，不能看作是客观公正的评价。北宋承唐末五代之后，自然要受前代文化、社会风气的影响，杨亿的诗文中具有形式主义倾向和浮靡色彩是事实，然而并非他的一切文章著作皆是如此，例如他通晓古今典章制度，参与编撰的《太宗实录》《册府元龟》是史书，既不属"浮华""淫巧侈丽"之文，也不是反先王孔孟之道之书；他一生不离翰墨，"手集当世之述作，为《笔苑时文录》"，自然也不会是离经叛道的著作；至于他自己及代别人起草的大量奏章，自然是针对时局提出的种种对策，想必不是"缀风月，弄花草"的作品。

二、北宋的佛教译经和杨亿为新译佛经润文

北宋朝廷效仿隋唐二朝的做法，将佛经翻译作为国家的事业置于朝廷的直接管理下进行。宋太祖（960—975 年在位）派太监到益州（治今四川成都）雕造大藏经版，是宋代雕印大藏经事业的开创者。宋太宗（976—997 在位）太平兴国七年（982）在开封太平兴国寺置译经院（后称传法院）组织翻译佛经，并继续雕印大藏经，雍熙三年（986）为新译佛经写《新译三藏圣教序》。宋真宗（998—1022 在位）对儒、释、道三教都很尊崇，曾撰《崇释论》，

---

1 《怪说》上中下三篇，载《徂徕集》卷五。

将儒家的"五戒"比附儒家的"五常",说二者"异迹而道同"[1],咸平二年（999）继太宗之后作《继圣教序》。

宋代朝廷在组织翻译佛教初期只任命朝廷官员担任润文官,宋真宗晚年开始任命身居"宰辅"的高官担任"译经使兼润文"（或称"译经润文使"）的官职,以此显示译经的崇高神圣地位。杨亿从汝州回京城后的第六年,即天禧四年（1020）,与丁谓相继被任为润文官。

北宋继承前代为译经编纂目录的传统,相继编修了《大中祥符法宝录》《天圣释教总录》和《景祐新修法宝录》。[2]《大中祥符法宝录》记载北宋太宗、真宗两朝翻译的大小乘经律论和西方圣贤集传二百二十二部四百一十三卷的目录、译者、内容提要和翻译缘起等,还载录包括宋太宗、真宗等人著作在内的"东土圣贤著撰"的目录。由译经僧惟净等多人编于宋真宗大中祥符四年至八年（1011—1015）,署名"奉敕编修"的是当时的兵部侍郎、译经润文官赵安仁和杨亿。杨亿当时的官衔是"翰林学士、通奉大夫、行尚书户部郎中、知制诰、同修国史、判史馆事",未任润文官。[3]

按照《景祐新修法宝录·总录》的记载顺序,杨亿、丁谓二人

---

1 《佛祖统纪》卷四四。

2 这些经录佚失多年,1933年在山西赵城广胜寺发现金版《大藏经》时,从中发现这三个经录的残卷。1935年上海影印宋版藏经会和北京三时学会影印的《宋藏遗珍》收有这三个经录。近年中华大藏经局编《中华大藏经》第72、73册分别收有这三个经录的影印本。

3 请见拙著《宋代的佛经翻译》,载杨曾文、方广锠编:《佛教与历史文化》,北京:宗教文化出版社,2001年。

所润文的新经目录应载于《景祐新修法宝录》卷五，然而此卷已经不存，参照《天圣释教总录》最后所附的经录推测，当为《大乘宝要义论》一部十卷。杨亿就在天禧四年（1020）十二月（已进入公元1021年）去世。

三、杨亿刊定《景德传灯录》后参禅及其《汝阳禅会集》

杨亿自幼博读儒家经史，然而对佛教却知之甚少。在朝廷为官不久，看见一位同僚在读《金刚经》，竟加以责怪，认为天下没有任何可以与孔孟之书相比的书。然而他在拿到《金刚经》读了几页之后，不由得对佛教产生了"敬信"的念头。他在朝廷与尊奉禅宗的李维过往密切，受到李维不少影响。

大约在宋真宗景德元年（1004）或二年，法眼宗禅僧道原将《佛祖同参集》上献朝廷。真宗诏翰林学士左司谏知制诰杨亿、兵部员外郎知制诰李维、太常丞王曙同加刊削裁定，编为三十卷，署名《景德传灯录》，敕许刊印流传全国。杨亿为修订和推广《景德传灯录》做出了重要贡献。在这期间，杨亿对禅宗历史和宗旨有了比较全面深入的认识。[1]

此后，杨亿在知汝州期间正式拜临济宗元琏禅师为师，与当地很多禅师交往甚密，经常参加参禅活动，回京以后又与虔诚信奉禅宗的士大夫保持密切往来。

---

1 关于杨亿奉诏刊定《景德传灯录》，请详见本书第二章第四节《道原及其景德传灯录》。

（一）嗣法于临济宗广慧元琏

大中祥符七年（1014），杨亿病愈之后，八月以秘书监的身份出知汝州。他到任不久，就尽早访问广慧寺，参谒临济宗元琏禅师。

元琏（951—1036），泉州晋江（在今福建）人，俗姓陈。嗣法于临济宗汝州首山省念禅师，宋真宗景德元年（1004）应住持汝州广慧寺。[1] 宋代晓莹《罗湖野录》卷上《广慧琏章》介绍了元琏与王曙、许式、丁谓等士大夫交游的情况，评论说："景德（按：1004—1007）间，宗师为高明士大夫歆艳者，广慧而已。"杨亿不仅是元琏的朋友，而且是他的正式在家嗣法弟子之一。

据《嘉泰普灯录》卷二十三《杨亿章》记载，杨亿初次参谒元琏便问："布鼓当轩击，谁是知音者？"意为来到贵寺，击响佛堂之前护栏内的法鼓，谁是知音呢？这是一种试探。元琏机智地回答："来风深辨。"表示已经知道来者的风采和用意了。杨亿再问："恁么则禅客相逢只弹指也。"元琏答："君子可入。""可入"二字，既可理解为可进入此门，也可理解为可入禅道。于是，杨亿连声答应（"公应喏喏"）。然而元琏却说："草贼大败！"按照丛林参禅的一般惯例，这是表示抓住了对方禅语或动作的漏洞时的用语，大概是对杨亿做出正面回应的反应。当天晚上二人交谈得十分投机。元琏问杨亿，过去曾与什么人谈过禅。他答，过去曾向"云岩谅监寺"问过："两个大虫（按：老虎）相咬时如何？"谅回答他："一

---

[1] 关于元琏的生平，参见杨曾文：《宋元禅宗史》第四章第二节，北京：中国社会科学出版社，2006年。

合相。"意为二虎相争是二合一相。他请元琏谈谈对这一答语的见解，作"别一转语"。元琏表示自己不同意这一答语，在用手作出拽鼻子的姿势之后说："这畜生，更蹦跳在！"据载，杨亿听了以后"脱然无疑"，立即作偈表达自己的悟境，曰：

八角磨盘空里走，金毛师子变作狗。
拟欲将身北斗藏，应须合掌南辰后。

其中"将身北斗藏"的典故出自《云门语录》，五代时云门宗创始人文偃在有人问："如何是透法身句？"曾以"北斗里藏身"作答。杨亿的四句偈所述皆为不可能的事：石头制成的磨盘不可能在空中走，狮子也不能变成狗，到北斗藏身只是幻想，在南极星之后合掌也是想象。然而这种回答按照当时丛林参禅的风尚却属于"活句"，是能够给人更多想象空间和发挥余地的禅语。此后，杨亿便礼元琏为师，成为他的嗣法弟子。

翌年，杨亿特地写信给在京城的李维，叙述自己决定嗣法于元琏的缘由。《天圣广灯录》卷十八《杨亿章》及《禅林僧宝传》卷十六《元琏传》皆载此信。现将两者对照进行介绍。

1. "病夫夙以顽蠢，获受奖顾，预闻南宗之旨，久陪上都之游，动静咨询，周旋策发，俾其刳心之有，诣墙面之无，惭者诚于席间床下矣。"杨亿因长年多病因而自谓"病夫"，说自己在京城时从李维处得知南宗禅的旨要，经常请教，受到启发，从而能够清除心中对"有"的执着而体悟空无的道理。因此，自己原本是受法于李维的。

2．"又故安公大师，每垂诱导。自双林灭影，只履弗归，中心浩然，网知所旨，仍岁沉痼，神虑迷恍。殆及小间，再辩方位。又得谅公大士，见顾蒿蓬。谅之旨趣，正与安公同辙，并自庐山归宗、云居而来，皆是法眼之流裔。"其中的"双林灭影"，原指释迦佛在双林入灭；"只履弗归"是指菩提达摩穿只履西归的传说。杨亿以两句借喻安禅师去世。这段话是说他又前后跟来自庐山归宗寺、云居寺来的两位云门宗禅师学禅：一位是安禅师，然而他不久去世，使自己心中空虚，不知宗旨，再加上患病，精神恍惚。直到稍微痊愈，才又得以明辨行止方位；另一位是谅禅师，当即前面杨亿对元琏所说的"云岩（按：疑为'居'字）谅监寺"，他曾亲临杨亿的住所，为他说禅。

3．"去年假守兹郡，适会广慧禅伯，实承嗣南院念，念嗣风穴，风穴嗣先南院，南院嗣兴化，兴化嗣临济，临济嗣黄檗，黄檗嗣先百丈海，海嗣马祖，马祖出让和尚，让即曹溪之长嫡也。"这是讲述广慧元琏的传承法系：曹溪慧能—南岳怀让—马祖道一—百丈怀海—黄檗希运—临济义玄—兴化存奖—南院慧颙—风穴延昭—南院省念[1]—广慧元琏。

4．"斋中务简，退食多暇，或坐邀而至，或命驾从之，请叩无方，蒙滞顿释。半岁之后，旷然弗疑，如忘忽记，如睡忽觉，平昔碍膺之物，曝然自落；积劫未明之事，廓尔现前，因亦决择之洞分，应接之无蹇矣。"叙述自己在汝州与元琏交往及参禅得悟情

---

[1] 省念，一般称首山省念。然而他是先住首山，再住广教寺，后住南院（即宝应寺），因此也称南院省念。

况。谓自己的住处布置简朴，经常邀请元琏来访，有时驾车到其寺院参谒，经多次参禅叩问，迷执顿消，半年之后心中疑团皆无，"如忘忽记，如睡忽觉"，平常堵塞心胸的烦恼一下子就除去了，长期不明之事立即就明白了，从此能够清楚地明辨事理，灵便地应对事务。

5. "重念先德，率多参寻，如雪峰九度上洞山，三度上投子，遂嗣德山；临济得法于大愚，终承黄檗；云岩多蒙道吾训诱，乃为药山之子；丹霞亲承马祖印可，而作石头之裔。在古多有，于理无嫌。病夫今继绍之缘，实属于广慧，而提激之自，良出于鳌峰也。"这是解释自己之所以决定嗣法于元琏的理由。他列举往古禅师虽行脚到各地参访很多禅师，然而最后只选择嗣法于其中一人，例如雪峰义存在成名之前曾九次上江西洞山参谒师事良价，三次到舒州投子山参谒大同，然而最后决定嗣法于德山宣鉴；临济义玄虽受法于高安大愚，但最后选择嗣法黄檗希运；云岩昙晟从道吾圆智受教很多，最后却嗣法于药山惟俨；丹霞天然得到马祖印可，但却嗣法于石头希迁。杨亿表示，既然如此，自己虽在以前从云门宗的安、谅二位禅师受过禅法，但现在决意嗣法于元琏，然而最早启迪自己奉持禅法的却是身为翰林学士（"鳌峰"，翰林之喻，指李维）的您啊！

此信反映了宋代一位知名儒者信奉禅宗的心路历程和关于唐宋禅宗传承世系的情况，很有史料价值。在元代以后，此信也被编在《景德传灯录》的书后。

（二）参禅与说法

杨亿此后不仅礼师参禅，而且也向慕名前来的问道者谈论禅法。他的语录在《天圣广灯录》卷十八、《嘉泰普灯录》卷二十三的《杨亿章》有较多记载。这里仅择取几则介绍。

杨亿曾问元琏："寻常承和尚有言：一切罪业皆因财宝所生，劝人疏于财利。况南阎浮提众生以财为命，邦国以财聚人，教中有财法二施，何得劝人疏财？"[1]对于元琏常讲的劝人疏散财物的话提出质疑：人们生活离不开钱财，国家需靠钱财设官养兵，佛教所讲的施舍除"法施"（说法）之外尚有"财施"，怎么可以劝人放弃自己财产呢？对此，元琏回避正面回答，而以偈句答之曰："幡竿尖上铁龙头。"龙头虽在高处，却是铁的，又在幡竿之上，可能喻意有二：一谓此是因缘合会，是无常的；二谓龙非真龙，岂有自由可言，表示拥有财宝既不可靠，也必然带来精神烦恼。杨亿似乎已经理解，立即作答："海坛马子似驴大。""海坛"不知所指，也许是在海边祭海之坛，"马子"当指铸造的马驹，虽是马，但长的个头却像驴。元琏又说："楚鸡不是丹山凤。"是说楚人虽称鸡为凤但不是凤。[2]杨亿说："佛灭二千岁，比丘少惭愧。"谓此时已进入"末法"（佛灭一千五百年以后）时代，比丘只是相似的比丘。这些偈句与

---

1 《续藏经》本《天圣广灯录·杨亿章》的"因财宝"作"困贼宝"；"南阎浮提"作"南阎"，据《五灯会元》卷十二《杨亿章》改。"南阎浮提"是佛教讲的四大洲之一，原指印度，后也泛指现实人间。

2 ［宋］延寿《万善同归集》卷上谓："楚国愚人认鸡作凤，犹春池小儿执石为珠。"。《禅林僧宝传》卷三十《洪英传》载，临济宗僧洪英说："楚人以山鸡为凤，世传以为笑。"

杨亿开始的问话如何联系呢？也许是暗示有财而不疏财，不是真正的富；出家人爱财则为"末法"时代的假比丘。

杨亿也常向禅僧谈禅。曾对某僧说，"道不离人，人能弘道。大凡参学之人，十二时中长须照顾"；又引马祖弟子南泉普愿"三十年看一头水牯牛"的话，表示修道过程如同在田野放牛，不可分心，又如母鸡孵小鸡那样不可须臾离开。他的某些禅话中也含有哲学的思考，曾说：

> 《肇论》云：会万物为己者，其唯圣人乎？[1] 如今山河大地、树木人物纵地，是同是别？若道同去，是他头头物物，各各不同；若道别去，他古人又道：会万物为己。且恁生会？只如教中说：若有一人发真归源，十方虚空一时销陨。古德亦云：若人识得心，大地无寸土。此是甚道理？直下尽十方世界，是汝一只眼。一切诸佛、天、人、群生类，尽承汝威光建立。须是信得乃方得。（《天圣广灯录·杨亿章》）

在这里他借引述《肇论·涅槃无名论》中的话发挥世界万物彼此会通圆融的思想。大意是：世界上林林总总的事物，虽看起来各各不同，然而皆以贯通内外的心性（理）为本体、本原。因此天地同根，万物一体。从自己来说，一旦觉悟而回归法性（法身），十

1　出自《肇论·涅槃无名论》。据影印宋嘉祐本《肇论中吴集解》，这段文字应是："会万物以成己者，其唯圣人乎！"原文"树木人物纵地"中的"纵地"作"揽地"，不可解。"纵地"，意为并相存在。

方虚空便不复存在；体悟自性，便能晓悟三界唯心所造。杨亿告诉禅僧应当建立这样的气概：十方世界在你眼下，一切众生不过是你心识的产物。

实际上，这是从大乘佛教的第一义谛的角度来讲的，以此强化禅僧对三界唯心和即心是佛、见性成佛的认识和信心。

（三）编撰《汝阳禅会集》

杨亿在汝州期间，与叶县归省（也嗣法于省念）的弟子宝应寺的法昭也有密切交往，互有禅语问答。他将与元琏、法昭二人之间的参扣禅语，"随时疏录"。有人将此语录传到襄州，引起当地丛林禅师的极大兴趣，也有随之附合酬唱答对者。杨亿后来又搜集到多位禅师的语录，于是将原录加以扩充，合编为《汝阳禅会集》十三卷，自己写序。其中新增的有襄州谷隐寺绍远、玉泉寺守珍（二人嗣法石门慧彻，属曹洞宗），白马令岳（嗣法白马智伦，上承德山宣鉴法系），普宁寺归道（嗣法德山缘密，属云门宗），正庆寺惠英、鹿门山惠昭（二人嗣法云居道齐，属法眼宗）六人以及叶县归省等人的语录。杨亿在编集语录过程中，按语录的体例分为别语、代语、拈古、垂语、进语、辨语等项。[1] 可以想象，这是宋代正在兴起的文字禅的重要著作，可惜久已不存。

（四）杨亿与汾阳善昭、慈明楚圆

临济宗首山省念的弟子中，以在汾州（治今山西汾阳）传法的

1　据《罗湖野录》卷下《杨亿章》，所述禅师的法系，参考《五灯会元》有关章节。

善昭最有名。杨亿虽与善昭没有见面，然而在知汝州期间与他也有联系。

善昭（947—1024），俗姓俞，太原人。从省念受法后，大约在宋太宗至道元年（995）到达汾阳大中寺（后称太平寺）太子禅院，在此传法近三十年，名扬远近。杨亿参与修订的《景德传灯录》第十三卷于"前汝州首山省念禅师法嗣"之下，载有善昭上堂说法的语录，其中有"三玄三要""四照用"和"四宾主"等。大约在宋真宗下诏将此书编入大藏经的第二年，即大中祥符五年（1012），此书已经刻印并且流传各地了。善昭看到此书，曾与汾阳信众一起举办盛大斋会庆祝，上堂说法。[1]

杨亿出知汝州并与禅僧密切交往的消息在丛林间迅速传播。善昭此时已六十八岁，得知这一消息后，便派弟子携带自己的书信到汝州杨亿处致意。《汾阳无德禅师语录》卷首所载杨亿的序作了这样的记述：

> 师（按：善昭）遐遣清侣，躬裁尺讯，谓《广内集录》，载师之辞句，既参于刊缀；汝海答问，陪师之法属，且联其宗派。邈同风于千里，遽授书之一编。法兴、智深二上人，飞锡实勤，巽床甚谨。述邑子之意，愿永南宗之旨，属图镂版，遽求冠篇……

1　善昭的传记及语录，请参考［宋］惠洪：《禅林僧宝传》卷三《善昭传》、晦翁悟明：《联灯会要》卷十一《善昭章》及楚圆编：《汾阳无德禅师语录》、赜藏主：《古尊宿语录》卷十《善昭语录》等。

其中的"广内集录"不知所指，也许就是指《景德传灯录》，此书在道原原编的基础上有所增广修订，收有善昭的语录。"汝海"是当时人对汝阳的另一种称法。"汝海答问"当指杨亿在汝州期间与首山法系的广慧元琏、叶县归省及其弟子法昭等人之间的参禅答问，语录载于杨亿整理的《汝阳禅会集》。大意是说，善昭派弟子携信拜谒杨亿，说《广内集录》载有他的语句，已经刊载；在汝州与您一起参禅的禅师中有自己的同宗兄弟，并且赠送自己的语录集一部，请杨亿写序，以便刊印时置于卷首。这一语录集即现存的《汾阳无德禅师语录》，前面杨亿的序就是他在知汝州期间撰写的。

善昭弟子很多，最著名的是后在潭州（今湖南长沙）石霜山传法的楚圆（986—1039），其次有大愚守芝以及琅邪慧觉、法华全举等人。杨亿与楚圆也有交往。

杨亿与楚圆会见是在从汝州回到开封之后，当时他已经信奉禅宗，对禅宗通过含糊语言和动作传递禅机的做法有相当的了解。北宋惠洪《禅林僧宝传》卷二十一《楚圆传》记载，楚圆在善昭门下七年，后应请到并州（治今山西太原）智嵩住持的寺院。智嵩，或作唐明智嵩，或作三交智嵩。"唐明""三交"可能是他先后住持的寺院的名称。智嵩告诉楚圆："杨大年内翰知见高，入道稳实，子不可不见。"于是，楚圆便到开封去参谒杨亿。《禅林僧宝传·楚圆传》对楚圆初见杨亿的描述充满禅趣，不妨全录如下：

乃往见大年。大年曰：对面不相识，千里却同风。公（按：楚圆）曰：近奉山门请。大年曰：真个脱空。公曰：前月离唐明。大年曰：适来悔相问。公曰：作家！大年喝之。公曰：恰是。大年复喝。公以手画一画。大年吐舌曰：真是龙象。公曰：是何言欤？大年顾令别点茶，曰：原来是家里人。公曰：也不消得。良久又问：如何是圆上座为人句？公曰：切。大年曰：作家！作家！公曰：放内翰二十挂杖！曰：这里是什么处所？公拍掌曰：不得放过。大年大笑。

又问：记得唐明悟时因缘否？公曰：唐明问首山佛法大意[1]。首山曰：楚王城畔，汝水东流。大年曰：只如此，语意如何？公曰：水上挂灯球。大年曰：与么则辜负古人去。公曰：内翰疑则别参。大年曰：三脚蛤蟆跳上天。公曰：一任蹦跳。大年乃又笑。馆于斋中，日夕质疑智证。因闻前言往行，恨见之晚。

二人的问答蕴含什么奥妙的禅机？外人是难以确切知晓的。这里仅试猜其大意。在引文的前一段，楚圆听杨亿说彼此"千里同风"，便告诉他自己最近应请将去住持山寺。杨亿称赞此为超脱之事，楚圆补充说，他是在一月之前离开唐明智嵩的。杨亿表示悔于相问，楚圆便称赞他是位"作家"（禅机敏锐善于应对的禅者）。杨亿以大喝一声来表示不敢当。楚圆认可。杨亿又喝一声。楚圆用手比画了一下，杨亿从中晓悟出来了什么，便称赞他是"龙象"（比喻学德出众的高僧）。于是杨亿对楚圆表示认同，称之为"家里人"。当他问楚圆"为人"宗旨应是什么时，他只简单地答了个"切"字。杨亿连连称他"作家"。楚圆说要打他二十棒，即使在他

1　原文"唐明"下有"闻僧"二字，据《联灯会要》卷十二《智嵩章》，二字当衍。

的邸宅也不放过，惹得杨亿大笑。

第二段引文中，杨亿所问的"唐明悟时因缘"是指：当年智嵩参谒首山省念时问什么是"佛法大意"，首念以"楚王城畔，汝水东流"作答，智嵩当下大悟。楚王城就是楚城，这里是特指汝州的襄城，为旧汝州城，城外有汝水日夜长流。省念以此自然景观启示智嵩，佛法不离自然，就在自然之中。楚圆所谓"水上挂灯球"，意为如果在水上挂灯笼，那么水上的灯笼与水中灯影便交彻辉映，以此暗示省念的话是一句双关，既讲自然景观，又喻禅理。当杨亿对此表示不以为然时，他便说如果怀疑，那就别参省了。"三脚蛤蟆跳上天"说的是不可能的事。杨亿大概借此表示对于什么是佛法之类的问题，本来是不能回答的。然而楚圆以"一任蹦跳"表示跳跳也无妨。最后二人关系融洽，杨亿不仅自己向他请教，并且郑重地把他介绍给同样尊奉禅宗的驸马都尉李遵勖。

（五）杨亿与驸马都尉李遵勖

杨亿与驸马都尉李遵勖皆信奉禅宗，彼此之间常有禅语交往。

李遵勖（？—1038），好为文词，举进士，在宋真宗大中祥符（1008—1016）年间召对便殿，娶真宗妹万寿长公主为妻，授左龙武将军、驸马都尉，仁宗时官至宁国军、镇国军节度使。他远慕先后在襄州石门山、谷隐山传法的蕴聪禅师（965—1032）。在蕴聪晚年，特地派人把他接到京城，正式拜他为师，在他身边参禅学法前后约六年时间。蕴聪与杨亿之师元琏一样也是临济宗首山省念的弟子。因此，在临济宗内部，按辈数李遵勖与杨亿都是临济下六世，二人是叔伯兄弟。他与杨亿以及刘筠等名士因为皆倾心禅宗，成为

"方外之交"。[1] 他著有《间宴集》《外馆芳题》，并继《景德传灯录》出世之后编撰禅宗灯史《天圣广灯录》三十卷，景祐三年（1036）奏上，受到仁宗的嘉奖并为其作序。[2]

一日，杨亿问李遵勖："释迦六年苦行，成得甚么事？"李遵勖答："担折知柴重。"他没有回答释迦牟尼认识到修苦行不能使人解脱，改而到尼连禅河边菩提树下坐禅悟道等事，而只是说看见担子折断可以推测所挑的柴太重了。杨亿又问："一盲引众盲时如何？"李遵勖答："盲！"似答而非答。杨亿说："灼然。"于是便结束彼此的禅谈。他们之间对话，都尽可能选择语意含糊的所谓"活句"，而避免使用问语与答语内容相应并且契合的"死句"。（以上据《天圣广灯录》卷十八《杨亿章》）

杨亿甚至在日常生活中也穿插着带有打诨色彩的禅机问答。他生病时，问在身边的环禅师："某今日违和，大师慈悲，如何医疗？"环禅师答："丁香汤一碗。"他便装出吐的样子。环禅师说："恩受成烦恼。"在为他煎药时，他大叫："有贼！"药煎好送到他面前时，他瞪目视之，并且喊："少丛林汉！"在病重时问："某四大（按：地水火风，此指身体）将欲离散，大师如何相救？"环禅师没有回答，只是槌胸三下。他夸奖说："赖遇作家！"环禅师立即说："几年学佛法，俗气犹未除。"他说："祸不单行。"环禅师作嘘嘘声。在这些对话和动作中，含有什么禅机呢？杨亿喊"有贼"，也许是指有病魔缠身；环禅师槌胸三下，当是表示病已无可挽救；

1　《天圣广灯录》卷十七《蕴聪章》所载李遵勖《先慈照禅师聪塔铭》。
2　《宋史》卷四百六十四《李遵勖传》并《景祐新修法宝录》卷十四。

杨亿说"祸不单行"，也许是表示自己已近死期；环禅师做出嘘嘘之声，大概是表示惋惜。到底如何，不敢确定。

杨亿仿效禅僧的做法，在去世前写偈一首，并特别嘱咐第二天送驸马李遵勖。偈曰：

> 沤生与沤灭，二法本来齐。
> 欲识真归处，赵州东院西。[1]

偈中的"沤"是水泡，《楞严经》以大海中流动的水泡（浮沤）比喻人生；"真"，当指识神，即灵魂；"赵州东院"是唐代南泉弟子赵州从谂和尚所住的观音院。此偈的大意是：生与死本来无别，如果想知道我死后灵魂的归处，就在赵州和尚东院的西邻[2]。

通过对杨亿上述事迹的考察，我们不仅可以看到佛教在宋代的流行情况，也可以从中证实佛教特别是禅宗在宋代发展的重要社会原因之一是众多士大夫的尊崇和支持，并且可以从一个侧面加深我们对宋代士大夫的精神文化生活的了解。

1　《嘉泰普灯录·杨亿章》。
2　唐代赵州从谂（778—897）虽在赵州东院（观音院）住，却自称住在"东院西"。《景德传灯录》卷十《赵州和尚章》载："师出院逢一婆子，问和尚住什么处？师云：赵州东院西。"可见在这里，"赵州东院西"是就是指东院。

王安石与临济宗僧蒋山赞元、真净克文

北宋仁宗、英宗、神宗三帝在位期间（1023—1085），既是宋朝的盛世，也是开始走向衰微的时期，延续已久的内忧外患日渐突出，社会危机日益严重。

在这种形势下，儒者士大夫中的有识之士考虑如何使朝廷摆脱危机，改变积贫积弱境地的治国方略。先有仁宗朝的范仲淹推行"庆历新政"，遭遇失败。神宗即位后，重用王安石推行更大范围的变法，虽终究未能成功，然而对当时和后世都产生了很大影响。

王安石是古来少有的政治家、改革家，也是著名的文学家、诗人。明代时，他被列为"唐宋八大家"之一，他在中国佛教史上也有一定的地位。

王安石（1021—1086），字介甫，抚州临川人。他在宋仁宗晚年时举进士高第，从知鄞县、常州开始，逐渐知名天下，在任知制诰官位时，因母去世辞官服丧，服除后，于英宗朝（1064—1067）累召为官不赴。神宗即位后，王安石除知江宁府，召为翰林学士，不久任右谏议大夫、参知政事，受诏成立置制三司条例司，着手对政治、经济进行变法革新，熙宁三年（1070）拜礼部侍郎、同中书门下平章事（宰相）。王安石的变法虽对整顿弊政，富国强兵带来积极影响，然而同时也招致朝野强烈的反对。熙宁七年（1074），王安石避位知江宁府，"第二年复为相，子雱死，悲伤不已，求解政务。九年（1076）罢为镇南节度使、同平章事、判江宁府，翌年封舒国公。元丰二年（1079）复拜尚书左仆射、观文殿大学士。三年加授特进，改封荆国公，退居金陵。哲宗即位，封司空，翌年，即元祐元年（1086）去世，年六十六，赠太傅。哲宗朝赐谥曰文，配享神宗庙庭。有《王安石集》(《临川集》) 传世。"[1]

一、王安石《归依三宝赞》

王安石何时开始信奉佛教，不得而知。《王安石集》卷三十七载有《望江南·归依三宝赞》：

> 归依众，梵行四威仪。愿我遍游诸佛土，十方贤圣不相离。永灭世间痴。
> 归依法，法法不思议。愿我六根常寂静，心如宝月映琉璃。了法更无疑。
> 归依佛，弹指越三祇。愿我速登无上觉，还如佛坐道场时。能智又能悲。

---

[1] 《宋史》卷三百二十七、王偁《东都事略》卷七十九载有《王安石传》。《王安石集》，余冠英等编：《唐宋八大家全集》载录本，北京：国际文化出版公司，1997 年。

三界里，有取总灾危。普愿众生同我愿，能于空有善思惟。三宝共住持。

据此可以了解，王安石是借写词"望江南"之偈赞表示自己诚心归依佛、法、僧三宝。按照佛法，只有礼僧为师，从受"三归依戒""五戒"[1]之后才能成为居士。三归依的顺序一般是归依佛，归依法，归依僧。归依的仪式繁简不同，誓词也不尽一致。当年古印度摩揭陀国阿阇世王在听闻释迦牟尼佛说法之后，当即表示：

我今归依佛，归依法，归依僧，听我于正法中为优婆塞（按：居士），自今已后，尽形寿不杀、不盗、不淫、不欺、不饮酒，唯愿世尊及诸大众明受我请。[2]

这是最早的三归依，紧跟三归依之后的是誓愿终生受持五戒，统称为受"三归五戒"。释迦牟尼佛在世时，很多出身婆罗门和其他种姓的人以及外道，皆是依此仪式归依佛教的。

从王安石的《归依三宝赞》来看，他对佛教已有深入了解，有意将归依次序改为归依众（僧）、归依法、归依佛，然而他并未提及受五戒之事，不能说他已是正式居士。然而词句中的梵行（净行）、四威仪（行住坐卧）、六根（眼耳鼻舌身意）、三祇（三阿僧祇劫，意为不可计算的长时）、有取（有与取）、空有（空与有）、

1　五戒：不杀生、不偷盗、不邪淫、不妄语、不饮酒。
2　后秦佛陀耶舍、竺佛念译《长阿含经》卷十七《沙门果经》。

无上觉（佛）等，却绝非初入佛门者能信手拈来运用的。至于偈赞中的"普愿众生同我愿，能于空有善思惟"，希望人们经常思维空与有的语句，则表明他已通晓般若类经典中的"诸法性空"与中道的思想。从"愿我速登无上觉，还如佛坐道场时"来看，似乎对华严宗、禅宗的"初发心即成正觉"的顿教思想也是熟悉的。

然而在禅宗兴盛的情况下，王安石对禅宗尤有兴趣，愿意与禅僧密切交往，一直切磋佛法，直至晚年仍与禅僧保持往来。

二、王安石与赞元禅师的深厚情谊

在王安石为母服丧期间，曾在蒋山读书，与临济宗赞元禅师结识，彼此亲如兄弟。

赞元（？—1080），字万宗，号觉海，俗姓傅，嗣法于临济宗石霜楚圆，后到蒋山投止于同学保心住持的寺院，在保心去世后继任寺院住持。赞元在此后的传法生涯中与王安石的结识和交往非同一般。[1]

一天，王安石向赞元问禅宗的宗旨。赞元开始不予回答，然而在王安石的再三扣问的情况下，不得已答之。他说："公般若有障三，有近道之质一，一两生来，恐纯熟。"意思是王安石对接受大乘佛教的智慧（般若，这里特指禅宗宗旨），存在三个障碍，然而却具备一个接近佛道的品质。如果经过一两次的转生，就能够达到

---

[1] 关于赞元生平，请见杨曾文：《宋元禅宗史》第四章第四节，北京：中国社会科学出版社，2006 年。

王安石与临济宗僧蒋山赞元、真净克文 · 243

纯熟了。对此，王安石不理解，请他加以解释。赞元出于对他的观察和了解，说出如下一番话：

> 公受气刚大，世缘深。以刚大气，遭世深缘，必以身任天下之重。怀经济之志，用舍不能必，则心未平。以未平之心，持经世之志，何能一念万年哉？又多怒而学问，尚理于道，为所知愚，此其三也。特视名利如脱发，甘淡泊如头陀，此为近道。且当以教乘滋茂之可也。[1]

大意是说，王安石秉先天"刚大"之气而生，与世上的缘分很深，必然承受天下的重任。然而第一，虽怀有济世治国的志向，但并非自己所要实行的要废止的都能如愿，这样必然使自己的心难以平静；第二，在心未平的情况下，就很难实现治理天下之志，如何能将自己的理念化为永久呢？第三，性格多怒，又好学问，崇尚理道，意谓他的天然的自性被这种世俗的知识迷惑。这就是前面赞元提到的"般若有障三"，认为他由此三点是不能接受禅宗的般若之智的。然而同时又指出，他不重名利，生活甘于淡泊，却是易于接近佛道的品质。赞元建议他先从"教乘"（指禅宗以外的佛教诸派）入手学习佛教。赞元的话可谓词意凝重，意味深长。据载，王安石再拜受教。

在王安石受到神宗赏识重用，为参知政事及拜相之后，几乎每月都给赞元书信，然而赞元从未打开来看。王安石曾为赞元奏请章

1　［宋］慧洪：《禅林僧宝传》卷二十七《赞元传》。

服和禅师号。

赞元平时待人不讲客套，对周围事物充耳不闻，即使寺院起火，有僧被杀也漠然置之，任凭执事僧处理。王安石之弟王平甫，平时表现出豪纵之气，来拜见赞元，一再请问"佛法大意"。赞元不得已对他说：

> 佛祖无所异于人。所以异者，能自护心念耳。岑楼之木，必有本，本于毫末。滔天之水必有原，原于滥觞。心中无故动念，危乎发哉，甚于岑楼；浩然横肆，甚于滔天。其可动耶？佛祖更相付授，必丁宁之曰：善自护持。

是提醒王平甫行为应当善自检点，别逞意乱为，招致灾祸。王平甫听后不理解，问："佛法止于此乎？"赞元告诉他，"至美不华，至言不烦"，关键在是否实行[1]。

元丰之初（1078）王安石南归金陵，舟至石头，夜进山拜父母坟，前来拜谒的士大夫的车骑塞满山谷。王安石到达寺院时已经二鼓。赞元出迎，一揖之后立即回方丈入寝。王安石对他并不怪罪。此后，王安石在定林隐居，往来山中，与赞元交往密切。他写诗给赞元，曰：

> 往来城府住山林，诸法翛然但一音。
>
> 不与物违真道广，每随缘起自禅深。

---

1 《禅林僧宝传·赞元传》。

舌根已净谁能坏，足迹如空我得寻。

岁晚北窗聊寄傲，蒲萄零落半床阴[1]。

其中既有对赞元无为随缘，六根清净的赞赏，也表达了自己离开都市退隐山林，能与赞元于林下交游的恬适心情。他还写了《白鹤吟示觉海元公》《北山道人栽松》《与北山道人》等诗。写的时间不好确定。[2]

赞元于元丰三年（1080）去世，王安石于九月三日设馔祭祀，致辞曰："自我壮强，与公周旋，今皆老矣，公弃而先。逝孰云远，大方现前。馔陈告违，世礼则然。尚飨。"[3]王安石还为赞元的画像题词，曰：

贤哉人也！行厉而容寂，知言而能默。誉荣弗喜，辱毁不戚。弗矜弗克，人自称德。有缁有白，自南自北，弗句弗逆，弗抗弗抑。弗观汝华，唯食已食。孰其嗣之，我有遗则。[4]

1　《王安石集》卷十七《北山三咏其二·觉海方丈》。

2　《王安石集》卷二、卷二十八、卷三十等。

3　王安石《祭北山元长老文》，载《王安石集》卷八十六，祭祀日期是元丰三年九月四日。九月四日虽不一定是赞元去世的日期，然而他去世于元丰三年应当是没有问题的。宋代惠洪《禅林僧宝传·赞元传》记载赞元死于元祐元年，误。王安石卒于此年。

4　《蒋山觉海元公真赞》，载《王安石集》卷三十八。《禅林僧宝传·赞元传》、《建中靖国续灯录》卷七《赞元章》亦有载，但个别字有异。

寥寥数言，把一位严肃而和蔼，智慧而寡语，为人宽厚略带木讷，讲究实际的禅师的形象描绘于纸端。

三、王安石晚年敬奉真净克文禅师

王安石从熙宁七年（1074）以后在政治上逐渐失势，经常住在金陵。晚年与临济宗真净克文禅师友好交往，互相研讨佛法，在中国佛教史上留下一段儒佛学者切磋佛法的佳话。

真净克文禅师（1025—1102），陕府（陕州，治今河南陕县）阌乡人，俗姓郑，以居处泐潭、云庵为号，真净是经王安石奏请神宗所赐的号。其嗣法于临济宗石霜楚圆的嗣法弟子黄龙慧南，先后住持筠州（治今高安县）大愚寺、圣寿寺、洞山普和禅院。元丰八年（1085），真净克文到金陵（今南京），特地到钟山定林庵拜谒王安石。[1]

元丰七年（1084）王安石病，神宗派御医前来诊视。病愈之后，他上奏神宗，请求将他自己所居住的江宁府上元县的园屋改为寺院，"永远祝延圣寿"，并请皇帝赐名。神宗准其奏，赐名报宁寺。王安石为此寺置田庄、度僧。克文前来拜访他时，王安石时年已六十五岁，是他去世前一年，大概寺院刚建成不久。[2]

1　关于克文生平，见杨曾文：《宋元禅宗史》第四单第五节，北京：中国社会科学出版社，2006年。

2　《禅林僧宝传》卷二十三《真净克文传》及附在明《嘉兴藏》载宋赜藏主《古尊宿语录·宝峰云庵真净禅师语录》之后的惠洪《云庵真净和尚行状》，皆谓舍宅为寺在王安石接见克文之后，然而据清蔡上翔《王荆公年谱考略》，舍宅为寺是在元丰七年，而《行状》谓克文在"元丰之末"（即八年）东游，故接见克文时报宁寺已改建完成。

王安石从禅林早已听说克文之名，对他到来十分欢迎。在谈话中，王安石问他，各经的开头皆标佛说法的时间、处所，为什么只有《圆觉经》没有标出时处呢？对此，克文回答：

> 顿乘所谈，直示众生日用现前，不属今古。只今老僧与相公同入大光明藏（按：一般解释为佛的法身所依持的国土，称常寂光土），游戏三昧，互为宾主，非关时处。

王安石是常读佛经的，他将自己发现的问题向克文请教。克文按照他的理解并结合当时的场合，回答王安石说：《圆觉经》所说属于顿教之法，通过一切众生的日用表现出来，超越于今古。好像我与您此时同入"大光明藏"（法身土，禅宗主张真俗不二，佛的三身不离自性，不离日用），游戏于禅的境界（禅宗主张禅无定相，"见本性不乱"为禅），互相是宾主，有什么时处可言？王安石对此回答十分满意。

王安石又问：《圆觉经》中有"一切众生，皆证圆觉"这句话，但圭峰宗密认为其中的"证"字是错译，主张改为"具"字，此义如何？克文以《维摩诘经》中的"亦不灭受而取证"为据，说：

> 夫不灭受蕴而取证，与皆证圆觉之义同。盖众生现行无明，即是如来大智。圭峰之言非是。[1]

---

1 ［宋］惠洪：《云庵真净和尚行状》。

认为《圆觉经》《维摩诘经》两段经文意思一致，皆主张众生不灭无明烦恼而成佛，而不必如宗密理解的应是众生本具佛性，改"证"为"具"。王安石对他的回答十分满意，决定请他担任报宁寺住持，为"开山第一祖"。

于是，王安石与其弟、担任尚书左丞的王安礼亲自写请疏，称赞克文"独受正传，历排戏论""凤悟真乘，久临清众"[1]。王安石又奏请皇帝赐克文以紫袈裟及"真净大师"之号。

鉴于王安石、王安礼兄弟的权势和真净克文的名望，在克文任住持后，前来参禅、听法的僧俗信众、士大夫很多，以致寺院狭窄难以容下。真净克文感到难以承受其劳，不久便辞别王安石回到高安，在九峰山下建投老庵居住，前来参学者仍很多。

南宋正受编《嘉泰普灯录》竟将王安石作为真净克文的嗣法弟子。

---

1 《宋史》卷三百二十七《王安石传》及《王安石全集》卷四十三《乞以所居园屋为僧寺赐额札子》，并参考清蔡上翔《王荆公年谱考略》。另有王安石、王安礼的请疏，载于《嘉兴藏》本《云庵真净禅师语录》卷首。

苏轼与禅僧的交游

所谓"唐宋八大家"的说法始于明代。唐代韩愈、柳宗元、宋代欧阳修、曾巩、王安石、苏洵、苏轼、苏辙这八位散文大家虽然不代表中国文学史上一个特定的文学流派,然而比较集中地反映了唐宋文学所达到的卓越成就。其中苏氏三人是一家人,苏洵与其二子苏轼、苏辙被称为"三苏",他们在中国文学史上具有特殊的地位。

宋代皇帝尊崇佛教,太宗时开始设立译经院(后改传法院)翻译佛经,命朝廷高官担任润文官,真宗至神宗初曾命宰相任译经使兼润文官,新译佛经须经皇帝亲自审定后才能编入大藏经流行[1],朝廷奖励译经高僧,并且采取措施扶持佛教传播,自真宗后又特别提倡禅宗。影响所及,儒者、士大夫多接近或信奉佛教,与禅僧密切交往。

苏氏父子三人也与佛教、禅宗有较密切的关系。苏洵写《彭州

---

1 请参考杨曾文:《宋代的佛经翻译》,载杨曾文、方广锠编:《佛教与历史文化》,北京:宗教文化出版社,2001年。

圆觉禅院记》，对于"自唐以来，天下士大夫争以排释老为言，故其徒之欲求知于吾士大夫之间者，往往自叛其师以求容于吾，而吾士大夫亦喜其来而接之以礼"的现象，颇不以为然，而对僧人中保持原来信仰而亲近自己者反而表示好感。（《苏洵集》卷十五）[1] 苏氏二兄弟，特别是苏轼，不仅信奉佛教，而且对佛禅有较深入的了解，与禅僧保持密切的交游。这种情况自然也反映到他的文学创作中，甚至他的很多诗文是直接以佛教、佛菩萨、禅宗、僧人、寺院等为题材的。

本文仅从中国禅宗史和文化史的角度，就苏轼对佛禅的态度、与几位比较有名禅僧的交游进行考察，以期从一个侧面为人们了解宋代禅宗传播情况和儒者士大夫精神世界提供一些情况和线索。

一、步入仕途多坎坷，贬谪南北少平静

苏轼（1037—1101），字子瞻，在谪居黄州期间筑室东坡，自此号东坡居士，眉州眉县（今属四川）人。

仁宗嘉祐元年（1056）举进士，翌年入京赴试礼部，馆于开封兴国寺浴室院。欧阳修主持考试。苏轼以《刑赏忠厚之至论》得第二名，又以《春秋》对义居于第一，通过殿试登进士乙科，自此步入仕途。此年母程氏去世，在家居丧三年。嘉祐五年（1060）授

---

[1] 余冠英等人主编：《唐宋八大家全集》据四库全书《嘉祐新集》校勘本，北京：国际文化出版公司，1997年。苏洵这篇文章在佛教界引起很大反响，元代念常《佛祖历代通载》卷十九甚至将此全文收载。

任河南府福昌县主簿，次年复举制科入第三等，授大理评事、凤翔府签判。英宗治平二年（1065）应召回京判登闻鼓院，试秘阁入三等，得直史馆。翌年丁父苏洵忧，扶柩回乡安葬并居丧三年。神宗熙宁二年（1069）还京，历任监官告院，兼判尚书祠部。

神宗朝是北宋政治变革最为剧烈的时期。王安石得到神宗的赏识，于熙宁二年（1069）任参知政事，次年拜礼部侍郎、同中书门下平章事（宰相），受诏创立置制三司条例司，着手对政治、经济进行变法革新，以图发展农业生产，富国强兵。主要措施有：实施均输法，以减省运往京城物资的经费；推行农田水利法，按户等高下出资兴修水利；实行青苗法，在春夏贷钱粮给农民，夏秋归还并纳息，以防止豪强盘剥兼并；募役法，由州县政府出钱募人供差役，每年统一按户等收费，此外还有丈量清查土地的方田均税法、由官府监控和调节商贸的市易法、培训和选拔将官的将兵法、加强地方治安的保甲法等。还提出兴建学校，改革科举考试等措施。不难想象，在旧的官僚机构和政治体制下急剧地实施新政本来就存在阻力，再加上在实施新政过程中出现官吏从中作弊渔利等问题，因而招致来自朝野主张维持旧制和维护既得利益的各种势力的反对。熙宁七年和九年（1074和1076）王安石两次罢相，新法已渐不行。元丰八年（1085）神宗去世，哲宗即位，宣仁太后垂帘听政，任用司马光为相，全面废止新政。[1]然而所谓新、旧两党之争却一直延续

---

1 《宋史》卷十四至卷十八"神宗纪""哲宗纪"、卷三二七"王安石传"及《续资治通鉴》有关记载，并参考翦伯赞主编：《中国历史纲要》（修订本）第七章有关部分，北京：人民出版社，1995年。

到北宋灭亡。

在主张变法和反对变法的两种势力的争论、斗争中，苏轼实际是站在了后者一边的。熙宁四年（1071）苏轼对王安石的兴建学校"复古"，科举罢诗赋、明经，专以经义、论、策试取士的主张提出异议，面奏神宗"求治太急，听言太广，进人太锐"。为此，王安石对他不满，排斥他出任开封府推官，"将困之以事"。苏轼此后又上书对王安石设置三司条例司，推行均输、青苗等新法提出批评，希望神宗"务崇道德而厚风俗，不愿陛下急于有功而贪富强"。王安石大怒，使人奏其过失。苏轼看到难以立于朝，便请求外职，熙宁五年（1072）授任杭州通判，三年后，先后知密州、徐州。在所任知州之地，兴利除害，受到民众爱戴。元丰二年（1079）移知湖州，苏轼在上皇帝谢表中以诗讽喻时事，御史劾其谤讪朝廷，被捕赴京入狱，十二月责授黄州团练副使本州安置不得金书公事。

黄州在今湖北省长江以北，治今黄冈市。苏轼在元丰三年（1080）二月一日到此，住入定慧禅院，不久迁临皋亭。翌年，经朋友从黄州请得一块久已废弃的营地，便以"东坡"命名，垦荒躬耕其中，并在其上建雪堂居住，从此自号东坡居士。元丰七年（1084）初，朝廷改授苏轼以汝州团练副使本州安置，于是离黄州。在到汝州（治今河南汝州）之前，先渡江游庐山，然后南下至筠州（治今江西高安县）探望弟苏辙，七月至金陵，走到泗州（治今江苏盱眙县）时，身边资金已尽，"无屋可居，无田可食，二十余口，不知所归"，因为在常州宜兴县有他置买的山地，上书朝廷准许他到常州居住，不到汝州。[1]元丰八年（1085）初，他在得到朝廷准许之后便到常州居住。在经过金陵时，特地拜会已经失势养老在家的王安石。

不久，哲宗即位，宣仁高太后称制，任用司马光为相，全面废止新政，恢复苏轼朝奉郎并任命知登州（治今山东蓬莱市）军州事。苏轼到登州刚五日，朝廷便召他入京任礼部郎中、起居舍人。元祐元年（1086）迁中书舍人，对宰相司马光以旧差役法代替新政的募役法提出异议。此后任翰林学士兼侍读、权知礼部贡举，因论事常与当政者相左，恐不见容，请调外任。

元祐四年（1089）七月以龙图阁学士出知杭州，在任期间抗旱赈饥，浚漕河，修西湖，筑堤凿井，致力于为民造福。元祐六年应召回朝任吏部尚书，未至，改任翰林承旨，因有人进谗言，复请外任，当年以龙图阁学士出知颍州（治汝阴，今安徽阜阳市），翌年改知扬州，同年回京任兵部尚书侍郎兼侍读，不久以端明殿、翰林两学士兼任礼部尚书。

元祐八年（1093）九月，宣仁太后去世，哲宗亲政，起用原来拥护新政的大臣，倡言恢复新法，排斥元祐年间主张废除新法的旧臣，甚至连死去的司马光、吕公著也不能幸免，夺去对他们的谥号，毁所立碑。苏轼请求外任，得以端明、翰林侍读两学士出知定州（在今河北）。

绍圣元年（1094）四月，因侍御史虞策、来之邵奏称苏轼所作

1　苏轼《乞常州居住表》，载孔凡礼点校：《苏轼文集》卷二十三，北京：中华书局，1988 年。

诰词，"语涉讥讪，讥斥先朝"，诏夺苏轼的端明殿学士、翰林侍读学士之位，命他以左朝奉郎知英州（治所在今广东英德市），未至，又以左承议郎贬宁远军节度副使的虚衔，赴惠州（在今广东）编管。苏轼携幼子苏过及姜朝云，辗转经今江西虔州（今赣州）、南安、大庾岭，广东韶州、广州等地，十月二日到达惠州。

惠州在宋属广南东路，治所在归善县，另辖有海丰、河源、博罗三县。西有秀丽的罗浮山，与广州为邻，北接循州，东毗潮州，南濒南海。

苏轼到惠州归善县城之后，先由惠州府安置他暂住于地处东江、西江汇合处的合江楼（城的东门楼），不久移居于南山之下、西江之东的嘉祐寺，翌年又迁回合江楼。因长子苏迈授韶州仁化令，将携家到惠州团聚，苏轼在白鹤峰买得旧白鹤观的基地，建白鹤峰新居。

苏轼在《迁居》一诗的引言中叙述了到惠州后的迁徙经过："吾绍圣元年（按：1094年）十月二日至惠州，寓居合江楼。是月十八日，迁于嘉祐寺。二年三月十九日，得迁于合江楼。三年四月二十日，复归于嘉祐寺。时方卜筑白鹤峰之上，新居成，庶几其少安乎？"如果加上白鹤峰新居建成后的迁徙，前后共五迁居处。他是多么希望能有个长久安定的住处啊。他在诗中说：

> 前年家水东，回首夕阳丽。
>
> 去年家水西，湿面春雨细。
>
> 东西两无择，缘尽我辄逝。
>
> 今年复东徙，旧馆聊一憩。

> 已买白鹤峰，规作终老计。
>
> ……
>
> 吾生本无待，俯仰了此世。
>
> 念念自成劫，尘尘各有际。
>
> 下观生物息，相吹等蚊蚋。

可见苏轼当时的心境。他在白鹤峰买地建新居，已经有在此终老的打算，感到对于前景已经难以把握，只好任运度日。又以佛教华严宗的念（极短暂的时刻）念成劫（长时），尘（极小空间）尘成际（此指世间，有过去、现在、未来三时三世之意）的圆融思想看待自己的遭遇，感慨眼前的一切不过是生命轮回中的一个环节而已。最后以《庄子·逍遥游篇》中的"生物以息相吹也"的思想，感叹人生和万物彼此相依，然而从宇宙整体来看，也不过如同蚊蚋一样渺小。

虽然诗意如此，然而苏轼并非终日苟活，而是安排得丰富多彩，读书，"思过"，撰写诗文，绘画，会友，浏览山水，参访佛寺，还在住处附近开辟药圃、菜圃，种植人参、地黄、枸杞、甘菊和蔬菜。

苏轼在惠州赋闲两年零七个月时间。绍圣四年（1097）苏轼六十二岁时，大约在白鹤峰新居建成不久，他被贬琼州别驾昌化军（旧称儋州，在今海南省）安置，将在白鹤峰度过晚年的梦境破灭，只好将家属暂时安置于惠州，携子苏过悲凉地前往海南，六月在雷州与被编管在此的弟苏辙相别，渡海从海南澄迈登岸，七月到达昌化军，上表朝廷谢恩。

苏轼在儋州前后四年，食住十分艰苦，缺少医药，虽身处逆境，备受艰辛，但常以著书写诗为乐，并且常应请为学人讲学，受到他们的欢迎和爱戴。他与弟苏辙和其他友朋常有书信往来，尽可能地与他们保持联系。

元符三年（1100）初，宋徽宗即位，五月降诏苏轼内移廉州（治今广西合浦县）安置，又改授舒州团练副使永州（在今湖南）安置，行至英州，又诏复朝奉郎、提举成都府玉局观，居地从便。自此度岭北归，经广州、韶州、南安军、虔州、吉州、南昌，然后北上入江，乘水路东下，经江陵，五月行至真州（治今江苏仪征）时突发"瘴疠"（热带恶性疾病）重病，六月上表请以老致仕，七月二十八日于常州去世，年六十六岁，翌年葬于汝州郏城县。[1]

苏轼去世的消息一经传出，"吴越之民相与哭于市，其君子相与吊于家，讣闻四方，无贤愚皆咨嗟出涕，太学之士数百人，相率饭僧慧林佛舍（按：相国寺慧林禅院）"。[2] 苏轼为一代文豪，有不少后进文士慕名尊他为师。李廌是其中的一位，为"苏门六君子"之一，善诗文，有文集《济南集》行世。他在苏轼死后，写文祭之，其中有曰：

　　皇天后土，鉴一生忠义之心；

1　以上主要据《宋史》卷九十七"苏轼传"、苏辙《东坡先生墓志铭》、四库备要本《东坡七集》后附王宗稷《东坡先生年谱》、中华书局《苏轼文集》卷二十三至二十四所载苏轼到各地后的谢上表状。
2　苏辙《亡兄子瞻端明墓志铭》，载《栾城后集》卷二十一。

名山大川，还万古英灵之气。[1]

词语奇壮，读之令人心为之一震。

苏轼善著诗文，著述宏富，其《自评文》称："吾文如万斛泉源，不择地而出，在平地滔滔汩汩，虽一日千里无难；及其与山石曲折，随物赋形，而不可知也。所可知者，常行于所当行，常止于不可不止。"[2]主要有所谓《东坡七集》，包括：《东坡集》四十卷《东坡后集》二十卷、《东坡奏议集》十五卷、《东坡外制集》三卷、《东坡内制集》十卷、《东坡应诏集》十卷，《东坡续集》十二卷。[3]另外有《东坡志林》五卷及《易传》《书传》《论语说》（已佚）、《广成子解》《仇池笔记》。

二、苏轼与佛教

苏轼是位受过正统儒家教育的儒者，是以履行仁义之道，忠君

1　"六君子"有秦观、黄庭坚、张耒、晁补之、陈师道及李廌。引文见《宋史》卷四四四"李廌传"。"鉴"原作"监"，此处二者相通。另，宋代惠洪《石门文字禅》卷二十七跋李豸吊东坡文所载此文前有"道大难名，才高众忌"，句中"监一生"字作"知平生"；"万古"作"千载"。

2　《苏轼文集》卷六十六。

3　现有《四部备要》本《东坡七集》，据明成化四年本刊印。另有余冠英主编、国际文化出版公司 1997 年出版《唐宋八大家全集》所收简体字本《苏轼集》（下称《唐宋八大家全集》本），是以《四库全书》所载清初蔡士英刊本《东坡全集》为底本，校之以他本，后面"补遗"收有苏轼的词。中华书局 1982 年出版孔凡礼点校清王文诰注《苏轼诗集》；1986 年出版孔凡礼据明万历年间茅维编《东坡先生全集》点校的《苏轼文集》（下称中华书局校本）。

孝亲，为国为民建功立业为毕生志愿的，对于如何治国平天下有自己的主张和抱负，甚至也可以说带有一些理想色彩的。这从他的文集收录的大量论文中可以看出。他在应试礼部写的文章《刑赏忠厚之至论》，向往古代尧舜禹汤的"爱民之深""忧民之切"的仁义之道、忠厚之道，提倡以赏善罚恶以感化引导天下之人同奉"君子长者之道""归于仁"。在《礼义信足以成德论》《形势不如德论》《礼以养人为本论》等论文中，主张治国以"仁义为本"，强调德治、礼治，明确社会等级秩序，"严君臣，笃父子，形忠孝而显仁义"。他在《韩非论》等论文中虽认为治国不能离开刑名、法制之术，然而却等而下之，说三代以后天下的衰败是由于申不害、韩非、商鞅之刑名法术之说。[1] 然而实际上，正如西汉宣帝所说："汉家自有制度，本以霸、王道杂之，奈何纯任德教，用周政乎？"[2] 历代封建王朝都是将儒家提倡的行施仁义的"王道"与实施刑名法制的"霸道"结合起来治理天下的。

从苏轼的经历来看，他开始虽受社会和家庭的影响对佛教抱有好感，然而并没有真正信奉佛教，只是在他步入仕途后一再遭遇挫折，特别是在他在神宗元丰二年（1079）四十四岁被贬为黄州团练副使闲居思过的时候，思想上才发生重大转变，开始以佛教的"中道"来反思自身，真正信奉佛教。从苏轼的诗文来看，在他此后的生涯中，不管是在官居高位的短暂顺境，还是在贬谪到偏远的岭南、海南之时的极端困顿的逆境，总是对佛教禅宗怀有真切的

1　苏轼论文载中华书局校本《苏轼集》卷一至卷五。

2　《汉书》卷九《元帝纪》。

虔诚的感情，或是拜佛祈祷，或是读经写经，或是与僧人交游，或是书写表述佛教义理、禅悟的诗文，或是为寺院写记写铭，或是绘制佛像，直到从海南北归，一路所经过的佛寺几乎都留下他参拜的足迹。

因此，可以把苏轼对佛教的态度和与禅僧的交游，以贬官黄州为界分为前后两大阶段：前期从科举入仕到被贬官黄州团练副使之前，后期从被贬居黄州以后直至从海南被赦北归去世为止。

（一）前期："不信"而亲近佛教

苏轼从二十一岁到四十四岁，即从宋仁宗嘉祐元年（1056）举进士，翌年应试礼部进入官场，从任福昌县主簿到任监官告院兼尚书祠部、杭州通判，再知密、徐、湖州诸州，直到元丰二年（1079）被诬谤讪朝廷而被问罪，贬居黄州为止，虽受到王安石及其同党的猜忌，但基本上是比较顺利的。

苏轼在这二十多年期间，正值青壮年，血气方刚，满怀忠君报国的鸿志步入官场，以其博学多识，才气横溢，在朝野士大夫中声名日著。他因为受家庭和社会的影响，像很多儒者一样对佛教怀有好感，在佛教界也有朋友。

在成都有座著名寺院，名中和胜相（禅）院，后改大圣慈寺。唐末黄巢起义爆发时，唐僖宗率文武群臣 75 人从长安到成都逃难，曾停驻过此寺。在他们回到长安之后，寺院为唐僖宗及其从官画像，从而使此寺别具特色。苏轼年轻的时候每到成都常去此寺游览，与寺中的宝月惟简、文雅惟度过从密切，成为朋友。

宝月惟简（1012—1095），俗姓苏，宝月是号，祖上与苏轼同宗，于辈为兄，并且又是同乡，后成为此寺的住持。苏洵曾称赞他有唐代华严宗僧澄观之才，"为僧亦无出其右者"。[1] 苏轼入仕之后，与宝月惟简联系甚密，苏轼与他之间经常有书信往来，有很多诗文提到宝月惟简。治平四年（1067）九月，苏轼因丁父忧尚在眉县居丧，应惟简之请撰写《中和胜相院记》。[2] 在此记中，苏轼说佛道难成，僧人学道十分艰苦，"茹苦含辛，更百千万亿年而后成。其不能成者，犹弃绝骨肉，衣麻布，食草木之实。昼日力作，以给薪水粪除，暮夜持膏火薰香，事其师（按：指佛）如生"；有从身、口、意三方面制定的戒律，"其略十，其详无数"。苏轼提出：僧众摆脱了民众不得不从事的寒耕暑耘，也不为官府服劳役，"治其荒唐之说，摄衣升坐，问答自若，谓之长老"。苏轼对佛教是经过一番考察和研究的。他说：

> 吾尝究其语矣，大抵务为不可知，设械以应敌，匿形以备败，窘则推惰溟漾中，不可捕捉，如是而已矣。吾游四方，见辄反复折困之，度其所从遁，而逆闭其涂。往往面颈发赤，然业已为是道，势不得以恶声相反，则笑曰：是外道魔人也。吾之于僧，慢侮不信如此。

苏轼在这里所说当指禅宗的说法和参禅的情景：禅师以含糊、笼统的词语说法，有时与参禅学人以语言乃至动作较量禅机。看来

1　［明］明河：《补续高僧传》卷二十三《宝月大师传》。
2　此记撰写时间从孔凡礼：《苏轼年谱》，北京：中华书局，1998年。

他也懂得此中奥妙，也曾以禅语向禅僧比试，有时甚至堵住对方的退路将其逼到难以应对的地步，对方便以笑骂他是"外道魔人"而收场。因此，他在惟简请他为寺院写记之时，一方面从情谊上不好拒绝，同时又表示自己既然不信佛教却又同意写记，"岂不谬哉"！不得已，"强为记之"。[1]

苏轼之父苏洵，在京城以霸州文安县主簿的官衔编纂太常礼书，书方成而于治平三年（1066）去世。生前嗜好书画，弟子常从各方购画以赠。唐代长安有唐明皇（玄宗）所建经龛，四面有门，吴道子在门的八板之上皆绘有菩萨、天王像。唐僖宗广明元年（880），黄巢起义军攻入长安，经龛被焚。有僧从火中将其四板抢救带到外地，后来有人辗转买到赠给苏洵。苏洵去世后，苏轼与苏辙扶柩归乡安葬，也将此四板绘画带回。待苏轼免丧将要入京之际，他想为父向寺院作舍施，以尽孝道，听从成都大圣慈寺惟简的劝告，"舍施必以其甚爱与所不忍舍者"，于是便将此画板施与惟简，又舍钱若干。惟简在寺院建立大阁将此板画收藏，又画苏洵之像于阁上。[2]

杭州自六朝以来佛教兴盛，唐末五代又特别盛行天台宗、禅宗。苏轼通判杭州，在僧众中结识了很多朋友。后来，苏轼从知密州改知徐州，正赶上黄河决口，洪水即将漫东平县城，徐州城危。他听从一位名叫应言的禅僧的建议，凿清冷口引水北入废河道，并引东北入海，东平、徐州遂得以安。在苏轼知湖州、自黄州迁汝州

1　载中华书局校本《苏轼文集》卷十二。

2　苏轼《四菩萨阁记》，载中华书局校本《苏轼文集》卷十二。

时都见过此僧，并为他住持的荐诚寺院所造五百罗汉像写记。苏轼在文章中对应言的才能大加赞赏，感慨地说："士以功名为贵，然论事易，作事难，作事易，成事难。使天下士皆如言，论必作，作必成者，其功名其少哉！"[1]

总之，苏轼在遭贬黄州之前，在京城或地方为官期间，越来越多地接触和了解佛教，结交了很多僧人朋友，然而他尚未信奉佛教，更未成为居士。

（二）后期：自称居士，是"归诚"佛教的儒者

苏轼在元丰二年（1079）从徐州移知湖州，因受诬讦讪朝廷被捕入京狱，同年九月责贬黄州团练副使本州安置五年，在哲宗朝被起用入京为翰林学士兼侍读，出知杭州，再应召入朝，官至以端明殿、翰林两学士兼礼部尚书，达到他入仕以来的顶点，然而最后被贬至惠州、海南昌化达七年之久。这七年是他一生最困苦的时期。

在这期间，他休闲、读书、思考和著述的时间最多。他在读儒家经典，撰写诸如《易传》《书传》《论语说》等之外，随兴书写了很多诗文，并且也深入阅读佛典，吸收佛教的中道、禅宗的心性学说来修心养性。他所到之处，参观佛寺，结交僧人，并且应请写了不少记述寺院、佛菩萨、高僧事迹的记、赞、铭、碑等等。

苏轼在元丰三年（1080）二月到达黄州，虽有黄州团练副使的官衔，但因为"不得金书公事"，经常闭门反思自己以往的言行和遭遇。据苏轼元丰七年（1084）四月即将离开黄州时所写《黄州安

---

1 《荐诚禅院五百罗汉记》，载中华书局校本《苏轼文集》卷十二。

国寺记》，说他在黄州期间已经真心地"归诚"于佛教，定期到城南安国寺，以佛教的中道、一切皆空的思想指导打坐，静思，以消除心中的郁闷和烦恼，求得内心的清净。他说：

> 舍馆粗定，衣食稍给，闭门却扫，收召魂魄，退伏思念，求所以自新之方，反观从来举意动作，皆不中道，非独今之所以得罪者也。欲新其一，恐失其二。触类而求之，有不可胜悔者。于是，喟然叹曰：道不足以御气，性不足以胜智。不锄其本而耘其末，今虽改之，后必复作。盍归诚佛僧，求一洗之。得城南精舍曰安国寺，有茂林修竹，陂池亭榭。间一二日辄往，焚香默坐，深自省察，则物我相忘，身心皆空，求罪垢所从生而不可得。一念清净，染污自落，表里翛然，无所附丽。私窃乐之。旦往而暮还者，五年于此矣。[1]

他在闭门思过中，对于自己以往所思所作皆不满意，认为皆未达到"中道"（从上下文看，已不完全是儒家的中庸），意识到要彻底改变这种情况，必须从根本入手，既然自己旧有的道、性有所不足，便决定"归诚"佛教，以洗心革面，开创新的人生道路。于是，他每二三日到安国寺一次，在那里烧香打坐深思，从大乘佛教的般若性空、禅宗的"无念"修心理论中得到启迪，体悟到世上一切皆空，如果做到心体空净，自可超越于净垢、善恶之上。寺院住持继连为人谦和，少欲知足，对苏轼感触很深。知州徐君猷对苏轼

1　中华书局校本《苏轼文集》卷十二。

也很好，每值春天约他来游此寺，饮酒于竹间亭。[1]

苏轼到黄州在第二年，开垦旧营地的东坡，躬耕其中，又在上面建数间草屋，因下雪时建，并且室内四壁绘雪，故名之为东坡雪堂。从此，他自号东坡居士，在不少诗文用此号署名。这一"居士"与欧阳修自称的不带有佛教意义的"六一居士"[2]中的"居士"不同，是已经"归诚佛僧"的居士。成都大圣慈寺于元丰三年（1080）建成供藏佛经的经藏，称之为"大宝藏"，住持宝月惟简派人到黄州请苏轼写记。苏轼以四字句撰写《胜相院经藏记》，时间当在建成雪堂之后。他在文章中自称居士，说：

> 有一居士，其先蜀人，与是比丘，有大因缘。去国流浪，在江淮间，闻是比丘，作是佛事，即欲随众，舍所爱习。周视其身，及其室庐，求可舍者，了无一物。……私自念言：我今惟有，无始以来，结习口业，妄言绮语，论说古今，是非成败。以是业故，所出言语，犹如钟磬，黼黻文章，悦可耳目。……自云是巧，不知是业。今舍此业，作宝藏偈。愿我今世，作是偈已，尽未来世，永断诸业，客尘妄想，及事理障。一切世间，无取无舍，无憎无爱，无可无不可。时此居士，稽首西望，而说偈言……[3]

---

1 《遗爱亭记》，载中华书局校本《苏轼文集》卷十二。

2 据欧阳修《六一居士传》，所谓"六一"是指藏书一万卷、金石遗文一千卷、琴一张、棋一局、酒一壶及"吾一翁"，他自己为六中之一，故称六一居士。载《唐宋八大家全集》本《欧阳修集》卷四十四。

3 载中华书局校本《苏轼文集》卷十二。

文中，苏轼表示自己清贫，已经无物可以施舍，可以舍施者唯有自己的言语文章，愿以撰写此偈，求得未来能够断除源自种种妄想烦恼的诸业，使自己的精神超越于取舍、憎爱等差别观念而达到解脱。在这里，我们看到的是一位已经信奉佛教并且对佛教思想具有相当造诣的居士。

苏轼谪居惠州、昌化时，在心灵深处更加虔信佛教，并且因为已经读过很多佛经，在日常生活中常以佛教的空、禅宗特别提倡的"无思"（无念）理论来净化、规范自己的思想，在撰写文章中也能够熟练地引用佛教词语。他到惠州的行程中，曾到虔州（治今江西赣县）崇庆禅院参访，看到那里新建的经藏——"宝轮藏"。到达惠州后，撰写《虔州崇庆禅院新经藏记》，先对如来（佛）、舍利弗达到觉悟是"以无所得而得"[1]作了发挥，然后说：

> 吾非学佛者，不知其所自入。独闻孔子曰："《诗》三百，一言以蔽之，曰：思无邪。"夫有思皆邪也，善恶同而无思，则土木也。云何能使有思而无邪，无思而非土木乎？呜呼，吾老矣，安得数年之暇，托于佛僧之手，尽发其书，以无所思心会如来意。庶几于"无所得故而得"者。谪居惠州，终岁无事，宜若得行其志，而州之僧舍无所谓经藏者。独榜其所居室曰思无邪斋，而铭之致其志焉。[2]

1　经查，此语出自《维摩诘经》卷中《众生品》，原文是："天曰：舍利弗，汝得阿罗汉道耶？曰无所得故而得。天曰：诸佛菩萨亦复如是，无所得故而得。"

2　中华书局校本《苏轼文集》卷十二。

按照佛教的般若理论，最高的觉悟是达到体悟毕竟空（真如、实相）的精神境界，然而这一境界是不能通过执意地（有为）修行达到的，也不是借助语言文字可以表述的，此谓"无所得而得"。禅宗认为自性本体空寂，主张通过实践"无念"（于念而不念，不是绝对地不念）禅法来领悟自性，达到体悟毕竟空的精神境界。对此，苏轼只是择取其中部分意思，并使之与孔子的"思无邪"会通，然而又想不通怎样做到无思而非土木，有思而无邪念。他想佛教经典对此一定会有解答，所以表示：可惜自己已老，否则真想花几年时间礼僧为师，尽读经典，以佛教的"无所思"的思想来领会佛的本意。

苏轼到惠州途中及从海南北归，都曾到禅宗的祖庭韶州曹溪南华寺参拜。苏轼常穿僧衣，但在与客人相见时在外面加穿官服。他对南华寺住持重辩说："里面着衲衣，外面着公服，大似厄良为贱。"意为以官衣压在僧衣上有点对佛僧的轻贱，言外之意是真不如出家算了。然而重辩立刻对他说："外护也少不得。"[1]意为他以居士身份担当佛教的外护更有意义。

苏轼有一篇《雪堂记》，从文章后面的"吾不知五十九年之非而今日之是，又不知五十九年之是而今日之非"来看，应是著于五十九岁贬谪惠州之时作。其中借他在黄州东坡雪堂与"客"的对话，表达他对处世的基本态度。客对他住进雪堂，以安居雪堂和观赏室内绘雪之景自娱，颇不以为然，说他尚未超越于"藩"（藩篱）

---

1 《记南华长老答问》，载中华书局校本《苏轼文集》卷七十二。另 ［南宋］晓莹：《云卧丛谈》卷下也有稍详记载，可以参考。

之外，不是"散人"，仍是"拘人"（未完全自由）；告诉他真正束缚人自由的"藩"是世间的"智"（世俗智慧、知识），它驱使人有言有行，"人之为患为以有身，身之为患以有心"，然而身心皆不会因安娱于雪堂等外景而消解其患，"五官之为害，惟目为甚，故圣人不为"……所说道理近似于佛教，说的也是一种出世的道理。对此，苏轼借"苏子"以明自志说，以绘雪之近景达到"适意""寓情"的目的，"洗涤其烦郁"也就可以了，不敢有其他奢望，表示说："子之所言也，上也；余之所言者，下也。我将能为子之所为，而子不能为我之为矣"；"我以子为师，子以我为资，犹人之于衣食，缺一不可"。[1]

在这里，苏轼是以寓言的形式表达：他虽以出世为高，但并不想追求真正的出世，而愿保持在世的身份，遵守社会规范和尽力于社会义务（"藩"之内）。由此也可以说，尽管苏轼在遭贬黄州之后奉佛相当虔诚，广读和书写佛经，参访寺院礼拜佛菩萨像，为佛菩萨罗汉写赞铭，诚心操办已亡父母、妻妾的追荐法会，向其子苏过讲《金光明经》……然而他仍是位儒者，是位愿意以居士身份做佛教"外护"的儒者。

（三）主张禅教和睦，彼此会通

唐末五代以来，禅宗在迅速兴起过程中，经常与禅宗外诸宗

1　载中华书局校本《苏轼文集》卷十二。

（所谓"教""律""讲"[1]）发生争论，彼此不和。苏轼对此逐渐有所认识。

苏轼认为诸教、禅宗都有不尽如人意处。他为怀琏禅师写的《宸奎阁碑》说北方诸教"留于名相，囿于因果，以故士之聪明超轶者皆鄙其言，诋为蛮夷下俚之说"，[2]也可以看作是对诸教的批评。

同时，他也曾批评过禅宗：

以为斋戒持律不如无心，讲诵其书不如无言，崇饰塔庙不如无为。其中无心，其口无言，其身无为，则饱食而嬉而已，是为在以欺佛者也。（《盐官大悲阁记》）

近岁学者各宗其师，务从简便，得一句一偈，自谓了证，至使妇人孺子，抵掌嬉笑，争谈禅悦，高者为名，下者为利，余波末流，无所不至，而佛法微矣。（《书楞伽经后》）[3]

应当说，他的批评还是抓住了要害，相当有分量的。

他尽管比较喜好禅宗，然而还是主张禅、教应当和睦相处，互相认同。他说：

孔、老异门，儒、释分宫。又于期间，禅、律相攻。我

---

1 "教"，是言教，因禅宗外诸教派强调依据经典，故称；重视讲经讲教义，有的场合也称为"讲"；因以传统戒律管理寺院，寺称律寺，其教有时也被称之为"律"。

2 载中华书局校本《苏轼文集》卷十七。

3 分别载中华书局校本《苏轼文集》卷十二、卷六十六。

见大海，有北南东。江河虽殊，其至则同。虽大法师，自戒定通。律无持破，垢净皆空。讲无辩讷，事理皆融。如不动山，如常撞钟。如一月水，如万窍风。（《祭龙井辩才文》）

指衣冠以命儒，盖儒之衰；认禅、律以为佛，皆佛之粗。本来清净，何教为律？一切解脱，宁复有禅？而世之惑者，禅、律相殊，儒、佛相笑。不有正觉，谁开众迷。（《苏州请通长老疏》）[1]

苏轼读过《般若心经》《金刚般若经》《维摩诘经》及《楞伽经》《圆觉经》等经，并读过禅宗《六祖坛经》《景德传灯录》等，对大乘佛教的空义、中观、心性空寂清净等思想和禅宗要义比较了解。他这是站在诸法性空、终极实相或第一义谛的角度，提出孔与老、儒与佛、禅与教（律、讲）终竟是超越彼此的差别，互相融通的，互相敌视和争论是不必要的。因此，他结交的朋友中，既有禅僧，也有诸教之僧。

三、僧中多知交，往来情谊深

苏轼在佛教界有不少知心朋友，有的从年龄上看是他的前辈，也有的是他的同辈或后辈。其中以禅僧居多，著名的有云门宗的大觉怀琏及其弟子金山宝觉、径山惟琳、道潜（参寥子），还有佛印了元、净慈法涌（善本）；临济宗的东林常总、南华重辩；曹洞宗

1　分别载中华书局校本《苏轼文集》卷六十三、卷六十二。

的南华明禅师等。此外有天台宗的慧辩、南屏梵臻、辩才元净等人。苏轼与这些朋友之间形成深厚的感情，彼此间经常有书信、诗文往来。在他后来一再遭到贬谪，生活遇到困苦的时候，这些朋友给他很大安慰和帮助，有的甚至从远道前去探望他。

苏洵、苏轼父子在京城与在十方净因禅寺的云门宗禅僧大觉怀琏禅师有密切交往。怀琏嗣法于云门下三世泐潭怀澄，是应仁宗之召于皇祐二年（1050）入居此寺的，经常应请入宫说法，受到仁宗的钦敬，彼此有诗偈酬答。仁宗还亲手将自著诗偈十七篇赐他。怀琏虽多次请求归山，仁宗皆婉留，直到英宗治平三年（1066）才得以南归，诏许他可随意选择寺院住持。后来他到明州的阿育王山广利寺（在今宁波鄞州区）担任住持，在寺建宸奎阁用以收藏仁宗赐给他的诗偈。

苏轼在知杭州时应怀琏弟子之请撰写了《宸奎阁碑》，称怀琏"独指其妙与孔老合者，其言文而真，其行峻而通，故一时士大夫喜从之游，遇休沐日，琏未盥漱而户外之履满矣。"是说怀琏所宣述的禅宗的"无念"与心性之说与儒、道有共通之处，他本人又持戒精严，因而受到士大夫的欢迎。苏轼对怀琏十分尊敬，在以后的生涯中经常想起和提到他。在他任杭州通判时，将父苏洵平生喜爱的一幅禅月贯休（832—912）所绘制的罗汉图施赠怀琏，在《与大觉禅师琏公》信中解释施赠此画的理由时说："先君爱此画。私心以为，舍施莫若舍所甚爱，而先君所与深厚者，莫如公。"[1]这与将苏洵的菩萨板画施舍给成都大圣慈寺一样，也是对父亲尽孝的表示。

---

1 《与大觉禅师书（杭倅）》，载中华书局校本《苏轼文集》卷六十一。

在怀琏八十三岁时，苏轼听说他处境困境，"几不安其居"，便托人带信给明州知州请予照顾。[1] 在怀琏去世之后，他写祭文悼念。[2] 可以说，怀琏是苏轼最早结识的著名禅师，并且通过他开始接触真正意义上的禅宗。

宋代的通判，是州府的副职，简称倅，主管监察州府官吏，负责民政、财政及赋役等，有关政务文书须与正职知州或知府连署。苏轼任杭州通判期间的知州先后是沈立、陈襄。[3] 在任三年，此后又以龙图阁学士身份知杭州近三年。苏轼在杭州做出很多为民兴利除害的惠政。天台宗、禅宗、净土信仰在杭州都十分兴盛。苏轼与天台宗僧海月惠辩、南屏梵臻、辩才元净，禅宗云门宗的契嵩[4]、怀琏的弟子径山法琳、道潜（参寥子）都有交往。

海月慧辩，或作惠辩，海月是号，俗姓傅，是天台宗著名学僧遵式弟子，在杭州天竺寺传法。仁宗时知州沈遘任他为都僧正[5]，在僧官正副僧正下负责佛教的"簿帐案牒"等具体事务。熙宁六年（1073）去世。苏轼任通判时，与他接触较多，情谊很深。慧辩死后二十一年，苏轼贬官惠州，应其弟子之请写《海月辩公真赞》，回忆当年通判杭州时对他的印象，说他"神宇澄穆，不见愠喜，而

---

1 《与赵德麟十七首》之一，载中华书局校本《苏轼文集》卷五十二。

2 《祭大觉禅师文》，载中华书局校本《苏轼文集》卷六十三。

3 吴廷燮《北宋经抚年表》。

4 苏轼《祭龙井辩才文》谓："我初适吴，尚见五公，讲有辩、臻，禅有琏、嵩，后二十年，独余此翁。"中华书局校本《苏轼文集》卷六十二。

5 《佛祖统纪》卷十一有慧辩传。据吴廷燮《北宋经抚年表》，沈遘任杭知州在嘉祐七年（1062）。

缁素悦服"，赞词中有："人皆趋世，出世者谁？人皆遗世，世谁为之？爰有大士，处此两间，非浊非清，非律非禅，惟是海月，都师之式"。[1] 是把慧辩看作是超越于世、出世和禅、律之上的高僧。

辩才元净（1011—1091），辩才是英宗赐号，俗姓徐，与慧辩一样也嗣法于遵式。先在杭州上天竺寺传法，后移至南山龙井，虽讲天台教义，然而尤重西方净土法门，与参寥子为友。[2] 苏轼两次治杭，与他往来尤多，诗文中经常提到他。在《辩才大师真赞》中说"余顷年尝闻妙法于辩才老师"，可见曾从他听过佛法，也许听的正是天台宗教义。元净去世时，苏轼在知汝州任上，写了著名的《祭龙井辩才文》。[3]

佛日契嵩，佛日是号，是与怀琏同辈的云门宗禅僧，住杭州灵隐寺，在仁宗嘉祐六年（1061）进京上仁宗皇帝书，乞将所著《传法正宗记》《辅教篇》等编入大藏经，诏允准其请，并赐以"明教大师"号。[4] 苏轼通判杭州的第二年契嵩即去世，交往不会太多，然而由于契嵩的名望，对他十分敬重。苏轼在《书南华长老重辩师逸事》中回忆说："契嵩禅师常瞋，人未尝见其笑。海月慧辩师常喜，人未尝见其怒。予在钱塘（按：杭州），亲见二人皆跌坐而化。……乃知二人以瞋喜作佛事也。"[5]

---

1 中华书局校本《苏轼文集》卷二十二。

2 《佛祖统纪》卷十一有其传。

3 中华书局校本《苏轼文集》卷二十二、卷六十三。

4 ［宋］惠洪：《禅林僧宝传》卷二十七有传。请详见拙著《宋云门宗契嵩的著作及其两次上仁宗皇帝书》，载觉醒主编：《觉群·学术论文集》，北京：商务印书馆，2001 年。

5 中华书局校本《苏轼文集》卷六十六。

径山维琳，号无畏，是怀琏弟子。宋惟白编《建中靖国续灯录》卷十一载其简单的语录，曾住持大明寺，后住径山传法。据苏轼《答径山惟琳长老》的"与君同丙子，各已三万日"[1]，可知他与苏轼同岁，皆生于仁宗景祐二年丙子岁（1035），三万日是概数，不会是八十岁以上，应是超过二万日的说法，在六十岁以上时写。维琳所在径山禅寺按照"祖师之约"只许担任住持的师父直接传给徒弟，是所谓"甲乙住持"寺院（或称甲乙徒弟院）。然而苏轼知杭州时，废除此约，改为"十方丛林"，从十方僧中选拔优秀的人担任住持。维琳就是他参与选拔任径山寺住持的。[2] 苏轼从海南北归，身患大病，住在置有田产的常州，写信给维琳说："某卧病五十日，日以增剧，已颓然待尽矣。……不审比来眠食何似？某扶行不过数步，亦不能久坐，老师能相对卧谈少顷否？"表明苏轼对维琳感情之厚，思念之深。在另一封信中说："某岭海万里不死，而归宿田里，遂有不起之忧，岂非命也夫？然死生亦细故尔，无足道者，惟为佛为法为众生自重。"在生死的最后关头，他既以"为佛为法为众生"自勉，也似乎是在勉励老友维琳。还有一封被认为是苏轼绝笔的信，说："昔鸠摩罗什病亟出西域神咒，三番令弟子诵以免难，不及事而终。"[3] 从内容看，这三封信皆应写于建中靖国元年（1101）五月北归行至真州发病之后。苏轼于七月去世。因此，这三封信皆

1　《唐宋八大家全集》本《苏轼集》卷二十五。

2　《维琳》，载中华书局校本《苏轼文集》卷七十二。

3　前两封信载中华书局校本《苏轼文集》卷六十一。后一封信，载同书《苏轼佚文拾遗》卷上，原载《东坡先生纪年录》建中靖国元年纪事。

可看作是绝笔。

金山宝觉，《建中靖国续灯录》卷十一目录将苏轼列入怀琏的法嗣，然而未载其传录。金山寺在润州（治今镇江），是著名禅寺。苏轼的好友、云门宗禅僧佛印了元在他之后曾在此住持。在苏轼文集中有不少提及他的诗文。苏轼通判杭州时经常游金山寺，有诗《金山寺与柳子玉饮大醉卧宝觉禅榻夜分方醒书其壁》，其中有："诗翁气雄拔，禅老语清软。我醉都不知，但觉红绿眩。"在《金山宝觉师真赞》中，描述宝觉"望之俨然，即之也温。是惟宝觉，大士之像。因是识师，是则非师，因师识道，道亦非是。"[1] 颇蕴禅语意味。苏轼从杭州移知密州时，来不及面辞，宝觉竟先乘舟到江北为他饯行。苏轼到密州后，给宝觉写信，谓"东州僧无可与言者"，并赠自著《后杞菊赋》，答应为他写《至游堂记》。[2] 这都说明苏轼与宝觉的交谊是很深的。

善本（1035—1109），号法涌，俗姓董，嗣法于云门下五世宗本（1021—1100）。宗本应神宗的召请入京为相国寺慧林禅院住持，晚年归住苏州灵岩山寺。善本也曾从云门下五世法秀（1027—1090）受法。法秀经越国大长公主与驸马都尉张敦礼上奏神宗，应召入京住持他们建造的法云寺。善本原在杭州净慈寺传法，在法秀去世之后，张敦礼奏请哲宗礼请善本进京继任法云寺住持，后受赐大通禅师之号。《禅林僧宝传》卷二十九《善本传》记载："王公贵

1　引诗载《唐宋八大家全集》本《苏轼集》卷六，赞载中华书局校本《苏轼文集》卷二十二。

2　《与宝觉禅老三首》（密州），载中华书局校本《苏轼文集》卷六十一。其中第三首当是与赵德麟的信。

人施舍，日填门；厦屋万础，涂金镂碧，如地涌宝坊。"法云寺在名义上是为外戚所建，实际是准皇家寺院，受到王公贵族的巨资施舍是理所当然的事。善本在京城八年，告老退居杭州南山，徽宗大观三年（1109）去世，年七十五岁。[1]

苏轼在杭州作通判期间已经结识善本，后在知杭州期间正赶上驸马都尉张敦礼聘请善本入京。苏轼从中协助，写《请净慈法涌禅师入都疏》，其中说：

> 京都禅学之盛，发于本、秀（按：宗本、法秀）。本既还山，秀复入寂。驸马都尉张君予（按：张敦礼字）来聘法涌，继扬宗风，东坡居士适在钱塘，实为敦劝。……愿法涌广大慈悲，印宗仁得仁之侣；深严峻峙，诃未证谓证之人。[2]

在把善本法涌送走之后，苏轼特地请原在越州（治今浙江绍兴）传法的楚明禅师来杭州继任净慈寺住持。苏轼此后奉敕入京任职期间，曾参加张敦礼请善本主持的水陆法会，应请撰写《水陆法会像赞并引》，为在法会上陈列的代表各类众生的十六尊位法像写赞。[3]

---

1 以下主要据《禅林僧宝传》卷二十九《善本传》，并参考《建中靖国续灯录》卷十五《善本章》。

2 中华书局校本《苏轼文集》卷六十二。

3 《楚明》，载中华书局校本《苏轼文集》卷七十二；《水陆法像赞并引》载卷二十二。

四、苏轼与云门宗佛印了元

了元（1032—1098），嗣法于云门下三世善暹禅师，曾住持庐山开先寺、归宗寺，丹阳的金山寺、焦山寺（皆在今镇江）、江西的大仰山寺等寺，四次出任南康军（治今江西星子县）云居山真如寺住持，在僧俗间声望很高。[1]

黄州与庐山隔江斜向相对。云门宗了元禅师任庐山归宗寺住持时，与谪居黄州的苏轼互有书信往来，在任润州金山寺住持后，得知苏轼将移汝州，又特地邀请他得便到金山访问。[2] 苏轼离开黄州，首先南下到筠州探望弟苏辙，然后北上沿江东下，在经过瓜步（在今江苏南京六合区东南）时，给了元去信表示要前往金山寺访问，特地嘱咐说："不必出山，当学赵州上等接人。"[3] 然而了元接到信后却亲自出门迎接，苏轼问其原因，以诗答曰："赵州当日少谦光，不出三门见赵王，争（按：怎）似金山无量相，大千（按：大千世界）都是一禅床。"[4] 苏轼拊掌称善。因苏轼自信前世是云门宗僧五祖

---

1 关于了元生平，详见本书第三章第二节。

2 中华书局校本《苏轼文集》卷六十一载苏轼与佛印了元的短书十二封，其中前二封是写于此时；有一封信提到了元请他赴金山访问，但"方迫往筠州"。

3 《禅林僧宝传》卷二十九《了元传》。《古尊宿语录》卷十三载：唐代赵州从谂在赵王到寺时，不下禅床迎接，而听说赵王部下人来，却出门迎接。他解释说："老僧这里，下等人来，出三门接；中等人来，下禅床接；上等人来，禅床上接。"

4 苏轼有《戏答佛印偈》曰："百千灯作一灯光，尽是恒沙妙法王。是故东坡不敢借，借君四大作禅床。"载《唐宋八大家全集》本《苏轼集》卷九十九。

山师戒（？—1036），常穿僧衣。[1] 因此了元见到苏轼时特以僧穿之裙赠送，苏轼回赠以玉带并偈两首，第二首中有曰："锦袍错落尤相称，乞与佯狂老万回。" 了元回赠二偈答谢。[2]

哲宗即位，苏轼被召回朝任礼部郎中、中书舍人、翰林学士，元祐四年（1089）拜龙图阁学士，知杭州，经过金山时再谒了元，并在此小住。了元所居之方丈地势高峻，名妙高台。苏轼写诗赞美，其中有曰："我欲乘飞车，东访赤松子，蓬莱不可到，弱水三万里。不如金山去，清风半帆耳，中有妙高台，云峰自孤起"；"台中老比丘，碧眼照窗几，巉巉玉为骨，凛凛霜入齿，机锋不可触，千偈如翻水，何须寻德云，只此比丘是。长生未暇学，请学长不死"。[3] 既赞叹金山地势秀峻如东海蓬莱的仙山，又赞美了元风姿俊逸，禅机锐利，才德出众，表示自己想从他学"长不死"之术。

了元曾入京都，谒曹王（赵頵），曹王将其名上奏朝廷，皇帝赐以高丽所贡磨衲袈裟。苏轼当时在京，为之写《磨衲赞》一首并撰序记此事，首先发挥华严圆融思想说此袈裟每一针孔具有无量世界，佛的光明与"吾君圣德"广大无边，辗转无尽，然后作赞戏之曰："匣而藏之，见衲而不见师；衣而不匣，见师而不见衲。惟师与衲，非一非两，眇而视之，虮虱龙象。"[4] 龙象比喻高僧大德。此赞

1 关于苏轼自认为是云门宗禅僧、五祖山师戒（？—1036）后身的传说，请见惠洪《冷斋夜话》卷七《梦迎五祖戒禅师》及《禅林僧宝传》卷二十九《了元传》。

2 《禅林僧宝传》卷二十九《了元传》。万回，唐代僧，以"神异"著称，时人认为是神僧。参《宋高僧传》卷十八《万回传》。

3 《唐宋八大家全集》本《苏轼集》卷十五亦载此诗，题《金山妙高台》。

4 《禅林僧宝传·了元传》，《磨纳赞》载中华书局校本《苏轼文集》卷二十二。

以事事相即圆融思想表示袈裟与了元相即不二，又以"虮虱龙象"来戏称虮虱即龙象，俗人凡夫即高僧大德。[1]

苏轼在贬官安置惠州期间，了元曾致书慰问，对苏轼"三十年功名富贵，转盼成空"表示感慨，劝他将过去"一笔勾断""寻取自家本来面目"。[2]

了元于宋哲宗元符元年（1098）去世，年六十七岁。翰林学士蒋之奇（1031—1104）为他撰碑。弟子有临安府百丈庆寿院净悟、常州善权寺慧泰、饶州崇福寺德基等人。

五、苏轼参谒庐山东林寺常总

常总（925—1091），俗姓施，嗣法于临济宗黄龙慧南，先为洪州靖安县（在今江西）泐潭禅寺的住持，信徒称之为"马祖再来"。宋神宗元丰三年（1080）降诏洪州将庐山原属律寺的东林寺改为禅寺，常总应请出任东林寺任住持。元丰六年（1083）相国寺改建完成，诏赐在东侧的禅院为慧林禅院，西侧的为智海禅院，召请常总入京住持慧林禅院。然而常总以病坚辞不赴，朝廷没有强请，并赐给袈裟和"广惠"的师号。宋哲宗时又赐常总"照觉禅师"之号。常总在东林寺长达十二年，寺院进行扩建，成为庐山最大一座规模

1　上述了元与苏轼的往来事迹，主要据《禅林僧宝传·了元传》、《居士分灯录》卷上等。

2　［明］朱时恩：《居士分灯录》卷下。

宏伟的禅寺。[1]

元丰七年（1084）四月，苏轼离开黄州到筠州探望苏辙之前，先过江至庐山游玩十余日，见山谷奇秀，目不暇接，以为绝胜不可描述，山峦形胜之处有开先寺、栖贤寺、圆通寺、归宗寺等著名禅寺坐落其间。山间僧俗听闻苏轼到来皆表示欢迎。苏轼先参访开元寺，应住持之请作七言绝句一首，又作五言诗《开先漱玉亭》一首。苏轼之父苏洵（1009—1066）在庆历五年（1045）赴汴京举进士不中，回途经浔阳入庐山，曾参访圆通寺与云门宗禅僧居讷（1010—1071）谈论佛法。苏轼在此时也到圆通寺参访，特写《宝积献盖颂》诗赠给住持仙长老，其中有"此生初饮庐山水，他日徒参雪窦禅"。他又参访栖贤寺，写五言诗《栖贤三峡桥》一首。[2]

他在庐山期间最后参访东林寺，参谒常总，并在此住宿，夜间与常总禅师谈论禅法，对常总所说"无情说法"的道理进行参究，有所省悟。黎明，他将悟境以偈写出献给常总，曰：

溪声便是广长舌，山色岂非清净身。夜来八万四千偈，他日如何举似人。[3]

1　关于常总，详见本书第四章第六节。

2　苏洵访庐山，参考《佛祖统纪》卷四十五；苏轼的诗载《唐宋八大家全集》本《苏轼集》卷十三。

3　载《唐宋八大家全集》本《苏轼集》卷十三《赠东林总长老》，另见惠洪《冷斋夜话》卷七《东坡庐山偈》、南宋正受《嘉泰普灯录》卷二十三及明朱时恩《居士分灯录》卷下《苏轼传》等。

诗中的"广长舌"原是指佛的"三十二相"之一，谓佛之舌广而长，柔软红薄，能覆面至发际，也用以指佛开口说法的形象；"清净身"是指法身；"八万四千偈"是指无量的佛法，偈是佛经文体之一，一般有韵，佛经原典常用偈颂的多少计经文篇幅的大小，如说般若类经典"多者云有十万偈，少者六百偈"，《大涅槃经》的"胡本"有二万五千偈等[1]。苏轼的诗意为：既然无情能够说法，那么山峦秀色皆是佛的清净法身的显现，山间小溪潺潺的流水声也意味着是佛在说法，可是对昨夜山川宣说的无量佛法，以后如何向别人转述呢？

在常总陪他参访西林寺时，他在寺壁上题诗曰：

> 横看成岭侧成峰，到处看山了不同。
> 不识庐山真面目，只缘身在此山中。(《题西林壁》) [2]

身在庐山，看到的是庐山千姿万态的景色，然而若要真正看清庐山面目，还要走出庐山。诗中有画，诗中蕴含哲理：只有走出局部才能认识事物的整体，超越现象才能看清事物的本质。惠洪《冷斋夜话》卷七《般若了无剩语》载，黄庭坚看到此诗评论说："此老人于般若横说竖说，了无剩语，非其笔端有舌，安能吐此不传之

1　参考［梁］僧祐：《出三藏记集》卷八载僧睿《小品经序》、未详作者《大涅槃经记》。

2　王松龄据 1919 年涵芬楼以明万历赵开美刊本为底本的校印本点校，中华书局 1981 年出版《东坡志林》卷一。《四库全书》本《冷斋夜话》卷七《般若了无剩语》的第二句作"远近看山了不同"；《唐宋八大家全集》本《苏轼集》卷十三作"远近高低无一同"。

妙哉！"按照般若空义，世界万有具有共同的本质，所谓"诸法一相，所谓无相。"无相是表述"空"的常用的概念。只有超越于万有之上才能把握空寂无相的"实相"。从这一点来说，苏轼此诗也许是受到佛教的影响。

古来禅宗史书皆将苏轼看作是常总的嗣法弟子，实际上未必如此。从他与禅僧的关系看，他与云门宗僧云居了元的情谊最深。然而他也确实对东林常总怀有很深的敬意。他在看了常总的画像后所写的《东林第一代广惠禅师真赞》中，对常总评价很高，说：

> 忠臣不畏死，故能立天下之大事；勇士不顾生，故能立天下之大名。是人于道亦未也，特以义重而身轻，然犹所立如此，而况于出三界，了万法，不生不老，不病不死，应物而无情者乎？
>
> 堂堂总公，僧中之龙，呼吸为云，噫欠为风，且置是事，聊观其一。戏！盖将拊掌谈笑，不起于坐，而使庐山之下化为梵释龙天之宫。[1]

认为常总已经达到超离三界，了悟诸法真谛，超越于生死的局限，虽顺应世间却又不受俗情制约的境界，是世间尚未入"道"（此实指佛道）的忠臣、勇士不能比的。他甚至把常总形象地比做僧中可以呼风唤雨的龙，将他主持扩建的东林寺比做天宫、龙宫。

苏轼入朝任官后，与常总也有书信往来。常总曾派人赠送给

1　载中华书局校本《苏轼文集》卷二十二。

他茶，请他书写《东林寺碑》，并告诉他自己患臂痛。现存苏轼回复常总两封信，他在信中向常总介绍医治臂痛的药方，从信中语气看，他尚未动笔书写碑文。[1]

元祐六年（1091）九月，常总令人鸣鼓集众，结跏趺坐说偈曰："北斗藏身未是真，泥牛入海何奇特，个中消息报君知，扑落虚空收不得。"[2] 言毕泊然去世，年六十七。弟子将他的全身安葬于雁门塔之东。

六、苏轼与曹溪南华寺重辩、明禅师

韶州曹溪南华寺（在今广东省韶关市曲江区），始建于南朝梁，名宝林寺，隋末一度遭兵火被毁，禅宗六祖慧能来此重行恢复并扩建。在唐中宗时一度改名中兴寺，后又敕重修，先后赐额为法泉寺、广果寺、建兴寺、国宁寺，宣宗改称南华寺。宋初平定南汉过程中，南汉残兵将寺塔焚毁，宋太祖命重修复，并赐南华禅寺之名，沿袭至今。随着禅宗的兴盛，曹溪宝林寺成为"岭南禅林之冠"，遥与嵩山少林寺成为中国禅宗在南北的两大祖庭。

南华寺在慧能以下二三代之后，因没有出色禅师住持，已经从禅寺变为普通的律寺。北宋真宗天禧四年（1020），韶州转运使陈绛上奏，建议从全国名山选任名师入住南华禅寺，使其"举扬宗旨，招来学徒"，得到批准。仁宗即位不久，南阳赐紫僧普遂应选，

---

1 《与东林广惠禅师二首》，载中华书局校本《苏轼文集》卷六十一。

2 《建中靖国续灯录》卷十二《常总章》。

受诏入京，赐号智度，并赐以藏经、供器、金帛等物，回寺后建衣楼、藏殿收藏以示荣光。普遂是云门下三世，上承洞山守初——广济同禅师的法系。继普遂之后，经湖南按察使的推荐，敕任先后住持唐兴、南台、云盖三寺的云门宗僧宝缘禅师到曹溪担任住持，并赐袈裟、慈济师号。宝缘也是云门下三世，上承香林澄远——智门光祚的法系。他住持南华禅寺达十二年之久，扩建寺院，重建法堂，并且整顿寺规，上堂开示，从而使南华禅寺得以振兴，所谓"一音演说，四方流布，众中得法而去者多为人师。其机缘语句，门人各著序录……教门崇建，规制鼎新，可谓祖堂中兴矣。"[1]北宋惟白《建中靖国续灯录》卷五记载他有弟子十四人，其中有传录者十人。

苏轼被贬谪前往惠州的途中，曾行水路特地到曹溪参访南华禅寺，礼拜六祖真身坐像。当时南华寺的住持是重辩禅师。

重辩，上承临济宗禅僧叶县归省—浮山法远—玉泉谓芳的法系，属临济下八世。生平不详，《建中靖国续灯录》卷十四仅简单载其语录。有僧问："祖意西来（按：祖师西来意）即不问，最初一句请师宣。"重辩答："龙衔黑宝离沧海，鹤侧霜岭下玉阶。"……看来是继承禅宗南宗的说法传统，对于诸如何为佛、佛法、佛性及解脱之道、祖师西来意等问题，不做正面阐释的，至于所谓在

---

1 以上据：①苏轼《南华长老题名记》说："南华自六祖大鉴示灭，其传法得眼者散而之四方，故南华为律寺。至吾宋天禧三年，始有诏以智度禅师普遂住持……"载中华书局校本《苏轼文集》卷十二；②宋余靖《韶州曹溪宝林山南华禅寺重修法堂记》《韶州南华禅寺慈济大师寿塔铭》，分别载《武溪集》卷八、卷九。降诏任普遂为住持之年，用余靖所记。

"无始"之空、佛性之后"有始"的"最初一句",同样是不可想象和描述的。

苏轼的到来,受到重辩热情周到地款待。在苏轼的表侄程德孺任广东转运使(漕使)之时,重辩在南华寺的南边专为他建造了一座庵,以供他来南华寺参拜时居住。苏轼与其子苏过来访,重辩便将他们安置到此庵住宿,并且请苏轼为庵作铭。苏轼为此庵起名叫"苏程庵",作铭曰:

> 辩作庵,宝林南。程取之,不为贪。苏后到,住者三(按:程与苏轼父子)。苏既住,程且去。一弹指,三世具。如我说,无是处。百千灯,同一光。一尘中,两道场。齐说法,不相妨。本无通,安有碍。程不去,苏不在。各遍满,无杂坏。[1]

铭文富于法界圆融的思想,谓三世互融在一弹指间,空间(例如道场)互通无间隔,程去苏来互不妨碍。

从此,苏轼与南华重辩结下深厚友谊。在苏轼到达惠州住下以后,重辩多次派人到惠州给苏轼送去书信并食物、各种生活用品等。重辩知苏轼精于书法,特地请他书写唐代王维《六祖能禅师碑铭》、柳宗元《赐谥大鉴禅师碑》、刘禹锡《大鉴禅师碑》。然而苏轼认为王维、刘禹锡二人的碑"格力浅陋",非柳宗元之碑可比,未予书写,只将柳宗元的碑写出,并写《书柳子厚大鉴禅师碑

---

1 [南宋]晓莹:《云卧纪谈》卷下《苏轼衲衣》。

后》，说：

> 长老重辩师，道学纯备，以谓自唐至今，颂述祖师者多矣，未有通亮简正如子厚者。盖推本其言，与孟轲氏合，其不可不使学者昼见而夜诵之，故具石请予书其文。[1]

可见二人交往感情之深，重辩请苏轼书写柳宗元碑是为了在南华禅寺刻石立碑。顺便提到，重辩每次派人给苏轼往惠州送信礼物，"净人"（未出家在寺中做杂务的人）争着前往，"欲一见东坡翁，求数字终身藏之"。[2]苏轼在当时名气之高，由此可见一斑。

苏轼在建中靖国元年（1101）正月从海南昌化北归经过曹溪时，重辩已去世二年多，接待他的是明禅师（"明公"）。据《嘉泰普灯录》卷十三的目录，南华明禅师是曹洞宗禅僧，上承洞山下七世芙蓉道楷—枯木法成—太平州吉祥法宣（隐静宣）的法系，是洞山下第十世，然而书中没载他的传记语录。据苏轼《南华长老题名记》，明禅师原"学于子思、孟子"，出家前是位儒者，是从智度普遂之后的第十一世住持。他对苏轼的到来表示欢迎，对苏轼说：

> 宰官行世间法，沙门行出世间法，世间即出世间，等无有

---

1 载中华书局校本《苏轼文集》卷六十一《与南华辩老十三首》；卷六十六《书柳子厚大鉴禅师碑后》。
2 《付龚行信一首》，载中华书局校本《苏轼文集》卷六十一。

二。今宰官传授，皆有题名壁记，而沙门独无有。矧吾道场，实补佛祖处，其可不严其传。子为我记之。

苏轼便应他之请撰写了这篇有名的《题名记》，"论儒释不谋而同者"。

在此记中，苏轼谈到儒、佛二教的相同点。他据《孟子·尽心下》所说："人能充无穿窬（或作"穿逾"，指穿洞逾墙偷盗）之心，而义不可胜用也。……士未可以言而言，是以言餂（按：意为试探）之也；可以言而不言，是以不言餂之也。是皆穿窬之类也。"进行发挥，说圣人之道始于不为"穿窬"，而以言与无言来对周围气候进行试探（违背于诚实），在性质上等同于穿窬偷盗的恶劣做法。然而人人皆有不为偷盗之心，如果以穿窬偷盗作为切入点做深入挖掘，其中也含有圣人之道（此为成圣人之易）。如果将以言与不言作试探看作等同于穿窬偷盗，那么，即使圣人也难以避免这种过错。从这一点讲，"贤人君子有时而为盗"（此为成圣人之难）。成圣与成佛，既难又有所不难，在这一方面佛教与儒家是一致的。[1]

苏轼这次到南华寺是携全家（包括迈、迨、过三子）同来。他带全家参拜六祖塔，并且特地设斋礼请寺院举办祈福祛灾法会。他写《南华寺六祖塔功德疏》说：

朝奉郎提举成都府玉局观苏轼，先于绍兴之初，谪往惠州，过南华寺，上谒六祖普觉大鉴禅师而后行。又谪居海南，

1　此记载中华书局校本《苏轼文集》卷十二。

遇赦放还。今蒙恩受前件官，再过祖师塔下。全家瞻礼，饭僧设浴，以致感恩念咎之意，为禳灾集福之因。具疏如后。

> 伏以窜流岭海，前后七年，契阔死生，丧亡九口。以前世罪业，应堕恶道，故一生忧患，常倍他人。今兹北还，粗有生望。伏愿六祖普觉真空大鉴禅师，示大慈悲，出普光明。怜幼稚之何辜，除其疾恙；念余年之无几，赐以安闲。轼敢不自求本心，永离诸障；期成道果，以报佛恩。[1]

认为由于自己前世的业因，使今世遭受种种磨难，而此次北归也许将给今后的生活带来新的转机，祈愿六祖保佑他家的幼小平安，自己安享晚年，表示自己将体悟本心，以报佛恩。词意恳切动人，发自于内心，读之令人感动。然而不幸，他就在此年七月于常州去世。

中国文化在发展中深受佛教的影响，文学艺术更是如此。苏轼平生遭遇坎坷不平，身心备受挫折，正如他在诗《自题金山画像》中所说："心似已灰之木，身如不系之舟。问汝平生功业，黄州惠州儋州。"[2]然而在这不安定的充满困苦的过程中，他在佛教丛林中却结交了很多超越于世间利害得失之上的知心朋友，促使他对佛教、禅宗有了更深入的钻研和了解；在与他们的相处中不仅在感情上经常得到安慰和鼓励，而且甚至在物质生活中也经常得到他们的援

1　载中华书局校本《苏轼文集》卷六十二。
2　载《唐宋八大家全集》本《苏轼集·补遗》。

助。这种情况不能不深刻地影响了他的诗、文、书、画的创作。在他的诗文著作中不仅有相当数量的以佛教、禅宗为题材的作品，而且在创作风格、气势、情趣和意境等方面，都能找到深受佛教禅宗的心性空寂、无念无思、"不立文字"、物我一体等思想影响的成份。

　　笔者以上对苏轼与禅僧的交游的考察，从几个不同的侧面作了论述，希望能对这个问题的研究提供一些有益的线索和帮助。

理学创始人周敦颐与云门宗了元禅师

    宋代是中国古代文化高度发达的时代，在哲学、文学、史学、艺术等领域都取得前所未有的成就。

    从时代思潮来看，继续前代发展趋势的儒、释、道三教的会通和融合，对中国思想文化的创新发展影响极大。在这个弥漫社会的思潮氛围中，形成了以阐释"性与天道"哲学为主旨，广泛涉及伦理、政治、教育等文化领域的道学（理学），从而将中国思想文化推进一个新的时期。在佛教方面，宋初由皇帝倡导设置译经院（传法院）组织翻译佛经，命大臣乃至宰相直接参与翻译佛经并为新经润文，以及其他扶持佛教的政策，有力地推动了佛教在社会上的传播，也拓宽了儒者士大夫接近佛教，与僧人交往的空间。

    禅宗在唐末五代迅速兴起，进入北宋之后逐渐发展成为中国佛教的主流派，不仅对佛教本身带来极大的影响，即使对于中国思想文化、理学也有多方面的影响。理学创始人周敦颐与禅宗僧人交游，可看作是儒佛二教交流的突出事例。

    在宋朝前期，禅门五宗中最盛行的是云门宗，在社会思想文化领域影响很大。云门宗禅僧佛印了元禅师因为与名儒周敦颐和苏轼、苏辙兄弟等人交谈深厚，受到社会广泛的关注。他们之间交往的事迹，有的甚至作为趣谈而传到后世。

佛印了元，俗姓林，字觉老，佛印是号，饶州浮梁（在今江西景德镇市）人，家世业儒。据宋代惠洪《禅林僧宝传》卷二十九《了元传》记载，他从两岁开始读《论语》，五岁时能诵诗三千多首，稍长即随师读五经，略通大义。后因在竹林寺读《楞严经》，遂产生出家的念头，在父母允许之后到宝积寺师事僧日用。朝廷规定出家为僧须先通过由官府主持的考试，才能正式剃度受戒。[1]了元参加考试，以诵《法华经》及格，得以正式剃度受成为僧。

此后，了元到庐山开先寺，礼云门下三世善暹禅师为师，因应答敏捷受到赏识。年十九岁时又到庐山圆通寺参谒居讷禅师，居讷欣赏他的文笔"骨格已似雪窦（按：重显）"，让他接替原由怀琏曾担任过的书记职位。在江州（治今江西九江）承天寺住持职位空缺时，居讷推荐了元前往就任。在此后四十年间，了元历任淮山斗方寺、庐山开先寺、归宗寺，丹阳金山寺和焦山寺（二寺皆在今镇江）、江西大仰山寺的住持，并且四次任南康军云居山真如寺（在今江西永修县五垴峰顶）的住持，在僧俗信徒当中拥有很高的声誉，与著名士大夫周敦颐和苏轼、苏辙兄弟、秦观等人之间有密切交往。

了元鉴于江浙地区丛林崇尚"文字禅"，出现禅僧竞相抄集语录的风气，常引用当年云门文偃禅师斥责抄语录之风的话加以批

1　关于宋朝的佛教剃度受戒制度，请详见《宋会要辑稿·道释》诸章。

评，尖锐指出："渔猎文字语言，正如吹网欲满，非愚即狂。"[1]

周敦颐（1017—1073），字茂叔，道州营道（在今湖南道县西）人，历南安军司理参军、桂阳和南昌知县、虔州通判、知彬州、广东转运判官、提点刑狱、知南康军等。著有理学开山之作《太极图说》《通书》，"推明阴阳五行之理，命于天而性于人者"[2]。《太极图说》以宏观的哲学本体论模式，运用先秦以来深刻影响社会文化的《周易》中的太极、阴阳与道器、《尚书·洪范》中的五行、《老子》中的道与无极、儒家伦理中正仁义等概念和思想，将"无极""太极"加以会通，将"太极"作为世界本体、本原的范畴，总括而系统地论证世界万物、社会人伦的本体本原和起源发展等问题，为主张"天人合一"的理学奠定了基础。

周敦颐是道学创始人，两宋的理学家承继其说并发扬之。程颢、程颐兄弟幼年曾从他受业。

周敦颐大概在任南昌知县时因喜庐山风景优胜，环境幽静，在莲花峰下筑屋居家，将屋前之溪以故乡的"濂溪"之名称之，世人以此为其号。当时了元禅师正在庐山圆通寺，地处鸾溪上游，二人往来密切，"相与讲道，为方外交"。周敦颐曾举《中庸》的语句问他："天命之谓性，率性之谓道。禅门何谓无心是道？"了元以"满目青山一任看"作答，其意是触目是道，处处是道。周敦颐从中受到启悟，一日见窗前草生，自语"与自家意思一般"，作偈呈了元。曰：

1　以上主要据《禅林僧宝传》卷二十九《了元传》。

2　《宋史》卷四二七《道学·周敦颐传》。

昔本不迷今不悟，心融境会谿幽潜。

草深窗外松当道，尽日令人看不厌。[1]

前两句蕴含禅宗的迷悟不二、心境融通的思想。他慕东晋慧远在庐山东林寺结白莲社邀集僧俗信众念佛之事，让了元成立并主持"青松社"，作为谈禅说法之所。

周敦颐在任虔州（今江西赣州）通判期间曾遭到谗告，然而他处之泰然。了元闻知此事，特作诗从庐山派人送给他。诗曰：

仕路风波尽可惊，唯君心地坦然平。

未谈世利眉先皱，才顾云山眼便明。

湖宅近分堤柳色，田斋新占石溪声。

青松已约为禅社，莫遣归时白发生。

诗称仕宦之途风险多，赞周敦颐心地坦然，不图名利，醉心山川景致，告诉他在庐山的旧居周围有青青堤柳，潺潺溪声，劝他早日归山，欢聚禅社。此后，了元又送诗给周敦颐劝他归山，其中有句："仙家丹药谁能致，佛国乾坤自可休，况有天池莲社（按：此当指阿弥陀佛西方净土）约，何时携手话峰头？"认为佛教自有使人安乐长生的妙义，盼望与他再次相聚禅社，共话庐峰胜景。[2]

《居士分灯录》卷下还记载，周敦颐以前曾向临济宗黄龙派禅

僧晦堂祖心（1025—1100）、东林常总参问过"教外别传之旨"。祖心示意他"只消向你自家屋里打点"；常总劝他在契悟"实理"之"诚"上下功夫，并向他讲华严宗的理法界、事法界及"理事交彻"的道理。据称，这对周敦颐著《太极图说》有直接的影响。

可以想象，佛教禅宗的心性思想，特别是以真如、心、理为世界本源、本体的思想；禅师随时随地灵活发挥的触目是道、物我一体、"万法非殊"佛与众生不二、迷悟不二、理事圆融或"理事交彻"等思想和生动活泼的表达方式、语句，对于他们具有很大的新鲜感和吸引力。宋代在中国思想史上是个划时期的时代，道学或理学正在形成之中，佛教特别是禅宗的心性思想和参究入悟模式，与儒者经常考虑和研讨的天道（理）性命、理气、体用、性情的思想和哲学思辨有很多相似之处，为他们展现了很大可供参考和借鉴的空间，也提供了可以借用或发挥的例证和资料。

宋代理学本来是在旧有传统儒学的基础上吸收佛、道二教的思想而发展起来的。周敦颐、程颢与程颐以及朱熹等理学家皆具有"出入佛道"，与佛僧、道士交往的经历。周敦颐与禅僧晦堂祖心、东林常总及佛印了元的交游只不过是其中一个例子。

道学，也称理学，以继承孔孟以来的"道统"自任。以往在正史列传中多设"儒林"或"儒学"，而元代脱脱等人编撰的《宋史》中却在"儒林"前创设"道学"，为宋代道学创始人和著名学者周敦颐、程颢、程颐、张载、张戬、邵雍及二程门人立传，反映了宋朝文化的时代特色。

黄庭坚与禅僧黄龙祖心及其弟子惟清悟新

宋代著名文学家、诗人和书法家黄庭坚（1045—1105），字鲁直，自称山谷道人，洪州分宁县（今江西修水县）人。自幼聪敏，读书善记，宋英宗治平四年（1067）举进士，任汝州叶县（在今河南）尉。熙宁元年（1068）中试学官，任北京大名府（今河北大名县东）国子监教授，曾受到文彦博的赏识，后知吉州太和县。哲宗元祐元年（1086）起任校书郎、著作佐郎、秘书丞、国史编修官，出知鄂州，翌年被贬为涪州别驾，黔州（治今四川彭水县）安置，又移戎州（治今四川宜宾市）。他对谪贬不以介意，泊然置之。徽宗即位后一度知太平州（知今安徽当涂县），崇宁二年（1103）再次遭贬除名，羁管永州（在今湖南），两年后去世，年六十一岁。

黄庭坚善做诗文，诗宗杜甫，精于书法，早年与张耒、晁补之、秦观得知于苏轼，被称为"苏门四学士"，为江西诗派创始人。[1]

---

1 《宋史》卷四百四四"黄庭坚传"，并参考《山谷年谱》，载台湾商务印书馆影印
　《文渊阁四库全书》别集，第1113册。

后世有多种版本的文集行世[1]，现有刘琳等人以清光绪本《宋黄文节公全集》为底本校点，四川大学出版社 2001 年出版的《黄庭坚全集》，在原有《正集》《外集》《别集》《续集》之外，又增《补遗》，收录齐全，最为适用。

黄庭坚虔信佛教，"痛戒酒色与肉食，但朝粥午饭，如浮屠法（按：佛法）"。[2] 黄龙山寺在县城之西。他大概在出仕之前就常到山参访，对此比较熟悉。黄龙山寺前住持是黄龙慧南，是临济宗黄龙派的创始人。继慧南之后的住持是黄龙祖心，卸任后先后由其弟子灵源惟清、死心悟新（1043—1115）继任。据《山谷年谱》，黄庭坚在元祐七年（1092）正月回分宁为母治丧，到翌年七月居丧结束再仕，有一年半的时间。

在此期间，祖心虽已不任黄龙山寺的住持，但仍健在，退居住于西院晦堂之中。此时任住持的是死心悟新。南宋晓莹《罗湖野录》卷上记载：

> 太史黄公鲁直，元祐间丁家艰，馆黄龙山，从晦堂和尚游，而与死心新老、灵源清老，尤笃方外契。

1　[宋]洪炎等人编：《豫章黄先生文集》三十卷（现有《四部丛刊》影印本）、李彤编《豫章黄先生外集》十四卷、黄𤓞编《豫章黄先生别集》十九卷、明代嘉靖刻本《山谷全书》九十七卷；清乾隆刻本《宋黄文节公全集》八十一卷，此集光绪刻本又增《续集》，共九十一卷。清《文渊阁四库全书》所收《山谷集》，包括《内集》《外集》及《别集》，仅收诗词，另其孙黄𤓞撰《山谷年谱》。

2　《豫章先生传》，《黄庭坚全集》附录一。

可见黄庭坚回乡居丧期间曾在黄龙山寺住过一个时期，与祖心和悟新、灵源惟清结为方外之交，关系十分密切。

某日，祖心在和他讲话之中举《论语·述而章》所载孔子对弟子说："以吾为隐乎？吾无隐乎尔。吾无行而不与二三子者，是丘也。"孔子话的原意应是：你们以为我未全教你们，有所隐瞒，其实我不仅对你们没有任何隐瞒，并且我一切行事都是和你们在一起的。祖心请黄庭坚解释这段话。按说，这对熟读儒家经书的黄庭坚来说容易得很。然而祖心对他的一再解释皆不予认可。在这种情况下，黄庭坚虽怒形于色，然而却沉默不语，转而思索这位禅师寓于此语中的禅机。当时正值初秋，院中飘逸着木樨花香。祖心问他："闻木樨香乎？"他答闻到。于是祖心说："吾无隐乎尔。"他听后立即表示"领解"。这就是后世丛林所传著名的"晦堂木樨香"公案。

那么，黄庭坚从闻到木樨花香中领悟到什么？此与上引孔子说的"无隐乎尔"有什么关系呢？黄庭坚没有说明。对此，笔者试从两方面解释：一、祖心也许是借此表示，虽主动辞去住持职务退居晦堂，然而自己的禅法、门庭施设已传授弟子，并且自己的心时刻与弟子连在一起；二、从佛法上讲，心性（真如、佛性、理）浸润于宇宙万有之中，"物我一体"，人们可以取任何一个事物作为切入点契悟自性，达到解脱。

黄庭坚后在外地期间得悉祖心去世，十分悲痛，写《为黄龙心禅师烧香颂》三首，以表哀惋，其中有："梦中沉却大法船，文殊顿足普贤哭。"对他的激烈禅风形容说："一拳打破鬼门关，一笑吐却野狐涎。"他对祖心评价很高，在崇宁元年（1102）写的

《跋心禅师与承天监院守瑰手诲》中称为：“法中龙象，末世人天正眼也。”[1]

黄庭坚在外地为官或遭贬谪流放当中与祖心的弟子灵源惟清联系最多，其次是死心悟新。据《黄庭坚全集》所载，他直接给惟清诗、书信有十七件，在文章中或给别人的诗信中间接提到惟清有二十次；直接给悟新的诗、书信五件，间接提到的八件。他对二人推奖有加，在《与周元翁别纸》中说：“有清、新二禅师，是心之门人，道眼明彻，自淮以北，未见此人。”在他得知分宁知县萧氏再请悟新住持云岩寺，并请体弱有病的惟清归黄龙西堂坐夏（过四月中至七月中的夏安居）时，致信赞称：“今江湖淮浙，莫居二禅之右者。”（《与分宁萧宰书》）[2]

黄庭坚把惟清禅师当作自己的师友，在《题录清和尚书后与王周彦》中说惟清（因曾任舒州太平寺住持，称之为“太平”）“具正法眼，儒术兼茂”，自己“年将五十乃得友，与之居二年，浑金璞玉人也。久之，待以师友之礼”。这里所说与惟清相处二年是指回乡为母居丧的一年半多时间。他在给外甥徐俯的信中，甚至还劝他经常参谒灵源惟清，请教禅法。他说：“太平清老，老夫之师友也，平生所见士大夫，人品未有出此公之右者。方吾甥宴居，不婴于王事，可数至太平研极此事，精于一而万事毕矣。”所谓“精于一”是指参扣“心地”之法，参悟自性。[3] 从此这两封信可以想见他对惟

1　分别载《黄庭坚全集》《正集》卷二十三、《别集》卷八。

2　分别载《黄庭坚全集·别集》卷十八、卷十四。

3　二信分别载《黄庭坚全集》《外集》卷二十三、《续集》卷五。

清敬仰之深。

在黄庭坚遭编管谪居外地时，灵源惟清曾托人给他送去诗偈，曰：

> 昔日对面隔千里，如今万里弥相亲。
> 寂寥滋味同斋粥，快活谈谐契主宾。
> 室内许谁参化女，眼中休自觅瞳人。[1]
> 东西南北难藏处，金色头陀笑转新。[2]

全偈以轻松的笔调表达彼此想念之情，并以带有戏谑的口气对自己的师兄悟新参禅达到的境界表示赞许。

黄庭坚也以诗偈来和：

> 石工来断鼻端尘，无手人来斧始新。[3]
> 白牯狸奴心即佛，龙睛虎眼主中宾。[4]

1　化女，在大乘佛经中常见佛、菩萨为教化需要，以神通变现为女子，称化女或幻化女。瞳人，眼瞳中所现人像，如《景德传灯录》卷十二"清化全付章"："眼里瞳人吹叫子。"两句是说参悟万物虚幻空寂的实相。

2　金色头陀是指摩诃迦叶；新，当指悟新；笑转新，笑对悟新。此句戏谓禅宗一代祖师对悟新悟境印可。

3　前句原出自《庄子·杂篇·徐无鬼篇》之"运斤成风"，谓名石的巧匠以斧迅速去掉郢人鼻端的尘点而不伤其鼻。后句当指更高明者运斧无须用手，然而禅宗境界更新，以引人自我断除心中无形的烦恼为旨。

4　主中宾，临济宗的四宾主之一，原为主看宾，意为禅师点出参禅学人的执着，学人仍不领悟的局面。此与曹洞宗的表示"体中用"的主中宾不同。

自携缶去酤村酒，却著衫来作主人。

万里相看常对面，死心寮里有清新。[1]

意为禅师引导人们自我直探心源，祛迷悟性，虽包括动物在内的一切众生皆有佛性，然而有意参扣也会陷于被动；知朋远来自应酤酒热情款待，即使相隔万里也如同对面相看，想必此时惟清、悟新二位禅师正在死心寮中谈禅吧。

因为惟清、悟新二人常住一起，相处融洽，黄庭坚在信或诗中常将二人并提。例如他在《代书寄翠岩新禅师》中说："苦忆新老人，是我法梁栋……遥思灵源叟，分坐法席共。"[2]悟新为住持，灵源惟清为西堂，有时相携共席说法。

黄庭坚与死心悟新也有深交。在悟新应请到分宁县云岩寺担任住持时，请疏是他代写的。悟新在信众支持下于寺中建造了收藏佛经的房舍，名之为"转轮莲华经藏"，黄庭坚应请为写《洪州分宁县云岩禅院经藏记》，称"江东西经藏凡十数，未有盛于云岩者也"。[3]在他谪官黔州安置时，在《与死心道人书》中充满情感地回忆说：

往日常蒙苦口提撕（按：意犹指导），常如醉梦，依稀在

1　以上引自［南宋］晓莹：《罗湖野录》卷上。据《补禅林僧宝传·悟新传》，悟新自称死心叟，名自己的居处为"死心室"（有的称"死心寮"）。

2　《黄庭坚全集·正集》卷三。

3　《黄庭坚全集》《别集》卷十二《云岩律院打作十方请新长老住持疏》、《正集》卷十七。

光影中，今日昭然，明日昧然。盖疑情不尽，命根不断，故望涯而退耳。谪官在黔州，道中昼卧，觉来忽然廓尔。寻思平生被天下老和尚谩了多少。惟有死心道人不相背，乃是第一慈悲。[1]

所谓"往日"当在他丁母忧居黄龙山时，经常在悟新禅师处，受其指导参禅，然而当时没能断除疑情而入悟，直到谪遣遥远的黔州的途中才豁然有省，感到以往虽参谒很多禅师皆未得到明示，只有悟新禅师才引他入悟。此时他已是年已半百的老人，尽遭坎坷，在通往谪居黔州的路上"觉来忽然廓尔"，感悟到什么？是人生无常、苦、空？还是领悟到应以"无念""无心"来面对这一切？确实令人玩味。

黄庭坚作为北宋著名的诗人，如此虔诚信佛，倾心禅宗，自然对他写诗著文有重要影响。且不说他的以佛教、禅宗、寺院、僧人为题材的作品，即就其他诗文的遣词造句、意境来看，也随处可以看到受佛教禅宗影响的痕迹。他曾以信对自己的外甥徐俯表示，要做好诗不仅应多读书，而且应当有"妙手"。"所谓妙手者，殆非世智下聪所及，要须得之心地"。他自述说："老夫学道三十余年，三四年来方解古人语，平直无疑，读《周易》《论语》《老子》，皆亲睹其人也。"从他的经历来看，所谓得于"心地"当是参究自性的结果。他接着向外甥介绍自己多年的"师友"惟清禅师（太平清老），劝他经常去参谒，"研极此事"。

---

1 《黄庭坚全集》《别集》卷十七。

禅宗的重要特色正是重视心法，以"识心见性"为悟，认为心现万物，心通宇宙，物我一体。如果一个诗人以这种眼光观察周围环境、天下事物，便容易做到融情于物，并且赋予自然景色、人生现象以感情，写出的诗便会具有非凡的境界。

另外，禅宗的诸法空寂，以空扫相的思想；禅僧追求无我、无为、平常心、自然、宁静、恬适的情趣，对于仕途坎坷随时可能遭遇凶险的士大夫来说，也具有诱惑和吸引力。同时，在他们处于逆境乃至遭到贬官、谪居外地时，禅僧通过书信或派人探望给以慰藉，用随缘无求、淡泊名利等思想进行劝导，自然会使他们感到安慰，更加感到禅僧可以亲近。禅宗主张心通宇宙，山河大地无非心造的思想，可以给作为诗人、文学家的儒者以极大的心灵启示，借助"无""中道""不二"等思想，激发天人会通，融情于物的创作灵感和主题。

从这里我们可以窥测苏轼、黄庭坚等在官场屡遭坎坷、性格豪放的儒者文学家、诗人愿意接近禅宗并与禅僧密切交往的重要原因。

北宋宰相张商英参禅事迹及其《护法论》

在宋朝儒者士大夫奉佛的人当中，有不少人对禅宗怀有好感并与禅僧保持密切交往。在这当中，徽宗朝官至宰相的张商英是典型人物，他从不信佛到信奉佛教，尊崇禅宗，并撰写针对唐宋韩愈、欧阳修等儒者排佛观点的《护法论》。

一、张商英生平及参禅事迹

张商英（1043—1122），字天觉，号无尽居士，蜀州新津（在今四川）人。进士出身，宋神宗熙宁年间经章惇（1035—1105）向王安石推荐，从检正中书礼房，擢升监察御史，后因事降监荆南商税，十年后乃得回朝任馆阁校勘、检正刑房，又因为婿请托，责检赤岸盐税。哲宗年幼即位，由祖母高太后垂帘听政，重用司马光、吕公著、文彦博、范纯仁、吕大防等人，废除神宗朝由王安石等人制定的新政主要措施。张商英时为开封府推官，曾上书反对。哲宗于绍圣元年（1094）亲政，重用章惇、蔡京等人，恢复"青苗""免役"等新政举措，排斥曾反对新政的所谓"元祐党人"。张商英受任右正言、左司谏，上疏贬斥"元祐之政"，请夺已故司马光、吕公著谥号并贬谪其他曾受重用的大臣。宋徽宗即位（1101）之后，张商英应召入朝为中书舍人，历翰林学士、尚书右丞、左丞，因与宰相蔡京不和，一度被贬知亳州并被列入"元祐党籍"。大观三年（1109）蔡京再次被罢相，张商英受龙图阁学士，出知杭州，翌年任资政殿学士，拜中书侍郎，六月拜尚书右仆射（宰相），着手革除蔡京弊政。政和元年（1111）八月因罪被贬知河南府、知邓州，不久谪贬衡州安置。宣和三年（1121）七十九岁去世，赠少保。[1]

张商英原不信佛教。《嘉泰普灯录》卷二十三《张商英章》记载，他在某寺看到有僧正在为库藏标题为金字佛经拂拭尘土，十分不悦。自谓："吾孔圣之教，反不如胡人之书！"夜里着手撰写《无佛论》。听其妻说："既无佛，何用论之？"于是罢手。后看《维摩诘经》，当读到"此病非地大，亦不离地大"[2]时感到惊奇，说："胡人之语能尔耶！"从此对佛教发生兴趣，并特别留意十分盛行的禅宗。

张商英在元祐二年（1087）至四年（1089）为河东提点刑狱期间，先后三度进五台山，怀着对文殊菩萨虔诚信仰的感情，写下继唐代慧祥所编《古清凉传》之后的《续清净传》。

1　《宋史·哲宗纪》、卷三五一"张商英传"、卷四六二"郭天信传"，并参考清代毕沅撰《续资治通鉴》卷九十一、张商英《续清凉传》卷上等。

2　《维摩诘经》卷中《文殊师利问疾品》载，文殊到维摩诘菩萨处问疾，维摩诘告诉他："是病非地大，亦不离地大；水火风大亦复如是，而众生病从大起，以其有病是故我病。"

元祐六年（1091），张商英在赴任江南都转运使的途中，曾特地到庐山东林寺参谒临济宗黄龙慧南的弟子常总禅师，在谈论佛法中提出自己见解请常总评断，据说得到印可。张商英最后问常总，他到南昌就任后可访哪位禅师讨论佛法？常总推荐自己的弟子、分宁县玉溪寺的绍慈（绰号"慈古镜"）禅师和真净克文弟子兜率寺从悦禅师。

据《嘉泰普灯录》卷二十三《张商英章》并参考宗杲《大慧普觉禅师宗门武库》的记载，张商英巡视属下各县，某日到了分宁县，各禅寺方丈出来迎接。他将他们都请到云岩寺，然后升堂，让他们按次序登座说法，并且说偈曰：

> 五老机缘共一方，神锋名向袖中藏。
> 明朝老将登坛看，便请横戈战一场。

意为在分宁县一方传法的五位长老皆身藏神妙的禅机，他自称来自清明朝廷的"老将"，说今天要登坛看他们比赛各自机锋的高低。

从悦最后登座，他将前面诸师所讲的内容很自然地贯穿到自己的说法之中，受到张商英的赏识。他早听人说从悦善写文章，便问他是否如此。从悦诙谐地回答："运使（按：转运使）失却一只眼了也。从悦，临济九世孙，对运使论文章，政（正）如运使对从悦论禅也。"说自己在张商英面前不敢说会写文章，同时也提醒对方在禅师面前谈禅也是外行。当天晚上，张商英就随从悦到兜率寺住宿。

从悦对张商英的到来，事先已有精神准备，曾向寺的首座表示，如果张商英来寺，"吾当深锥痛札，若肯回头，则吾门幸事"[1]。想通过接近在朝为官的张商英，以利于禅宗的发展。宋朝禅宗高僧争取皇帝、大臣做"外护"的意识是十分明确的。

张商英一进入兜率寺，便开始了有趣的参禅过程。他走进寺后的拟瀑亭，看见竹筒接送泉水的灵巧装置，便问："此是甚处？"从悦答："拟瀑亭。"又问："掇转水筒，水归何处？"从悦没有正面答，却说："目前荐取。"告诉他眼前看见的就是。张商英不解其意，便站在那里仔细思索起来。从悦对他说："佛法不是这个道理。"提示他禅宗的悟境不是通过苦苦思索可以达到的。晚上，二人交谈。从悦告诉张商英，前天晚上曾梦见自己身立孤峰之顶，"有日轮出于东方，而公之来，岂东方慧轮乎"[2]？借说梦境把张商英说成是刚升起的太阳，自然会进一步引起他对自己的好感，为向他传法营造和谐的气氛。从悦接着介绍自己从真净克文嗣法后，又跟楚圆的原侍者清素学法的经历，使他对自己有更多的了解。张商英用心听着，很感兴趣。然而在谈话中，张商英提起庐山东林常总禅师，称赏他的禅法见解。然而没有得到从悦的认可，于是他乃提笔以《寺后拟瀑亭》为题写了一首偈，其中有："不向庐山寻落处，象王（按：原喻佛，此喻指从悦）鼻孔谩辽天。"含有讥讽从悦竟不同意常总见解的意思。二人谈到深夜，张商英谈到禅宗公案。从悦问他对"佛祖言教"有没有疑问？张商英便举出唐代沩山灵祐的

1　《五灯会元》卷十八《张商英章》。
2　《嘉泰普灯录·张商英章》。

弟子香岩智闲的《独脚颂》和德山宣鉴以托钵启示义存的因缘。[1]从悦立即接过去说："既于此有疑，其余安得无疑耶！"问张商英，岩头全豁讲的"大小德山不会末后句"（意为德山与其门下不理解雪峰义存禅师末后句的含义）中的"末后句"是有呢，还是没有？张商英立即答："有。"从悦大笑，便归方丈。

这一下子把张商英难倒了，从悦为什么没有首肯呢？他为此彻夜未眠，五更时下床，不小心将尿盆踢翻，忽然省悟，便以偈颂表达自己的悟境，曰：

> 鼓寂钟沉托钵回，岩头一拶语如雷，
>
> 果然只得三年活，莫是遭他授记来？

大意是说，德山经义存一问，立即从法堂托钵回到方丈，后又被岩头全豁用语句一激，翌日说法语声如雷，然而德山在此后只活了三年，难道是因为岩头预言的关系吗？

张商英的偈颂并没有明确回答从悦的问题——有末句无末句，只是含糊地叙述了事情的过程。那么，这里面果真含有什么禅机

---

1 [唐]香岩智闲：《独脚颂》，载《景德传灯录》卷二十九，曰："子啐母啄，子觉无瞉。母子俱亡，应缘不错。同道唱和，妙云独脚"。德山托钵的事，载《景德传灯录》卷十六《岩头全豁章》，大意是义存在德山任饭头，一日饭迟，其师德山宣鉴托钵到法堂上。义存看见便说："这老汉，钟未鸣，鼓未响，托钵向什么处去！"德山便归方丈。义存将此事告诉岩头全豁。全豁说："大小德山不会末后句。"德山听说，便叫侍者唤全豁到方丈询问："尔不肯老僧那？"。全豁密告其意。德山至来日上堂与寻常不同。全豁便到僧堂前拊掌大笑说："且喜得老汉会末后句，他后天下人不奈何。虽然如此，也只得三年（按：原书夹注曰：德山果三年后示灭）。"

吗？张商英写完之后立即前往方丈叩门，大声喊："某已捉得贼了也！"从悦在方丈内问："赃物在甚么处？"张商英叩门三下，从悦叫他明天再谈。翌日，张商英将偈呈给从悦看，据说从悦当即给以印可，告诉他说："参禅只为命根不断，依语生解。如是之说，公已深悟，然至极微细处，使人不觉不知堕在区宇。"又作偈颂证之，曰：

> 等闲行处，步步皆如。虽居声色，宁滞有无？
> 一心靡异，万法非殊。休分体用，莫择精粗。
> 临机不碍，应物无拘。是非情尽，凡圣皆除。
> 谁得谁失，何亲何疏。拈头作尾，指实为虚。
> 翻身魔界，转脚邪途。了非逆顺，不犯工夫。

偈颂发挥大乘佛教的真如缘起和相即不二的观点，认为既然一切是真如本体的显现，从根本上来说，所有外在的差别都具有相对的意义，应当从彼此圆融无碍的观点来看待是非、凡圣、得失、亲疏、逆顺等等，这样才能做到"临机不碍，应物无拘"，自由自在，否则将难以摆脱生死烦恼。

张商英对他所说心悦诚服，在到建昌县时邀请他同往，路上又再三向他请教禅法，作十颂加以记述，从悦也写十颂和之。

从悦于元祐六年（1091）十一月去世，年仅四十八岁。弟子按照遗嘱，准备将他的遗体火化后弃之江水之中。张商英特地派使者前来致祭，并且带话："老师于祖宗门下有大道力，不可使来者无所起敬。"于是，弟子便在龙安的乳峰建塔安葬其遗骨。张商英在大观四年（1110）被任为宰相，奏请皇帝赐从悦以"真寂"的谥号。政和元年（1111）二月特派使者到从悦塔致祭，祭词中有："盖其道行，实为丛林所宗尚，有光佛祖，有助化风，思有以发挥之。为特请于朝，蒙恩追谥真寂大师。呜呼，余惟与师神交道契，故不敢忘外护之志，虽其死生契阔之异，而被蒙天下之殊恩，则幸以共之。"[1]可见张商英对从悦很尊敬，是有真切的感情的。

张商英后来与真净克文的弟子惠洪以及杨岐派的圆悟克勤、大慧宗杲等人也有往来，谈论禅法。

二、会通儒释道三教的《护法论》

在张商英的所有著作中，对当时和后世最有影响的是《护法论》，从中可以看到宋代一位已经信奉佛教的学识渊博、一度拥有很高官位的儒者对佛教，对佛教与儒家乃至与道教的社会功能和影响如何认识，对三者关系是如何看待的。

（一）《护法论》问世缘起及其结构

唐代韩愈撰写《原道》《原性》及《论佛骨表》等，弘扬儒家道德名教，倡导自尧、舜、禹，经周文王、武王、周公，直到孔、孟的"道统"论，批判佛道二教，提倡古文运动，影响很大。宋仁

1　［南宋］晓莹：《罗湖野录》卷上。原文致祭时间为"宣和辛卯岁"，据查宣和年间无辛卯岁，应为"宣"乃"政"之误，政和辛卯岁是政和元年（1111），二月张商英尚在相位。

宗朝有孙复著《兖州邹县建孟庙记》《儒辱》，石介著《怪说》《中国论》，欧阳修著《本论》等，步韩愈之后也盛倡圣人之道或王道，批判佛教道教。他们斥责佛教所传教理虚妄无实、佛教为夷狄之法、佛教为中国大患、奉佛导致亡国等等。因为欧阳修为一代文豪，官至参知政事，他的破斥佛教的言论有较大影响。

对这些反佛言论，张商英直率地表示反对，乃至着手撰写《护法论》作严厉批驳，同时按照自己的理解对佛教进行介绍。他表示自己所以这样做，并非出自私意，说：

> 余岂有他哉？但欲以公灭私，使一切人以难得之身，知有无上菩提（按：无上觉悟，亦指佛），各识自家宝藏（按：佛性），狂情自歇，而胜净明心（按：亦指佛性）不从人得也。吾何畏彼哉？
>
> 余忝高甲之第，仕至圣朝宰相，其于世俗名利何慊乎哉？拳拳系念于此者，为其有自得于无穷之乐也。重念人生幻化不啻浮泡之起灭，于兹五蕴完全（按：指生命终结）之时，而不闻道可不惜哉！若世间更有妙道可以印吾自肯之心，过真如涅槃者，吾岂不能舍此而趋彼耶？

这是说，他撰写《护法论》是出于公心，是想让一切人在难得的有生之年了解佛教，知道自己秉有与佛一样的本性，抑制乃至休歇情欲烦恼。自己官至宰相，于世间已无他求，从佛教中得到乐趣，如果人们在生前不听闻佛法岂不可惜。他表示，世上除了宣说真如涅槃的佛法之外，没有更高的妙道值得自己信奉。

我们从"余忝高甲之第，仕至圣朝宰相"这句话，可以断定《护法论》是在宋徽宗大观四年（1110）六月他受任尚书右仆射（宰相）之后撰写的。

全书一卷，通篇着重针对韩愈和欧阳修的反佛观点逐条进行批驳，其中也涉及其他儒者对佛教的误解和批评；在论述中对佛教与儒学学说的同异、优劣做了比较，也用较小篇幅比较佛教与道教的同异优劣，提出三教虽然内容风格各异，但皆如同世间之药，功能不同却皆有益于世，然而佛教境界最高，最为优越。

（二）《护法论》对韩愈、欧阳修等儒者排佛论的批驳

《护法论》虽然字数才一万二千多字，但涉及内容相当广泛，反映身居朝廷高位、信奉佛教的儒者张商英对佛教如何理解，对唐宋以来儒者排斥佛教如何看待，站在维护佛教立场对儒者排佛论如何批驳，提出怎样的会通三教的观点的。

1. 谓佛是圣人，传无上菩提之道，反对动辄毁斥佛教

张商英认为《列子》中所说"丘闻西方有大圣人，不治而不乱，不言而自信，不化而自行，荡荡乎民无能名焉"[1]可信，说列子曾从师于孔子，自然不会说谎，可见孔子是尊佛为圣人的。既然如此，《论语》所载"子曰：朝闻道，夕死可矣"中的"道"不会是孔子固有的"仁义忠信"，也不可能是《老子》所说"长生久视"

---

[1] 此出自《列子·仲尼篇》，原文："西方之人有圣者焉，不治而不乱，不言而自信，不化而自行，荡荡乎民无能名焉。"

之道，应当是佛教所说"识心见性，无上菩提之道"。他基于这种见解和自己对佛教理解，对佛教作了简单的介绍，郑重表示：

> 孔子圣人也，尚尊其道，而今之学孔子者未读百十卷之书，先以排佛为急务者何也？岂独孔子尊其道哉！至于上下神祇无不宗奉，翘兹凡夫，辄恣毁斥，自昧己灵可不哀欤？
>
> 一从佛法东播之后，大藏教乘，无处不有。故余尝谓，欲排其教则当尽读其书，深求其理，摭其不合吾儒者与学佛之见，折疑辨惑，而后排之可也。

这是说：既然孔子称佛为圣人，尊奉佛教之道，一切神祇也宗奉佛，那么作为孔子之徒的儒者出来恣意排斥佛教是毫无道理的。他批评以往排斥佛教的儒者既未读佛书，又未能深入了解佛教，说要排斥佛教至少应了解佛教才对。

此后，张商英以较大篇幅对韩愈、欧阳修等人的排佛观点进行批驳。

2. 对韩愈排佛观点的批驳

唐代韩愈在《原道》及《论佛骨表》等文章中站在儒家所奉"先王之道"和纲常名教的立场对佛道二教予以严厉批判，甚至提出以强制手段取缔二教的主张。宋代欧阳修等人撰写《本论》排斥佛教，主张大力弘扬和推行奉之为"治国之本"的仁义礼乐，逐渐削弱佛教，使佛教从社会消亡。

对此，张商英先举出他们的排佛观点，然后予以批驳。

韩愈曰：佛者，夷狄之一法耳。自后汉时，流入中国，上古未曾有也，自黄帝已下，文武已上，举皆不下百岁，后世事佛渐谨，年代尤促。

这是取自韩愈《论佛骨表》的语句，原文："伏以佛者，夷狄之一法耳，后汉时流入中国，上古未尝有也。昔者黄帝在位百年，年百一十岁；少昊在位八十年，年百岁……，此时佛法亦未入中国，非因事佛而致然也。汉明帝时，始有佛法，明帝在位才十八年耳。其后乱亡相继，运祚不长。宋、齐、梁、陈、元魏已下，事佛渐谨，年代尤促……"还说："夫佛本夷狄之人，与中国言语不通，衣服殊制；口不言先王之法言，身不服先王之法服；不知君臣之义，父子之情。"韩愈谏唐宪宗停止将凤翔法门寺供奉的佛骨迎入宫中礼拜供养。韩愈在《原道》中也有类似的语句，谓佛教是"夷狄之法"，佛教盛行必将导致人们"灭其天常，子焉而不父其父，臣焉而不君其君，民焉而不事其事"的严重后果。

张商英驳斥说：

陋哉，愈之自欺也。愈岂不闻孟子曰：舜生于诸冯，迁于负夏，卒于鸣条，东夷之人也。文王生于岐周，卒于毕郢，西夷之人也。舜与文王皆圣人也，为法于天下后世，安可夷其人，废其法乎？况佛以净饭国王，为南赡部洲之中而非夷也。若以上古未尝有而不可行，则蚩尤、嚚瞍，生于上古；周公、仲尼，生于后世，岂可舍衰周之圣贤，而取上古之凶顽哉？而又上古野处穴居，茹毛饮血，而上栋下宇，钻燧改火之法，起于后世者，皆不足用也。若谓上古寿考，而后世事佛渐谨，而年代尤促者，窃铃掩耳之论也。愈岂不知外丙二年、仲壬四年[1]之事乎？岂不知孔鲤、颜渊、冉伯牛之夭乎？又《书·无逸》曰：自时厥后，亦罔或克寿，或十年，或七八年，或五六年，或三四年。[2]彼时此方未闻佛法之名。自汉明佛法至此之后，二祖大师百单七岁，安国师百二十八岁，赵州和尚七百二十甲子[3]，岂佛法之咎也？

张商英围绕韩愈说佛是夷狄，在佛教传入前，即黄帝、帝喾、颛顼、唐尧、虞舜"五帝"时及商朝前期，帝王长寿，国祚也长，而佛教传入后则"乱亡相继，运祚不长"，进行驳斥。认为韩愈讲的违背事实，指出舜、周文王皆为夷人，但他们却是圣人，"安可夷其人，废其法"？而且圣贤并非皆生于上古，周公、孔子生于后世，却是圣人。韩愈所说的上古"天下太平，百姓安乐寿考"也不能成立。因为上古的"野处穴居，茹毛饮血"状态，后世绝不可效法。所谓三代无佛教之时国王长寿的说法也不符合史实，例如商王外丙、仲壬在位才两年和四年，自祖甲之后的商王在位时间皆短。至于佛教传入之后，长寿者大有人在，如隋代慧可（禅宗奉为二

1　外丙，商朝第二代王，汤之二子，汤死后继位，在位三年病死，由其弟仲壬继位。仲壬在位四年病死。

2　这是引自《尚书·无逸》中周公叙述商朝的事，谓商王在祖甲之后，"生则逸，不知稼穑之艰难，不闻小人之劳，惟耽乐之从"，在位皆短促，从十年到三四年。

3　赵州和尚享年一百二十岁。因此，这里的"七百二十甲子"中"甲子"当作年义，七百当为一百之误。

祖）、唐代禅僧慧安、赵州和尚从谂等人皆享年一百岁之上。言外之意，出家为僧者尚且可以长寿，岂可说一般信众不能长寿。他也指出，佛不仅不属于"夷狄"，而且是出身于国王之子，为人"大慈大悲、大喜大舍，自他无间，冤亲等观"。他还反问，如果按照韩愈的逻辑，岂不是排佛之人应当长寿，应当为世人尊崇？实际上并非如此。他甚至讥讽韩愈如同"夏虫不可语冰霜，井蛙不可语东海"那样，见解太低劣了。

3. 对欧阳修排佛论的驳斥

张商英所列举欧阳修排佛的主要观点有："佛者，善施无验不实之事"；"佛为中国大患"；"无佛之世，诗书雅颂之声，其民蒙福如此"。

所举欧阳修"佛者，善施无验不实之事"，不知原文出自何处，意思是说佛的说教中有很多虚妄不实，不能验证的内容。张商英先用世间常识进行反驳，说世上人有意编造谎言，一般是出于救急或饥寒所迫，为免除一时患难，然而佛却不是这样，舍弃富贵王室出家，"为道忘身，非饥寒之急，无患难可免"，根本没有编造虚假妄言的企图。如果佛教多为虚诞妄语，怎能让天下那样多的人信奉，"天龙神鬼无不倾心，菩萨罗汉，更相弘化"？据佛经所说，佛宣述的教义属于真实语，绝非诳语、妄语。如果一个人能做到诵佛之言，行佛之行，那就是佛。对此岂能怀疑？佛教基本宗旨不过戒、定、慧三学而已。如果能持戒，死后就不会轮回到畜生、饿鬼、地狱三恶途；若能修持禅定，就有可能断除由自贪爱情欲引起的一切烦恼，生到天界；若能修持定慧圆满，体悟佛的知见，则可进入大乘菩萨之位。怎能说佛法难修,净讲些"无验不实"的事呢?

对于欧阳修《本论》所说"佛为中国大患"的说法:"佛法为中国患千余岁,世之卓然不惑而有力者,莫不欲去之。已尝去矣,而复大集,攻之暂破而愈坚,扑之未灭而愈炽,遂至于无可奈何。"张商英认为没有道理。驳斥说,世上凡是对人有害的东西必定遭到人们厌弃,皆不能流传长久。佛教传入中国之后,"人天向化,若偃风之草",如果不具备"大善大慧、大利益大因缘",能够感动人天之心者,岂能如此!认为欧阳修是在诽谤佛教,按照佛教规定已犯下不可忏悔的重罪,然后引佛经说"唯有流通佛法是报佛恩"。

张商英也承认,现实的佛教界确实存在很多行为不良之徒,然而将佛教传承后世也只有靠守法的僧众。僧众犯法,自有刑法;违犯戒律,自有清规,无须由教外人来干预。他同时引证朝廷对佛教僧众的优惠政策,如发度牒允许出家,免除僧众征役等,奉劝僧众不要忘记自己的本分和使命,应当勤修佛法,以报效朝廷,回报父母、众生、国土、三宝(佛教)的恩德。

张商英所引欧阳修所说"无佛之世,诗书雅颂之声,其民蒙福如此",大概是取自《本论》的大意,不是原文。《本论》说佛教传入前的尧、舜和三代之时,"王政修明",人民得以计口授田,勤于耕作,朝廷为制礼作乐,"牲牢酒醴以养其体,弦匏俎豆以悦其耳目""耳闻目见,无非仁义礼乐"。张商英说这样讲是出于"好同恶异之心",但未能"通方远虑",然而并未对他的说法一一相应地辩驳,而是对佛教作了进一步介绍说明。

他说,天下事物以稀少为贵,如果人人想当儒者,势必引起竞争、妒忌、仇怨和挤陷等纷乱现象,如此儒者有什么可贵?社会如何得以治理？然而佛教与此相反。佛涅槃前将佛法付嘱于国王大臣，使得僧众"无威势以自尊，隆道德以为尊；无爵禄以自活，依教法以求活，乞食于众者，使其折伏骄慢，下心于一切众生"，能够专心依教行道。既然"导民善世，莫盛乎教，穷理尽性，莫极乎道"，那么他们依教行道，自然受到了圣明君主的优遇，为他们建寺宇，置田园，使他们能安心行道，教化民众行善。僧众虽处于社会四民（士农工商）之外，却能遵守戒规，遵循"六和"[1]，"表率一切众生，小则迁善远罪，大则悟心证圣，上助无为之化，密资难报之恩"。如果轻率地取缔佛教，像历史上"三武"（北魏太武帝、北周武帝、唐武宗）那样听从臣下煽动下令禁毁佛教，不仅剪除不了佛教，反而是越禁越兴盛。

4. 对认为佛教信者"不耕而食"斥责的回应

张商英指出这是一种片面看法。首先，世上不耕而食者大有人在，如活跃于山林江海的盗贼之徒、在城镇集店谋生的娼优厮役以及奸邪商贩、在神祠庙宇活动的巫觋神汉，即使有户籍的人也并非人人从事耕耘。那么，为什么要单单怪罪"守护心城"的僧众呢？他介绍说：

> 释氏有刀耕火种者，栽植林木者，灌溉蔬果者，服田力穑者矣，岂独今也。如古之地藏禅师，每自耕田，尝有语云：诸

---

1 即六和敬，亦称六慰劳法，指僧团成员要做到身和同住、口和无诤、意和同悦、戒和同修、见和同解、利和同均。

方说禅浩浩地，争如我这里种田博饭吃。百丈惟政禅师，命大
众开田，曰：大众为老僧开田，老僧为大众说大法义。大智禅
师曰：一日不作，一日不食。

他据佛教史书记载进行反驳，说佛教自古有从事农耕的传统，
有的采取刀耕火种方式，经营的面很广，或栽植林木，或种植五谷
及蔬菜水果等，列举唐代上承雪峰义存—玄沙师备法系地藏院桂
琛禅师、洪州百丈怀海禅师法嗣惟政禅师的例子，说他们将耕种与
传法结合起来；又举马祖弟子百丈怀海禅师所制《禅门规式》的话
"一日不作，一日不食"，证明佛教僧尼并非属于"不耕而食"的游
惰人群。说他们"各止一身一粥一饭，补破遮寒"，所费不多，承
担兴隆佛教的职责，怎么可以让他们还俗为农呢！

以往儒者排佛言论中有"梁武奉佛而亡国"的说法。宋初孙复、
石介也有类似提法。张商英认为这些人并未深究佛教教理，虽称不值
得驳斥，然而还是讲了一套道理。他说"国祚之短长，世数之治乱"
难做定论，不仅与一代君主是否贤良没有关系，而且与是否传播佛教
也没有必然联系，然而与佛教所说的前世造业（行为）必定有报应
的"定业"有关系，例如梁武帝当因"前定之业"决定了今世遭祸，
纵然一生修善得到长寿的好报，却毕竟难免侯景之乱被囚禁而死。

张商英对欧阳修的批评，甚至超出他的排佛论范围，对欧阳修
编撰《新唐书》也进行批评，说欧阳修不过是一"书生"，在《新
唐书》中"私意臆说，妄行褒贬"，竟说唐太宗是"中才庸主"，将
汉唐代以来很多奉佛帝王公侯奉佛者的事迹，特别是"唐之公卿好
道者甚多，其与禅衲游有机缘事迹者"皆加以删除，是违背作史者

应当秉承的"文直其事核，不虚美不隐恶"的传统，是难以称之为"实录"的。他甚至在人格上对欧阳修也进行贬斥，说"如斯人也，使之侍君，则佞其君，绝佛种性，断佛慧命；与之为友，则导其友，戕贼真性，奔竞虚名，终身不过为一聪明凡夫矣。其如后世恶道何？修乎修乎，将谓世间更不别有至道妙理，止乎如此缘饰些小文章而已"。这也许与张商英站在所谓"新政"立场，对在神宗时曾反对王安石新政的欧阳修额外施加批判力度的表现。

5. 对程颢曲解佛教"出世"的辩驳

程颢（1032—1085），字伯淳，人称明道先生，著有《定性书》（《答横渠张子厚先生书》）、《识仁篇》（《元丰己未吕与叔东见二先生语》中程颢语录）等，与程颐（1033—1107）为兄弟，世人并称"二程"，为宋代理学奠基人。他们的著述及语录，有《二程集》传世。二程学说为南宋朱熹继承和发展，形成理学程朱学派。程颢主张"天者理也"；"心是理，理是心"；"只心便是天，尽之便知性，知性便知天"[1]，提倡传心之说，在讲学和著述中经常贬斥佛道二教，《程氏遗书》卷十三载其语曰："佛、老其言近理，又非杨、墨之比，此所以害尤甚。"张商英所引"佛家所谓出世者，除是不在世界上行，为出世也"，意为佛教倡导的出世脱离现实社会。

对此，张商英认为这是士大夫"不知渊源而论佛"的典型表现。他解释说，按照佛教教理，现实物质的和精神的要素（色受想行识）及由它们组成的人及世界属于"世间法"，而佛教的戒定慧、

1　分别见《程氏遗书》卷十三、卷十一、卷二上。

解脱、解脱知见等教理和修行等才属于"出世间法"，通过学修佛法达到觉悟，真正"成就通达出世间法者"才可称之为"出世"，好像儒者通过科举达到"及第"。可见，"出世"的含义绝非程颢所讲的那样是脱离现实社会的。他说，佛创立佛教，在世间弘法"本为群生"，并非"超然自利而忘世"。这实际是对不了解佛教的儒者所做的简单介绍。接着，他还以忧虑的笔调批评当时佛教界良莠不齐、鱼目混珠和存在的一些丑恶现象。

（三）认为佛教与儒、道二教宗旨一致，但佛教境界最高

北宋时期，儒者中有不少人信奉或亲近佛教，如杨亿、李维、王曙等人皆奉佛，在真宗朝曾奉敕刊削裁定法眼宗僧道原所编撰的《景德传灯录》。王曙在仁宗朝经吏部侍郎至枢密使、拜同中书门下平章事。"喜浮屠法，斋居蔬食，泊如也"，与曹洞宗大阳警玄（943—1027）有交往。死后谥文康，有文集四十卷传世。张商英引证王曙《大同论》中所说"儒道释之教，沿浅至深，犹齐一变至于鲁，鲁一变至于道"，意为儒、道、释三教的思想境界是逐次自浅至深，论境界佛教最高。他对此表示赞赏，并做进一步发挥。

张商英将结论置于前边，然后对儒、佛二教进行对比；最后对比道、佛二教，揭示佛教之所以优越之所在。他认为，总体来说儒道释三教皆有益于民众教化和社会治理，他借助譬喻进行说明：

> 群生失真迷性，弃本逐末者，病也。三教之语，以驱其惑者，药也。儒者使之求为君子者，治皮肤之疾也；道书使之日损损之又损者，治血脉之疾也；释氏直指本根，不存枝叶者，

治骨髓之疾也。其无信根者，膏肓之疾，不可救者也。

意思是说，众生"失真迷性，弃本逐末"如同生病。儒道释三教旨在解除众生的迷惑，皆为治病的药，然而药的性能有差别。儒家旨在教人成为有道德的君子，只治众生的"皮肤之疾"；道教教人不断损抑欲望，体认无为，是治众生的"血脉之疾"的；佛教却是教人"直指本根，不存枝叶"，意即引导修心而识心见性，是治"骨髓之疾"的；至于对此对三教皆不信奉的人，好像得了"膏肓之疾"，是不可救治的。很清楚，他借用这种比喻说明佛教既超越儒教，又超越道教，教理最深境界最高，从而最为优越。

然后他从教旨、思想方面对比儒、佛二教，说儒者只讲人"性"，而佛教信者进一步讲"见性"；儒者主张"劳心"，而佛教信者讲"安心"；儒者摆脱不了"贪著"，而佛教信者教人修行达到"解脱"；儒者治世免不了"喧哗"，而佛教信者居止"纯静"；儒者治世须借助权势，而佛教信者则以"忘怀"为志；儒者处世做事要"争权"，而佛教信者则"随缘"而安；儒者"有为"，佛教信者"无为"；儒者每天必须"分别"筹划，佛教信者则怀空寂"平等"之心；儒者有"好恶"，而佛教信者主张"圆融"；儒者"望"（欲望）很重，而佛教信者"念"（杂念）最轻；儒者求名，而佛教信者"求道"；儒者终日处于"散乱"之中，而佛教信者经常打坐"观照"；儒者"治外"（治世），而佛教信者"治内"（修心）；儒者追求学识"该博"，佛教信者讲究如何"简易"；儒者"进求"不已，而佛教信者主张身心"休歇"。虽然不能说儒者无功，然而确实与佛教信者相比两者在静与躁方面是显著不同的。言下之意，自然佛教优于儒家。

接着他将道教与佛教进行对比，引用的道教经典多是《老子》（《道德经》）。他说《老子》主张"常无欲以观其妙"，虽能以无欲的心态观察世界变化，犹未达到究竟，好像佛教所说的尚未摆脱"金锁"（意为摆脱一种束缚却又被另一种如金锁那样的东西拘禁），正如唐代上承潭州石霜庆诸—筠州九峰道虔禅师法系的洪州同安常察禅师所说"无心犹隔一重关，况着意以观妙乎"？是批评道教仍属于执意观察世界，尚未完全做到无欲无念。又举《老子》说"不见可欲，使心不乱"，但佛则能做到"虽见可欲，心亦不乱"，即使面对人间"利衰毁誉称讥苦乐"八风吹来，也能做到如同须弥山临风而巍然不动。《老子》说"弱其志"，劝人不要积极有为进取，然而佛则立大愿力（例如以普度众生为志）。《老子》将天地变化之本源（道）比喻为"玄牝"（母性生殖器），而佛则认为诸法性空，内外皆空无相，"法尚应舍，何况非法"。《老子》主张"抱一（按 '道'）专气，知止不殆，不为而成，绝圣弃智"，却不知这些正是佛教《圆觉经》中斥责的作（执意去做、修持）、止（执意休止）、任（执意放任）、灭（执意断绝）的四病[1]。《老子》要人"去

---

1 《圆觉经》载："善男子，彼善知识所证妙法应离四病，云何四病？一者作病。若复有人作如是言，我于本心作种种行，欲求圆觉。彼圆觉性非作得故，说名为病。二者任病。若复有人作如是言，我等今者不断生死，不求涅槃，涅槃生死无起灭念，任彼一切，随诸法性，欲求圆觉。彼圆觉性非任有故，说名为病。三者止病。若复有人作如是言，我今自心永息诸念，得一切性寂然平等，欲求圆觉。彼圆觉性非止合故，说名为病。四者灭病。若复有人作如是言，我今永断一切烦恼，身心毕竟空无所有，何况根尘虚妄，境界一切永寂，欲求圆觉。彼圆觉性非寂相故，说名为病。离四病者，则知清净。作是观者名为正观，若他观者名为邪观。"

彼取此"¹（以百姓吃饱饭为重，不引人追求声色享受），仍有取舍之意，而佛教主张辽阔太虚那样的圆融，无所取舍。《老子》说"吾有大患，为吾有身"²，以身为累患，而佛教文殊菩萨则以身为"如来种"（引自《维摩诘经·佛道品》），后秦僧肇解释说"凡夫沉沦诸趣，为烦恼所蔽，进无寂灭之欢，退有生死之畏"，所以能信奉佛教，致力修行解脱。《维摩诘经·佛道品》说"譬如高原陆地不生莲华，卑湿淤泥乃生此花"，只有具有烦恼的众生才能生起佛法，并不认为有身是"大患"。《老子》说："视之不见名曰夷，听之不闻名曰希"，以为道是无形无声的，然而唐代马祖再传弟子长沙景岑禅师说"离色求观非正见，离声求听是邪闻"³，认为脱离外界观察事物绝非正见，而离声求听属于邪闻。《老子》以"豫兮若冬涉川，犹兮若畏四邻"来形容古之得道者言行谨慎、考虑深远细致，然而佛教则主张心随缘自在，"随流认得性，无喜亦无忧"⁴，体认自性，以平常心对待一切，既无喜亦无忧。《老子》称"智慧出，有大伪"，将智慧与虚伪对立，然而佛教并不排斥智慧，认为通过修持禅定可得到最高的"无碍清净慧"，达到解脱。《老子》说"我独昏昏，我独闷闷"⁵，以表现昏钝不察为得道表现，而佛经《楞严经》则以"明极"形容佛富有智慧，禅宗三祖僧璨《信心铭》说"洞然明白"，

---

1 《老子》第十二章："五色令人目盲，五音令人耳聋，五味令人口爽，驰骋畋猎令人心发狂，难得之货令人行妨。是以圣人，为腹不为目，故去彼取此。"

2 《老子》第十三章："吾所以有大患者，为吾有身。"

3 据《景德传灯录》卷十，长沙景岑禅师是南泉普愿弟子。

4 引自《景德传灯录》卷二第二十二祖摩拏罗的语录。

5 《老子》第二十章："俗人昭昭，我独昏昏；俗人察察，我独闷闷。"

大智百丈怀海禅师说过"灵光独耀，迥脱根尘"[1]，也不主张糊涂。《老子》说"道之为物也，唯恍唯惚，窈兮冥兮，其中有精"[2]，是说道虽无形玄远却含有物象、精微元气，然而佛教"务见谛明了，自肯自重"，主张务求彻观真谛，做到实修实悟。《老子》说"道法自然"，而佛经《楞伽经》则说："前圣所知，转相传授"（卷二），认为最高佛道（一乘、佛乘）是佛佛前后传承的。《老子》说"物壮则老，是谓非道"[3]，认为事物发展强壮便走向衰老，违背道的法则，而佛可在一念之间普观无量劫（无量的长时），"无去无来亦无住，以谓道无古今，岂有壮老"？人有老幼，难道可以说少者有道，老者非道吗？老子坚持去兵，而佛教主张"一切法皆是佛法"，意为兵亦可为佛法，不必去之。《老子》说："道之出，言淡乎其无味"[4]，佛则说"信吾言者，犹如食蜜，中边皆甜"，相信佛教语句对人有吸引力。《老子》说"上士闻道勤而行之，中士闻道若存若亡，下士闻道大笑之"，然而若据佛教禅宗，勤而行之者正是下士，至于所谓下士亦作相应改变。《老子》说"塞其穴，闭其门"，不主张积极接触外界，而佛教认为这样做属于人为"造作"，而执意作者必失败，终归于空。老子主张"去智愚民，复结绳而用之"，佛则以智慧示悟众生转"业识"（凡夫心识）为方便智（了解并接受佛法之智），名字虽有异而其体（佛性）则未变。他对比得出的结论是："不谓

---

1 福州古灵神赞禅师引其师怀海之语，见《景德传灯录》卷九。

2 《老子》第二十一章原文："道之为物，惟恍惟惚。惚兮恍兮，其中有象；恍兮惚兮，其中有物；窈兮冥兮，其中有精。"

3 《老子》第三十章："物壮则老，是谓不道，不道早已。"

4 《老子》第三十一章："道之出口淡乎其无味。视之不足见。听之不足闻。"

老子无道也，亦浅奥之不同耳。"意思是说，虽然不能说老子"无道"，但与佛教相比，道的深浅是有差异的。

张商英对比儒释道三教最后的结论是：

> 虽然，三教之书各以其道善世砺俗，犹鼎足之不可缺一也。若依孔子行事，为名教君子；依老子行事，为清虚善人，不失人天可也，若曰尽灭诸累，纯其清净本然之道，则吾不敢闻命矣。
>
> 余尝喻之，读儒书者，则若趋炎附灶而速富贵；读佛书者，则若食苦咽涩，而致神仙。其初如此，其效如彼。富贵者，未死已前温饱而已，较之神仙，孰为优劣哉？

他认儒释道三教各以自己主张的道进行社会教化，导善砺俗，好像鼎依三足而立不可缺一。分别论之，如果遵照儒家之道行事则可成为道德名教的君子，若依老子之道行事，则能成为质朴寡欲的"清虚善人"，来世不失生于人或天（佛教有人乘，谓修五戒来世生为人；有天乘，谓修十善[1]来世可生到天界），然而却不能如修持佛法那样断除一切烦恼，体悟清净自性而达到解脱。他还就儒佛二教的深浅作了补充说明，说读儒书者如靠近炉灶而早达富贵，而读佛书者虽吃喝苦涩，然而最后却可成仙。意为二者的优劣也是不言而喻的。

---

[1] 十善：不杀生、不偷盗、不邪淫、不妄语、不两舌、不恶口、不绮语、不贪、不嗔、不痴。

张商英是儒者，并且是大儒，然而从《护法论》对三教的比较和评论来看，似乎不像其他接近佛教的儒者那样站在儒家的立场，倒像是站到了佛教立场，除大段大段引证佛典，阐述与赞扬佛教，还从整体上贬低儒家，认为儒家不仅劣于佛教，并且也劣于道家道教。他在对排佛的儒者进行严厉的驳斥和批评中，甚至称他们如同当年舜豢养的朝着尧吠的狗（舜犬），在对欧阳修的批评中甚至进行人身诋毁。

如何看待儒释道三教的优劣问题呢？从历史来看，三教信奉者在议论三教一致或合一的时候，多是站在各自立场上，虽承认三教有益于治世，有益于民众，然而却坚持自己信奉的教最优越，顶多说其他二教也有值得肯定和赞同的内容而已。

从客观来说，儒家与佛、道二教各以其特有教义思想和组织、活动方式在不同时期满足了社会民众的需要。儒家既是适应中华民族处理现实社会人际关系的伦理学说，也是用来治国安邦的政治学说，在政治和思想文化上占据支配地位是经过先秦、秦汉等朝代长期酝酿和选择的结果。佛、道二教皆属于宗教。佛教传入中国及其传播发展，道教的成立和传播发展，皆有其历史的必然性，关键是由社会存在所决定的。从这个意义来说，三教彼此之间不存在优劣问题，各有各自存在的理由，谁也代替不了谁。

张商英鉴于唐宋时期儒者士大夫排佛的形势和出于自己信奉佛教的感情，对儒者排佛论进行批驳并对比三教提出自己的看法，是可以理解的。他写的《护法论》既是宋代佛教拥有很大社会影响的反映，也是宋代笃信佛教的儒者士大夫心理的一种写照，无论从佛教史还是思想史来说都有重要的研究价值和史料价值。

南宋抗金名相张浚与大慧宗杲禅师

　　张浚在南宋两度出任宰相，是主持抵御金兵对南宋攻战的抗金派领袖。他对著名临济宗大慧宗杲禅师的支持和交谊，在宋代儒家与佛教的交流、互鉴和会通中，在促进儒家与佛教各自适应时代传播和发展中，具有重要意义，有较大影响。

　　刘子羽（1097—1146）曾受到张浚信任并被聘为他经略川陕时的军事参议，受朱熹之父委托抚养和教育幼年的朱熹，而由其弟刘子翚（1101—1147）担当朱熹的业师。他们兄弟也与宗杲有着密切的关系，对朱熹的成长、学问有着潜移默化的影响。

　　朱熹既服膺崇尚仁义、刚正忠烈的张浚，又敬重学识渊博、崇德尚义的儒者刘子羽、子翚兄弟，在严格遵照儒家伦理修身和进学的同时，也注意了解和借鉴佛教特别是禅宗的思想，在以后继承二程理学基础上构建自己的理学体系时，既注重儒家仁义忠孝伦理与理学的深度结合，也灵活地从佛教禅宗思想中选取素材，汲取营养，应当说与他这段难得的人生经历是有密切关系的。

一、张浚两次拜相及其统领抗金的事迹

张浚（1097—1164），字德远，自号紫岩居士，汉州绵竹县（在今四川）人，为南宋抗金派杰出领袖之一，以忠义而彪炳于史册。

张浚之父张咸，北宋哲宗朝官至宣德郎签判西川。张浚四岁丧父，在徽宗朝入太学，政和八年（1118）[1]中进士，官至太常簿，亲历金陷汴京，掳徽、钦二帝北去，生民惨遭涂炭的"靖康之难"。这对他影响极大，终身视金为敌，不主与金和议。

张浚在得悉宋高宗即位于南京（在今河南商丘）后，迅速前往投靠效力，逐渐得到高宗的信任，历任枢密院编修官、殿中侍御史、侍御史等，在建炎三年（1129）除御营参赞军事、同节制平江府常秀州、江阴军兵马，后因联络各地军将联手勤王平定苗傅、刘正彦之乱[2]，迎高宗复辟有功，受到重用。

面对金兵不断南侵的严峻形势，张浚主张：朝廷若要实现中兴大业，必须从经略关、陕，加强那里的防守开始；如果金兵先入陕取蜀，则东南必不可保。因而奏请出守川、陕。高宗同意，授任他为川陕宣抚处置使，有权自行任免官员。张浚率兵入川陕后，一度收复失守的永兴府（辖境约当今甘肃省环县、庆阳、宁县和陕西省

1　宋徽宗政和八年（1118），十一月改元重和。甫冠，意为二十岁。据此，张浚生于1099 年。

2　南宋建炎三年（1129），原护卫宋高宗的武将苗傅、刘正彦以"清君侧"之名诛杀权臣王渊及宦官，迫使高宗让位于幼子赵旉，张浚联合各地将领起兵勤王，扶助高宗复辟，诛杀刘、苗，平定叛乱。

长武、武功、西安市鄠邑区等市区县以东，陕西省米脂、吴旗等县以南，镇安），然而建炎四年（1130）九月与金兵在富平会战中惨败，导致关、陕失守，不得不退保四川。张浚引咎上书待罪，高宗降诏予以慰勉。

张浚至绍兴三年（1133），在驻守川、陕三年的时间里，"访问风俗，罢斥奸赃，以搜揽豪杰为先务"[1]，训练新招募之兵，聘任兼有才识和胆略的刘子羽参议军事，任用赵开理财、选拔知兵善战的吴玠、吴璘兄弟和刘锜为将帅，先后多次重创金兵，有力地牵制了金兵攻略东南江淮的攻势，保卫尚处于脆弱形势的南宋朝廷，然而后来终于被谗处治和任用部下不当，被罢职召归。

绍兴五年（1135）二月，张浚除右仆射、同中书门下平章事（右相）兼知枢密院事，至绍兴七年（1137）九月被罢相。在任期间，总揽大局，效忠尽职，如《宋史·张浚传》所载，"总中外之政，几事丛委，以一身任之，每奏对，必言仇耻之大，反复再三"，以收复中原为志，支持韩世忠、岳飞等将领抗金。然而至绍兴八年（1138），高宗竟拜主张对金屈辱求和的秦桧为右相。自此，张浚屡遭毁谤排斥，先后受任观文殿大学士提举江州太平兴国宫、知福州等虚职，至绍兴十二年（1142）受封和国公，此后以提举江州太平兴国宫，居连州（在今广东清远市西北），后徙永州（治所在零陵，在今湖南南部）等，远离朝廷近20年。

秦桧死后六年，即绍兴三十一年（1161）九月，金帝海陵王废弃与南宋的和约，率兵"伐宋"，然而在十月金世宗完颜雍拥兵反

---

1 《宋史》卷三六一"张浚传"。

叛海陵王，即位于辽阳，次月海陵王被叛将所杀，攻宋形势暂有缓和。此后，金世宗仍持续攻宋之战，至宋孝宗隆兴元年（1163）四月将被宋收复的商、虢、环州等一十六州重又夺回，并开始谋划迫宋割地求和之策。

在金兵又大举南下的危急关头，张浚重被起用统领抗金，先官复观文殿大学士并判建康府、专一措置两淮事务兼节制淮东西、沿江州郡军马。绍兴三十二年（1162）六月，宋高宗让位于孝宗。孝宗刚一即位，即召见张浚，寄予厚望。张浚进奏："人主之学，以心为本，一心合天，何事不济？所谓天者，天下之公理而已。必兢业自持，使清明在躬，则赏罚举措，无有不当，人心自归，敌仇自服。"[1]进为少傅、江淮宣抚使，并进封魏国公，翌年除枢密使、都督建康、镇江府、江州、池州、江阴军军马，实际授予他负责抗金北伐的重任。在张浚指挥规划统领宋军抵御金兵压境的攻势中，开始也曾取得令世人振奋的抗金战捷，以至孝宗以手书慰劳说："近日边报，中外鼓舞，十年来无此克捷！"

金屯兵于河南，以武力进逼南宋的同时，也加强胁迫南宋签订割让海、泗、唐、邓、商、秦六州和岁贡和议的攻势。南宋朝廷中先后以尚书右仆射（右相）史浩、汤思退为代表的对金主和派与之呼应，日益活跃，对张浚等抗金文臣武将恣意谗谤、掣肘阻挠。隆兴元年（1163）五月，宋军与金兵战于符离（在今安徽省宿州），惨遭大败，主和派借机对张浚更肆无忌惮地诽谤。张浚不得已引咎请罪。孝宗下诏罪己，降除张浚特进，仍任以枢密使、江淮东西路

---

1 《宋史·张浚传》。

宣抚使，但不久又复为都督。

面对主和之议喧嚣尘上的氛围，张浚不为所动，劝谏孝宗"金强则来，弱则止，不在和与不和"[1]，不要割地求和。隆兴元年（1163）十二月，张浚拜尚书右仆射、同中书门下平章事（右相）兼枢密使，都督如故。竭诚地向朝廷推荐文武人才、招募兵将演武习战、加强江淮各处防备，然而来自汤思退等主和派的诬谤和排斥从未稍歇。在这种情况下，张浚于隆兴二年（1164）四月奏请罢江、淮都督府。五月在停留平江（今湖南岳阳）期间，先后八次上书乞致仕。此时的孝宗，已决意对金和议，遂诏从其请，并罢其相位，封以少师、保信军节度、判福州，因张浚力辞，改授醴泉观使。

张浚的一生，以仁义、忠君、孝母、正直刚毅著称，认为"君臣之义，无所逃于天地之间"[2]；"以敌未灭为已责，必欲正人心，雪仇耻，复土宇，镇遗黎，颠沛百罹，志逾金石"[3]，即使在离职之际犹上疏谏孝宗离奸邪，学亲贤。终因连年疲劳，八月于余干（在今江西上饶）患病去世，享年六十八岁，葬于衡山。乾道五年（1169），孝宗念其忠烈，诏赐太师，谥"忠献"。

然而在淳熙十五年（1188）高宗（时为太上皇）去世的第二年，孝宗采纳翰林学士洪迈之议，以吕颐浩、赵鼎、韩世忠、张俊配飨高宗庙庭，却不用吏部侍郎章森乞用张浚、岳飞，以及秘书

---

1 《宋史·张浚传》。

2 《宋史·张浚传》。

3 朱熹《张浚行状》。

少监杨万里乞用张浚之议，因此此后宋理宗端平二年（1235）建的"昭勋崇德阁"所绘宋代二十四功臣中属于南宋的有吕颐浩、赵鼎、韩世忠、张俊、陈康伯、史浩、葛邲、赵汝愚，而无张浚[1]。

张浚是学问渊博并且已接受二程理学观点的儒者。朱熹在乾道五年（1169）所写《张忠献公浚行状》中说："张浚公之学，一本天理，尤深于易、春秋、论、孟"。张浚在孝宗即位后应召入见时，从容进言："人主之学，以心为本，一心合天，何事不济？所谓天者，天下之公理而已。必兢业自持，使清明在躬，则赏罚举措，无有不当，人心自归，敌仇自服。"他将治国安邦之本归之为心、天、公理，激励孝宗敬奉天理，修身兢业，赏罚严明，爱民仇敌，可见是受到程颢、程颐理学影响的。张浚在以特进、提举江州太平兴国宫居住连州[2]时，曾作《四德铭》："忠则顺天，孝则生福，勤则业进，俭则心逸。"为当地人广为传诵。他平日教导诸子及门人"学以礼为本，礼以教为先"。

张浚著作有《绍兴奏议》《隆兴奏议》各十卷、《论语解》四卷、《易解》并《杂记》共十卷、《春秋解》六卷、《中庸解》一卷、《诗礼解》三卷、文集十卷。现有民国年间绵竹刊本《张魏公集》，但

1　此据［宋］潜说友撰：《咸淳临安志》卷六。明代张邦元《读通鉴纲目札记》卷十九"建昭勋崇德阁"，批评"有吕颐浩、赵鼎而无张浚""尤不可解者，张俊倾陷岳飞，史浩主和误国，何为而亦厕入耶？此亦难为千载定论也"。在朱熹《通鉴纲目》之后续编的《纲目》所载"昭勋崇德阁"二十四人中情况不一。例如清康熙皇帝《御批续资治通鉴纲目》卷十九所载是张俊，而徐乾学所撰《资治通鉴后编》卷一三七则改张俊为张浚。

2　今广东清远市西北。

缺漏很多。[1]

后世虽对张浚有褒有贬，然而予以肯定、褒扬的占主流。即使受张栻所托为其父张浚撰写《张忠献公浚行状》的朱熹，对张浚也有褒有贬。他在《张浚行状》中详述张浚功业，结尾处盛赞他"忠贯日月，孝通神明"，在后来向门人评述"中兴诸相"时也说南宋成立以来（"中兴以来"）有所作为的宰相只有李纲和张浚二人；然而他对张浚也有贬词，谓"张魏公才极短，虽大义极分明，而全不晓事，扶得东边，倒了西边，知得这里，忘了那里"；"张魏公材力虽不逮，而忠义之心，虽妇人孺子亦皆知之，故当时天下之人惟恐其不得用"，不过同时突出对张浚"大义极分明""忠义之心"予以肯定和赞扬。

在金与南宋势均力敌的客观形势下，张浚处于对金主和派的种种谤毁和牵制束缚的情况下，慨然临危受命统筹军政大局，团结统领身怀忠义坚持抗金的文臣武将，取得那样的卓越功业是十分难得的。可以说，南宋朝廷之所以能历经危难而存在下去，是与以张浚、李纲和韩世忠、岳飞等抗金派文臣武将的忠勇表现有关的。

张浚有栻、构二子。张栻（1133—1180），字敬夫（因避讳后改钦夫），号南轩，自幼从父习儒学，后在衡山师从二程再传弟子胡宏（1106—1162），得授二程理学。在长沙时，建城南书院讲学。

1　以上张浚生平和事迹，主要据朱熹《张忠献公浚行状》（简称《张浚行状》、《宋史》卷三六一"张浚传"，并参考《宋史·高宗纪、孝宗纪》和《金史·太宗纪·熙宗纪、海陵王纪、世宗纪》。

张浚复出统领抗金军政，他参与谋划，处理要务。在张浚去世后，曾应请主讲于岳麓书院。后出知严、袁诸州及江陵、静江府，除吏部侍郎、侍讲、直宝文阁，任荆湖北路转运副使等。力主抗金，疏谏孝宗"明大义、正人心为本""修德立政，用贤养民，选将帅，练甲兵"。与朱熹有深交，互相探讨和论辩过理学问题，是继胡宏之后理学湖湘学派的领袖。有朱熹编定的《南轩先生文集》传世，《宋史》卷四二九有传。

张滉，张浚之兄，字昭远，绍兴元年（1131）为承务郎、宣抚处置使司书写机密文字，绍兴三年（1133）以直徽猷阁主管江州太平观；绍兴七年（1137）赐进士出身，除知镇江府，不久辞任，主管台州崇道观，绍兴十年（1140）除知抚州，绍兴十二年（1142）知永州，孝宗乾道三年（1167）知楚州（淮安）[1]。

二、张浚对大慧宗杲的支持和彼此交往

唐宋时期由于佛教广泛盛行，在儒者士大夫中，或是由于亲人信仰，或是迎合皇帝、朝廷重臣的尊崇，有不少人亲近佛教，愿意与高僧交往，甚至围绕儒、佛二教关于天道人伦的见解进行交流。

张浚出身世代业儒之家，然而受社会风气的影响，特别因为母

---

1 据［南宋］李心传：《建炎以来系年要录》卷四十七、七十、八十八、一百十二、一一四、卷一三七、卷一四七和元脱脱《宋史》卷三八零"楼炤传"、卷三八二"张焘传"及宋李流谦《澹斋集》卷十五《星灯记》（张滉作张洸）。

亲虔信佛教，所以对佛教抱有好感，以至后来与临济宗高僧圆悟克勤（1063—1135）、大慧宗杲（1089—1163）[1]交往，书称"紫岩居士张浚"，彼此建立真挚友情。

张浚的母亲计氏，法名法真，在三十岁夫张咸去世之后，严格管教张滉、张浚兄弟刻苦读书，修德做人。虔信佛教，平日常读经拜佛，乐施好善，在克勤回归成都住持昭觉寺期间，多次施财供养。[2]张浚宣抚川陕，遭遇富平之败以后，绍兴二年（1132）将宣抚司移到四川阆中（在今南充）时，从家乡绵竹迎请母亲来军中奉养。绍兴五年（1135）在张浚任右相之后，宋高宗特封其母为秦国夫人。此后，秦国夫人随张浚仕途黜陟变迁，先后徙居于永州零陵、广东连州和潭州长沙。

早在圆悟克勤住持开封天宁寺时，张浚已与克勤、宗杲师徒二人结识。张浚经略川陕，在绍兴三年（1133）应召回朝经过成都期间，克勤特地为他设宴钱别，临别深情地嘱托，请他以后对弟子宗杲予以关照。绍兴四年（1134）二月张浚回到临安朝廷，克勤的弟子若平托严州[3]天宁寺的元弼请张浚为他编的《圆悟佛果禅师语录》写序。张浚在序中说克勤"尝被遇今上皇帝，对扬正法眼藏，其道盛行"，并称颂他的禅法，后面署名为"检校少保定国军节度使知枢密院事南阳郡开国侯张浚"。同年六月，张浚被罢，以提举临安

1　关于圆悟克勤与大慧宗杲，详见杨曾文：《宋元禅宗史》第四章第八节、第九节；第五章第一节、第二节，北京：中国社会科学出版社，2006年。

2　参考［南宋］蕴闻编：《大慧语录》卷十四"秦国夫人请普说"。

3　原严州早已并入杭州桐庐县、淳安、建德。

府洞霄宫，赴福州居住。在福州期间，平日以书史自娱，并未忘克勤之托，曾写信约见尚在福建泉州云门庵的宗杲，然而宗杲因病未能前来。十一月，张浚应召回朝入觐，复任知枢密院事，接着在绍兴五年（1135）二月拜右相兼知枢密院事、都督诸路军马之后，与左相赵鼎担负军政和防务重任。在绍兴七年（1137）春，张浚得便荐请宗杲出任临安径山寺方丈，因担心宗杲韬晦不赴，特移书以徽猷阁待制知泉州的刘子羽敦促他赴任。宗杲于五月上路，在七月先在临安府明庆院开堂，然后入住径山寺，从此"道法之盛冠于一时，百舍重趼往赴，惟恐后拜其门，惟恐不得见，至无所容，敞千僧大阁以居之，凡二千余众"；"宗风大振，号临济再兴"。[1]

张浚于这年十月落职，以秘书少监分司西京，居永州治所零陵。宗杲得悉这一情况，大约在此年冬季派弟子道谦前往零陵[2]送信问候。张浚与兄张滉热情地接待了道谦，告诉道谦老母已修行四十年，希望道谦留下伴陪母亲说话、修行。道谦在此居留约半年时间，于绍兴八年（1138）四月底归山。秦国夫人素敬宗杲，询问他平日在山如何教人禅修？道谦便向秦国夫人传授宗杲倡导的"看

---

1 ［南宋］蕴闻上进：《大慧普觉禅师再住径山能仁禅院语录》卷六载少师保信军节度使充醴泉观使魏国公张浚撰《大慧普觉禅师塔铭》并参考南宋祖咏编《大慧普觉禅师年谱》绍兴七年（1137）所引"佛灯珣禅师祭文后"、"答泉守刘公书"以及绍兴八年（1138）相关内容。

2 此据［南宋］祖咏编：《大慧普觉禅师年谱》绍兴八年（1138）所载"按为莹上座普说：因遣道谦往零陵问讯紫岩居士……"。此外，晓莹《云卧纪谈》卷下、正受《嘉泰普灯录》卷十八等皆作往零陵，而悟明《联灯会要》卷十八、道融《丛林盛事》卷上等皆误作往长沙。永州属荆湖南路，治所为潭州长沙，但永州治所为零陵。从地理角度，零陵非等同于长沙，范围相当现在湖南省永州市。

话禅"。

秦国夫人照此禅修，精神愉悦，还将自己的心得写入偈颂，其中一首说"逐日看经文，如逢旧识人；勿言频有碍，一举一回新"[1]，意为经过如此修行，平日再看佛经，如同与知友重逢，悠然自得，境界日新。在道谦启程回径山时，秦国夫人托他将自己表达禅修心得的书信和偈颂带回呈给宗杲，还施舍钱财请宗杲在山设"清净禅众香斋"招待众僧，并升座普说，"举扬般若"，祈愿以后"进道无魔，色身安乐"。

对此，南宋悟明《联灯会要》卷十七"道谦章"记载说，秦国夫人某日问道谦："径山和尚寻常如何教人参禅？"道谦告诉她：

> 和尚令人摒去杂事，唯看：僧问赵州：狗子还有佛性也无？州云：无；又僧问云门：如何是佛？门云：干屎橛。但一切时、一切处，频频提撕（按：提醒、提示）看，以悟为则。国太欲办此事，宜辍看经，专一体究始得。

道谦回到径山之后，宗杲在看了秦国夫人的信和偈颂后，给她回信，对她禅修达到的境界予以肯定和称赞，说"旷劫未明之事，豁尔现前，不从人得。始知法喜禅悦之乐，非世间之乐可比""百劫千生受用不尽"，但同时提醒她对此不可执着，否则将"不复兴悲起智怜愍有情"，望她牢记。[2]

---

1 《大慧语录》卷十四"秦国夫人请普说"。
2 《大慧普觉禅师书》卷二十七"答秦国太夫人"。

宗杲还遵照秦国夫人之请上堂普说，详细提到此事。《大慧语录》卷十四"秦国夫人请普说"记载：

　　（夫人）一日问谦：径山和尚寻常如何为人？谦云：和尚只教人看狗子无佛性话、竹篦子话，只是不得下语，不得思量，不得向举起处会，不得去开口处承当。狗子还有佛性也无？无。只恁么教人看。渠遂谛信，日夜体究，每常爱看经、礼佛。谦云：和尚寻常道：要办此事，须是辍去看经、礼佛、诵咒之类，且息心参究，莫使工夫间断；若一向执着看经礼佛，希求功德，便是障道。候一念相应了，依旧看经礼佛，乃至一香一华、一瞻一礼，种种作用，皆无虚弃，尽是佛之妙用，亦是把本修行，但相听信，决不相误。渠闻谦言，便一时放下，专专只是坐禅，看狗子无佛性话。闻去冬，忽一夜睡中惊觉，乘兴起来坐禅举话，蓦然有个欢喜处。

　　两段引文提到三则公案：一是唐代赵州从谂和尚答语的"无"，有人问赵州："狗子还有佛性也无"时，回答："无。"二是五代南汉云门宗创始人文偃的"干屎橛"，有人问："如何是释迦身？"答："干屎橛。"三是宋代临济宗首山省念的"竹篦子"，他手拿竹篦子问归省："不得唤作竹篦子，唤作竹篦子即触，不唤作竹篦子即背，唤作什么？"[1]这三段公案中的"无""干屎橛""竹篦子"，原

1　三则公案分别见《古尊宿语录》卷十三《赵州语录》；《云门录》卷上；《天圣广灯录》卷十六"归省章"。

本都有明确的字面含义，然而在上述参禅的场合只是将它们当作超越任何意义的符号。宗杲在说法中引用，也是不要参禅者按词语原有的意思去理解和思考，示意只将它们默默地反复"体究"参扣，在精神高度集中断除烦恼杂念，从而体认空寂无相的真如佛性、至高佛法不是用词语可以表达的。

宗杲的弟子晓莹在其所撰的《云卧纪谈》卷下也较详记述道谦往零陵探问张浚之事。其中还提到，道谦奉师命远赴零陵，原不情愿，认为耽误禅修。陪伴相送的同乡知友宗元启发他于平日著衣、吃饭、屙屎、送尿、行路中参扣，道谦于半途"忽有契悟"。宗元见此，便东至浙江东阳传法。张浚听说此事，还特地为道谦住处题写"自信庵"，并撰记相赠，其中说：

> 余抵湖湘，佛日又使谦来，发武林，越衡阳，崎岖三千余里，曾不惮烦，中途缘契，悟彻真理。一见，神色怡然，若碍膺之疾已除者。

张浚还致书宗元表示勉励：

> 余谪居零陵，径山佛日禅师遣谦师上人来问动止。僧宗元因佛日室中举竹篦话，心地先有发明处，毅然与谦偕来，既至抚（按：江西抚州），信问谦亦因缘契会，放下从前参学窠窟。

元喜曰：我已见清河公（按：指张浚）[1]矣，径归东阳，为众办众事。余嘉其行止近道，书此寄元，因勉以护持。

从以上文字，不仅可以了解张浚谪居零陵的情况，也可以看出张浚对佛教是有所了解，对径山宗杲及其弟子是怀有真挚情谊的。

绍兴九年（1139）径山寺取得很大发展，当年在此过夏安居之僧多达1700多人。宗杲为山寺所奉保护神"神龙"修庙，奏请朝廷赐神龙为"广润侯"，庙号"灵泽"。他得悉张浚与兄张滉在四安（在今江苏南通），特地前往拜访，并请张浚为师圆悟克勤撰写塔铭，回山刊刻于石。[2]

宗杲从绍兴十一年（1141）五月被缴度牒，穿俗服，先后编管于衡州、梅州，直至绍兴二十五年（1155）底才被赦踏回归路程。在赣州与知友张九成重畅叙之后，三月西行至宜春。张浚此时已接"自便""复官"之诏，居住长沙，服侍病重的母亲秦国夫人。秦国夫人因尊宗杲为师，总感到有"私恩未报"，希望见到宗杲。张浚至孝，听说宗杲在宜春，特地三次派人迎请他到长沙。然而在宗杲应请兼程到达长沙时，秦国夫人已去世。张浚遵照母亲遗愿希望供养宗杲一年，鉴于已难做到，表示至少接受供养一夏。宗杲应请住到七月，待张浚奉母灵柩归蜀，才经荆南东下赴故乡之行。

1　因张浚祖姓源自清河，"清河公"是尊称。据2014年11月6日"河北新闻网·科教卫生"报道："2015年张氏恳亲大会将在清河召开——揭张姓起源"，说湖南省图书馆收藏的《张氏南轩族谱》记述："吾族本黄帝后裔，始祖为弓正，封清河，赐姓张，此郡所自治也。"按，张浚之子张栻，号南轩。
2　《大慧普觉禅师年谱》绍兴九年记事。

此后，宗杲先后奉旨住持宁波阿育王寺、再次住持径山寺，将寺院迅速恢复旧有规模。在金朝皇帝海陵王、金世宗相继对南宋发起以割地臣服为旨的南侵战争的危急形势下，张浚重被起用，担负统领军政大局重任。出于对张浚的敬信和情谊，宗杲派人请张浚为寺院神龙"孚佑王"之殿写记，并曾到建康拜会张浚，请张浚为他的家族奏举后继之人，在逝世前不忘写信给在外地的张浚，殷切嘱他做"外护"。

张浚先后结识圆悟克勤、大慧宗杲师徒，特别与宗杲建立长达四十年的友谊，在遭贬居住零陵、长沙等地时与宗杲有过多次相聚畅叙交谈的机会，从他写的《大慧普觉禅师塔铭》所说"我识师之早，此心默契，未言先同，从容酬接，达旦不倦，人间至乐，孰与等拟"，可以想象他们在思想上彼此交流的默契和深入。因此，张浚虽为著名儒者、朝廷重臣，却对佛教特别是禅宗有相当的了解。这从他写的《圆悟佛果禅师语录序》《大慧普觉禅师塔铭》可以看出，他对禅宗的传承世系、禅宗宗旨、禅法特色等皆有了解。他说克勤的禅法特色是：

予闻师常偃处一室，坐断语言，转无上法轮，不容拟议，扬眉开口，立便丧身，才涉廉纤，老拳随起，每举到不与万法为侣公案，已是拖泥带水，落第二义。[1]

1　《圆悟佛果禅师语录序》，载于［宋］绍隆等编：《圆悟佛果禅师语录》卷首。

克勤的禅法思想，主张清净心性既是世界万物的本原，也是人们觉悟解脱的内在依据；禅修强调"无念"，谓"禅非意想"，摆脱语言文字束缚，以"离见超情"，自悟本性。[1] 张浚的概括是符合克勤的禅法主张的。

他在介绍宗杲事迹中概述了佛教禅宗的宗旨：

> 西方之教，指心空为解脱究竟。盖得一而不见诸用，而悟入要处，或几于尽性者所为。后世三宗[2]并行，临济正传，号为得人，超出声尘，不立一法，根源直截，以证为极，焜耀震动，卷舒无碍，如师子儿，游戏自在，获大无畏，此固不可以智知识识也。[3]

所谓"西方之教"自然是指佛教。然而他说的"心空为解脱究竟"却并非佛教的一致主张，只是相当他下面所引大乘佛教"三宗"中的"破相宗"（以《般若经》为中心）的主张。他后面所提到的实际是指禅宗。禅宗在佛性论和中道不二思想的基础上既讲空，又讲有，认为体悟佛性（心、自性）即可出入有、无两边，所谓"超出声尘，不立一法，根源直截"，达到解脱。值得注意的是，

---

1 详见拙著《宋元禅宗史》第四章第八节"圆悟克勤及其禅法"，北京：中国社会科学出版社，2005 年。

2 三宗，一是唐宗密在《禅源诸诠集都序》《中华传心地禅门师资承袭图》中所说的禅宗早期分派：息妄修心宗、泯绝无寄宗、直显心性宗；二是宋永明延寿《宗镜录》中将佛法分为法相宗、破相宗、法性宗。

3 《大慧普觉禅师塔铭》，载于蕴闻上进《大慧普觉禅师赞佛祖》卷十二。

他认为佛教的入悟解脱（悟入要处）与儒家特别是理学所理解的"穷理尽性"至高认识和道德境界是相近的，即所谓"或几于尽性者所为"[1]。宋代不少儒者正是基于这种理解，愿意接近佛教并与佛教高僧交流。

据《大慧普觉禅师赞佛祖》卷十二记载，宗杲在逝世前应弟子请求写下遗偈："生也只恁么，死也只恁么，有偈与无偈，是甚么热大？"张浚看到，立即写出如下偈颂：

> 宗师垂语，切忌错会，要须识得真实受用处，方证大自在解脱安乐法也。

署名"紫岩居士张浚"，时间是隆兴甲申季夏十日，与宗杲逝世是同一日。从偈颂用语和内容看，张浚对佛教禅宗十分熟悉，绝非临时仓促可以编造。

张浚尊敬和信任宗杲，不仅看重他是遐迩闻名的高僧，对佛法和禅修有卓越的造诣，而且也看重他虽是出家人却有忠君、孝亲和关心社会、慈利群生的品格。他在《大慧普觉禅师塔铭》中记述宗杲托他为先祖奏举后继者之后，称赞宗杲"虽为方外，而义笃君

1　"尽性"原出自《周易·说卦》的"昔者圣人之作易也，……和顺于道德而理于义，穷理尽性以至于命"。历来对"穷理尽性"有不同的解释。原意为探明天地变化之道理，洞察天生的本性，正确体认和把握命运。宋代理学结合《中庸》对此有很多发挥。程颢、程颐引证此语旨在论释从"格物致知"至"正心修身"的伦理心性论问题，认为理、性、命在根本含义上是等同的，"穷理则尽性，尽性则知天命"（《河南程氏遗书》卷二十一下《伊川先生语七下》"附师说后"），如此则达到认识和道德修养的至高成圣境界。

亲，每及时事，爱君忧时，见之词气"。[1]在为径山寺写的《孚佑王殿记》中说"杲有忠君爱物之志，非若声闻、独觉之私，厌生死而乐寂灭也，是以浚与之游。或者迷惑世纲，循利背义，排斥己异，移怒于师。有识者愤之"。[2]甚于这种认识，也是张浚愿与宗杲往来并建立友谊的重要原因。

张浚在遭贬官远离朝廷徙居在外近二十年，平日除研读儒家经典，教导诸子及门人之外，还找来佛典阅读，有时还到寺院坐禅静修。蕴闻上进的《大慧普觉禅师语录》卷二十七所载宗杲的信《答张丞相（德远）》记述：

> 恭惟，燕居阿练若（按：原指修苦行的荒野寂静处，此指寺院），与彼上人（按：寺中的僧众）同会一处，娱戏毗卢藏（按：《毗卢大藏经》）[3]海，随宜作佛事，少病少恼，钧候动止万福。从上诸圣莫不皆然。
>
> 所以于念念中入一切法灭尽三昧[4]，不退菩萨道，不舍菩萨

1　载于〔南宋〕蕴闻上进：《大慧普觉禅师赞佛祖》卷十二。

2　〔南宋〕祖咏编：《大慧普觉禅师年谱》绍兴二十六年记事引。

3　《毗卢藏》，即《毗卢大藏经》，也称《开元寺版大藏经》，从北宋徽宗政和二年（1112）至南宋高宗绍兴十六年（1146），在福州开元寺雕印，由僧本悟、本明等主持，经四十年完成，装璜采梵夹本，收佛典1429部6117卷。

4　亦即灭尽定，佛教指灭尽六识心（眼耳鼻舌身意六识）及其心所（六识的功能和活动），使之不发生作用的禅定。唐玄奘译《成唯识论》卷七说"已入远地菩萨方能起灭尽定"。宋延寿《宗镜录》卷五十五说"灭尽定为佛、罗汉所证出世间之定"。

事，不舍大慈悲心，修习波罗蜜[1]未尝休息，观察一切佛国土无有厌倦，不舍度众生愿，不断转法轮事，不废教化众生业，乃至所有胜愿，皆得圆满，了知一切国土差别，入佛种性到于彼岸。[2]此大丈夫四威仪（按：行、住、坐、卧）中受用家事耳。大居士于此力行无倦，而妙喜于此亦作，普州人又不识，还许外人插手否？

闻到长沙，即杜口毗耶（按：毗耶离）深入不二[3]，此亦非分外，法如是故。愿居士如是受用，则诸魔外道定来作护法善神也。其余种种差别异旨，皆自心现量境界，亦非他物也。不识居士以为何如？

按照宗杲这封信的内容，可以得出以下结论：

（一）张浚在职处理军政之暇，特别在贬官谪居于零陵、连州

---

1 波罗蜜，意为度，度到彼岸，指大乘菩萨之道，有"六度"：施舍、持戒、忍辱、精进、禅定、般若（智慧）。

2 以上是引自［唐］实叉难陀译：《华严经》卷四十四"十通品"中的菩萨第十种通"菩萨摩诃萨以一切法灭尽三昧智通"。原文是："菩萨摩诃萨以一切法灭尽三昧智通，于念念中入一切法灭尽三昧，亦不退菩萨道，不舍菩萨事，不舍大慈大悲心，修习波罗蜜未尝休息，观察一切佛国土无有厌倦，不舍度众生愿，不断转法轮事，不废教化众生业，不舍供养诸佛行，不舍一切法自在门，不舍常见一切佛，不舍常闻一切法；知一切法平等无碍，自在成就一切佛法，所有胜愿皆得圆满，了知一切国土差别，入佛种性到于彼岸。"

3 据［后秦］鸠摩罗什译：《维摩诘经》，毗耶离城有居士维摩诘菩萨，神通广大，精通高深佛法。卷九"入不二法门品"记述，维摩诘问众菩萨：何为"菩萨入不二法门"？有三十二位菩萨按自己的理解作了回答，但轮到维摩诘回答时，他却"默然无言"。文殊菩萨对此赞叹说："善哉善哉，乃至无有文字语言是真入不二法门。"

和长沙的二十多年期间，除阅读儒家经史、教导二子及门人之外，尚阅读佛典，还浏览过《毗卢大藏经》，与各地僧人交往，到寺院"随宜作佛事"，也坐禅修心养性，体验修行生活。对此，朱熹后来也引宋子飞的话说："张魏公谪永州时，居僧寺，每夜与子弟宾客盘膝环坐于长连榻上，有时说得数语，有时不发一语，默坐至更尽而寝，率以为常。"[1] 所说"盘膝环坐于长连榻上"即指坐禅，或称打坐。

（二）宗杲大段引证唐译《华严经·十通品》的"菩萨第十种通"的经文，是借以将张浚比作以大慈大悲、普度众生为理念的大乘菩萨，既是感谢张浚作为"外护"对径山、佛教事业的支持，也是赞誉他实际是以"拔苦与乐"的慈悲精神关心国家安危和民众疾苦。

（三）所谓"闻到长沙"，是指张浚在绍兴三十一年（1161）得以复官，为观文殿大学士、判潭州，居于长沙。宗杲引《维摩诘经》所说在毗耶离城的维摩诘菩萨以"杜口"（"默然无言"）答释何为"真入不二法门"的故事，以喻张浚拥有像维摩诘那样的高深智慧和临机应变的能力，虽默然杜口忙于尽所任之职，但这却是他"深入不二"法门的表现，相信以后必将赢得来自各方面的理解和支持，取得成功。

张浚虽有时自称"紫岩居士"，亲近佛教，然而如同北宋王安石、苏轼、张商英等那样仍是遵奉儒家道德规范和礼教的儒者。张浚在临终前，郑重嘱咐其子张栻、张杓，"丧礼不必用浮屠氏"，即

---

1 《朱子语类》卷一三七。

不用佛教的丧葬仪式；并且不无遗憾地说："吾尝相国家，不能恢复中原，尽雪祖宗之耻，不能归葬先人墓右，即死葬我衡山足矣。"[1]这是一位以忠孝著称、两度官居相位致力北伐复兴的儒者最后的悲壮遗言。

总之，张浚是南宋杰出的政治家、崇忠重孝的儒者。自南宋成立至他逝世，历经高宗、孝宗两朝，在金从"黑水白山"兴起，继而灭辽之后，先后两次大规模南侵，在攻陷汴京灭北宋之后继续向南扩张，企图一举攻灭刚成立的南宋，虽在势均力敌的形势下能逼迫南宋订立割地称臣和输币帛的和约，然而亡宋之心不死，在高宗朝末和孝宗朝初又发兵南下攻掠，致使南宋再次面临危机。正是在这种形势下，张浚从官位低下默默无闻的儒者，先是了出面谋划挫败迫使高宗逊位的叛乱，拥立高宗复辟，然后奉诏经略川陕，拜相统领军政，粉碎金兵灭宋的气焰，而在金毁约再次南攻之际，垂老的张浚临危受命，再次担负统领军政全局的重任，然而最后在主和派重重阻挠下未能完成北伐中兴之业，含恨而终。

进入宋代，儒释道三教的交流和会通已成为思想文化领域的时代潮流。无庸置疑，这一潮流是通过具体的人物和生动的事迹体现的。儒者的身份和职位各有不同，他们在这一影响深远的历史性的潮流中的表现也各种各样，然而总体说来对当时和后世影响是不容低估的。在这其中影响较大者，南宋的张浚算是突出的一位。正是由于他的关照和支持，才使大慧宗杲能以靠近京城的径山为基地，推进临济宗在南宋广泛传播，使"临济中兴"的局面得以实现，同

1　［南宋］朱熹：《张忠献公浚行状》。

时也促成以径山等地为平台的佛、儒之间的广泛交流。在张浚影响下，并通过刘子羽、刘子翚兄弟的熏陶，既促使理学集大成者朱熹强化儒家忠义伦理在理学中的地位，又为他接触佛教禅宗，从佛教禅宗思想中汲取营养来充实和发展理学，提供极大方便和条件。

南宋开善道谦与理学集大成者朱熹

北宋后期和南宋时期，在佛教中占据主流地位的禅宗以临济宗杨岐派最为兴盛，而在这一禅派中最有影响的是五祖法演—圆悟克勤的法系。克勤嗣法弟子大慧宗杲的这一支系形成大慧派，另一弟子虎丘绍隆的支系形成虎丘派，皆一直流传到明清以后。

大慧宗杲（1089—1163）在南宋抵御金兵南侵之际，先辗转传法于江西、湖南、福建等地，此后应请两度住持杭州径山寺，在朝廷和朝野士大夫外护的支持下，扩寺聚徒传法，以至出现"临济再兴"的盛观。南宋祖咏所编《大慧普觉禅师年谱》记载，宗杲生前有剃度和嗣法弟子近二百人，还拥有身居朝廷高位的亲近、护持佛教的外护士大夫约四十人，影响很大，所谓"奔走天下奇衲，悦服名公巨儒"。

在宗杲的嗣法弟子中，道谦属于资历较长的前辈，受到宗杲的器重，曾受托前往零陵探望刚罢相位的张浚，并受托向他的母亲传法，后来又受刘子羽、刘子翚兄弟之请住持刘氏"功德禅寺"开善寺，有机会为在刘子翚门下受学的朱熹说法释疑，为朱熹了解、借鉴和汲取佛教思想带来方便。

一、临济宗开善道谦的生平

随着对朱熹理学研究的深入，对朱熹与刘子羽、子翚兄弟以及道谦等人的关系问题也受到学者的关注。

在现存文献资料中，对道谦的记载比较分散，内容简略。比较可信者，首先应举道谦的同学晓莹《云卧纪谈》卷下及其《罗湖野录》卷上、祖咏《大慧普觉禅师年谱》的有关记述；其次是南宋道融《丛林盛事》卷上、枯崖圆悟《枯崖漫录》卷中、悟明《联灯会要》卷十七、正受《嘉泰普灯录》卷十八、普济《五灯会元》卷二十所载的传记；再次有元代熙仲《历朝释氏资鉴》卷十一、明代元贤《建州弘释录》卷下、明河《补续高僧传》卷十一的记述等。

道谦（约 1103 年之前—1154 年稍前[1]），曾在崇安仙洲山密庵居住禅修，后又住持崇安开善寺，因以居寺为号，或称密庵道谦，或称开善道谦。崇安（在今福建武夷山市）人，俗姓游，家世业儒，自幼聪慧，据称读书过目不忘，后因感叹父母早亡，决意以出家报双亲之恩[2]。

道谦大约在宋徽宗重和元年（1118）出家，先在东京汴梁（今开封）天宁万寿寺，礼临济宗黄龙慧南下三世长灵守卓（1065—

1　[南宋]正受：《嘉泰普灯录》卷十八载道谦"具戒，游东都于圆悟会中"。"具戒"即受具足戒，一般在二十岁受，而圆悟克勤是在宣和六年（1124）入住东京天宁寺的，时在道谦受戒之后，故道谦当生于北宋崇宁二年（1103）之前。吕祖谦《东莱集》卷十五"入闽录"记述，淳熙二年（1175）四月，吕祖谦与朱熹同游密庵，时在"谦没余二十年"。据此推测道谦当逝世于绍兴二十四年（1154）稍后。

2　《补续高僧传》卷十一《道谦传》。

1123）为师，在受具足戒之后，宣和五年（1123）守卓去世[1]。翌年四月，临济宗杨岐派著名高僧圆悟克勤奉诏住持天宁万寿寺，道谦便拜在他门下参学，曾负责在真定府的化缘之事（化主），然而未能契悟得到印可。宣和七年（1125），大慧宗杲到天宁寺礼克勤为师，参禅契悟，得到印可。在靖康二年（1127）金灭北宋之后不久，在战乱相继的形势下，克勤先到金山（在今江苏镇江市）龙游寺、建昌县（今江西永修县）云居山真如寺居住传法。宗杲相随在身边，担任首座。建炎四年（1130）春，宗杲离开克勤到海昏县（此为古名，宋称建昌县，在今江西永修县），修复久已荒废的云门庵（也称古云门寺），居住传法。克勤特派道谦前往随从。此外，宗杲身边尚有悟本、道颜等二十余人跟随。[2]

此后，在金兵不断南侵的纷扰局势下，宗杲携弟子辗转于赣、湘诸地，绍兴四年（1134）进入福建，先在长乐、福州洋屿、莆阳等地暂住传法，第二年应请入住泉州南边小溪的云门庵，有道谦等人随从身边。绍兴七年（1137），经右相张浚荐请，并通过知泉州的刘子羽敦促，宗杲北赴径山住持能仁禅院，道谦等弟子也随同前

1　［宋］介谌编：《东京天宁万寿禅寺长灵卓和尚语录》后附《行状》。

2　绍兴八年（1138）道谦受宗杲之命前往零陵探望张浚。道融《丛林盛事》卷上载，他自谓："我参禅二十年……"；晓莹《云卧纪谈》卷下载，当时同学宗元劝他："你但平日参得底、悟得底及长灵、圆悟、佛日三老为你说底，都不须理会……"。据此，可以推算他出家于重和元年（1118），先后师事于长灵守卓、圆悟克勤、佛日宗杲。此外，参考慧然蕴闻录、祖庆校勘《大慧普觉禅师普说·莹上座请普说》；《佛果圆悟真觉禅师心要》卷下"与耿龙学书批"："杲佛日，一夏遣参徒，踏逐山后古云门高顶，欲诛茆隐通，其志甚可尚。今令谦去……"还有祖咏《大慧普觉禅师年谱》绍兴四年记事。

往。径山寺迅速得到振兴，第二年僧众已达一千余人。

此时张浚已被罢相，徙居永州的治所零陵（在今湖南）。宗杲在此年冬季派首座道谦前往零陵[1]送信问候。南宋晓莹《云卧纪谈》卷下记述：

> 大慧老师先住径山日，遣谦首座往零陵[2]问讯张魏公（按：张浚，孝宗时封魏国公）。
>
> 是时，竹原庵主宗元者，与谦有维桑契分。元于道，先有所证。谦因慨然谓元曰：一生参禅见知识，不得了当，而今只管奔波，如何则是？元笑而语之曰：不可路上行便参禅不得也。你但平日参得底，悟得底及长灵、圆悟、佛日三老为你说底（按：的），都不须理会。我今偕行途中，可替底都替你了，其替不得有五件事，你自管取。谦曰：何谓五事？元曰：着衣、吃饭、屙屎、送尿、驼（按：拖）个死尸路上行（按：意为走路）。谦未逮半途，忽有契悟。元贺曰：今日且喜大事了当。我已见清河公（按：指张浚，张浚祖姓源自河北清河郡）竟，兄当独往。宗元从此归乡矣。

---

1 ［南宋］祖咏编：《大慧普觉禅师年谱》绍兴八年（1138）所载"按为莹上座普说：因遣道谦往零陵问讯紫岩居士……"。晓莹《云卧纪谈》卷下、正受《嘉泰普灯录》卷十八等亦作往零陵，而其他史书多作长沙。永州所属的荆湖南路治所在潭州长沙，但永州治所是零陵。

2 参考《宋史》卷八十八地理志，零陵，先后为零陵郡、永州治所，宋代属治所在潭州（今长沙）的荆湖南路，相当现湖南省永州市区，包括零陵区、冷水滩区及祁阳县、祁东县、东安县及双牌县北部。

宗杲出自对道谦的信任，派他到零陵探望自己敬重的外护张浚。然而当时的道谦，却认为耽搁他禅修，不情愿前往[1]。他的同乡宗元在宗杲门下"先有所证"，自愿陪他前往，告诉他不要认为路上不能参禅，应把以往在禅修中认为悟解的以及长灵、圆悟、佛日三位禅师所传授的那些东西，通通抛到一边，只管专心于自己每天穿衣、吃饭、屙屎、撒尿和走路等事中，自然会有悟处。宗元实际是以禅宗"道在日用"的道理引导他，难道离开日用还能在别的地方悟道吗？道谦照此去做，在走到半路的时候忽然"契悟"。宗元见此，便离开他返乡。

道谦到达零陵见到张浚，表达宗杲的慰问，受到张浚与其兄张滉的热情接待，并应请停留半年，为他们的母亲秦国夫人说法。张浚得知道谦在路上"契悟"的情况，特地为他的住处题名"自信庵"，并撰记赠之，曰：

> 余抵湖湘。佛日（按：宗杲之号）又使谦来，发武林，越衡阳，崎岖三千余里，曾不惮烦，中途缘契，悟彻真理。一见神色怡然，若磈礧之疾已除者。[2]

1　[南宋]道融：《丛林盛事》卷上载："谦自惟曰：我参禅二十年，迥无入处，更于此行，决定荒废，意欲无行。"《联灯会要》卷十七等载："师自谓，我参禅二十年，无入头处，更作此行，决定荒废，意欲无行。友人宗元者，叱曰：不可在路，便参禅不得也。去，吾与汝俱往。师不得已而行，在路泣，谓元曰：我一生参禅，殊无得力处，今又途路奔波，如何得相应去"。

2　[南宋]晓莹：《云卧纪谈》卷下。

张浚从道谦那里得知宗元的情况，还特地写信给宗元表示嘉勉之意。

在零陵期间，道谦将宗杲提倡的"看话禅"修持方法教给秦国夫人。绍兴八年（1138）四月二十三日，道谦回到径山。宗杲事先得讯在半山迎接，赞扬他说："建州子，这回别了也，只管怨老僧，自是你时节未到。"此后，道谦禅修表现超众，将自己的悟境以偈颂表述，如"心不是佛，智不是道"；"太平时节岁丰登，旅不赍粮户不扃，官路无人夜无月，唱歌归去恰三更"。宗杲看了表示赞赏。[1]

道谦在径山期间，得到亲近佛教的士大夫吕本中（字居仁）、曾开（字天游）[2] 等人的敬信。

至迟在绍兴十年（1140）之前[3]，道谦离开径山回到了福建，先应请短暂住持在福州升山的玄沙寺，然后回到建宁府建阳，建密庵于风景秀丽的仙洲山（在今福建省南平市所辖武夷山市[4]），受到了家住崇安五夫里的刘子羽、刘子翚兄弟及在他们家受教的朱熹的信敬[5]。密庵成为他们参访和约友聚会交谈之所。

1　道融《丛林盛事》卷上。

2　曾开、吕本中，在《宋史》卷三七六、卷三八二分别有传。

3　据《嘉泰普灯录》卷二十一"建宁府仙州山吴十三道人"传，"吴十三道人"得知道谦归，前来归依，在其居处之侧结庵居住禅修，"绍兴庚申（绍兴十年，1140）三月八日夜，适然启悟"，成为道谦在家嗣法弟子。据此推测，道谦在绍兴十年之前，先住持福州玄沙寺，然后才回建阳的。

4　仙洲密庵遗址在福建南平市武夷山市五夫镇古亭村。

5　道融《丛林盛事》卷上："谦后归建阳，结茅于仙洲山，闻其风者，悦而归之，如曾侍郎天游、吕舍人居仁……"从曾开、吕本中经历来看，他们未到过福建建阳，故将他们与道谦的交往置于道谦在径山之时。

绍兴十六年（1146）秋[1]，道谦应刘子羽之请住持五夫里拱辰山下的开善寺。开善寺，原建于五代。南宋初，在"靖康之难"中尽忠捐躯的刘韐安葬于拱辰山南，敕赐"太师魏国忠显公"之号，并赐寺额"报恩开善功德禅寺"[2]。因此，开善寺实际已属刘子羽、刘子翚兄弟管下的守坟家庙。晓莹《云卧纪谈》卷下载：道谦"从刘宝学（按：刘子羽）所请，出世建（按：建宁府）之开善"；另元贤《建州弘释录》卷下还记载，"屏山先生刘子翚……以疾辞隐武夷山，日以讲学为业，朱熹师事之。尝修开善院，屡延名德主之，共为法喜之游。僧中凡有撰述，多出其手。"可以想见，在道谦以前已有僧住持过此寺，道谦是继他们之后者。

道谦住持开善寺未到一年，因遭人毁谤，便毅然离开开善寺[3]，结伴千里迢迢前往衡阳，来到编管在那里的宗杲禅师身边[4]《云卧纪谈》卷下载其《衡阳道中示同行》之诗曰："月照天心古馆明，衡阳春色为谁青。不知雪拥鳌山后，庆快平生有几人。"他在诗中借

1　［元］熙仲：《历朝释氏资鉴》卷十一"宋下·信国文公朱晦庵熹"载朱熹祭奠道谦之文："师出仙洲，我寓潭上，一岭间之，但有瞻仰。丙寅之秋，师来拱辰，乃获从容，笑语日亲。"仙洲即仙洲山；潭上即屏山之下潭溪之畔；丙寅，为南宋绍兴十六年，公元1146年。

2　"百度百科网·开善寺"载有明万历《刘氏祖谱》一张不完整的图片："开善寺，山名拱宸山，内葬宋朝敕葬太师（按：下所缺字当是"魏国忠显公"）韐公，及赠葬太师齐国文静公刘子翚等墓（按：下缺字）碑额，建立报恩开善功德禅寺，拨有粮田，东至寺前大路，西至古亭流水大溪，南至护界（按：下缺字）至下岚界连山，绘有山图。"

3　《历朝释氏资鉴》卷十一所载朱熹祭奠道谦之文："未及一年，师以谤去。"

4　绍兴十一年（1141）五月，大慧宗杲受到秦桧党羽的诬陷和迫害被缴度牒，穿俗服编管衡州（治所在湖南衡阳），七月到达，身边有不少弟子和慕名前来拜在门下者。

引唐代雪峰义存（822—908）"鳌山成道"[1]的典故，表达自己也愿有悟道后那种"庆快"的超脱境界。

因资料欠缺，道谦此后的情况不明。晓莹《罗湖野录》卷上说：道谦"福不逮慧，出世未几而卒，于谦虽无恨，惜乎法门不幸耳"。是说道谦在住持开善寺之后不久逝世。参照以下三个事实：（一）道谦前往衡阳随从宗杲，于绍兴二十年（1150）宗杲编管梅州之前返回密庵，朱熹与他会晤过三次[2]；（二）绍兴二十三年（1153）朱熹往延平谒见朱倚，书箧携有道谦在衡阳参与编录的《大慧语录》[3]；（三）淳熙二年（1175）四月，时在"谦没余二十年"，吕祖谦与朱熹同游密庵，[4]可以推测道谦当逝世于绍兴二十四年（1154）稍前。

1　诗中的"雪拥鳌山"实际是引证唐代雪峰义存"鳌山成道"的典故。据《雪峰语录》卷上载，唐咸通六年（865），雪峰义存与同学全豁岩头离开湖南德山，在游澧州的鳌山时，听到全豁说"他后若播扬大教，一一皆从自己胸襟流出"的话后大悟。此即所谓"鳌山成道"。

2　《历朝释氏资鉴》卷十一所载朱熹祭奠道谦之文："未及一年，师以谤去。我以行役，不得安住。往还之间，见师者三，见必疑留，朝夕咨参。"朱熹见道谦不可能在衡阳，应在建阳仙州密庵。

3　［宋］枯崖圆悟《枯崖漫录》卷中"江西云卧莹庵主曰：刘朔斋云：文公朱夫子，初问道延平，箧中所携惟《孟子》一册，《大慧语录》一部耳。"此《大慧语录》应是道谦所赠。刘朔斋名震孙，字长卿，晚岁为宗正少卿兼中书令人。至于明元贤《建州弘释录》卷下"建阳晦庵朱先生熹"谓："年十八从学刘屏山，尝兀坐一室，覃思终日。屏山意其留心举业，及搜其箧中，唯《大慧语录》一帙而已。"明朱时思《居士分灯录》卷下、明夏树芳《法喜志》卷四所载略同，皆难以凭信。一是朱熹在十四岁从学刘子翚；二是《大慧语录》是宗杲第一次住持径山寺的语录，是道谦在衡阳参与编录的。

4　［南宋］吕祖谦：《东莱集》卷十五"入闽录"。

道谦生前传法的语录在禅宗史书《联灯会要》卷十七、《嘉泰普灯录》卷十八及《五灯会元》卷二十等中有零散记载。道谦还参与了大慧宗杲传法语录的编录。

　　（一）晓莹《云卧纪谈》卷下说："大慧《先住径山语要》，乃谦在衡阳编次。"此《径山语要》，亦即后来的《大慧普觉禅师住径山能仁禅院语录》，四卷。

　　宗杲前后两次住持径山寺，第一次是从宋高宗绍兴七年（1137）七月至绍兴十一年（1141）五月；第二次是从宋孝宗绍兴二十八年（1158）正月至隆兴元年（1163）八月逝世为止。因为，道谦生前未赶上宗杲再住径山，故晓莹所说的《径山语要》是记述宗杲第一次住径山寺的语录。现通行由弟子慧日蕴闻奏上的《大慧普觉禅师语录》三十卷中，前四卷即是宗杲第一次住持径山寺的语录。日本《大正藏》第47册收载此录，在题目下署名"径山能仁禅院住持嗣法慧日禅师臣蕴闻上进"之后加有脚注，谓"对校本"原有"参学道谦录，净智居士黄文昌重编"十四字。这应当就是道谦在衡阳编录的大慧《径山语要》[1]，又由净智居士黄文昌重编，最后蕴闻加入宗杲在其他地方的语录、著述，汇编缮写上奏朝廷，得以刊印流通天下。"大慧"是孝宗即位后赐宗杲之号，"普觉"则是在宗杲死后所赐之谥号。

　　（二）《大慧普觉禅师语录》，二卷，署法宏、道谦编。前有孝宗淳熙十五年（1188）祖庆的按语，后有祖庆在绍熙元年（1174）

1　慧日蕴闻的"奏扎"中有："平日提唱语要，（臣）随处记录，皆已成书，既为广录三十卷，又为语录十卷。"可见，"语要"即为语录。

写的跋；在第二卷之首有《李参政（汉老）跋》，谓"辛酉（按：绍兴十一年，1141）上元日，无住居士李邴书于小溪草堂之上。"

然而据《云卧纪谈》卷后《云卧庵主书》所说，绍兴十年（1140）春，在径山的信无言等人（其中当有道谦）将以往听闻宗杲"语古道今"的内容"聚而成编"，福清从《晋书·杜预传》中取"武库"二字作为书名，称《宗门武库》。至绍兴十一年（1141），因宗杲戏称张九成侍郎之禅为"神臂弓"，招致秦桧党羽猜疑陷害，致使众僧因书署"武库"而担忧，建议改题为"杂录"，甚至"伪作李参政汉老跋，而以绍兴辛酉（绍兴十一年，1141）上元日书于小溪草堂之上"。

据此，本书上卷应当就是编录于径山的《宗门武库》，收录宋代禅师语录114则（段），其中也有宗杲的语录，称"师云""师……"。

至于下卷内容，（1）卷首是伪造《李参政跋》，后面是亲近宗杲的士大夫的赞颂、题记等，有十八篇；（2）宗杲去世后包括右相汤思退、枢密使都督江淮军马张浚在内的士大夫"朝贤祭文"，有三十一篇；（3）宗杲"赞方外道友"，有六十九首；（4）宗杲"赞佛祖"，有六十四首。

因为道谦早于宗杲逝世，不可能参与下卷编录。最后编定者，也许就是祖庆跋语中提到的最庵道印。

（二）现《大正藏》第四十七册所载《大慧普觉禅师宗门武库》，简称《宗门武库》，一卷，署名道谦编，但据晓莹《云卧纪谈》卷后《云卧庵主书》的记述，此当即为《杂毒海》。

据晓莹所记，宗杲看到门人抄录的《武库》之后表示："今后得暇，说百件与丛林结缘，而易其名。"绍兴二十三年（1153），宗杲编管于梅州，应弟子所请，在闲暇时叙说丛林的传闻事例，起自"大吕申公执政"，至"保宁勇禅师，四明人"，共述说五十五段，法宏记录，另有福州"礼兄"亦作录。法宏从宗杲在福建长乐洋屿众寮门榜上的"有兄弟参禅不得，多是杂毒入心"之语中择取"杂毒"，将所编题名为《杂毒海》。晓莹说："宏之亲录，为德侍者收；礼之亲录，在愚处。"故此《宗门武库》应当就是晓莹说的《杂毒海》，但收录的语句已超过五十五段，共达一百一十四段。可能是将原来径山原编《武库》内容全部收入，故署道谦之名。另外，也将宗杲在其他地方说的事例增添进去。

现《续藏经》所载《禅宗杂毒海》，是明初僧龙山仲猷祖阐将丛林所传唐宋禅僧偈颂的集编加以订正和删繁撮要，分类改编为十卷，借用宗杲"参禅不得，多是杂毒入心"之语中的"杂毒"二字，署题"杂毒海"刊印，有恕中（即鞍峰无愠）之序，清初南涧行悦复作增补，然而与前书没有关系。

二、道谦的禅法思想

现存道谦语录既零散也不多，看不到他对作为禅宗基本宗旨的般若空义以及立足空义的"中道不二"思想、基于《大涅槃经》"一切众生，悉有佛性"理论的人人皆可成佛的思想；宗杲强调的佛道在世间——"即心是佛，佛不远人""道由心悟，不在言传"等的系统阐释。然而不难看出，这些正是道谦日常传法所依据的思想，并且是忠实遵循宗杲的禅法体系的。

现仅据已有资料介绍他以下几点见解。

（一）禅门宗旨难以语言完全宣示，却可巧施方便传授

禅宗标榜"不立文字，教外别传"，强调识心见性，"以心传心"，认为语言文字不能完全表述诸如什么是佛，何为佛法，如何达到解脱，等等。

《嘉泰普灯录》卷十八记载，道谦在上堂说法中，先举唐代马祖道一禅师所说"即心即佛"，随后却加以否定，谓"错"；又举"非心非佛"，也说"错"；再举马祖弟子南泉普愿所说"不是心，不是佛，不是物"，还说是"错"。然后，告诉参禅学人："若人破得此三个硬塞（按：意为关口、难题、包袱），许他参学中着得个眼（按：入悟，予以印可）；其或未然，毗岚风（按：意为迅猛之风）忽起，惊着梵王睡。"

当年马祖禅师表示，在众生不知道自己生来具有与佛一样的本性，到处求法求道的情况下，不妨告诉说"即心是佛"或"自心是佛"，引导他们确立自信，引导自修、自悟；在一旦达到这个目的之后，就应当告诉他们说"非心非佛"，乃至可以说"不是心，不是佛，不是物"。[1] 道谦援引这则禅门公案，既是让参学者接受"即心是佛"的思想，又不要迷执这种语言表述，认为佛法真谛是难以用语言完全表述的。

晓莹《云卧纪谈》卷下记载，道谦曾作《即心是佛颂》说：

1　详见拙著《唐五代禅宗史》第七章第一节《马祖和洪州宗》，北京：中国社会科学出版社，1999年。

"谁家饭，挂空梁，指与小儿令看。解开见，是灰囊，当下命根便断。"是以比喻来表述：马祖说的"即心是佛"，好像是哄逗小孩说：饭食已挂在梁上。实际呢？梁上挂的哪是食物，不过是灰色布囊而已。如有人能晓悟到这个道理，便进入解脱境界。

道谦在一次上堂示众时说：

> 祖师门下本分提纲（按：指佛法真谛、禅法要旨），任是明眼衲僧，到此罔知所措。假使十方刹海，尘沙如来同时出现，现无量神通光明，发无穷辨才智能，总用一点不着。直得心机泯绝，凡圣无踪，如万仞壁立悬崖，一切人无凑泊处。便怎么去，尽法无民。

> 到这里，事不获已，通一线道，故先圣谓之脱珍御服，著弊垢衣，回首尘劳，曲开方便。

> 所以达摩大师，从西土来，抑下无限威光，向少林面壁九年，守株待兔，更有个神光（按：慧可）座主，不识好恶，立雪齐腰，自断左臂。达摩乃问：你立雪断臂，当为何事？光云：某甲心未宁，乞师安心。达摩云：将心来，与汝安。光良久云：觅心了不可得。达摩云：与汝安心竟。

> 哑，好钝置杀人！当时何不掉转面皮，教这老汉一场懡㦬（按：意为无趣、尴尬），可惜放过。直至如今，令人扼腕。[1]

---

1 《联灯会要》卷十七。

他先从佛教的胜义谛（第一义谛）角度宣示，历代禅门祖师的"本分提纲"，亦即禅宗基本宗旨，即便是聪慧之僧也不能理解和表达。如果再进一步，四维上下无数佛出来也无智可用。因为佛法真谛（真如、佛性）空寂无相，如同高不可攀的"万仞壁立悬崖"，心识也无从攀缘。然而佛法又无处不在，可说是"尽法无民"（丛林参禅常用语，意为有佛法而无人）。难道佛法真谛就不能传授了吗？道谦便从俗谛角度表示，"先圣"祖师也善于以"曲开方便"（权宜、随机应变）传法于人的。他引证《景德传灯录》卷三《菩提达摩传》记载的传说：禅宗二祖慧可在少林寺"雪中断臂"，乞求菩提达摩传以"诸佛法印"，说："我心未宁，乞师与安！"达摩即巧施方便，对他说"将心来，与汝安"。慧可应答"觅心了不可得"。于是，达摩顺势告诉他"与汝安心竟"。意为既然你知道心法无形而不可得，那么我已给你传法"安心"毕。慧可听后，立即晓悟。道谦讲完这个禅门著名公案，随即反过来用丛林常用的呵佛骂祖的语气，责怪慧可当初为什么倒过来"羞辱"（做出否定的表示）达摩一场呢？谓至今令人叹惜。

从真谛（第一义谛）与俗谛两个角度互换表述，并且运用看似无关主旨的语言，在否定的叙述中阐释禅宗旨趣，是禅宗，特别是当时临济宗上堂说法的重要特色。

（二）称以棒喝、动作示意传法的方式如同儿戏

自唐代禅宗盛行以后，丛林禅师上堂说法，除以传统的以语言作正面宣示之外，还兴起以棒喝、各种动作来示意、启发的方式，虽曾带来参禅气氛的活跃，然而随即出现不少弊病。有的禅师在接

引学人时，动辄施之以棒，或大声吆喝；在参禅过程中，往往是问东而答西，或以模棱两可的语句搪塞过去，甚至做出种种怪异的动作，致使初入禅寺的修学者感到无所适从。道谦广读禅宗灯史，久历行脚参禅，又在宗杲门下多年，对此自然十分熟悉。他曾在上堂示众说：

> 德山入门便棒，大似旁若无人；临济入门便喝，也是干气胀；俱胝一生，只竖个指头。虾跳，何曾出得斗。雪峰辊球，禾山打鼓，秘魔擎叉，道吾作舞，尽是小儿戏剧。自余之辈，故是热大不紧。且毕竟如何？花须连夜发，莫待晓风吹。

他所举的公案：唐代德山宣鉴对寺僧动辄施之以棒，临济义玄则以高声吆喝出名，俱胝和尚遇僧问便举起一个指头，雪峰义存常用辊球来示意，禾山无殷逢问则答之以"禾山解打鼓"，五台山秘魔岩和尚常举起木叉质询前来参学者，道吾圆智常以作舞示意。以往圆悟克勤、大慧宗杲在上堂说法中也曾列举此类公案[1]。道谦在引述这些丛林公案之后，便从第一义谛的角度，指出它们如同"小儿戏剧"，不能真正引导参学者入悟解脱。他表示，重要的是应让学人自信、自修、自悟，如同百花要靠自身昼夜发育，而不能借助晨

---

1 《圆悟佛果禅师语录》卷十四："……赵州吃茶去，秘魔岩擎叉，雪峰辊毬，禾山打鼓，俱胝一指，归宗拽石，玄沙未彻，德山棒临济喝，并是透顶透底，直截剪断葛藤，大机大用。"《大慧普觉禅师语录》卷八《泉州小谿云门庵语录》："见一队强项衲僧口里谈玄演妙，举古明今，说灵云见桃华悟道，香严闻击竹明心，雪峰连年辊毬，禾山长时打鼓……"

风催发开花。

（三）传法不能执迷语句，又不能离开语言

道谦在福州升山玄沙寺升座典礼上示众说：

> 竺士大仙（按：指佛）心，东西密相付。如何是密付底心？……说佛说法，诳惑盲聋；论性论心，自投阱陷；行棒行喝，倚势欺人；瞬目扬眉，野狐精魅。总不与么，大似扬声止响，别有奇特，也是望空启告。毕竟如何？"自答："白云尽处是青山，行人更在青山外。"[1]

所谓"竺士大仙心，东西密相付"是引自唐代石头希迁的偈颂《参同契》第一、二句。希迁的《参同契》以偈颂表述真如佛性与万法、理与事、本与末以及物与我之间融会贯通的思想。道谦在引证这两句之后，以自问自答的方式喻示佛祖世代"以心传心"的"心"，到底是什么？他说，既不能执迷语言文字"说佛说法""论性论心"；也不能执迷以"行棒行喝"或"瞬目扬眉"等动作来示意、喻示。然后，他又婉转地表示：实际上传法不借助语言和动作（俗谛）也是行不通的，如果完全废弃语言和动作，岂不如扬声而止响，望空而启告？那么，到底该怎么做呢？他以"白云尽处是青山，行人更在青山外"之诗句喻示：说法要顺应自然，用语要含蓄，给人以推测想象的空间。

---

1 《丛林盛事》卷上。

（四）"参禅之志，在乎悟道"，悟道以"无我为难"

宋代在亲近佛教禅宗的士大夫中，不少人尝试静坐参禅，以期达到悟道解脱。大慧宗杲教导门人参禅（包括看话禅），特别强调"以悟为则"。道谦继承这点，强调"参禅之志，在乎悟道"。

有位陈姓在朝廷宗正寺卿、少卿之下担任丞职的官员，信奉佛教，平日闲暇，"焚香静默"，自得其乐，特地致信道谦请问参禅之道。道谦在《答陈知丞书》[1]中予以回答：

> 参禅如应举，应举之志，在乎登第，若不登第，而欲功名富贵光华一世者，不可得也。参禅之志，在乎悟道，若不悟道，而欲福德智慧超越三界者，不可得也。
>
> 窃尝思，悟道之为易，登第之为难。何故，学术在我，与夺在彼，以我之所见，合彼之所见，不亦难乎？是以登第之难也。参究在我，证入在我，以我之无见，合彼之无见，不亦易乎？是以悟道之为易也。
>
> 然参禅者众，悟道者寡，何也？有我故也，有我则不能证入，亦易中之难也。读书者众，及第者亦众，何也，见合故也。见合则推而应选，是难中之易也。

道谦告诉他，参禅如同世间应举考试，但应举是为了登第做官，而"参禅之志，在乎悟道"，以达到超越生死的解脱境界。两

者相较，似乎参禅悟道容易而应举登第为难。因为参禅能否悟道全在自己，所以容易；而应举者呈示自己的学识见解，必须得到持主考官的认可（见解一致）才行，所以较难。如果再进一步分析，参禅者虽多，悟道者极少，因为心中有"我"就不能证悟，故虽易而难；相反，读书应举者多，及第为官者也多，故虽难而易。

那么，何为"有我"，何为"无我"呢？

大乘佛教所说之"我"，既包括"人我"，也包括"法我"。前者指由物质因素（色）和精神因素（受想行识）构成的人，后者指由诸种因缘和合而形成的万物（诸法），二者皆有生灭变化。如果认为二者皆实有，就是"有我"（我执、我见）。所谓"无我"，或称"二无我"，是体认《般若经》所说"诸法性空"的思想，认识到人与万物皆因缘和合而成，既无真实常在的"人我（主体、主宰）"，也无真实常在的法我（万物规定性、实体），皆空。佛教认为，人间一切情欲、烦恼，归根到底是由执着"二我"引起的，故将达到"无我"或"二无我"境地作为修行的重要目标。然而禅宗基于佛法在人间，悟道在日用的主张，虽标榜参禅"以悟为则"，但又反对迷执参禅的形式，执意地去追求"无我"和悟道，认为这仍未摆脱"我执"，仍"有我"。

道谦在对这位陈姓官员阐释"无我为难"当中，字里行间蕴含劝他断除对参禅抱有的期待之心，要彻底断除"我执"。他说：

> 见合为易，无我为难；无我为易，无无为难；无无为易，亦无无无为难；亦无无无为易，亦无无无亦无为难；亦无无无亦无为易，和座子撞翻为难。

这是说，应举者与主考官见解一致（见合）固然容易，参禅达到"无我"更难，还只是一个较低层次。如果从参禅更高层次来说，从"无我为易，无无为难"，再到"亦无无无为易，亦无无无亦无为难"，是步步转向更难，意味着彻底达到"无我"是难上加难。然后，笔锋突然一转，竟称如能推翻禅座，超脱外在依托形式，岂非难中之难吗？

道谦在此阐释中，既运用大乘佛教的般若空义与中道思想，又发挥了禅宗"道在日用"的宗旨。其一，所谓"见合"属于有（俗谛），"无我"属于空（胜谛）；其二，"无我"又为有（执着无我之见，俗谛），"无无"为空（无我之见亦空，胜谛）……。如此层层推衍下去，无有穷尽；进行参禅、追求也就无尽，必将伴随产生无限的烦恼。[1]然而，若能体认前述的"有、无""俗谛、胜谛"相互融通，圆融无碍，超脱对参禅的期待和迷执之心（"有所得心"），毅然离开禅床而回到自然日用，达到这个转变才是难中之难啊。

道谦之所以做这种开示，是在不正面伤害陈姓官员奉佛参禅热情的前提下，喻示参禅必须舍弃有所追求之心（皆属我执、我见），不要迷执于参禅的形式，要体认道在日用，禅悟在心。

1　请参考：《大慧普觉禅师法语》卷二十四"示妙诠禅人"："往往学者，以有所得心，参向无所得处，堕坑落堑多矣"；《大慧普觉禅师普说》卷十三"定光大师请普说"："决定要参禅，但怎么参，须是豁然悟去，直下无心，方得安乐。若不悟，只是口头道得几个无无，更引些古人说无处，错证据了便道：我得休歇。我且问尔还歇得也未？乃是将心无心，若将心去无心，心却成有，如何硬无得？"

（五）遵循宗杲禅法要义，倡导看话禅

看话禅也叫看话头、参话头，要求参禅者聚精会神地参究一段语句，乃至语录中某个字；参究时要超越语句或字原来蕴含的含义，好像嘴里含着个没滋味的铁橛，要反反复复地品咂下去，将这一过程作为中断思虑，清除一切"妄念""杂念"，以达到"无念"或"无心"精神境界的手段。宗杲以提倡看话禅著称，倡导参究的话头最多的是赵州和尚的狗子无佛性的"无"字，此外尚有云门"干屎橛""露"字，赵州"庭前柏树子"，马祖的"即心是佛"等。

道谦在奉宗杲之命到零陵探望张浚期间，应请为张浚母亲说法，就将修看话禅的要义传授给她。道谦在福州玄沙寺、崇安开善寺传法过程中，也大力倡导看话禅。

据《罗湖野录》卷下记载，道谦经常劝导寺僧："时光易过，且紧紧做工夫，别无工夫，但放下便是，只将心识上所有底一时放下，此是真正径截工夫。"所谓"做工夫"，既是坐禅，也不限于坐禅，是将禅修寓于日常行住坐卧之中，将思虑、情欲、杂念等统统"放下"（舍弃）。如何将一切杂念、烦恼放下？最好的方法便是修看话禅。他说：

> 行住坐卧，决定不是；见闻觉知，决定不是；思量分别，决定不是；语言问答，决定不是。试绝却此四个路头看。若不绝，决定不悟此四个路头。若绝，僧问赵州：狗子还有佛性也无？赵州云：无。如何是佛？云门道：干屎橛。管取呵呵大笑。

道谦与朱熹为友,朱熹曾以书信向他问道。《云卧纪谈》卷下载有他的复信,告诉他说:

> 十二时中,有事时,随事应变。无事时,便回头,向这一念子上提撕(按:提示、提醒):狗子还有佛性也无?赵州云:无。将这话头只管提撕,不要思量,不要穿凿,不要生知见,不要强承当,如合眼跳黄河,莫问跳得过跳不过,尽十二分气力打一跳;若真个跳得这一跳,便百了千当也。若跳未过,但管跳。莫论得失,莫顾危亡,勇猛向前,更休拟议。若迟疑动念,便没交涉也。

综合以上引文所说,主要有以下内容:

1. 如何将心中一切杂念、情欲烦恼统统舍弃"放下"而进入"无念"解脱的精神境界?仅靠形式上的行住坐卧、见闻觉知、思量分别、语言问答是不行的,最好的方法是修持看话禅,参扣赵州和尚所说狗子无佛性的"无",或是云门文偃禅师回答什么是佛之问的"干屎橛"……

2. 平日有事就照常做事,在无事时,便修持看话禅,参究赵州和尚的"无"字;在参究中既不要思量,也不要分辨它的意蕴产生任何知见,就好像要闭眼跳黄河一样,径直跳即可,不管跳过跳不过,跳了就行,"莫论得失,莫顾危亡",如此便"百了千当"。

当然,看话禅不过是参禅或禅修的一种形式,最终目的是达到体空、"无我",然而却要求不拘泥于形式、程序,主张寄禅修于自然、生活日用之中。

三、道谦与朱熹的交往

人生经历、生活环境对一个人影响是既深刻又是涉及多方面的。

朱熹生活在儒释道三教会通已成为时代潮流的社会环境，父亲朱松是服膺理学并且怀有抗金热诚的儒者，受父托付养教自己的刘子羽是抗金名相张浚部下的得力部将，业师刘子翚和刘勉之、胡宪也是服膺理学和主张抗金的儒者。这些人对朱熹自幼人格的熏陶、价值观念和学问体系的最后形成，以及所产生的影响自然是很大的。此外，得到张浚、刘子羽、刘子翚兄弟信敬和支持的临济宗大慧宗杲禅师、特别是他的嗣法弟子道谦，对朱熹也有较大影响。

朱熹的弟子黄榦撰写的《朝奉大夫文华阁待制赠宝谟阁直学士通议大夫谥文朱先生行状》（简称《朱子行状》）说朱熹：

> 自韦斋（按：朱熹父朱松之号）先生得中原文献之传，闻河洛之学（按：程颢、程颐的理学），推明圣贤遗意，日诵大学、中庸，以用力于致知诚意之地。先生早岁已知其说，而心好之。韦斋病且革，属曰：籍溪胡原仲、白水刘致中、屏山刘彦冲三人，吾友也，学有渊源，吾所敬畏。吾即死，汝往父事之，而惟其言之听，则吾死不恨矣。先生既孤，则奉以告三君子而禀学焉。
>
> 时年十有四，慨然有求道之志，博求之经传，遍交当世有识之士，虽释、老之学亦必究其归趣，订其是非。

朱熹自幼受父严教，接受二程理学，熟读《大学》《中庸》，致力于《大学》所教"修齐治平"修学次第。在南宋绍兴十三年（1143）朱熹十四岁时，父亲去世，遵奉父的遗训到崇安父事并禀学于刘子翚以及胡宪、刘勉之，以"求道"为志，读书交友，并对佛、道二教也"究其归趣，订其是非"。

　　朱熹在后来《答江元适》之中说：

　　　　熹天资鲁钝，自幼记问言语不能及人，以先君子（按：父朱松）之余诲，颇知有意于为己之学，而未得其处，盖出入于释老者十余年。

在《答薛士龙》中也说：

　　　　熹自少愚钝，事事不能及人，顾尝侧闻先生君子之余教，粗知有志于学，而求之不得其术，盖舍近求远，处下窥高，驰心空妙之域者二十余年。[1]

　　其中所说"空妙之域"亦即"释老"之教，是指佛教与道教（更多是指道家）的多涉空无思想的教说。

　　结合朱熹所处的环境，他讲的"释"更多地是指当时盛行的佛教禅宗临济宗。朱熹曾以书信请教以"再兴"临济宗闻名遐迩的大

1　皆载《晦庵集》卷三十八。

慧宗杲禅师，并持有《大慧语录》；与其嗣法弟子道谦有深交，向他请教过佛道。至于出入释道十余年，还是二十余年，应当说是个概数[1]，难以准确断定起止何年？他与道谦交往的准确时间也是难以确究的。当然，朱熹交往的还有其他僧人。

关于朱熹与道谦的交往，现存资料记述不多，仅能粗略地勾勒出个概况。

元熙仲集《历朝释氏资鉴》卷十一有朱熹向道谦请教佛道的简单记载，并且载有道谦逝世后他的祭奠之文：

> 我昔从学，读易、语、孟，究观古人之所以圣，既不自揆，欲造其风。道绝径塞，卒莫能通。下从长者，问所当务，皆告之言：要须契悟，开悟之说不出于禅。我于是时，则愿学焉。
>
> 师出仙洲[2]，我寓潭上[3]，一岭间之，但有瞻仰。丙寅（按：绍兴十六年，1146）之秋，师来拱辰[4]，乃获从容，笑语日亲。一日焚香，请问此事。师则有言，决定不是。始知平生浪自苦辛，去道日远，无所问津。

---

1 试做以下推测：①从道谦绍兴十年（1140）住密庵算起，至朱熹绍兴二十七年（1157）致书程颐再传弟子李侗（1093—1163）问学，翌年（1158）赴延平师事李侗为止，前后近二十年；②从朱熹十五六岁（绍兴十四年或十五年，1144 或 1145）在刘子翚家见道谦算起，至此则为十多年。

2 仙洲山密庵，遗址在今福建南平市武夷山市五夫镇。

3 崇安潭溪之畔，在今福建南平市武夷山市五夫镇。

4 指崇安五夫里拱辰山下的开善寺。

未及一年，师以谤去。我以行役，不得安住。往还之间，见师者三，见必疑留，朝夕咨参。师亦喜我，为说禅病。我亦感师，恨不速证。别其三月，中秋一书，已非手笔，知疾可虞。前日僧来，为欲往见。我喜作书，曰此良便。书已遣矣，仆夫遄言，同舟之人告以讣传。我惊使呼，问以何故？呜呼痛哉，何夺之遽！

恭惟我师，具正遍知，惟我未悟，一莫能窥。挥金办供，泣于灵位，稽首如空，超诸一切。

下面以此为线索并援引其他相关资料进行说明。

（一）朱熹说以往读《周易》《论语》《孟子》等，旨在探究"古人之所以圣"之理，虽以成圣为志，却不得其径，经请教长者，得知必须"契悟"，应从"禅"中寻求"开悟之说"。于是萌发学禅之愿。值得注意的是，在这里他将禅宗的"契悟""开悟"看作超凡入圣的必经之途。

（二）道谦居住与传法于仙洲山密庵，若从绍兴十年（1140）算起，至绍兴十六年（1146）之秋应刘子羽之请住持潭溪之畔的开善寺，前后有七年时间。朱熹从十一岁到十七岁。在这期间，可以想见朱熹或随从刘子羽、刘子翚兄弟，或独自过岭参访过道谦，在其幼年的心灵中对道谦是怀有敬仰之情的，彼此也有交谈。《朱子语类》卷一〇四记载，道谦曾登门访问过刘子翚，朱熹当时也在座。朱熹对门人回忆说：

某年十五六时，亦尝留心于此（按：指佛教）。一日在病翁（按：刘子翚）所，会一僧，与之语。其僧只相应和了说，也不说是不是，却与刘说：某也理会得个昭昭灵灵底禅。刘后说与某。某遂疑此僧更有要妙处在，遂去扣问他，见他说得也煞好。

大意是说，自己十五六岁时（绍兴十四年或十五年，1144 或 1145），有僧造访刘子翚。他在与此僧在交谈中，此僧随和应对，既不说是，也不说与不是，却对刘子翚说"理会"（懂得、了解）"昭昭灵灵"（指心、有时特指妄心）[1]的禅宗。稍后刘子翚向他作了说明。他由此猜想此僧通晓佛法的"要妙"，便前往求教，听他说得很好。

此僧不是别人，正是尚在密庵的道谦。《晦庵集》载有朱熹游访密庵的诗六首[2]。卷八所载《游密庵》说："弱龄慕丘壑，兹山屡游盘。……中年尘雾牵，引脰空长叹，旷岁一登历，心期殊未阑，矧

1　[唐]慧然《临济录》："尔欲得作佛，莫随万物。心生种种法生、心灭种种法灭，一心不生，万法无咎。……且名句不自名句，还是尔目前昭昭灵灵鉴觉闻知照烛底，安一切名句。"此"昭昭灵灵"指"妄心"——意识、精神，然而在有的场合指心之体——真如、佛性。宋惟盖竺《明觉禅师语录》卷一："傅大士云：夜夜抱佛眠，朝朝还共起，起坐镇相随，如身影相似，要识佛去处，只者语声是。玄沙云：大小傅大士，只认得个昭昭灵灵。"南朝梁傅翕之偈所说日夜相随的"佛"实指意识；宋绍隆等编《圆悟语录》卷十三："尔若只守个昭昭灵灵，下咄下喝，扬眉瞬目，不如这个，更是大病。"圆悟克勤所说的"昭昭灵灵"亦指日用感知之心。然而禅宗主张"性相一如"，经常将心、识、佛性会通运用。

2　这六首诗是：《游密庵分韵赋诗得"还"字》《游密庵分韵赋诗得"绝"字》《次韵宿密庵》《游密庵》（《晦庵集》卷六）《宿密庵分韵赋诗得"衣"字》《游密庵分韵赋诗得"清"字》《游密庵得"空"字》（《晦庵集》卷八）。

此亲友集，笑谈有余欢。"此诗当作于道谦去世之后，回忆幼年曾屡游仙洲山，访密庵，进入中年以后经几年才登临一次，来时往往携友共游。然而卷六的《游密庵分韵赋诗得"还"字》，当作于道谦在密庵之时，全诗曰：

> 我行得佳友，胜日寻名山。春山既妍秀，清溪亦潺湲。
> 行行造禅扉，小憩腰脚顽。穷探意未已，理策重跻攀。
> 入谷翳蒙密，俯涧随泓湾。谁将百尺绡，挂此长林间？
> 雄声殷地厚，洪源泻天悭。伟哉奇特观，偿此一日闲。
> 所恨境过清，悄怆暮当还。顾步三叹息，人生何苦艰！

朱熹在诗中说，他在游历中结交好友，趁春佳日登临仙洲山，观赏绮丽山色，累了便造访密庵（"造禅扉"）歇息，想起平日阅书苦学未有终期，难以得闲游山观景，然而正当游兴未尽之时，天已清冷近暮，不得不回归，迈步感叹人生之"苦艰"。诗中的"佳友"自然是道谦；"穷探意未已，理策重跻攀"，正是朱熹每日刻苦读书、治学探赜索隐的写照；"所恨境过清，悄怆暮当还"，则说明朱熹此时尚在刘家读书，出外至晚须归。

（三）在道谦入住开善寺时，朱熹已十七岁。从此，他与道谦过往密切，"笑语日亲"。一日，朱熹焚香，郑重地向道谦述说自己见解，请予指教。道谦听后，却未予认可。于是，朱熹"始知平生浪自苦辛，去道日远，无所问津"。

（四）道谦在开善寺不久，刘子羽病逝。至绍兴十七年（1147）春夏之际，道谦来开善寺未至一年，因受人诽谤而离去，随即结伴到衡阳随从编管在那里的宗杲。此年八月，朱熹赴建州府（治今福建建瓯市）参加秋试，考中乡贡。年底，刘子翚去世。在绍兴十八年（1148）春，朱熹娶刘勉之长女为妻。三月赴临安经省试、殿试，赐同进士出身。在科举考试中，朱熹巧妙地运用和发挥从道谦那里获取的佛教道理，如《朱子语类》卷一零四所载"去赴试时，便用他（按：道谦）意思去胡说。是时文字不似而今细密，由人粗说，试官为某说动了，遂得举"。绍兴二十一年（1151），朱熹再赴临安铨试中等，授左迪功郎、泉州同安县主簿。此即朱熹在祭道谦之文中说的"我以行役，不得安住"。

（五）大概在道谦离寺之时，朱熹曾去道别；在道谦从衡阳归来之后，又去密庵会晤过二次，得以早晚咨询禅法，深有所得，并得赠道谦在衡阳参与编订的《大慧语录》（宗杲首住径山寺传法语录）。以上即为祭文中所说"往还之间，见师者三，见必疑留，朝夕咨参。师亦喜我，为说禅病。我亦感师，恨不速证。"

据《历朝释氏资鉴》卷十一记载，在道谦从开善寺离开之后，大概在衡阳期间，朱熹曾致书问道：

> 向蒙妙喜（按：宗杲之号）开示：应是从前文字记持、心识计较，不得置丝毫许在胸中，但以狗子话，时时提撕云云。愿受一语，警所不逮。

引文"向蒙妙喜开示"，是意味着朱熹曾当面得到宗杲开示吗？从史实推测是不可能的¹。宗杲第一次住持径山是从宋高宗绍兴七年（1137）七月至绍兴十一年（1141）五月，朱熹尚属八岁至十二岁的幼童。此后，宗杲编管于衡阳达九年多时间。可以认为，朱熹是在结识道谦之后写信向在衡阳的宗杲请教，宗杲回信教他将以往通过阅读文字记述得到的知识、各种见解，从心中通通清除，专心修看话禅，反复参扣赵州和尚所答狗子无佛性的"无"字即可。朱熹对此不理解，故致书道谦请予开示。

道谦在回书中回答说：

> 某二十年，不能到无疑之地，只为迟疑，后忽知非，勇猛直前，便自一刀两断，把这一念，提撕狗子还有佛性也无？州云：无。不要商量，不要穿凿，不要生知见，不要强承当。²

1　束景南著《朱熹年谱长编》中，绍兴二十五年（1155）记事："是春，往梅阳见大慧宗杲"引证刘震孙《吕东莱与可庵禅师帖跋》："盖文公朱先生初年亦尝访之，径山后有偈寄公云：径山传语朱元晦，相忘已在形骸外。莫言多日不相逢，兴来常与精神会。"（明刻本《大慧禅师年谱》。按：刘跋作于淳熙十二年）。所说朱熹"初年亦尝访"宗杲自然是难以成立的。朱熹确实也造访过宗杲，那是在他任泉州同安主簿期间。《朱熹年谱长编》考证是在绍兴二十五年（1155）底以前因公往潮州，顺道至梅州造访编管在那里的宗杲。《大慧普觉禅师赞佛祖》卷十二载有"大慧普觉禅师自赞·朱主簿请赞"："庞老曾升马祖堂，西江吸尽更无双，而今妙喜朱居士，觌面分明不覆藏。"

2　［南宋］晓莹：《云卧纪谈》卷下记载较详，曰："十二时中，有事时，随事应变；无事时，便回头，向这一念子上提撕：狗子还有佛性也无？赵州云：无。将这话头只管提撕，不要思量，不要穿凿，不要生知见，不要强承当，如合眼跳黄河，莫问跳得过跳不过，尽十二分气力打一跳，若真个跳得这一跳，便百了千当也。若跳未过，但管跳，莫论得失，莫顾危亡，勇猛向前，更休拟议，若迟疑动念，便没交涉也。"

他结合自己的经验告诉朱熹，自己有过二十年未曾悟道的经历，后来专心参究赵州的"无"字，不择时间场合一直参扣，要超越"无"字蕴含的字义，不做任何分析、推理和判断，直至进入"无念"的解脱境界。《六祖坛经》所说的"无念"是于念而无念，"自性起念，虽即见闻觉知，不染万境，而常自在"。朱熹看后，由衷地佩服，撰偈表示曰：

> 旧喜安心苦觅心，捐书绝学费追寻。
> 困衡此日安无地，始觉从前枉寸阴。[1]

意为以往为求"安心"而到处觅心，弃书绝学却枉自追寻，虽历经困顿苦思，也未达到安心境地，今日方知以前是枉费光阴。从此偈可以窥知朱熹已经领会禅宗所说心性空寂、心法无形不可得的思想。

（五）朱熹最后一次与道谦离别三个月后的中秋，在外地收到道谦的信，一看知是别人代笔，料想道谦必定病重。当有僧再来之时，立即给道谦写信告以将前往探望。然而从仆人的传语得悉道谦讣闻，顿时为失良师而悲痛，便设供祭奠，洒泪哀悼。

朱熹后来在以往二程等人学说的基础上创新建立了自己的理学体系，对佛教持批判和排斥的立场，多次提到大慧宗杲（称杲、杲公或以号妙喜、佛日称之[2]），极少提到道谦（有时称谦老）。据《朱

1　亦载《历朝释氏资鉴》卷十一。

2　宗杲，张商英赠号"妙喜"，宋钦宗赐赠号"佛日"。

子语类》卷一百二十"释氏"记载，朱熹曾告诉弟子：

> 道谦言："大藏经中言，禅子病脾时，只坐禅六七日，减食便安。"谦言："渠曾病，坐得三四日便无事。"

从这里可以看到，朱熹在与道谦交往的日子里，彼此交谈的内容十分广泛，连患脾病消化不良时可以借助坐禅治疗的事也谈，可见友谊之深。这从朱熹祭文中的"乃获从容，笑语日亲""见师者三，见必疑留，朝夕咨参"，也可以窥知一二。

宋代儒释道三教的交流、会通和融合是影响深远的时代潮流，促成了以理学为主要形态的哲学和文史各领域的空前发展，标志中华民族传统文化踏入进一步充实和丰富的新历史阶段。不用说这一历史进程是通过具体的人来实现的。可以认为，南宋名相张浚、刘子羽、刘子翚和朱熹等儒者士大夫与佛教临济宗大慧宗杲及其弟子道谦等僧人的交往、思想交流，是这一历史潮流中一个值得关注的重要角落或侧面。

元朝赴日正使一山一宁及其在日事迹

——纪念一山禅师圆寂 705 周年

进入宋代之后，禅宗发展成为中国佛教的主流派。至北宋中期，禅宗临济宗盛行于大江南北，在汾阳善昭—石霜楚圆的法系形成了两大禅系：一支是黄龙慧南法系的黄龙派，在北宋后期趋于衰微；一支是杨岐方会法系的杨岐派，至北宋后期和南宋日趋兴盛，然而最有影响的是嗣法于杨岐下三世五祖山法演的圆悟克勤（1063—1135）的法系。

至元朝初期，临济宗中最有影响的除圆悟克勤的法系之外，尚有亦嗣法于法演的天目山齐（全名不详）禅师的法系。因为天目山齐法系的高僧受到蒙元朝廷[1]尊崇，传播地域主要在北方广大地区。至于圆悟克勤的法系，最有影响的是其嗣法弟子大慧宗杲和虎丘绍隆（1077—1136）的两大法系。

1　这里概称蒙古汗国和元朝初期。

虎丘绍隆传应庵昙华，应庵传密庵咸杰，门下有松源崇岳
（1132—1202）、曹源道生、破庵祖先。在破庵弟子中以无准师范最
有名，嗣法弟子有雪岩祖钦，门下出了高峰原妙，高峰有弟子中峰
明本，皆为元代杰出的禅僧。在松源、曹源和无准三法系中有不少
禅师在宋末元初东渡日本传临济宗。

浙江宝陀寺（普陀寺）的一山一宁禅师属于临济宗虎丘下六
世、曹源下三世。

一、临济宗高僧一山一宁赴日前的简历

临济宗高僧一山一宁的生平资料，主要有载于日本《大正新修
大藏经》第八十册的侍者了真等编《一山国师妙慈弘济大师语录》
卷下所附日本虎关师炼著《一山大师行记》以及虎关师炼著《元亨
释书》卷八、师蛮著《延宝传灯录》卷四、师蛮著《本朝高僧传》
卷二十三的"一宁传"[1]，并可参考日本学者玉村竹二据多种资料编撰
《五山禅僧传记集成·一宁传》[2]。

一山一宁（1247—1317），"一山"是号，名一宁，俗姓胡，台
州临海县（今浙江台州临海市）人，自幼进村塾读书。台州浮山有
鸿福寺[3]，住持是临济宗杨岐派大慧下三世无等融（融为名，无等是

1　《元亨释书》载日本佛书刊行会编纂《大日本佛教全书》第 101 册；《本朝高僧传》
　　载第 102 册；《延宝传灯录》载第 108 册。
2　日本思文阁出版社于 2003 年出版。
3　在今浙江台州市黄岩区上洋乡潘家岙村有遗址。

号）禅师。一宁的出家之叔月灵江（月为名，号灵江）在此寺任知藏。一宁稍长，通过其叔介绍到寺礼无等融禅师为师，在其门下修学三年。此后，其叔迁至四明（今宁波）太白山天童寺，派人将一宁接到天童寺，安排他学习《法华经》等佛经。两年后一宁正式剃度为僧。此后曾修学天台宗、戒律学，辗转到浙江禅寺从临济宗杨岐派大慧法系和虎丘法系禅师的门下参学，最后嗣法于临济宗虎丘下五世、道源下二世顽极行弥禅师。

元世祖至元二十一年（1284）五月，一宁应请前往昌国县（今浙江舟山市）住持鳌峰山祖印寺。在就任方丈的升堂仪式中，为师顽极行弥拈香报"法乳之恩"。一宁住持祖印寺达十年之久，除弘法、培育弟子之外，尚致力于扩建寺院，并施舍"衣资"为寺院"买湖田圃地，添寺产"。

当时的普陀禅寺称宝陀观音寺[1]，住持愚溪如智禅师属于临济宗大慧下六世，因与一宁是同乡，彼此钦敬，往来密切。如智一天向一宁诚恳地表示，自己已年老，烦请一宁继他住持宝陀寺。一宁听后婉辞。于是，如智报请州府僧官决意退位之意，举荐一宁继之。州府允准，下达聘任文书至祖印寺，一宁不得已听命到宝陀寺就任住持。宝陀寺临海，是闻名四方的观音道场。一宁在此住持六年。

1　舟山普陀寺，宋神宗元丰三年（1080）赐额"宝陀观音寺"，至明神宗万历三十三年（1605）重建后赐额"护国永寿普陀禅寺"。

二、蒙元朝廷对日本征战之后的遣使"通好"

从 11 世纪至 13 世纪，在北方的蒙古族先后摆脱辽、金统治，迅速崛起。1206 年，蒙古族在成吉思汗率领下统一各个部落，建立"大蒙古国"，此后连年征战于中亚、欧洲地区，先后灭西辽、西夏，战败以燕京为都的金，形成以和林（在今蒙古国鄂尔浑河上游的哈尔和林）为国都的横跨欧亚辽阔领域的大汗之国以及其他四大汗国（金帐汗国、窝阔台汗国、伊利汗国、察合台汗国）。1227 年成吉思汗在率西征军东返的途中去世，由其子窝阔台（元太宗）继承大汗之位，于 1233 年攻灭已迁都开封的金朝。此后，蒙哥（元宪宗）继位，命其弟忽必烈于 1253 年率兵攻占大理（云南），并且招抚吐蕃（西藏）。1259 年蒙哥战亡，忽必烈翌年即位于开平（今内蒙古正蓝旗闪电河北），称"大汗"，此即元世祖，确立了以中国本土为中心的统治范围。至元八年（1271），将国号定为"大元"，以大都（今北京）为都。至元十六年（1279）攻灭南宋，统一了中国。

可见蒙古建国之后经历了建立横跨欧亚大陆的"大蒙古国"和主要以今中国大部及蒙古高原为疆域的"大元"这两个阶段。这一时期史称"蒙元"。

蒙元朝廷在征战的过程中，也致力招抚周围邻国。早在正式建元之前，已将高丽征服作为属国。元世祖即位之后，先后多次通过高丽向日本派遣信使，声称愿"通问结好，以相亲睦"，避免征战"用兵"，然而皆未成功。至元十一年（1274）三月，元世祖派将兵一万五千人乘大小船只九百艘出海东征日本，然而在十月惨遭失败而归。时值日本文永十一年（1274），日本史书称之为"文永之役"。此后，元世祖虽又派使者赴日劝归顺，皆遭到日本抵制，竟将使者杀死。于是元世祖于至元十八年（1281）正月派将兵十万人乘船东征日本，然而在八月强攻九州太宰府登陆过程中，遭到日本军民顽强抵抗，适逢海上刮起飓风，致使元军舟破，死伤逃亡惨重，致使"十万之众，得还者三人"[1]。时值日本弘安四年（1281），史称"弘安之役"。

在日本，当时执掌全国军政大权的是幕府执权北条时宗。

元朝在行政管理制度方面基本继承唐宋，然而也有新的设置。除京城附近地区直隶于朝廷的中书省之外，在河南、江浙等十一个地区设立"行中书省"（简称行省），置丞相（不常置）、平章政事（简称平章）及右左丞、参知政事（简称参政）等官员，总揽地方的政务。在行省与州县之间还设有执掌军政的宣慰使。

元世祖在经历两次出海远征日本惨败之后，却没有放弃征服日本之意，在得知日本崇尚佛教、文学之后，决定派高僧出使劝谕归顺。据日本瑞溪周凤著《善邻国宝记》卷上所载元世祖"宣谕日本国诏文"，他是听信了宝陀观音寺住持如智在至元二十年（1283）所上表奏的建议：

> 若复兴师致讨，多害生灵，彼中亦有佛教、文学之化，岂不知大小强弱之理？如今臣等赍圣旨宣谕，则必多救生灵也，彼当自省，恳心归服。

1　以上见明代宋濂《元史》"世祖纪"和卷二百八"外夷·日本传"。

元世祖即于当年八月派提举王君治[1]与如智奉诏出使日本，然而在出航之后，"宿留海上八个月"遭遇飓风，不得不无功而返[2]。

翌年，即至元二十一年（1284），原南宋降元官员、官拜江西行省参知政事的王积翁[3]，自称能宣谕日本，表奏说：

> 日本难以力服，可以计取。诚令臣备一介之使，以招徕之。事成，不至劳师伤财；事不成，亦无损于国威。

元世祖准奏，四月派王积翁为赴日"国信使""又以日本俗尚佛"，命普陀寺僧如智为副使。五月，他们从庆元府（治今宁波）出航，经过温州时王积翁蛮横强取县民任甲之船，后又对他鞭打。在航至日本近海对马岛时，任甲等人合谋将王积翁杀害，致使此行又归失败[4]。

1　提举，官名，宋元在不同部门负责专门事务的官员。至于王君治，生平不详。

2　〔日〕瑞溪周凤：《善邻国宝记》、日本国书刊行会 1975 年出版。关于王君治与如智出使日本，载于此书卷上如智撰《海印接待庵记》，后署"至元二十八年岁次辛卯（按：公元 1291 年）六月日宣差日本国奉使前住宝陀五乐翁愚溪如智记"。可见此记为后写，时在一宁刚接任住持之后。"接待庵"当即普陀山接待寺。明周应宾纂辑《重修普陀山志》记载，至元十年（1273）如智捐衣钵余资建接待寺。《元史》对此次出使无载，柯劭忞（1848—1933）编《新元史》卷二百五十"外国二·日本传"有简要记载。

3　王积翁，福建福宁人，南宋末曾任福建制置使、兵部尚书，投降元朝后官至兵部尚书，至元十九年（1282）拜江西行省参知政事。参《新元史》卷一百七十六"王积翁传"。

4　据《元史·日本传》《新元史》卷一百四十七"外国二·日本传"和前引《善邻国宝记》卷上所载如智之记。

三、一山一宁以元朝正使身份赴日及其在日初期的遭遇

元世祖逝世之后，元成宗继位，有司奏请再派使者出使日本，提到"世祖皇帝尝遣补陀禅僧如智及王积翁等两奉玺书通好日本，咸以中途有阻而还"[1]。所说"两奉玺书通好日本"，就是前述王君治、王积翁与如智奉旨出使日本之事。

大德二年（1298）之夏，有日本商船停泊于宁波口岸，元成宗决定派使者奉书搭乘此船"通好日本"。大德三年（1299）三月，朝议选定宝陀禅寺住持一山一宁为信使，诏赐一宁以金襕袈裟和"妙慈弘济大师"之号，并授以"江浙释教总统"[2]。元成宗的诏书称：

> 爰自朕临御以来，绥怀诸国，薄海内外，靡有遐遗。日本之好，宜复通问。今如智已老，补陀僧一山道行素高，可令往谕，附商舶以行，庶可必达。朕特从其请，盖欲成先帝遗意耳。至于惇好息民之事，王（按：日本天皇[3]）其审图之。

---

1 《元史·成宗纪》。

2 元世祖时设江南释教总统所。《元史》卷二百二"释老传"载，杨琏真加任"江南释教总统"时，发掘原南宋在杭州、绍兴的皇陵及大臣冢墓一百多所，并作戕杀平民、受人美女宝物、攘夺盗取财物等恶事。在元成宗大德三年五月，即派一宁出使日本之后不久，降诏罢"江南诸路释教总统所"。可见，一宁是最后一任的"江浙释教总统"。

3 据《新元史·日本传》记载，大德二年（1298）"日本主传位于太子，号为后伏见天皇"，可见元朝对日本政情还是了解一些的，然而对于当时天皇已处虚位，幕府执权执掌军政的情况也许并不清楚。

成宗自谓即位以来对海内外诸国皆已派使者往谕安抚，对日本也应遣使"通好"。宝陀如智禅师虽已年老，但现有道行高尚的一山禅师可任信使，前往日本宣谕朕意，以遂先帝遗愿。关于两国交好息民之事，请日本国王审思。据诏书中的"朕特从其请"，似乎一宁出使，是如智先征得一宁同意后向朝廷举荐的。

关于一宁出使日本之事，在日本虎关师炼据一宁及其身边亲信所述写的《一山国师妙慈弘济大师行记》中有详细叙述。他说元朝再次远征日本失败之后：

> 方倾向佛乘，欲聘有道衲子劝诱以为附庸。愚溪既当其任，然老病未遑发。偶闻商船至，欲成先策，遴选俊髦，台评凑师，即敕宣慰使阿答剌[1]相公遣一省郎及庆元府判官、僧录司知书、昌国州[2]知州、僧正司知书等五十余人入寺，出宣慰使手书及僧录司官书曰："皇帝圣旨下省府，赐师金襕衣及妙慈弘济大师号，泛溟波到日本，通二国之好。"乃以衣、帖付师，软语慰劳。师思不可遑，受之。
>
> 明日一行官将师到府，府官僧官皆在焉，细说通好之事，而付元朝信书一通，又差官吏五人侍卫，盖备师之逃匿也。

1　"阿答剌"（阿答剌尔），在乾隆《御批历代通鉴辑览》卷九十六改作"伊苏岱尔"，谓是"江浙平章政事"（时为江浙行省最高官员）。

2　元世祖至元十五年（1278），朝廷以海道险，升昌国县为昌国州（今浙江舟山市），属庆元府（治今浙江宁波）。至明洪武二年（1369）改为昌国县，属明州府（治今宁波）。

寻，燕参政[1]公来，持国主诏旨及省部文书，宣读了，急请登舟。归宝陀，宿一日行。官吏差三船，剧送附日本舶。

于是乎风浪鼓荡，樯折柁摧，修补仅成，进驰三四日，到高丽绝徼。又速奔一日，出没涛山浪岳间，飘簸而着于博德。

从上述可以了解如下几点：

1. 元朝在远征日本失败之后，适应日本崇信佛教的情况，策划派高僧出使日本"劝诱以为附庸"，为此曾派宝陀如智出使日本，然而此时如智年纪已老。

2. 得悉日本商船停泊宁波近海，朝议选派一宁奉诏乘日本商船出使日本。

3. 朝廷为郑重其事，授予一宁金襕袈裟、大师之号，敕江浙行省承办此事。江浙行省官员率庆元府判官、昌国州知州、中央及地方僧官等五十多人同临宝陀寺，当面传谕朝廷和江浙行省的任命，授予皇帝赐衣、师号。翌日到达庆元府时，又重加宣说，并付一宁"元朝信书"。可能担心一宁退缩，竟派五人"侍卫"。

4. 一宁在临行前，时负盛名的江浙行省右丞（前江浙行省参知政事、大司农）燕公楠（？—1301）持元成宗诏书和行省部文书至庆元府宣读，并亲自督促登船先归宝陀寺，然后搭乘日本商船出发。

1　燕参政，即燕公楠（？—1301），在元世祖后期曾任江浙行省参知政事，成宗即位之后，先任河南行省右丞，不久改拜江浙行省右丞。故此处"燕参政"应为旧称。《元史》卷一七三有传。

5. 一宁一行出航三四天后，先经高丽边境，再经一日到达日本九州福冈博德港。

一宁作为正使出使日本，并无副使，随行者中有官府所派五名"伴当"，另有自己的外甥、弟子石梁仁恭和曾在日本传法八年之久、属临济宗松源法系的西涧子昙禅师（1249—1306）[1]。

四、一山一宁在日本幕府、朝廷敬奉和支持下的传法事迹

一宁一行到达日本时，为日本后伏见天皇正安元年（1299），幕府执权是北条时宗之子北条贞时。

船主立即将一宁的情况上报幕府。执权北条贞时得知一宁是元朝派来借"通好"而劝归顺的使者，在开始十分愤怒，将一宁等人软禁监控于伊豆（在今静冈县）的修禅寺。

然而北条贞时崇奉禅宗，在听说一宁是宋元著名禅僧以及"沙门者，福田也，有道之士……在元国元之福也；在我邦我之福"的奉劝之后，便在当年冬将一宁迎请到幕府所在地镰仓，十二月七日迎请他住持"巨福山建长兴国禅寺"（建长寺），日本僧俗信众表示热烈欢迎。此后，一宁逐渐取得北条贞时的信任，在先兼住持建长寺和"瑞鹿山圆觉兴圣寺"（圆觉寺）之后，又住持"金宝山净智禅寺"（净智寺），投到他门下参学的人日多。

日本幕府前执权、北条贞时的祖父北条时赖虔信佛教，特别尊

1　关于石梁仁恭、西涧子昙，在日本师蛮《延历传灯录》卷二十三、卷三分别有传。

奉禅宗，为来自南宋的临济宗兰溪道隆禅师（1213—1278）在镰仓创建建长寺，作为祈祷天皇、幕府将军和执权的福寿，祈祷日本国泰民安的道场。北条时宗是北条时赖之子，自幼因受道隆的熏陶，也崇奉禅宗，继任执权后曾为宋末赴日的临济宗祖元禅师（1226—1286）建圆觉寺。这两所寺院规格很高，北条贞时礼请一宁出任住持，表明对他是很尊重和信任的。

一宁的声名很快传到京都。身居"法皇"地位的后宇多上皇[1]崇信佛教，在正和二年（1313）宣招一宁入京，请他继规庵祖圆禅师之后出任"瑞龙山太平兴国南禅寺"（南禅寺）第三代住持。南禅寺是后宇多上皇之父龟山天皇所建，是龟山天皇出家任"法皇"期间经常居住之所，地位自然很高。后宇多上皇对一宁很敬慕，常亲自到寺参谒和问道。朝廷官员、僧俗信众也纷纷前来参禅问学。

一宁当时虽已患严重的"昏眩"之病[2]，行动也多有不便，然而仍不离职休息。

关于一宁在上述各大寺院传法的情况，在《一山国师妙慈弘济大师语录》中有简明扼要的记载。从总体上看，他是遵照中国禅宗唐宋以来上堂传法仪规、程式进行，生动活泼，内容接近现实生活，富于现实主义风格，因而受到幕府武士、皇室成员和各阶层民

1　后宇多上皇，龟山天皇之子，文永十一年（1274）即位，在位十三年。弘安十年（1287）让位于后深草天皇之子伏见天皇，德治二年（1307）出家为法皇，行施院政。元亨元年（1321）将政务还于后醍醐天皇，住嵯峨大觉寺，元亨四年（1324）逝世。

2　按照中医的说法，是由于肝阳上亢、气血亏虚、痰浊中阻、肾精亏损而引起的头晕、目眩（眼花，视物不清）的疾病。

众的欢迎。现仅作简单介绍。

（一）在升座典礼、隆重的升堂说法仪式中，顺应日本国情，在"拈香祝圣"中为名义上居最高地位的天皇、幕府将军和执掌军政实权的执权祝福，祈愿上下协调，国泰民安

一宁作为中国的高僧，深知佛经所说"佛法付嘱国王、大臣、宰相"[1]和东晋道安所说"不依国主则法事难立"[2]的道理。在到了日本之后，对日本的国情逐渐了解。日本实行以镰仓幕府为代表的武士占据统治地位的社会体制，然而幕府的将军已无实权，军政大权转由执权把持。因镰仓在相模，执权也称"相模太守"。在京都的天皇在名义上仍是日本地位最高的国主。

按照中国唐宋形成的丛林规制，禅师应请出任寺院住持，在升座典礼上须"拈香祝圣"，先后为皇帝、地方官员拈香祝福，再向师父报"法乳之恩"。一宁在奉命住持几所寺院的升座典礼上，结合日本的国情对此有所变通。

请看他的住持镰仓建长寺的升座典礼上是如何拈香祝圣的：

> 此香至尊至贵，为瑞为祥，本一真以化育群灵，根至妙而出生万物。恭为祝延今上皇帝圣躬万岁万岁万万岁，恭愿金轮永御，揭中天日月之明，玉烛常调，同大地山河之寿。

1　《大涅槃经》卷三"寿命品"说："如来今以无上正法，付嘱诸王、大臣、宰相、比丘、比丘尼、优婆塞、优婆夷。"
2　［南朝梁］慧皎：《高僧传》卷五"道安传"。

次（拈香）本根秀异，枝叶繁昌，沛膏泽于天潢，布清阴于东国，奉为吏部亲王征夷大将军洎文武官僚，同增禄算。伏愿乃心王室，益懋维城之功，弘护佛乘，不忘灵山之记。

次（拈香）灵根深固，间气清明，垂恩荫于四方，继芬芳于万世，奉为大檀越相模太守增禄算，伏愿道同佛祖，以深慈拯济黎元，德合乾坤，以至仁镇隆社稷。

次（拈香）此香无些子气息，且要炙地熏天供养前住大唐庆元府阿育王山广利禅寺顽极老和尚，用酬法乳之恩。

毕竟太平时世，说甚干戈。所以山僧万里西来，只么素面相呈，更无劳攘。然虽如是（卓一下云），将此身心奉尘刹，是则名为报佛恩。

一宁首先拈香祝“今上皇帝圣躬万岁万岁万万岁”，是为当时的后伏见天皇祝寿，称颂“金轮永御”，是将天皇比作佛教所说的“转轮圣王”中最高的“金轮圣王”。

第二次拈香祝“吏部亲王征夷大将军洎文武官僚，同增禄算”。是祈愿当时的幕府将军久明亲王及其下属文武官员增禄多福，辅佐皇室，扶助佛教传播。

第三次拈香祝“大檀越（按：大施主）相模太守增禄算”，是为执权北条贞时祝福。所谓“伏愿道同佛祖，以深慈拯济黎元，德合乾坤，以至仁镇隆社稷”，是基于对他执掌军政大权的了解讲的。既称颂他“道同佛祖”，又企望他慈护天下百姓，以至善之德合于天地，以至仁之功护卫天下安定。

最后拈香表明自己是嗣法于中国庆元府阿育王寺的顽极行弥老

和尚，酬报"法乳之恩"。

最后不忘赞颂日本处于"太平时世"，自己航海万里西来，作为佛子愿奉献全部心力，所谓"此身心奉尘刹，是则名为报佛恩"。

此后于正安四年（1302）十月兼住圆觉寺的入住典礼上，在拈香祝圣中也有类似的祝福，然而没有再为师父拈香报恩。一宁在祝执权颂词最后说"佐皇猷于有永，隆佛法于无穷"，不忘将辅佐皇室与兴隆佛教密切结合。然而北条贞时此时已让位于北条师时，自己出家，建最胜园寺，称"最胜园寺殿"，但仍执掌实权。

一宁作为被解除软禁的元朝信使，以其著名禅师身份而受到日本执权信任，得以住持镰仓建长寺、圆觉寺及净智寺等执权直接管辖的菩提道场，适应他们的意愿，为他们先祖举行追荐法会、念经说法，以祈求冥福，为其家族祈祷平安、祝福延寿。

前执权、北条贞时之父北条时宗于弘安七年（1284）出家，法名道杲，称"法光寺殿"，当年逝世。一宁住持建长寺不久，奉命在佛日庵升座为追荐"法光寺"举行诵千部《法华经》的礼忏法会，称颂北条时宗"乘大愿力，示现人间，穷至妙于一心，了十如于当念。……诱进群迷，弘持大法"，将他称为乘愿入世度脱众生的菩萨。一宁住持圆觉寺，奉命为"法光寺杲公禅门"上堂说法。

一宁奉后宇多上皇之诏到京都住持南禅寺的第二天，就奉命到供奉后宇多上皇之父、南禅寺的创立者龟山上皇的寺内"圣庙"上堂说法，称颂他"大人具大见，大智得大用，于一毫端现宝王刹，坐微尘里转大法轮，卷舒立方外乾坤，纵横挂域中日月，乃至建造伽蓝，悟明己事，犹是先皇自己运用底事"，将他也称作出世的菩萨。

从以上事例不难了解，由于一宁的身份及其所住持寺院的尊贵地位和特殊功能，他是不得不俯从应和，以做佛事为天皇、执权祝福、祈祷和赞颂的。

（二）遵循中国禅宗基本宗旨，宣述佛法在世间，即心是佛，人人皆可成佛

中国禅宗在进入宋代以后，禅师上堂说法，带领门下参禅，很少正面宣示义理，一般做法是将《六祖坛经》及历代禅师的阐述过的禅法当作"常识"隐藏于语言文字背后，不予明示；借口说"活句不说死句"，经常采取"呵佛骂祖"，问东答西，用语模棱两可，乃至正话反说的方式。尽管如此，仍能从记述他们说法的语录中，大体窥测到他们的禅法思想。

一宁虽到日本，在上堂说法中也袭用这种传统和做法。从《一山国师妙慈弘济大师语录》记载他在国内二寺和日本的四所寺院的说法，可以大体归纳出他的禅法主旨，不外是佛法在世间，即心是佛，人人皆可成佛。

在一宁住宝陀观音禅寺语录中，记载他在佛成道日（腊八）升堂，引用《华严经》的"我见一切众生，具有如来智慧德相，但以无明烦恼而不证得"[1]，宣明一切众生皆具佛性（如来智慧德相），只

---

1 晋译《华严经·如来性起品》载："奇哉奇哉，云何如来具足智慧在于身中而不知见？我当教彼众生觉悟圣道，悉令永离妄想颠倒垢缚，具见如来智慧在其身内，与佛无异。"唐译《华严经·如来出现品》谓："奇哉奇哉，此诸众生，云何具有如来智慧，愚痴迷惑，不知不见。我当教以圣道，令其永离妄想执着，自于身中得见如来广大智慧。"

是由于被"无明烦恼"掩蔽而不得觉悟。

在一次上堂说法中，一宁引述唐代马祖道一的语句"即心是佛"以及"非心非佛，或云不是心，不是佛，不是物"的禅语，说："即心即佛，辽天俊鹘。非心非佛，剁皮出骨。不是心，不是佛，不是物，白日青天，神出鬼没"。按照马祖的本意，是说理解了"即心是佛"，确立自信，就无须再执着语句，不妨说"非心非佛"；因为佛性超言绝相，故可说"不是心，不是佛，不是物"。一宁引用马祖这个公案，是表示对此赞同。然而为避免照搬雷同，便以隐喻语句"辽天俊鹘"比喻"即心即佛"真实生动；以"剁皮出骨"比喻"非心非佛"之意深刻；"白日青天，神出鬼没"比喻"不是心，不是佛，不是物"深不可测。

一宁在日本诸寺说法中也贯彻着禅宗的这个基本宗旨，然而结合不同场合随机宣说。他在净智寺说法中说：

> 狗子有佛性，当堂挂起秦时镜。狗子无佛性，利剑拂开天地静。有佛性（摘下拂子云），急急如律令。

按照大乘佛教的佛性论，众生皆有佛性，包括猫狗在内的动物当然也有佛性。唐代赵州和尚从谂（778—897）为了引导人们破除对"有无佛性"语句的执着，在有人问"狗子还有佛性也无"时，他竟回答："无"。一宁引述赵州和尚这段禅语，是以正反两个论断加以表述，肯定一切众生皆有佛性。晋代葛洪《西京杂记》卷三记载，当年汉高祖进入长安咸阳宫得到一面宝镜，可以照见人的"肠胃五脏"。一宁说，如果说"狗子有佛性"，如同神镜照彻细微东西那样真实；然而，如果说"狗子无佛性"，则等同进入超越万有的境界，好像用利剑劈拂乌云，天清地静。最后，他用"急急如律令"来点明狗子"有佛性"是不可改变的。

一宁在说法中也贯彻禅宗主张的"中道不二"的思想和顺从自然的风格。他在南禅寺"解夏上堂"说："有修有证，埋没己灵；无修无证，屈辱先觉。"意为学人禅修如果抱有既定目标修行求得证悟，是违背清净自性的；然而如果既不修行，又不求证悟，那也是违背佛与历代祖师之意的。理应遵循中道不二的思想，既修行求证，又不执着于修行求证，将一切处之于自然。

一宁也偶然以"呵佛骂祖"的格调称呼佛、祖师，说"佛是假名，祖云何有？面面厮觑，泥猪疥狗"。意为佛不过是世人方便称呼的"假名"，谓祖也非实有，如果认真地加以执着，他们也不过是满身是泥的猪、长疥的狗。

临济宗创始人唐代临济义玄认为佛法不离现实人生，自由自在地生活就是修佛道，谓"随处作主，立处皆真"；告诉弟子"佛法无用功处，只是平常无事，屙屎送尿，著衣吃饭，困来即卧"。一宁在说法中引述类似的语句，说：

> 诸人，饥吃饭，困噇眠，热乘凉，寒向火，辄莫随邪逐恶。虽然，作者好求无病药。

一宁借此禅语表明，真正的禅修并非脱离日常生活，吃好，睡好，天热乘凉，天冷烤火，只要做到守戒，远离邪恶就好；如此修持好，就等于求得了"无病药"，意即摆脱妄念烦恼。

一宁也说过"禅非意想，道绝功勋"，实际也是强调上述意思，将禅修寄于日常生活。

（三）中国禅宗临济宗在大慧宗杲之后特别倡导参"话头"的"看话禅"，一宁在传法中也提倡看话禅，提倡参扣"即心即佛"

看话禅也叫看话头、参话头，就是聚精会神地参究一段前人的禅话语句，乃至选择其中某个字，然而须超越原语句或字的含义，以此作为克制"妄念""杂念"，达到"无念"或"无心"的解脱境界的手段或桥梁。

大慧宗杲经常教人参扣"僧问赵州：狗子还有佛性也无？州云：无"语句中的"无"字。在赴日禅僧中，兰溪道隆最早传入看话禅，他经常引导学人参扣"雪覆千山，因甚孤峰不白""生从何来""如何是道？平常心是道"等。

一宁进入京都住持南禅寺之后，曾书赠"示相州太守"[1]，主要讲述以下三个内容：

1. 禅宗要旨"即心即佛"，亦即"即心是佛"，确实无疑。应予理解，建立自信，经常回味，反复参究。如此可豁然开悟，心境清净自在。

2. 人心虽然本来"明妙"清净，然而因受"无明"妄念掩蔽，不得显现，如果能彻悟自性，便与"诸佛无二无别"。这正是佛祖

---

1 "相州太守"是指幕府执权。在一宁住持南禅寺的四年期间，前执权北条贞时、北条师时前后去世，经历了四任执权：北条宗宣、北条熙时、北条基时、北条高时。一宁所示的相州太守到底是谁，不好确定。

开示的宗旨。但众生根性不同，若非"上根利智"，则应勤勉禅修。

3. 禅修过程难免碰到精神昏沉、杂念困扰的障碍。在这种情况下可以参扣"即心即佛"这个话头，加以排除。然而在参扣过程中，切不可思虑它的含义，又不可产生自卑、自怯的疑虑。如此坚持下去，自然豁然开悟。

看话禅的立足点是般若空义、中道以及即心是佛的理念。以参扣超越语句含义（体现空）的看话禅，做到"以空扫相"，然而从"诸法性空"中体悟清净无染的自性，便可成为精神解脱的"了事大丈夫"。

（四）称颂孔子为"万世师"，老子传"玄妙"道

春秋时孔子整理六经，创立以"仁"为核心的儒家道德体系，倡导践行"恭宽信敏惠"；老子著《道德上下篇》（《老子》），创立以"道"为本体的道家宇宙本体论哲学，提出与道相应的"无""一""无为""清净""无极"等概念。孔子、老子开创的儒、道二家为中国传统文化奠定主要基础。

一宁在"日本"弘传佛法，没有忘记孔子，撰偈颂赞：

> 学为万世所师，道由一贯而传。
> 也知三千高弟，尚泥六籍陈言；

意为孔子为万世之师，儒学以仁道贯彻始终，然而惜乎弟子过于拘泥六经的字句，缺乏应机变通的精神。

一宁又赞颂老子：

先天地而有生，极玄妙而莫传；

不遇得关尹喜，谁可授五千言[1]。

赞赏老子以"先天地生"之"道"为宇宙本体的深远玄妙论述[2]，同时感怀当年关尹喜挽留老子写出《道德上下篇》的功德。

一宁在异国他乡，不忘孔子、老子，不忘作为民族灵魂、记忆、尊严和价值取向的传统文化，表明没有"忘本"，心中在惦记着祖国，血脉中流着民族文化之血。

五、讲学释疑，传播中华悠久灿烂文化

一宁是临济宗负有盛名的禅师，也通晓天台宗止观之学，并且拥有中国儒、道及诸子等广博的学问，又擅长诗文、颜体书法。他在住持镰仓和京都各大寺院期间，四方慕名前来投到他门下参禅、就学的人很多；有的从他受法为嗣法弟子，也有很多人是听他讲授中华传统文化。

虎关师炼所撰《一山行记》对一宁的为人和学问做了介绍，说他性情慈和，平易近人，在讲学和回答日本学人请教问题的过程中，因为言语不通，经常以笔墨书翰的形式加以表述。一宁博学多

1　［汉］司马迁：《史记》卷六十三"老子传"载，老子"见周之衰，乃遂去。至关，关令尹喜曰：子将隐矣，强为我著书。于是老子乃著书上下篇，言道德之意五千余言而去，莫知其所终"。

2　《老子》第二十五章："有物混成，先天地生，寂兮寥兮，独立不改，周行而不殆，可以为天下母。吾不知其名，强字之曰道。"

识，传授知识的范围很广，不仅包括"教乘诸部"（佛教大小乘及诸宗），而且涵盖"儒、道、百家、稗官、小说、乡谈、俚语"等多方面，可以说是涉及佛、儒、道三教及诸子百家之学、野史、小说、民间杂闻轶事等。一宁书法擅长唐代颜真卿"屋漏痕"笔法，经常有携纸登门求其墨宝者，皆如愿而归。因此，一宁在日本朝野获得广泛的称赞。

可见，一宁住持的禅寺既是弘传富有现实主义风格的中国禅宗的中心，也成为传授中国传统文化、研究汉诗汉文章的文化中心。

中国南宋宁宗嘉定十七年（1224）[1]，由宰相史弥远（1164—1233）奏请并主持，将南方官府管辖的禅寺评定出"禅院五山、十刹"的等第序列，规定住持须从较低禅寺逐级升至较高禅寺。随着宋元禅僧东渡或日本禅僧来华求法，中国五山十刹制也传入日本。日本镰仓至室町时期（1192—1573）先后将镰仓、京都的禅寺设定为五山十刹，从中先后涌现很多精于汉文、汉诗、汉学的禅僧；其中有的还热心研究、传授来自中国的宋学——理学，在日本文化史上书写了灿烂的"五山文学"篇章，对日本文化乃至政治发生过很大影响。

一宁在镰仓先后住持的建长寺、圆觉寺、净智寺皆属"镰仓五山"中的重要禅寺，至于他在京都住持的南禅寺则在"五山之上"，地位更高。一宁在住持禅寺和传法的同时，也传播中国传统文化，为稍后兴起的"五山文学"注入最早的活力。

1　［明］田汝成撰，陈志明编校：《西湖游览志》卷三《南山胜迹·净慈禅寺》，《四库全书·史部、地理、山水》。

六、一山一宁在中日佛教文化交流史上的贡献

一宁晚年因病体衰，难以坚持上堂说法，接引学人，曾多次向日本的后宇多上皇上表辞任，然而皆未获准，不得已曾私自潜往越州（当指越前，在今福井）稍憩，然而后宇多上皇得知后寄书劝慰促回。

在花园天皇文保元年（1317）秋，一宁病情转危，后宇多上皇多次前来看望慰问。至十月二十四日黎明，一宁写遗书向后宇多上皇告别，然后提笔书偈："横行一世，佛祖饮气。箭既离弦，虚空落地。"悄然置笔入寂，享年七十一岁。

后宇多上皇闻讯，亲来致悼，称颂一宁是"无心道人、大法主盟者"，书赐"国师"之号，说是"欲报老师直示之的旨，旌鹫岭付嘱之金言"。因一宁原有元成宗所赐"妙慈弘济大师"之号，便在此号之前加"一山国师"，全称"一山国师妙慈弘济大师"。敕特进前御史大夫源有房撰写祭文，昭告"一山国师大和尚之尊灵"。后宇多上皇又命在其父龟山上皇的庙侧为一宁建塔一座，书额"法雨"赐之。在一宁去世三周年之际，后宇多上皇在一宁像前书赞曰："宋地万人杰，本朝一国师。"[1]

一宁的传法语录二卷是他的侍者了真、惟凤、崇喜、仁恭、聪一、居中、志諲等人编录，经他本人亲自审定的，后题以《一山国师妙慈弘济大师语录》行世。

---

1 以上主要据《一山国师语录》卷下附《一山行记》等附录及《元亨释书》卷八《一宁传》。

日本学者玉村竹二所编《五山禅僧传记集成》载有一山一宁的传记，把在一宁门下受法、受学的弟子分为三类："法嗣"，即嗣法弟子，有无著良缘、雪村友梅、无惑良钦、无相良真、东林友丘、石梁仁恭（一宁外甥）等十七多人；"受业"弟子，指虽在门下参禅学法，然而并没嗣法为弟子，有梦窗疏石、月船琛海、无弦德韶、林叟德琼、双峰宗源、高山慈照、龙山德见等人；"学艺门生"有虎关师炼、雪村友梅等人。据此，雪村友梅既是嗣法弟子，也是学艺门生。

一宁的嗣法弟子中以雪村友梅（1290—1346）最有名，梦窗疏石（1275—1351）、虎关师炼（1278—1346）等人则为"受业""学艺"弟子中的佼佼者。他们在室町时期（1336—1573）的"五山文学"史上占有重要地位。

正因为一山一宁在日本镰仓、京都弘传中国唐宋以来生动、活泼，富有现实主义风格的临济禅宗，同时传授中国丰富多彩的传统文化，培养出很多富有文才的弟子，故后宇多上皇称之为"大法主盟者""宋地万人杰，本朝一国师"。因为一宁直接启迪和推动了稍后兴起的"五山文学"运动，故玉村竹二在《五山禅僧传记集成·一山一宁传》中称一宁是"五山文学之祖"。

一山一宁的法系在古代禅宗 24 派中称"一山派"，然而在进入室町后期此派已趋衰微。

2022 年是一山禅师诞辰 775 周年、圆寂 705 周年，谨撰此文以志纪念。

隐元东渡和日本黄檗宗

　　在隐元东渡之前，日本流传的禅宗有临济宗和曹洞宗，皆是在中国南宋时传入的。临济宗先后受到镰仓幕府、室町幕府时期以将军为首的武士阶层以至皇室、贵族的支持，特别是其中以五山十刹为中心的主流派——五山派不仅在社会政治、文化上有很大影响，甚至外交方面也发挥过重要作用。临济宗中以大德寺、妙心寺为中心的所谓应灯关（大应国师南浦绍明、大德寺初祖大灯国师宗峰妙超和妙心寺初祖关山慧玄）派，是属于五山十刹以外的林下派，曾长期受到当政幕府的冷落，并且两寺皆遭受过战火的焚毁，直到进入 15 世纪以后在拥有实力的武士集团的支持下才得以复兴和发展。曹洞宗也曾属于林下派，长期在本州北部山村一带传播，在进入 14 世纪以后逐渐扩展到本州东北部、中部乃至九州的广大地区。

　　隐元隆琦禅师属于中国临济宗杨岐派的法系，上承唐·临济义玄……宋·汾阳善昭……慈明楚圆……杨岐方会……圆悟克勤—虎丘绍隆……无准师范—元·雪岩祖钦—高峰原妙—中峰明本……明·幻有正传—密云圆悟—费隐通容的法系。据隐元弟子独往性幽为独耀性日所编《黄檗隐元禅师年谱》写的《年谱乞言小引》所说，隐元"系曹溪正脉三十六世、临济正传三十二世"。

然而隐元所传的临济宗在禅法上已经融会净土念佛法门，与日本所传的临济宗有显著差别，并且读经重汉音，又得到日本江户幕府的支持在京都宇治单独建传法中心——"黄檗山万福寺"，从隐元开始连续十四代住持皆是来自中国的汉僧，故被称为黄檗派、黄檗门派，在日本进入近代以后正式称为黄檗宗。

这样，日本在原有禅宗临济宗、曹洞宗之外，又新增加了黄檗宗。

一、隐元隆琦的语录和著作

现在日本收载隐元资料最全而且最便于查阅的著作是平久保章编、日本开明书院 1979 年出版的十六册《隐元全集》。其中所载隐元的各类资料有：

1.《黄檗隐元禅师语录》，十六卷，嗣法门人海宁、海珠、明光、如沛、性乐……性杲等人编。记载隐元 1654 年出发到日本长崎之前在福建福清县黄檗山的说法语录及著作，卷十有载录隐元在清顺治八年自述生平的《行实》。

2.《隐元禅师续录》，二卷。门人兴儴、侍者性尊编，也是赴日前语录及著述。

3.《黄檗和尚扶桑语录》，十六卷，门人兴儴、如一等编，到达日本后，先后在长崎兴福寺、崇福寺、摄津普门寺的语录

4.《黄檗和尚太和集》，门人性瑫、如一编，宽文元年至宽文四

年（1661—1664）住持日本黄檗山万福寺的语录。原一卷，后增加为四卷。

5.《佛祖像赞》，一卷。

6.《黄檗隐元和尚云涛集》，一卷，门人性愿记录，载录隐元东渡日本前作的诗偈、题赞等。

7.《黄檗隐元和尚云涛二集》，八卷，侍者性莹、性派编录，在日本长崎兴福寺、崇福寺及摄津普门寺等地的诗偈。

8.《黄檗隐元和尚云涛三集》，四卷，侍者性派、性潋编录，在日本京都黄檗山万福寺晋山前后的诗偈、歌赞等。

9.《黄檗和尚松隐集》，三卷，侍者道澄编录，隐元在宽文四年（1664年）退隐松隐堂，此集中载录他在翌年著的七言五言诗偈、歌及题赞等。此后，隐元于宽文六年、七年所作诗偈等，分别由侍者道澄、性派等人编录为《黄檗和尚松隐二集》《黄檗和尚松隐三集》。此外，隐元还有《拟寒山诗》《又拟寒山诗》各百首。

10.《普照国师广录》，三十卷，门人南源性派等据隐元在中国、日本的说法语录、法语、诗偈等摘录编纂而成，其中的中国传法部分比较忠于原录，日本部分有省略及改动的地方。

在平久保章编《新纂校订隐元全集》附录册中，载有隐元门人南源性派在高泉性潋协助下编录的《普照国师年谱》二卷，前一部分逐年附录原由侍者独耀性日编录、在隐元到日本后于承应三年（1654）刻印的记述隐元从出生至六十四岁事迹的《黄檗隐元禅师年谱》。上卷记载隐元从出生至清顺治十年（1653）六十二岁、下卷记载隐元从顺治十一年（日本承应三年）六十三岁赴日至宽文十三年（1673）四月八十二岁在日本去世前的年谱。

日本《大正新修大藏经》(《大正藏》) 第八十二卷，载有《普照国师语录》三卷，取自前述《黄檗和尚扶桑语录》《黄檗和尚太和集》中隐元到日本以后在长崎兴福寺、普门福元寺和黄檗山万福寺的部分传法语录；《普照国师法语》二卷，当取自隐元在中日两国向弟子或参禅者所作开示的书信或笔录。此外，尚有《隐元和尚黄檗清规》是隐元为日本黄檗寺制定的清规。

二、黄檗寺和历代著名禅师

黄檗寺，或称黄檗山，全名是"黄檗山万福禅寺"，因山寺多有黄檗树（芸香科黄檗属落叶乔木，或称黄菠萝、黄柏），故以黄檗为名。据隐元编撰原本、弟子性幽、独往等编订续修《黄檗山志》记载，黄檗寺原建于唐贞元年间（785—804），开山祖是来自曹溪的正干禅师。此后，马祖再传弟子黄檗希运禅师（谥"断际禅师"）在此出家，然后展转至江西传法。历经两宋鼎盛，至明朝，经中天正圆、觉田法钦、兴寿鉴源、兴慈镜源，再经密云圆悟、费隐通容、隐元隆琦几代法师的努力，黄檗寺得以中兴，成为东南名刹。

黄檗寺历代对唐黄檗希运禅师尊崇有加，《黄檗山志》卷首载有以他为祖师的"黄檗断际希运禅师一派源流"：

断际运 - 临济玄 - 兴化奖 - 南院颙 - 风穴沼 - 首山念 - 汾阳昭 - 石霜圆 - 杨岐会 - 白云端 - 五祖演 - 昭觉勤 - 虎丘隆 - 应庵华 - 密庵杰 - 破庵先 - 无准范 - 雪岩钦 - 高峰妙 - 中峰本 - 千岩

长 - 万峰蔚 - 宝藏持 - 东明旵 - 海舟慈 - 宝峰瑄 - 天奇瑞 - 无闻聪 - 月心宝 - 幻有传 - 密云悟 - 费隐容 - 隐元琦。

其中的"断际运"即断际禅师黄檗希运,"临济玄"即临济宗创始人临济义玄,"兴化奖"即义玄嗣法弟子兴化存奖……,"幻有传"即明代临济宗幻有正传,"密云悟"即明代嗣法于正传的天童密云圆悟,"费隐容"即圆悟弟子费隐通容,"隐元琦"即隐元隆琦。

另外,黄檗寺以明代圆悟密云为"黄檗寺传法法派"的祖师,而以中天正圆为"黄檗寺剃度宗派"的祖师。

中天正圆(?—1610),致力重建和振兴黄檗寺,为提高寺的声望,在明神宗万历二十九年(1601)赴京请"龙藏"(当为明北藏),然而苦等八年没有得到而在京去世。徒孙兴寿鉴源、兴慈镜源入京继之。又经过六年(当为万历四十二年,1614),在首辅大学士(宰相)、原籍福清县的叶向高[1]的支持和斡旋下,才得到皇帝敕赐藏经一部六百七十八函及金、敕书、万福寺匾、紫衣等,并派专使偕同鉴源、镜源禅师护送至黄檗寺。黄檗寺特建藏经阁,将这部藏经珍藏作为镇山之宝。[2]从此,黄檗寺声振东南丛林。隐元出家之师就是正圆的徒孙兴寿鉴源(?—1626),他被后世奉为黄檗寺

---

1 叶向高(1559—1627),字进卿,明福建福清人,万历进士,出仕后曾上书反对由宦官把持的掠夺工商业者的矿监、税监等弊政,万历三十五年(1607)任礼部尚书兼东阁大学士(首辅、宰相),四十二年(1614)辞职,天启元年(1621)再出任首辅,后被魏忠贤等排挤去官。死后,崇祯皇帝赐谥"文忠",著有《苍霞集》《说类》等。《明史》卷二百四十有传。

2 参《隐元语录》卷十六《中天祖福善堂香灯碑记》、1922年重刻本《黄檗山寺志》。

"护藏赐紫"禅师。

密云圆悟（1566—1642），号密云，俗姓蒋，宜兴人。二十九岁时到荆溪（在今宜兴）龙池山禹门禅院从幻有正传（1549—1614）剃度出家，从受临济宗杨岐派禅法。明神宗万历四十五年（1617）继师住持龙池禅院，此后应请住持天台山通玄寺、嘉兴金粟山广慧寺、福清黄檗山万福寺、宁波阿育王山广利寺、天童山景德寺、金陵大报恩寺等名刹，名闻南北丛林。密云是在明思宗崇祯三年（1630）三月至八月住持黄檗寺的，时间不到半年。他的嗣法弟子很多，著名的有长沙府沩山五峰如学、苏州府邓尉山汉月法藏、西蜀夔州双桂破山海明、杭州府径山费隐通容、嘉兴府金粟石车通乘、赣州府宝华朝宗通忍、常州府龙池万如通微、宁波府天童山翁道忞等。有《密云禅师语录》行世。[1]

费隐通容（1593—1661），号费隐，俗姓何，福建福州人。十四岁出家，先后参学于曹洞宗无明慧经（号寿昌）、湛然圆澄（号云门）以及无异元来（号博山）的门下，皆未契悟，明熹宗天启二年（1622）在绍兴吼山护生庵参谒密云圆悟，从受临济禅法。天启七年（1627）密云住持嘉兴金粟山广慧寺住持时，他受命任西堂首座。崇祯三年（1630）圆悟迁住福清黄檗山万福寺，他跟随身边。崇祯六年（1633）应请住持黄檗山万福寺，三年后辞职。此后先后住持过温州法通寺、嘉兴金粟山广慧寺、宁波天童寺、松江超果寺、崇德福严寺、杭州径山万寿寺等。嗣法弟子有隐元隆琦等。著有《五灯严统》（1653）、《五灯严统解惑编》（1654）、《祖庭钳锤录》

1　参考《密云禅师语录》卷十二《行状》及后附《天童密云年谱》等。

《丛林两序须知》等。[1] 其中《五灯严统》因为将原属青原行思—石头希迁法系的云门宗、法眼宗皆列入南岳怀让—马祖道一的法系，并且称当时曹洞宗高僧无明慧经、湛然圆澄及其嗣法弟子"未详法嗣"或"未承付嘱"，予以贬斥而不载录，受到曹洞宗激烈批驳和抨击，甚至遭到毁板。[2]

三、隐元在东渡日本前的经历

隐元隆琦（1592—1673），隐元是号，名隆琦，明万历二十年（1592）十一月初四生于福州福清县灵得里（现为福建省福州市福清市上迳镇）东林村。俗姓林，名曾昺，兄弟三人，排行第三，二哥出家为僧。父林德龙，农耕为业，在隐元六岁时离家入楚（泛指今河南、湖南、湖北一带）远游，一直没有音讯。

家业素清贫。隐元九岁就学，然而因贫翌年废学，与长兄从事农樵以扶养老母，维持生计。隐元在十六岁时，在观察星月流转

1　隐元等编《费隐禅师语录》后附行观等编《福严费隐禅师纪年录》及《五灯严统》卷二十四载《费隐通容传》等。

2　石头希迁的法系，后世从药山惟俨—云岩昙晟的一支形成曹洞宗，从天皇道悟—龙潭崇信—德山宣鉴的一支形成云门宗和法眼宗。宋代临济宗的觉范慧洪（1071—128）在其《林间录》卷上，据所谓唐丘玄素为"天王道悟"所撰碑文（《佛祖历代通载》卷十五载此碑文），提出当初在荆州另有天王寺道悟，嗣法于马祖，龙潭崇信是他的法嗣，因此云门、法眼二宗自应属于南岳怀让—马祖的法系。费隐通容所撰《五灯严统》，内容虽袭《五灯会元》，但却把青原行思—石头法系的云门、法眼二宗置于南岳的法系，又贬斥当时的曹洞宗僧，引起禅宗内部的激烈争论。详见陈垣《清初僧诤记》卷一。

等自然现象之际，常思考天地万象"谁系谁主"等玄奥问题，感到"此理非仙佛难明"，逐渐萌发慕佛出家的念头。[1]二十岁时，以父游未归为由拒绝母与长兄为己娉妻。第二年在得到母亲谅解后，携此娉金为路费踏上外出寻父的路途，先后到过豫章（今江西南昌）、金陵（今江苏南京）等地，后辗转至宁波、舟山，皆未找到。其间，虽逢到母舅、族叔劝他早日回家，他皆不听。隐元二十三岁时，到南海普陀山（在舟山岛东的小岛）观音道场进香，祈愿找到父亲，在看到佛刹胜景之后，更坚定出家之念，于是投到潮音洞主的门下以"道人"身份担任为香客烧茶的"茶头执事"。此后回家看望母亲，在家奉养老母近五年。

隐元二十八岁时，母亲去世，他在请黄檗山寺法师为母举行礼忏超度法会的过程中，认识了寺中兴寿鉴源法师，听从他的劝告，舍弃到外地出家的念头。明泰昌元年（1620），隐元二十九岁时，在黄檗寺礼兴寿法师为师正式出家为僧。

隐元出家后，为兴修黄檗寺决定到京城化缘，因京城戒严不得已暂住绍兴，曾到云门寺参谒曹洞宗湛然圆澄禅师，听他讲《大涅槃经》，碰到从京城回来的时仁法师，向他问"依经解义，三世佛冤；离经一字，如同魔说"，应当如何解释？然而时仁却回避正面回答，说："三十年后向汝道。"他认为受到戏弄，感到气愤。然而此事对他影响很大，使他经常思考禅宗讲的佛法既不"依经解义"，又不随意离经妄说的道理，激励他遍参诸方名师。天启六年（1626）在嘉兴金粟山广慧寺参谒密云圆悟和尚，问："学人初入禅

1　隐元的生平事迹，凡不注明出处者，皆据《行实》和《普照年谱》。

门，未知向甚么做工夫？"密云答："我这里无工夫可做，要行便行，要住便住，要卧便卧。"又问："蚊子多卧不得时如何？"密云打他一巴掌。他经过七昼夜考虑似有省悟，日夜坐禅参究。在密云门下参学五年，在同参道友中以应对敏捷、善作偈颂知名。崇祯三年（1630）三月密云和尚应请住持黄檗寺，招他随从同往，不久受命南下化缘，八月回归时密云已到宁波。此后，隐元应请住持福清县狮子岩寺，携弟子"刀耕火种""种薯蔬为食"，在岩的绝顶修行。崇祯六年（1633）费隐通容应请住持黄檗寺，请隐元为西堂（曾在他寺任住持而今客居本寺者）辅佐他传法。隐元不久仍回狮子岩寺，当地居士儒者夏春元、龚士龙前来问道，论"儒释一贯之旨"。

崇祯十年（1637）应黄檗寺僧众和护法居士之请，继通容之后住持黄檗寺。翌年，开阅五千余卷的《龙藏》（当为明北藏），"用酬祖德，以报皇恩"，以连续千日为期。他在寺中为进京求经的中天正圆造塔，并建"梅福庵"供养。福清知县凌镜泐入寺参谒，问："毕竟如何是不与万法为侣？"他答："百花丛里过，一叶不沾身。"意为"不与万法为侣"真如佛性虽显现为万物，又超越于万物。此后，派寺僧四处化缘，致力重兴寺院殿堂，六年后竣工，寺院焕然一新。崇祯十七年（1644）隐元请同学亘信为黄檗寺住持后，前往嘉兴金粟寺探望费隐禅师，被任为前堂首座，不久应请赴崇德县（在今浙江桐乡市）住持福岩寺。

此时中国政治形势发生急剧变动。明崇祯十七年（1644）李自成率农民起义军攻入北京，推翻明朝。接着，清军入关，攻入北京，清世祖即皇帝位，建元顺治。李自成率兵撤出北京西至山、陕，翌年兵败被杀。清朝派兵南下陆续占领江南大部地区，清顺治三年（1646），清军攻占福宁、福州、泉州、漳州等福建很多地方，清兵所到之处对汉人屠杀、掠夺和焚毁房屋。自明朝被推翻至顺治十六年（1659）为止，先后有在南京即位的福王弘光帝、在浙江的"监国"鲁王、在福州即位的唐王隆武帝、在广东肇庆即位的桂王永历帝等明朝的残余势力，组织武装进行抗清斗争，皆以失败告终。郑成功（1624—1662），父郑芝龙，曾拥戴在福州即位的隆武帝政权，隆武二年（1646）在其父降清后起兵反清，后拥戴永历帝政权，长期以厦门（先后称中左、思明）、金门等地为据点开展抗清复明的武装斗争，从1653至1657年利用清廷提出"和议"的时机联合南明残部攻复浙江、江苏和福建沿海很多失地，甚至有兴师北伐之举。1661年郑成功率兵从荷兰殖民者占领下收复台湾，翌年在台湾病逝。康熙二年（1663）清兵最后平定福建。[1] 隐元东渡及刚到日本时与家乡的联系就是在这样一种社会背景下进行的。

在明福王弘光元年（1645）二月清兵迅速南下之际，隐元南归，经过福州时应请到诸寺说法，又应当地士绅之请住持长乐县龙泉寺，远近前来问道或请他说法者络绎不绝。当时清兵已逼近福州福清一带，黄檗寺僧人及护法居士紧急会商，决定请隐元立即回来住持寺院。隐元在顺治三年（1646）正月底回寺。此年九月清兵在汀州（今福建长汀）将唐王隆武帝及近臣等杀害。清兵攻破福州，残杀城中居民十之八九，翌年三月攻陷福清海口、镇东二城，杀居

1　何龄修编：《清初福建军事政治大事记》，载陈志超、韦祖辉、何龄修编，中华全国图书文献完全缩微复制中心1995年出版《旅日高僧隐元中土来往书信集》的《附录》及《清史稿·郑成功传》、清闽海郑亦邹撰：《郑成功传》（载《台湾文献丛刊》）等。

民数千人。隐元率众前往海口、龙江两地修水陆法会超度亡灵，并作偈五首哀挽，其中有"故国英贤何处去，唯余孤月照空城"；"两城人物今何在，一阵悲风起骷髅"；"愧无道力资君福，聊借金风剪业花"等句[1]，反映了他对明亡和民众惨遭清兵屠杀而自己无力救助的悲愤心情。在战乱日益加剧的年月，他带领弟子"清淡自守"，挑担入市卖柴以维持寺院日用。顺治九年腊月初八（已进入1652年），隐元在开戒仪式宣读疏文至"开戒于洪武十年，善述于成祖昭世，列圣恩深，今皇德生"时，不禁"伤感涕泣，不能仰众"，可见他对明朝的眷恋深情。他还为拥戴南明政权参加抗清活动的殉节死难的士大夫林化熙、黄道周、钱肃乐等人写挽诗或祭文，经办葬礼，表示自己对他们的钦敬和赞叹之情。[2] 当时一些不甘心做清朝顺民的儒者士大夫有的出家为僧。隐元赴日前剃度三山儒者欧全甫出家，授法名性幽，字独往，让他修《黄檗山志》八卷；又剃度海宁儒者姚兴出家，授法名性日，字独耀，让他担任身边的记室（书记）。[3]

四、隐元应邀赴日传法

清顺治八年（1651），日本长崎崇福寺邀请隐元的弟子、莆田

1　《隐元全集》卷十三载海口、龙江修"水陆普度"两则法语，卷十五载有《龙江修水陆普度夜怀》五首。

2　详见上引《旅日高僧隐元中土来往书信集》所载陈志超之序。

3　以上除注明出处外，主要据《普照年谱》和《行实》。

凤山寺也嫩性圭东渡担任崇福寺首座，然而不幸途中遇难丧身大海。消息传来，隐元含悲著偈哀悼。

从顺治九年（壬辰岁，1652）四月至第二年（癸巳）十一月，日本长崎兴福寺住持逸然性融和在家信众（檀越）连续托商船主甚至派专使给隐元送信和礼物，请他东渡传法，然而隐元开始以年老等为由一再复信婉绝，直到收到逸然派弟子古石送来第四次邀请信（《第四请启》），被对方的至诚深为感动，才复信表示同意东渡传法，偈称："三请法轮能不退，千秋道振在斯时"。[1] 顺治十一年（1654），隐元六十三岁，前后住持黄檗寺达十七年，五月在将寺院传付弟子慧门如沛住持之后，辞别前来挽留的僧俗信众后，与弟子多人踏上南下东渡的日程，途中应请入莆田凤山寺、泉州开元寺暂住说法，六月到达中左（今厦门）。

当时中左是拥戴南明桂王永历帝积极开展抗清斗争的郑成功的重要基地。他对隐元到来表示欢迎，还特地送上斋金供养，后拨船护送。隐元在中左时，已为郑成功收编的郑彩与诸将前来参谒。《普照年谱》记载："六月初三至中左，寓仙岩，藩主送斋金供养。建国郑公暨诸勋镇络绎参谒，师以平等慈接之，各尽欢心而去。……二十一日，藩主备舟护送。"其中的"藩主"即郑成功，因他在顺治三年（1646）从隆武帝受封"忠孝伯"，顺治六年（1649）从永历帝受封"延平公"，后受封"延平郡王"；《黄檗隐元禅师年谱》

1　逸然及信众的"请启"书信及最后同意东渡的复书，见《黄檗和尚扶桑录》卷一（载《隐元全集》第四册）；最初婉绝东渡之请的信见《隐元禅师语录》卷十二（载《隐元全集》第二册）。

称之为"国姓公",是因为他曾从隆武帝受赐朱姓。"建国公"即郑彩,原为郑芝龙部将,郑降清后与其弟郑联在浙、闽沿海抗清,迎明宗室鲁王监国入闽,受封"建国公",后被郑成功收编。现存郑成功致隐元的一封信提到此事,其中说:

> 得侍法教,顿开悟门,执手未几,忽又言别,只有临风神想耳。但日国之人虽勤勤致请,未知果能十分敬信,使宗风广播乎?……倘能诚心皈依我佛,自当驻驾数时,大阐三昧。不然,不必淹留岁月,以负我中土檀那之愿。况本藩及各乡绅善念甚殷,不欲大师飞锡他方。所以拨船护送者,亦以日国顶礼诚深,不忍辜彼想望之情也。……法驾荣行,本藩不及面辞,至次早闻知,甚然眷念,愈以失礼为歉。(陈智超等编《旅日高僧隐元中土来往书信集·隐元所收中土来信之六》)

可见,在隐元滞留中左的近二十天中,郑成功对隐元十分钦敬,曾当面听隐元宣说禅法,虽拨船护送然而他没有前往告别,希望隐元到日本后看传法情况再决定是否长住,如果情况不理想就早回国。

隐元向前来送行的僧俗弟子告别,在《江头别诸子偈》中表示:"暂离故山峰十二,碧天云净是归期。"表示他只是暂离故土,到"碧天云净"时还要回来。然而何为"碧天云净"?也许意味社会安定政治清明,也许他对复明还存在希望。

当年七月初五船到达以"多船、多僧、多瑞雪"著称的长崎,逸然率僧俗信众把隐元一行请进兴福寺。长崎二位行政长官("长崎奉行"）前来参谒。随隐元同到日本的弟子有三十多人，其中有的后来回到国内，留在日本的著名弟子有大眉性善、慧林性机、独言性闻、独湛性莹、独吼性狮、南源性派、唯一道实等人；嗣后来者有木庵性瑫、即非如一等人。

当时是日本后光明天皇承应三年（1654），主持幕府军政的是第四代将军德川家纲。他在德川家光之弟保科正之、大老井伊直孝、酒井忠胜、老中松平信纲等重臣的辅佐下十分重视文教事业。

隐元到长崎的第二天便举行住持东明山兴福禅寺的开堂仪式。按照中国禅宗传统拈香祝圣做法，连续拈香三次，向皇帝、州府及自己的师父祝寿祝福和报法乳之恩。然而隐元在这一场合，连续拈香五次，分别祝"今上皇帝（天皇）圣寿无疆，伏愿皇图与佛国巩固，帝道共祖道齐彰"；大将军（幕府将军）"威震天下，德被苍生"；长崎檀越（此特指行政长官）"仁政如青天白日，德相如古柏苍松"；兴福寺外护居士长者"般若现前，照见本来无一物"；兴福寺僧众"传临济正宗如龙如虎"；为在余杭径山传法的师父费隐通容"酬法乳之恩"。在当年元旦特地上堂祝圣说法，说：

> 唯祈四海无虞，处处村歌社舞，人人咸乐尧天，是以阴阳和，瑞物生；师资和，学业成；君臣和，天下平；父子和，家门兴。而我格外衲僧，慕忠义之国，乐太和之风，以道教人，无往而不化；以德先人，何莫而不从，一言契会，万里同风。[1]

1　详见《黄檗和尚扶桑语录》卷一、二（载《隐元全集》第四册）。

隐元在明历元年（1655）三月应请住持长崎圣寿山崇福禅寺，十一月又应请到摄津（在今大阪）住持慈云山普门寺，在上堂仪式拈香祝圣和日常说法也说了类似上述词语，也以忠孝慈悲教化信众。可以认为，隐元对日本的社会情况是有所了解的。他通过拈香祝圣和上堂说法，表明自己对日本虽尊奉天皇为全国最高首领然而实权归幕府将军把持的政治体制，对佛教传播须在地方政府保护和管理之下的制度是认可的，并且在弘传禅宗"即心即佛""明心见性成佛"的基本宗旨的同时，还向官民、僧俗宣示彼此协调和谐和忠孝仁慈等伦理思想，可以消除官府对他一行到来的戒心，并能赢得广大民众的好感和支持。隐元在住持摄律普门寺后，尽管"硕德高士闻风而至者"很多，然而仍引起一些人的猜忌，如《普照年谱》所说："四方道俗，疑信相半"。当时日本佛教界既有天台、真言诸宗，还有禅宗的临济、曹洞二宗，各宗内部又有不同派别，出现这种现象是很自然的。隐元对此泰然处之。确实，这种现象并不反映主流。隐元来到日本传法的消息迅速传向四方，亲自前来或通过书信向他问道求法的人很多，其中也不乏担任地方行政长官的人。

在隐元传法和建立宇治黄檗寺过程中，曾得到日本临济宗妙心寺派中不少禅僧的热心帮助，其中著名的有属于妙心寺灵云派龙安寺的龙溪宗潜（后改性潜）、龙华院的竺印祖门，还有妙心寺仙寿院的秃翁妙周、大雄院的万拙知善、慧照院的大春元贞、大阪大仙寺的湛月绍圆、广岛禅林寺的虚棂了廓等人。龙溪和秃翁出于振兴妙心寺的意愿，不顾妙心寺开山祖师关山慧玄遵照花园法皇旨意制定的"一流"相承的寺规，曾打算让刚到长崎的隐元到妙心寺担任住持，然而由于遭到妙心寺主流派的反对而未能实现，不得已请隐元住持原由龙溪住持的摄津普门寺。[1]

隐元到日本后与福清黄檗寺和其师费隐通容一直保持密切的联系。他在住持兴福寺的第二年七月派人回国给费隐送信，解释日本长崎方面原请也嬾性圭，然而因遭遇海难未能实现；他因为他们的"恳请再四"所感动，才同意东渡，似乎是"子债父还"。费隐为"吾道东矣"感到高兴。隐元原无长留日本的打算，出国前曾答应黄檗寺僧俗信众三年后回山，因此在他入住摄津普门寺后的两年间连续收到黄檗寺及其师费隐通容的书信，催促他践行三年回山之约。隐元一再向龙潜表示要回国，然而皆因受到执意挽留而未能成行。（《普照年谱》）

五、日本黄檗山万福禅寺的创立

龙溪宗潜为了使隐元在日本能展开弘法活动，亲自到江户幕府进行斡旋和沟通。万治元年（1658）九月，按照幕府的安排，隐元在龙溪陪同下到江户传法，住入天泽寺，受到民众热烈欢迎。十一月，德川家纲接见隐元，赐赠袈裟和金。隐元皆用来举办放生法会，为日本国民祈福。在这期间，他受到担任幕府担任重大职务的大老酒井忠胜（后出家名空印，1587—1662）、老中稻叶正则

1　以上除注出出处者外，参考木宫泰彦《日中文化交流史》第六章之二和竹贯元胜著、大藏出版社 1989 年出版《日本禅宗史》六之四。

（1623—1696）[1]等人的信敬。酒井忠胜请隐元到长安寺为其父酒井忠利去世三十五周年举行"远忌"法会，并拈香向他问法。稻叶正则新建成养源寺，请隐元前去主持奉安佛像仪式。隐元回到普门后，曾应请到京都等地参观了很多名寺，对日本佛教有了更多了解。隐元在日本的名声日著，向他求法问道者也越来越多。

万治二年（1659）六月，幕府将军德川家纲下令允准隐元在京都择地建寺传法。隐元选择在京都南边的太和山（宇治郡大和田庄）建寺，在幕府的直接过问和支持下，宽文元年（1661）八月寺初步建成。隐元为不忘本，以福清黄檗寺之名命名，寺额为"黄檗山万福禅寺"。从此有"西黄檗"（"古黄檗"）和"东黄檗"（"新黄檗"）之称。隐元在携弟子进山居住之后继续扩建，建成以法堂为中心，左右建有方丈室、开山寿塔、禅堂、钟楼、浴室等建筑的庄严恢宏的寺院。隐元认为日本寺院造像"不甚如法"，特请福建的名匠范道生负责造像，又命担任监院的弟子大眉性善督造韦陀、伽蓝祖师、监斋等像，因而寺院造像精美，并且保持明代造像的风格。宽文三年（1663）正月十五日，龙溪宗潜奉德川家纲之命请隐元在黄檗举行隆重的"祝国开堂"仪式，德川家纲亲自临席。隐元拈香为皇帝（天皇）、大将军、"主国太宰、辅弼功勋"（幕府大老、老中等重臣）、"主京尊官、法护长者"（在京都臣僚）等祝寿祝福，其中祝将军"不令而化""不言而彰"，祝幕府重臣"德政明如青天，护民如保赤子"……，[2]这些看似是搬弄套话，然而在当时对维护以德

1　二人在《普照年谱》中分别称为酒井空印阁下、稻叶美浓守阁下。

2　详见《黄檗和尚太和集》卷一。

川氏为首的幕府体制，营造上下和谐的社会气氛是有积极意义的。

德川家纲（《普照年谱》称为国主）施赠黄檗寺僧粮四百石，隐元书偈致谢，其中有"灵苗秀发三冬实，一众饱参祝圣人"之句。此后，德川家纲还施赠隐元白金二万两及来自西域的木材为扩建黄檗寺用。后水尾太上法皇曾召龙溪入宫问法，对他表示敬信，特地托他请隐元开示禅门"法要"。隐元答之以"别无言说，惟放下身心，觑破无位真人（按：喻指自性），自彻自悟"等宗旨，得到后水尾法皇的赞赏和敬重，从此与隐元有文字交往并多次给予赏赐。法皇还赐舍利宝塔，隐元特建舍利殿供养。这为隐元和黄檗寺开展传法活动提供了十分优越的条件。隐元在七十六岁应参观奈良诸寺时，据载"四众追随参礼者日以万计"，说明他在日本佛教界已经有很大的影响。

隐元自宽文四年（1664）九月辞众退居于寺内的松隐堂，命弟子木庵性瑫担任住持。然而他每天仍要接待四方前来参谒问法者，并且书写大量回应问道者的书偈。宽文十三年（1673）三月隐元开始患病，各界前来慰问者络绎不绝。隐元写好遗书及偈颂，又写信给福清黄檗寺僧众及护法居士，嘱咐他们"护念祖庭"。水尾法皇也派使者慰问，并特赐"大光普照国师"之号，听说隐元病重不起，叹曰："师者，国之宝也。倘世寿可续，朕愿以身代之。"四月三日，隐元写下遗偈："西来椰栗（按：当为蒺藜，喻指禅法）起雄风，幻出檗山不宰功，今日身心俱放下，顿超法界一真空。"然后去世，年八十二岁。[1]

1　主要据《普照年谱》。

六、隐元的弟子和黄檗宗的发展

黄檗寺的建立，标志着在日本临济宗、曹洞宗之外黄檗宗正式成立。通过隐元及其后继弟子的努力，黄檗宗迅速发展，并且逐渐融入日本佛教界和社会。

隐元门下拥有文才和经营才干的弟子很多，《普照年谱》的最后载有嗣法弟子二十三人：无得海宁、玄生海珠、西岩明光、慧门如沛、也嬾性圭、良冶性乐、中柱性砥、木庵性瑫、虚白性愿、即非如一、心盘真桥、三非广彻、广超弘宣、良照性杲、常熙兴焰、慧林性机、龙溪性潜、独湛性莹、大眉性善、独昭性圆、南源性派、独吼性狮、独本性源。[1]其中也嬾性圭已经死于海难，无得海宁、玄生海珠、西岩明光、慧门如沛等人没有到日本，龙溪性潜、独昭性圆、独本性源三人是日本人。实际上，隐元的弟子绝不止二十三人，例如编写《黄檗隐元禅师年谱》（出生至六十四岁）的独耀性日，为此年谱写序的独往性幽以及以善诗文、书法和医道著称的独立性易、编撰《隐元禅师续录》的性尊等人也是他的弟子[2]。

隐元弟子中以中国人最多，也有亲自培养的日本弟子，并且拥有大量继承他的法脉的二传或三传弟子，杰出者如铁牛道机、铁眼道光、潮音道海、了翁道觉等人，他们在包括江户、京都等地在内

---

1 原文名字皆三字（前二字是字，后是法名的后一个字），此参阅其他资料补全。

2 禅宗南宗自六祖慧能以后虽也标榜"单传直指"，然而嗣法弟子不限一个，弟子皆可称嗣法弟子。在隐元门下，也许将得到隐元授予"源流"（法系源流图）及嗣书或嗣法偈的弟子称"嗣法门人""嗣法弟子"，其他虽可称弟子，但不冠以"嗣法"二字。

的各地传法，培养门徒，将隐元的禅法介绍到日本佛教界，激发更多禅林有识之士对传统公案禅、看话禅和当时禅风的反思，推动佛法的革新和振兴。当时日本临济宗妙心寺派正在开展的正法复兴运动应当说是受到隐元黄檗宗的影响的。

黄檗寺实际是以幕府将军德川家纲为外护建造和发展起来的，在宽文五年幕府下达朱印状（幕府的盖印证书）给予四百石的寺院领地。此后，黄檗寺也得到幕府历代将军的支持，从第五代将军德川纲吉到第十四代将军德川家茂皆为黄檗寺下达朱印状加以保护。

隐元退席前选定嗣法弟子木庵性瑫为第二代住持，同时提出第三代住持也必须由他的嗣法弟子担任，至于此后的住持需从他的法孙有德望者中选任；并且按照幕府大老酒井的建议，以后若在本寺找不到合适人选，应到中国聘任。遵照这一规定，自隐元隆琦开始，在长达九十多年时间里宇治黄檗寺的十三代住持皆为中国人，继第二代木庵性瑫之后的第三第四代住持分别是慧林性机、独湛性莹，皆是隐元的嗣法弟子；从第五代至第八代是隐元的法孙高泉性激、千呆性侒、悦山道宗、悦峰道章；从第九代至第十三代是木庵、即非等人的嗣法弟子或法孙灵源海脉、旭如莲昉、独文方炳、呆堂元昶、竺庵净印。此后至第二十一代的住持中，既有中国僧也有日本僧，中国僧住持有连任第十五代、第十八代的大鹏正鲲、第十九代仙岩元嵩、第二十代伯珣照浩、第二十一代大成照汉。因从中国招聘高僧越来越难，幕府便停止从中国招聘住持的做法，黄檗寺住持皆由日本僧担任。

黄檗寺在发展过程中建成以寺中隐元祖塔为中心的很多塔院，如木庵的万寿院、紫云院、慧林的龙兴院、独湛的狮子林院等。因木庵担任住持近二十年，法裔弟子很多，后世建成包括他的紫云院在内的十三所塔院，有铁牛的长松院、潮音的绿树院等等，在法系上形成在黄檗宗内最有影响的紫云派。[1]

七、隐元的禅法

隐元在法系上属于中国临济宗杨岐派，是"曹溪正脉三十六世、临济正传三十二世"（《黄檗年谱·年谱乞言小引》），上承唐·临济义玄……宋·汾阳善昭……慈明楚圆……杨岐方会……圆悟克勤—虎丘绍隆……无准师范—元·雪岩祖钦—高峰原妙—中峰明本……明·幻有正传—密云圆悟—费隐通容的法系。

现仅对隐元禅法做概述介绍：

1. 鲜明阐扬禅宗宗旨，明确传承临济法脉。

2. 说人人皆有佛性，修行者应"返本还源，直证本具之心"。

3. 既提倡看话头和参究身心，又主张修禅不废念经。

4. 保持明代禅净双修的做法，参禅还要念佛。

5. 会通儒佛，在说法中提倡儒家忠孝之道。[2]

宇治黄檗山万福寺是按照中国明代寺院的样式和风格建造的，

1　以上除注明出处外，主要参考木宫泰彦《日中文化交流史》第六章之二和竹贯元胜著、大藏出版社 1989 年出版《日本禅宗史》六之四。

2　这里仅为提要，详见杨曾文：《中国佛教东传日本史》之六（二）"隐元东渡和黄檗宗"，载季羡林、汤一介主编：《中华佛教史》第九册，太原：山西教育出版社，2013 年。

对日本佛教界和民众有很大吸引力。隐元后继弟子中有很多人善诗文、书画、篆刻。他们的作品受到日本各界人士和僧俗信众的欢迎，对江户时代日本文化艺术产生很大影响。在木庵性瑫住持黄檗寺期间，曾设立授三坛大戒的道场，登坛受戒者竟达五千余人。黄檗寺第五代住持高泉性潡（1633—1695）是明僧，爱好文史，曾协助南源性派编撰《普照国师年谱》二卷，在传法之余搜集大量日本佛教史料加以整理，仿照中国佛教史书体例编撰出《扶桑禅林僧宝传》十卷、《东国高僧传》十卷、《东渡诸祖传》二卷及《续扶桑僧宝传》三卷等。

日僧铁眼道光（1630—1682），先后从隐元、木庵受法，为改变日本没有雕刻大藏经的历史，发誓在有生之年雕刻大藏经，先后用十三年时间从事讲经化募和各种准备，最后以隐元带到日本的明代万历版大藏经（《嘉兴藏》）为底本刻印出日本第一部大藏经，称《黄檗版大藏经》或《铁眼版大藏经》（《续日本高僧传》卷十《道光传》），收佛典1618部7334卷，至今版木仍存宇治黄檗山万福寺。

黄檗山万福寺住持在第二十二代以后皆为日本僧。黄檗山万福寺的法系虽原属临济宗，然而在日本，是独立于日本临济宗、曹洞宗之外的日本黄檗宗。

中国禅宗祖庭网络的形成及其历史文化价值

佛教发源于古印度，在公元前后传入中国后经历了漫长的中国化的过程。隋唐乃至以后随着体现民族化佛教宗派的形成，在佛教所崇奉的佛菩萨体系中又增加了尊奉祖师的内容，而作为各宗历代著名祖师驻锡、传法以及安置祖师墓塔的寺院便被奉为祖庭。

禅宗是隋唐时期形成的带有鲜明民族特色和现实主义风格的佛教宗派，在形成、盛行和发展过程中，历代涌现很多载录"灯史"的著名禅师，兴建或驻锡传法的祖庭遍布大江南北，数量最多，形成网络，构成中国佛教文化的独特景观。

一、中国禅宗发展过程中形成的著名祖庭

在中国禅宗的成立和发展过程中经历了几个大的阶段[1]，每一阶

---

[1] 以下概述详见拙著《唐五代禅宗史》相关章节，北京：中国社会科学出版社，1999年；《宋元禅宗史》相关章节，北京：中国社会科学出版社，2006 年。

段皆形成了积淀特有历史文化意蕴的祖庭。

（一）北魏至隋初的酝酿发祥期（从 5 世纪后期至 7 世纪初）

南朝宋末，印度僧菩提达摩经南海从广州登陆来华，北上渡江在今河南登封市嵩山五乳峰下的少林寺和洛阳一带传法，培养弟子慧可等人，经慧可传至僧璨。这是后世禅宗所奉初祖菩提达摩，经慧可至三祖僧璨的时期，属于中国禅宗的酝酿期，或称之为中国禅宗的史前期。

菩提达摩曾在少林寺附近山洞面壁坐禅九年，教导弟子慧可、道育等人，一是传授《二入四行论》，引导弟子修持菩萨道的"六度"，并通过坐禅观心，"舍伪归真"，使心"与理冥符"，以达到精神解脱；二是发挥南朝宋求那跋陀罗所译《楞伽经》中的"大乘诸度门，诸佛心第一"的思想，强调内心自悟，以体认自性本具的"如来藏自性清净心"（佛性）为禅修要旨。

少林寺，最初建于北魏孝文帝太和二十年（496）。当时有来自西域的沙门名跋陀，因"有道业"，深受文帝敬信，敕建少林寺予以安置[1]。跋陀尤精禅观，弟子道房从受止观，再传僧稠，以精于小乘禅名高东魏、北齐，受到皇室尊崇。因为菩提达摩曾在少林寺面壁坐禅，倡导心性觉悟和培育弟子，被后世禅宗奉为初祖，于是少林寺成为中国禅宗最早的祖庭。

达摩去世以后，慧可在东魏天平（534—537）之初到邺都（在今河北省临漳县）一带传法，在北周灭北齐后推行"灭佛"之际，

1　此据［北齐］魏收：《魏书·释老志》。

南下于今安徽皖公山（在今安徽潜山县西）、司空山（在今安徽省岳西县境）等地隐居传法，收有弟子僧璨。此后，又回到河北邺都附近传法，至隋初因遭反对者诬告被害于成安县。后世在城安县慧可被害及其舍利安奉之地建有二祖寺，宋哲宗敕为元符禅寺。在慧可避地安徽岳西县岳西镇传法之地也建有二祖寺。

至于僧璨，生前很少说法，后世将他在安徽潜山县的山谷寺称为三祖寺，唐肃宗赐额"三祖山谷乾元禅寺"。

这样，安徽皖西南的二祖寺、三祖寺和河北成安县的二祖寺，成为禅宗发祥期的祖庭。

（二）禅宗初创期（唐前期的 7 世纪）

禅宗所奉四祖道信（580—651）、五祖弘忍（601—674）在蕲州（今湖北黄梅）创立"东山法门"，标志中国禅宗正式成立。

在湖北省黄梅县城西的西山本名破额山或破头山，因有双峰屹立，又名双峰山，现有唐代道信禅师传授禅法的"四祖寺"。道信在皖公山从僧璨嗣法，在隋末战乱环境中辗转至江州庐山大林寺，唐初武德七年（624）应蕲州（治所在今湖北蕲春县）信众之请，在景色秀丽的双峰山建寺作为传法的中心道场，居此三十多年，门下弟子很多，现存禅法语录《入道安心要方便法门》，要求弟子通过坐禅观心，"守一不移"，以"明见佛性"。

道信逝世前选弟子弘忍继位，又在黄梅城东冯茂山建寺传法，此即五祖寺。弘忍禅法的要点，有弟子整理的《修心要论》传世，认为众生本有"自性圆满清净之心"，修行就是要坚持"守本真心"，以断除妄念烦恼，使清净之心显现。

道信、弘忍禅法及其法系，被后世称为"东山法门"。慧能从韶关曹溪来此求法，从弘忍受法南归，创立南宗顿教禅法。

（三）南北二宗对峙期（约7世纪后期至8世纪）

自六祖慧能南归，在韶关曹溪弘传"顿教"禅法；神秀与其弟子普寂得到朝廷支持在以两京为中心的北方弘传"渐教"禅法，形成南北顿渐二宗对峙的局面。

记述慧能生平和禅法的文献有《六祖坛经》，强调自信、自修、自悟，说"佛是自性作，莫向心外求"；"识心见性，自成佛道"，开启禅宗南宗顿教法门。

慧能离开黄梅，曾经过三年多隐遁生活，后至广州法性寺（今光孝寺）受具足戒，然后应请到韶关曹溪宝林寺（今南华寺）居住传法达四十年，培养弟子多人。

弟子神会奉敕配住南阳龙兴寺，在洛阳附近的滑台与北宗僧人辩论禅宗是非，影响很大，后应请入洛阳，住持荷泽寺，有语录《南阳和尚顿教解脱禅门直了性坛语》《菩提达摩南宗定是非论》《南阳和尚问答杂征义》传世。

慧能弟子中对后世影响较大的还有青原行思、南岳怀让二人。青原行思（？—741）在江西青原山静居寺传法，门下弟子有石头希迁，后世法系形成曹洞宗、云门宗、法眼宗。南岳怀让（677—744）在湖南南岳衡山般若寺传法，弟子中以马祖道一最有名，后世法系形成沩仰宗、临济宗。

据上可见，南华寺、光孝寺、龙兴寺、荷泽寺（现已不存）、青原山静居寺、南岳般若寺是南宗重要祖庭。

北宗首领神秀是弘忍上首弟子之一，原为东山寺上座，离开东山后曾在湖北当阳玉泉寺传法，应武则天召请入内道场传法，圆寂于洛阳，遗体被送归当阳，于度门寺置塔安葬。弟子中著名的有普寂义福、景贤等人。普寂受到朝廷崇敬，长期在嵩山南麓嵩岳寺传法。弘忍弟子中还有在少林寺传法的法如（638—689）、先后在当阳玉泉寺、少林寺传法的慧安（老安，582—707），也比较有名。

记述北宗禅法的文献，重要的有传为神秀语录的《观心论》，还有《大乘五方便》等。这些文献主张通过坐禅"观心"，以"除三毒""净六根"，逐渐地断除情欲烦恼，达到觉悟。

可见，玉泉寺、嵩岳寺是北宗的祖庭，少林寺也是北宗祖庭之一。

（四）南宗顿教独盛和"禅门五宗"迭兴期（约 8 世纪中期至 10 世纪中期）

借助朝廷裁定，禅宗南宗取得正统地位，并于唐末五代相继形成"禅门五宗"，禅宗逐渐发展成为中国佛教的主流派。

所谓"禅门五宗"包括临济义玄创立的临济宗；灵祐与慧寂（807—883）创立的沩仰宗；洞山良价（807—869）与曹山本寂（840—901）创立的曹洞宗；云门文偃（864—949）创立的云门宗；法眼文益（885—958）创立的法眼宗。

这些宗派基本上秉承慧能创立的南宗顿教法门，认为佛与众生之间没有不可逾越的鸿沟，强调"立处皆真""即心是佛""禅在日用"，主张禅修不离现实生活，传禅方式自由活泼，引导信众不须拘于言教，着重修心以体悟自性，达到精神解脱。

自然，形成禅门五宗的寺院便是禅宗重要祖庭。当年义玄传法的河北正定的临济寺是临济宗的祖庭；灵佑和慧寂传法的湖南宁乡密印寺、江西宜春仰山寺是沩仰宗的祖庭；良价与本寂传法的江西宜丰县洞山寺和江西省抚州市宜黄县的曹山宝积寺是曹洞宗的祖庭；云门文偃传法的广东乳源瑶族自治县的云门寺是云门宗的祖庭；文益传法的江苏南京清凉寺是法眼宗的祖庭。

在这些宗派的传播发展中，历代又形成遍布各地的祖庭，特别是流传至今的临济宗、曹洞宗二宗。

（五）禅宗兴盛，临济曹洞二宗并行传播期（约 10 世纪中至 14 世纪末）

进入宋代，佛教界以华严宗、法相宗和律宗比较盛行。然而不久，在朝廷和士大夫的支持下，禅宗迅速兴盛，并发展成为佛教主流派。在禅门五宗中，沩仰宗早已失传，相继兴起的有法眼宗、云门宗、临济宗，最后是曹洞宗。

临济宗在北宋中期之后分为由慧南（1002—1069）在黄龙山（在今江西修水县）创立的黄龙派、由方会（992—1049）在杨岐山寺（在今江西萍乡市上栗县）创立的杨岐派两支。开始黄龙派兴盛，然而到北宋后期逐渐衰微。自杨岐下二世五祖法演（约 1025 年前—1104）之后，杨岐派迅速兴起，以至南宋后期临济宗几乎全属杨岐派，其中最有影响的是嗣法于法演的圆悟克勤及其弟子大慧宗杲、虎丘绍隆的两大法系，而临济宗虎丘法系一直传到明清以后。

曹洞宗在宋初教势早已不振，以至洞山下五世大阳警玄

（943—1027）晚年竟找不到合格继承人，托付临济宗浮山法远（991—1067）代传于投子义青（1032—1083）继承曹洞禅法。义青嗣法弟子报恩（1058—1111）、芙蓉道楷（1013—1118）二人先后在湖北大洪山灵峰寺传法，迅速振兴曹洞宗。道楷弟子中以丹霞子淳（1054—1117）最有名，门下出了宏智正觉（1091—1157），生活在北宋末南宋初，在天童寺传法，提倡默照禅。从此，曹洞宗得以广泛传播并传至后世。道楷另一弟子是真歇清了（1090—1151），三传至长翁如净（1163—1228）在天童寺传默照禅。日本道元从他嗣法，回国创立日本曹洞宗。

禅宗在进入宋代以后，归纳以往丛林的说法，以"不立文字，教外别传，直指人心，见性成佛"作为禅法宗旨。临济、曹洞二宗在传法风格、门庭施设等方面也各有特色。

进入元代，朝廷曾扶持藏传佛教，然而鉴于佛教在汉民族文化传统和日常生活中具有重大影响力，并且由于正式建元前后在朝廷政教建设和处理日常政教事务中发挥重要作用的临济宗僧印简和子聪（刘秉忠）、曹洞宗僧福裕等人的引导，元朝对汉传佛教也予以支持。汉传佛教中有禅宗、天台宗、华严宗、法相宗和净土宗（寓于各宗）。禅宗中只有临济、曹洞二宗。

在临济宗中最盛行的是五祖法演门下两个法系：一是天目山齐禅师的法系；二是圆悟克勤禅师的法系，以虎丘下四世径山无准师范的再传弟子高峰原妙（1238—1296）及其嗣法中峰明本（1263—1323）最有名。他们提倡参"疑团"的看话禅，对后世影响较大。

元代曹洞宗中最有影响的是金末元初万松行秀（1166—1246）的法系。行秀的嗣法弟子中以元初少林寺雪庭福裕（1201—1275）

最有名，继印简继任"僧都"主管佛教事务，是蒙古建元之前佛教与以全真道为首的道教之间进行的两次辩论的主要组织者，弟子很多。他的法系成为北传曹洞宗，一直传到明清以后。此后佛教诸宗深入会通融合，大体在明代逐渐形成以禅宗为主体和诸宗整合协同传播的融合型佛教。

宋元以后，禅宗祖庭遍布各地，如登封少林寺、开封相国寺、舟山普陀山寺、浙江省杭州灵隐寺、净慈寺、径山寺、宁波天童寺和阿育王寺、四川成都昭觉寺等。

总之，正是在禅宗的形成、传播和发展过程中，出现众多承载丰富历史人文内涵的禅宗祖庭，以至形成从北到南，从西到东遍布全国的祖庭网络，构成中国佛教史乃至中国民族文化史上的独特景观。

二、五山十刹——中国禅宗臻于隆盛的设置

中国禅宗早期，禅僧按照传统居住于一般遵照戒律运营的律寺，至多分居于其别院，直到唐代马祖道一弟子怀海禅师（750—814）之时，出于管理和禅修的方便，开始制定《禅门规式》，对建立禅宗独立寺院和禅僧的修行、生活仪规作出具体规定，奉其领众禅师为住持，尊之为长老；设立两序僧职分管寺务；规定僧众按时参加劳动，谓"一日不作，一日不食"，从而将佛教中国化推至新的起点，致使僧团组织和活动、寺院建筑风格迅速发生更富有民族特色的转变。

随着朝廷扶持，民众信奉者增多，禅寺数量增多，寺院规模也

日渐宽阔。在京城和各地城镇建有不少由朝廷、官府直接统辖的宏伟壮丽的十方寺（十方刹、十方僧伽或十方丛林），住持须由朝廷敕命或经地方官府考察举荐而以疏书委任。五代时期，在南方的吴越国王钱镠（907—932 在位）因崇信禅宗，将管辖下原来的教寺一律改为禅寺[1]，直到宋代仍受其影响。北宋末年以后，禅宗中唯有临济宗杨岐派、曹洞宗兴盛。南宋后期，宁宗嘉定十七年（1224）[2]在已据相位十七年的史弥远（1164—1233）的奏请并主持下，仿照世间官员自下而上"拾级而升"的等级制，将南方官府管辖的禅寺评定出"禅院五山""禅院十刹"的等第序列，规定僧人住持禅寺从较低禅寺升至较高禅寺。[3]明代田汝成所撰《西湖游览志余》卷十四《方外玄踪》载录：

> 嘉定（按：应指十七年，公元1224年）间，品第江南诸寺，以余杭径山寺、钱塘灵隐寺、净慈寺、宁波天童寺、育王

1　蓝吉富主编：《中华佛教百科全书》，台湾中华佛教百科文献基金会 1994 年出版。

2　［明］田汝成撰，陈志明编校：《西湖游览志》卷三《南山胜迹·净慈禅寺》，《四库全书·史部、地理、山水》。

3　［明］宋濂：《天界善世禅寺第四代觉原禅师遗衣塔铭》："浮图之为禅学者，自隋唐以来初无定止，惟借律院以居（百丈大智禅师方建丛林规矩）。至宋而楼观方盛，然犹不分等第，惟推在京巨刹为之首。南渡后，始定江南为五山十刹，俾其拾级而升，黄梅、曹溪诸道场反不与其间，则其去古也益远矣。"；《住持净慈禅寺孤峰德公塔铭》："古者住持各据席说法以利益有情，未尝有崇卑之位焉。逮乎宋季史卫王（按：史弥远死后理宗追封卫王）奏立五山十刹，如世之所谓官署，其服劳于其间者，必出世小院，俟其声华彰着，然后使之拾级而升，其得至于五名山，殆犹仕宦而至将相，为人情之至荣，无复有所增加。"载［明］栖袾宏辑、钱谦益订：《宋文宪公护法录》卷一。

寺为禅院五山。钱唐中天竺寺、湖州道场寺、温州江心寺、金华双林寺、宁波雪窦寺、台州国清寺、福州雪峰寺、建康灵谷寺、苏州万寿寺、虎丘寺，为禅院十刹。[1]

随着宋元禅僧东渡或日本禅僧来华求法，中国五山十刹制也传入日本。日本现存《大宋国诸寺位次》实际记载了宋、元两代的五山十刹，比上引《西湖游览志余》卷十四的详细载录，除介绍五山十刹之外，尚记述所称"甲刹（诸山）"，即仅次于十刹的三十五所寺院。

据这一数据，禅院五山次第和地址寺名是：第一，杭州临安府兴圣万寿禅寺（或称径山寺、径凤坞寺、双径寺）；第二，杭州临安府北山景德灵隐禅寺；第三，明州庆元府太白山天童景德禅寺；第四，杭州临安府南山净慈报恩光孝禅寺；第五，明州庆元府阿育王山广利禅寺。

禅院十刹是：一、中天竺寺，杭州临安府天宁万寿永祚禅寺；二、道场寺，湖州乌程县万寿禅寺；三、蒋山寺，建康上元府太平兴国禅寺（灵谷寺）；四、万寿寺，苏州平江府报恩光孝禅寺；五、雪窦寺，明州庆元府资圣禅寺；六、江心寺，温州永嘉县龙翔禅寺；七、雪峰寺，福州侯官县崇圣禅寺；八、双林寺，婺州金华县宝林禅寺；九、虎丘寺，苏州平江府云岩禅寺；十、国清寺，台州天台县天台山敬忠禅寺（五峰山景德国清禅寺）。

1　［明］田汝成撰，陈志明编校：《西湖游览志余》，《四库全书·史部》。亦载［明］朗瑛《七修类稿》卷五，但未记时间。

至于三十五所甲刹，包括常州无锡华藏寺、建康府（今南京）大龙翔集庆寺（大天界寺）、江西宜春仰山寺、庐山东林寺、苏州承天寺、宁波大慈敬忠报国寺、镇江金山寺、镇江焦山寺、湖州安吉何山移忠寺、建康府风台山保宁寺、浙江嘉兴天宁寺（报恩光孝禅寺）、江西饶州（鄱阳县）永福寺、江西奉新县百丈山大智寿圣寺、建康府清凉广慧寺、镇江雁山能仁普济寺、庐山圆通崇圣寺、庐山开先华藏寺、浙江湖州资福显忠寺、嘉兴寿山本觉寺、浙江慈溪香山智度寺、苏州枫桥普明寺（寒山寺）、福州鼓山涌泉寺、杭州西天目山大觉寺、杭州疏山白云寺、江西靖安黄龙崇恩寺、浙江金华智者广福寺、真州（江苏仪征）长芦洪济寺、福州东禅寺、杭州报国寺、河南嵩山少林寺、磁州二祖寺（在今河北邯郸市成安县）、湖北黄梅五祖真慧寺、广东韶州六祖法泉寺（南华寺）、舒州怀宁县三祖山谷寺（在今安徽省潜山县）、黄梅四祖慈觉寺。

《大宋国诸寺位次》在以上五山、十刹和甲刹总共达五十座禅寺的名称之下，皆列出开山祖师、著名景致、代表建筑等，在后面五山"住持位次"中还载录从开山祖师至宋元历代住持祖师的名字。[1] 这五十座寺院绝大多数是禅宗祖庭，也有属于与皇室、朝中大臣有关的寺院，如原是元文宗府邸的金陵大龙翔集庆寺、常州无锡在南宋高宗朝太师张俊墓旁为祭祀而建的华藏寺、宁宗朝权臣史弥远在母葬地宁波大慈山建的大慈敬忠报国寺等。

可以看出，日本所藏《大宋国诸寺位次》与前引《西湖游览志余》卷十四记述的五山、十刹虽然相同，然而不仅名称详略有别、

1　详见〔日〕玉村竹二校订《扶桑五山记》，京都临川书店，1983 年。

个别寺院的排列次序也有差异，而且还增有三十五所甲刹。从载录的甲刹寺院所在地遍于大江南北和五山"住持位次"中载有元代的禅僧来看，应是反映宋元两代禅宗的盛况。

《西湖游览志余》卷十四还记载，南宋还曾评出"教院五山"和"教院十刹"，但对此至今未见相关旁证。

从现存数据来看，禅院五山十刹不仅延续到元朝，甚至明代和清初也仍然存在。元文宗（1328年在位）在即位前居金陵（今南京）潜邸，即位后降诏将此邸改建为大龙翔集庆寺，使之"独冠五山"。进入明代，大龙翔集庆寺改称天界寺，敕居五山之上，"总辖天下僧尼"。[1]元代临济宗高僧原妙曾在杭州西天目山狮子岩凿洞修行，弟子在旁为他建狮子正宗禅寺。死后，元仁宗追赐原妙以"佛日普明广济禅师"之号。弟子中峰明本继他之后在此寺传法。此后，此寺几经兴废。清初，玉琳通琇（1614—1675）先后受到顺治、康熙二帝尊崇，受封"大觉普济能仁国师"，在康熙四年（1665）入山重兴此寺。后又毁，雍正十一年（1733）敕命重建，赐名禅源寺，"冠于五山十刹之首"[2]。康熙四十四年（1705）康熙第五次南巡，在杭州西湖孤山之南设行宫。雍正五年（1727）雍正将此行宫改建为圣因寺，供奉康熙皇帝"神御龙牌"（当指出巡时传旨令之牌）。乾隆十六年（1751）乾隆首次南巡，为杭州圣因寺佛

---

1 ［明］宋濂：《天界善世禅寺第四代觉原禅师遗衣塔铭》："元氏有国，文宗潜邸在金陵，及至临御，诏建大龙翔集庆寺独冠五山，盖骄其弊也。国朝因之，锡以新额，就寺建官，总辖天下僧尼。

2 《浙江通志》卷一《名胜图》、卷二百二十七《寺观二》，《四库全书·史部·地理·都会郡县》。

殿题额"超诸有境",敕冠于"五山十刹之首"[1]。从杭州禅源寺、圣因寺的例子,至少可以证明清初五山十刹在形式上还是存在的。

五山十刹制的出现,表明禅宗在南宋后期已臻于极盛。朝廷以官员晋升等第的模式将境内以京城为中心的官属著名禅寺加以评判,定出带有高低等级的五山、十刹和甲刹,以诏敕形式任命禅师出任级别不同的禅寺,既可借此加强对佛教界的笼络和控制,又可增加受任禅师的荣誉感,获取这些禅师乃至大寺名刹信众的好感和拥戴。应当说,五山十刹制曾实行过是没有疑问的,然而到底在多大程度上得以贯彻?限于数据,尚难加以确证。

中国的五山十刹制在宋元时期传入日本后,影响很大。日本镰仓至室町时期(1192—1573)先后以幕府所在地的镰仓和京都的禅寺为中心设置五山十刹。在这些禅寺,前后涌现很多精于汉文汉诗汉学的著名禅僧,有的还热心传授来自中国的宋学——理学,书写了彪炳日本文化史的"五山文学",对日本文化乃至政治曾发生过很大影响。

三、禅宗祖庭的历史文化价值

综合以上考察,中国禅宗祖庭具有丰富深厚的历史文化价值,兹仅举出以下四项。

1　载〔清〕梁诗正等辑:《西湖志纂》卷一,《四库全书·史部》。

（一）禅宗祖庭蕴含丰富灿烂的历史文化内涵

中国禅宗从发源到广泛盛行的漫长历史进程中，陆续形成遍布全国的祖庭网络，自然蕴含着丰富灿烂的历史文化内涵。

在这些以"清规"管理制约的祖庭中，先后驻锡过很多享誉丛林、名垂青史的禅师。他们在阐释佛教义理、弘扬禅法、建立僧团制度、培育弟子和从事文化及社会公益活动中，成绩卓越，为推进佛教深度中国化，充实和丰富中华民族的传统文化做出了的不可磨灭的贡献。如果从少林寺作为起点沿着这些祖庭顺次巡视一遍，如同阅读了一部物化的中国禅宗形成和发展史。

与禅宗祖庭网络相对应，中国禅宗拥有体裁丰富、卷帙浩繁的记述历代禅师传法事迹的"灯史"语录和编年史书、诗偈、寺志、碑文等，确乎构成中国佛教史上最富有生气和光彩的篇章，也可以说是中国文化史上独特的绚丽景观。

（二）禅宗祖庭网络，突出反映中国佛教文化的独特风格

在隋唐形成的佛教宗派中，以天台宗、华严宗和禅宗最富有民族特色，然而若再深入推进一步看，无论从心性思想清晰而深刻和传播范围、社会影响来说，应当说其中的禅宗是最为突出的。仅从祖庭分布范围和数量来看，禅宗祖庭分布最广，数量也最多。禅宗祖庭实行管理制度比较统一的"清规"，唐代百丈怀海最早创立禅寺，制定"禅门规式"（《古清规》）。此后禅林以百丈"禅门规式"为基础形成适应时代的新清规：宋代有宗赜《禅苑清规》宗寿《日用小清规》惟勉《丛林校定清规总要》；至元代，有顺宗皇帝命德

辉禅师重编而敕天下寺院通行的《敕修百丈清规》。适应古代以皇帝为最高地位的中央集权制的国情，禅寺每年在皇帝诞辰要举行盛大法会，为皇帝祝"圣寿万安、金刚无量寿"……。禅寺日常运作和法事、住持进退、设置左右两序的僧职、寺僧禅修和生活制度等等，皆有明确规定。

近代以来太虚大师[1]在综合考究中国佛教诸宗之后，针对当时中国佛教日趋衰败的形势，创新地提出富有朝气和进取精神的人生佛教或人间佛教思想。他还多次表示，真正能够反映中国佛教特色，代表中国佛教的是禅宗。他说："中华佛化之特质在乎禅宗"；"晚唐来禅、讲、律、净中华佛法，实以禅宗为骨子"；"中国自晚唐、五代以来之佛教，可谓完全是禅宗之佛教；禅风之所播，不惟遍及佛教之各宗，且儒家宋、明理学，道家之性命双修，亦无不受禅宗之酝酿而成者。故禅宗者，中国唐、宋以来道德文化之根源也"[2]。

笔者同意这种说法。据此可以说禅宗祖庭网络是突出反映中国佛教文化的独特风格的。

（三）禅宗祖庭曾是历史上儒佛文化交流会通的重要平台

众所周知，中国传统文化中儒、释、道三教经过长期互相比较、彼此会通和融合，有力地推进了中华民族文化的充实、丰富和

1　太虚生于清光绪十五年十二月十八日，按照公历是 1890 年 1 月 8 日。

2　分别据《告徒众书》，载《太虚大师全书》第九编《制议·救治》；《评宝明君中国佛教之现势》，载《太虚大师全书》第十六编《书评·佛学》；《黄梅在佛教史上之地位及此后地方人士之责任》，载《太虚大师全书》第十八编《讲演》。

创新发展。唐宋以来，儒家与佛教的交流日益密切。不少儒者士大夫在为官和旅行过程中参访佛寺，与各地学僧友好交往，彼此对诸如道、心性、空与有、修行与解脱以及大乘、小乘佛法中的种种问题进行交流，既促进了佛教对儒家伦理思想和规范的吸收，也促使儒家从佛教义理中吸收本体论和心性论成分。

唐代李翱（772—841）在其出任地方官的过程中先后访问过很多禅寺，拜访过马祖弟子西堂智藏（735—814）、鹅湖大义（746—818）及石头的弟子药山惟俨（747—829）[1]、再传弟子龙潭崇信等人[2]，向他们询问马祖的言教"即心是佛"及"何谓道"等。他综合儒、佛心性思想，撰写的《复性书》直接影响到宋代理学。

进入宋代，著名儒者杨亿、晁迥（951—1034）、苏轼（1037—1101）、苏辙（1039—1112）、王安石（1021—1086）、张商英（1043—1122）等人，都与禅僧有密切交往。理学创始人之一程颢（1032—1085）曾"出入于老、释者几十年"[3]。元代曾居相当宰相之位的耶律楚材（1190—1244）、著名儒者书画家赵孟頫（1254—

1　此据［宋］姚铉编：《唐文粹》卷六十二唐伸《澧州药山故惟俨大师碑铭》说惟俨于唐文宗"嗣位明年"十二月六日（太和二年十二月六日，已进入公元829年），年八十四。此外，宋·赞宁《宋高僧传》卷十七《惟俨传》谓太和二年（828）逝世，年七十岁；宋·道原《景德传灯录》卷十四《惟俨传》载为唐文宗太和八年（834）逝世，年八十四。

2　关于李翱向西堂智藏、鹅湖大义、龙潭崇信、药山惟俨问道，请参考《景德传灯录》卷七、卷十四相关章节和《宋高僧传》卷十七《惟俨传》、宋姚铉编《唐文粹》卷六十二唐伸《澧州药山故惟俨大师碑铭》。

3　《明道先生行状》（载中华书局1981年出版《二程集》第二册《河南程氏文集》卷十一）。

1322）等人，也都与禅僧有深交[1]。佛教特别是禅宗深刻地影响了他们的情感和思想，自然也对他们的文学和哲学著述有所启迪与影响。

在儒者士大夫与禅僧的交往和文化思想的交流过程中，各地景色优美的禅寺自然成为他们的最理想的平台。

（四）禅宗祖庭是中外佛教文化交流的重要中心

宋元时期中国禅宗传入日本，相继有很多日本学僧到江浙禅宗祖庭拜师求法，也有不少中国禅僧应邀到日本传法，对推动禅宗在日本传播乃至弘传宋元文化发挥重大作用。日本天台宗僧荣西（1141—1215）入南宋求法，临济宗黄龙派第八代虚庵怀敞禅师为师，嗣法后回国将临济宗传入日本。无准师范在住持径山寺期间，门下嗣法弟子中，兀庵普宁（1197—1276）、无学祖元（1226—1286）应邀东渡日本传法，受到幕府的崇信，影响很大，后世分别被奉为日本临济宗二十四派中的宗觉派、佛光派之祖。曹洞宗洞山之下第十三代长翁如净（1163—1228）住持天童寺期间，日本道元到他门下学法，归国将曹洞宗传到日本。一山一宁住持普陀山寺期间，奉元成宗之诏以使者身份，受赐"妙慈弘济大师"之号，东渡招抚日本归顺，虽先被软禁，然而后来受到幕府、朝廷崇敬，在镰仓建长寺、京都南禅寺传法，除传授禅法外，尚传授中国儒学及史学、文学、书法等。在他的嗣法弟子中，雪村友梅、无着良

1　参见杨曾文：《唐五代禅宗史》，北京：中国社会科学出版社，1999 年；《宋元禅宗史》，北京：中国社会科学出版社，2005 年。

缘、无相良真等人及其他们一些门徒，在传播宋学和汉诗汉文章中发挥重要作用，对"五山文学"繁荣有重要贡献。在虚堂智愚（1185—1269）在南宋末年住持杭州净慈寺、径山寺，日本南浦绍明（1235—1309）入宋从他嗣法，归国后在九州岛、京都和镰仓传法，受到日本朝廷、幕府的崇信，死后谥大应国师。他的法系以京都大德寺、妙心寺为中心发展成为日本临济宗的主流派。

中国禅宗也直接或间接地传入朝鲜半岛、越南及欧美诸国，从而少林寺、南华寺、临济寺等名刹，也是这些国家信众遵奉的祖庭。

综上所述，禅宗以其独特的思想和风格得以广泛传播，遍布全国的禅宗祖庭蕴含着丰富的历史文化内涵，在中国佛教史、文化史乃至国际佛教文化界占有重要地位。今天我们强调宗教坚持中国化方向、促进与各国的友好交往和文化交流，仍可从中得到很多有益的借鉴和启示。